W0251130

Friedhelm Peters (Hg.)

Diagnosen – Gutachten – hermeneutisches Fallverstehen

Rekonstruktive Verfahren zur Qualifizierung individueller Hilfeplanung

IGFH

Internationale Gesellschaft für erzieherische Hilfen

IGFH-Sektion Bundesrepublik Deutschland der Fédération Internationale des Communautés Educatives (FICE) e.V.

Internationale Gesellschaft für erzieherische Hilfen (IGfH)
Schaumainkai 101-103 · 60596 Frankfurt am Main
Telefon: (069) 633986-0 · Telefax: (069) 633986-25
e-Mail: verlag@igfh.de · Internet: http://www.igfh.de

© IGfH-Eigenverlag, Frankfurt/Main, 1. Auflage 1999

Umschlagfoto: Stefan Lenz

Satz: Gerdi

Herstellung und Vertrieb: Walhalla Fachverlag, Regensburg

ISBN 3-925146-43-1

Inhalt

F. Peters

Über Diagnosen, Gutachten, Fallverstehen, Aushandlungsprozesse

- Probleme (mit) der Qualifizierung individueller Hilfeplanung -

I.

Daß es offensichtlich Probleme (mit) der Qualifizierung individueller Hilfeplanung gibt, zeigen nicht nur die vielfältig stattgehabten Diskussionen um spektakuläre Einzelfälle, in denen, folgt man dem auch in der Sozialpädagogik vertretenen \`gesunden Menschenverstand\` und dessen \`Alltagslogik\`, in jedem Fall die Hilfeplanung nicht gestimmt hat oder fehlerhaft war. In den Medien ist dies ausführlichst dargestellt, kommentiert und z.T. von der Politik mit dem Ergebnis nachvollzogen worden, daß die Jugendhilfepraxis unter Druck geraten ist und ihre Leistungsfähigkeit angezweifelt und sie zu einem konsequenteren Umgang mit jugendlichen AbweichlerInnen aufgefordert wird.[1]

Darauf daß es mit der individuellen Hilfeplanung und adäquaten Hilfen tatsächlich Probleme gibt, verweisen zahlreiche auch unspektakulärere Probleme im Alltag, die jenseits öffentlicher Wahrnehmung und Aufregung ihren \`bürokratischen Gang\` gehen. MitarbeiterInnen in der Jugendhilfe wissen und berichten insbesondere über die mangelnde Betroffenenbeteiligung, mangelnde Berücksichtigung der subjektiven Sichtweisen von Eltern bzw. -Personensorgeberechtigten, aber insbesondere von Kindern/Jugendlichen, wie generell über die Schwierigkeit, angesichts komplexer Problemlagen die

---

[1] Zuletzt hat der SPIEGEL unter Hinweis auf spektakuläre Einzelfälle daran erinnert und mokiert, daß die deutsche Jugendhilfe zu lasch sei, indem er (indirekt) die Idee ‚strukturierter Instruktionen' nach dem Beispiel der US-amerikanischen Glen-Mills-School, die, glaubt man der Darstellung, von prominenten deutschen Professoren auch für deutsche Verhältnisse favorisiert werden, ins Gespräch gebracht (vgl. Der Spiegel Nr. 12/99, S.118 ff).

richtige und notwendige Hilfe zu finden. Konkret benannt worden ist der Mangel an qualifizierter Hilfeplanung in der Straßenkinderdebatte und der dazu durchgeführten Begleitforschung. Hier wird der Aspekt mangelnder Beteiligung und unangemessener Hilfeplanungsprozesse (hinsichtlich: Dauer, Beteiligung, eigenständiger Berücksichtigung der Interessen von Jugendlichen bei `fehlenden eigenständigen Rechten` im KJHG) als ein wesentlicher Faktor für die Entstehung negativ verlaufender Karrieren angeführt und dahingehend ergänzt, daß Hilfeentscheidungen und -orientierungen von MitarbeiterInnen der Allgemeinen Sozialen Dienste, die in der Regel schon frühzeitig Kontakt mit den entsprechenden Familien und Jugendlichen hätten, sich aber (fälschlicherweise) zu oft und zu lange an dem Erhalt von Familien und den vorhandenen Hilfeangeboten orientierten und zudem dazu neigten, zunächst möglichst `weiche` Maßnahmen vorzusehen, um sich dann ggfs. nach dem Modus von Versuch und Irrtum durch das Gesamtspektrum verfügbarer Hilfen zu bewegen (vgl. Permien/Zink 1998; Hansbauer 1998; Möller/Radloff 1998).

Von ambivalenter Wirkung für das hier angesprochene Thema erweist sich die Einführung des KJHG vor nunmehr 10 Jahren: Einerseits `normalisiert` das KJHG als Leistungsgesetz einen Teilbereich gesellschaftlicher Wirklichkeit, befördert aber zugleich eine prekäre Reduktion alltagsweltlicher Komplexität dadurch, daß es nahelegt, die Ausdifferenzierung von Hilfen (§§ 27 ff) als Ausdifferenzierung von Institutionen mißzuverstehen. Sein implizites Vertrauen auf die per se besseren Leistungen eines privatisierten Hilfemarktes hat dieser Entwicklung darüber hinaus eine strukturelle und wirtschaftliche Basis geschaffen, obgleich nicht wenige Fachleute die qua zunehmender Differenzierung zugleich steigende Selektivität des Jugendhilfesystems dahingehend kritisieren, daß der Produktivitätszuwachs interner Differenzierung seinen `turning point` erreicht habe und zunehmend kontraproduktiv würde, weil ironischerweise gerade durch das Vorhalten eines ausdifferenzierten Hilfesystems immer mehr durch die Maschen einer spezialisierten Zuständigkeit fielen.

Zunehmende (institutionelle) Differenzierung wie eine zunehmende Orientierung an Effizienzüberlegungen (vgl. die novellierten §§ 77, 78 KJHG) setzen eine Eigendynamik frei, die als äußerer Sachzwang auch hinsichtlich einer differentiellen Diagnosepraxis auf das System zurückwirkt. "Als qualifiziert gilt heute (deshalb - F.P.) eine sozialpädagogische Intervention, wenn ihr ein umfangreicher Diagnose- und Entscheidungsprozeß vorausgegangen ist" (Bittscheidt 1998, 33), zu dessen Verfahren, Ausgestaltung und Legitimation das KJHG in § 36 (Mitwirkung, Hilfeplan) eindeutige Aussagen enthält. Als Grundlage jeglicher (längerfristiger) Hilfe ist eine kooperative Hilfeplanung für den Einzelfall qua Zusammenwirken mehrerer Fachkräfte unter Mitwirkung der Personensorgeberechtigten und der Kinder/Jugendlichen, die "Feststellungen über den Bedarf, die zu gewährende Art der Hilfe sowie die notwendigen Leistungen enthält" (§ 36 Abs. 2 KJHG), zwingend vorgeschrieben.

Durch die hier gesetzlich festgeschriebenen Mitwirkungsrechte Personensorgeberechtigter wie Kinder und Jugendlicher sind - zumal unter Berücksichtigung der verfahrensrechtlichen Vorschriften des SGB X, nach denen Personensorgeberechtigte bzw. junge Volljährige auf das Recht hinzuweisen sind, sich durch einen Bevollmächtigten oder Beistand (§ 13 Abs.1 bzw. Abs. 4 SGB X) auch in den Hilfeplanungsprozessen unterstützen können zu lassen - zunächst eine relativ große Euphorie und hohe Ansprüche hinsichtlich der Möglichkeit der kommunikativen (möglichst herrschaftsfreien) Ausgestaltung von Hilfeplanungsprozessen freigesetzt worden, weil hier erstmals Situationsdeutungen und Sichtweisen Betroffener offiziell einzubeziehen sowie die Möglichkeit des "Aushandelns" von für allen als `sinnvoll` erachteten Hilfen gegeben sind (zur Kritik s. Schwabe 1996, 164 ff).

Andererseits und zunächst unter Absehen der - vorsichtig formuliert - empirisch sehr unterschiedlich umgesetzten Ansprüche an die individuelle Hilfeplanung wird mit obiger Formulierung ein grundsätzliches Problem sozialer Arbeit/erzieherischer Hilfen qua gesetzlichem Anspruch generalisiert: SozialarbeiterInnen bzw. mehrere Fachkräfte müssen unter den Bedingungen konditionaler Programmierung und prinzipiell unabgeschlossener Information "feststellen, was der Fall ist und welcher Hilfebedarf notwendig ist" . SozialarbeiterInnen mußten dies zwar auch früher schon, aber mit dem KJHG und der Verpflichtung, daß "sie regelmäßig prüfen (sollen), ob die gewährte Hilfe weiterhin geeignet und notwendig ist" sowie des Einbezugs anderer Einrichtungen und Personen an dieser Überprüfung, sofern sie an der Durchführung der Hilfen beteiligt sind (vgl. § 36 Abs. 2 KJHG), verschärft sich das Problem in sozialer und sachlicher Dimension, weil nunmehr vermittels einer gleichsam `kommunikativen Validierung` und `intersubjektiv nachprüfbar` zunehmend mehr Personen öfter Sachverhaltsentscheidungen angesichts unsicherer Situationen, die durch ein `generelles Technologiedefizit von Erziehungsvorgängen` (vgl. Luhmann/Schorr 1982; Klatetzki 1998) gekennzeichnet sind, treffen müssen, wobei sie zunehmend unter Beobachtung (vieler Umwelten) und damit immer auch unter De-Legitimations-, sprich Skandalisierungsgefahren (s.o.) stehen.

Obzwar eine Betrachtung auch evtl. mißlungener Hilfen unter Ausblendung des gesamtgesellschaftlichen Umgangs mit `Jugend` seitens der Politik und der veränderten gesellschaftlichen Bedeutungszuschreibung, die `Jugend` derzeit erfährt (vgl. Bittscheidt a.a.O.), und ohne Berücksichtigung der Inszeniertheit des derzeit vorherrschenden Kriminalitäts- und Sicherheitsdiskurses zu kurz greift, evoziert die stattfindende Diskussion um eine verschwindende Minderheit aller `Jugendhilfefälle` - wiederum gleichsam als `äußerer Sachzwang`- ein Bedürfnis nach differentielleren Diagnosen in der Jugendhilfe, um sich von den öffentlich, zumeist medial erhobenen Vorwürfen, `falsch` oder `fahrlässig` gehandelt zu haben, zu entlasten (vgl. hierzu auch die Diskussion um sog. erlebnispädagogische Projekte im In- und Ausland: Klawe/Bräuer 1998).

Auch der generell auf jugendliches Handeln abhebende Risiko- und Präventionsdiskurs, der in zahlreichen Veröffentlichungen auch außerhalb des Kriminalisierungsdiskurses insbesondere in Veröffentlichungen des Public-Health-Movements und den Überlegungen zu jugendlichem Risikohandeln aus dem Bielefelder Umkreis von Hurrelmann (vgl. Hurrelmann 1994; Hurrelmann/Mansell 1994; Engel/Hurrelmann 1998 sowie Hurrelmann/Laser 1998) wiederzufinden ist, trägt ebenfalls verstärkend zur Nachfrage nach einer `problemangemessenen` Diagnostik bei, insofern jegliche Präventionsabsicht darauf angewiesen ist, möglichst frühzeitig möglichst `verläßliche` und möglichst `harte` Informationen über Risikoverhalten und Risikogruppen zu erlangen.

II.

In diesem Zusammenhang ist es aufschlußreich, sich daran zu erinnern, daß es seit den 70er/80er Reformjahren der Jugendhilfe bis heute nicht nur eine enorme Differenzierung der Jugendhilfe gegeben hat, sondern auch eine "erstaunliche Verbreitung und Veralltäglichung therapeutischer Sichtweisen außerhalb und innerhalb der Sozialen Arbeit stattgefunden hat" (vgl. von Kardorff 1982).Gegenwärtig werden immerhin bereits Projekte der frühkindlichen und selbst pränatalen Prävention ohne Scham diskutiert und renommierte Psychologen trauen sich zu, Kausalketten von Störungen der Mutter-Säuglings-Interaktion bis zur jugendlichen Devianz konstruieren zu können (so im Oktober 1997 Prof. Dr. Petermann anläßlich einer Tagung des BMFSFJ in Bonn, vgl. Scherr 1998, S. 580).

Vor noch ca. zehn Jahren schien alles anders, gab es in der Zeitschrift "sozial extra" (Nr.11-12/1988) eine Diskussion um Entwicklungsperspektiven in der Heimerziehung. Einer der damaligen Artikel hatte die Überschrift "Diagnostik - ein Zauberwort wird entzaubert". Kurt Hekele kritisierte sinngemäß und u.a. damals insbesondere die in Niedersachsen obligatorischen psychosozialen Diagnosen, die vor Heimeinweisungen zu erstellen waren, aber eigentlich verstanden wurden als Beitrag zur fachlichen Qualifizierung einer offensiven Jugendhilfe (vgl. Freese/Kisse 1990) und jeder längerfristigen Erziehungshilfe dahingehend zugrunde liegen sollten, daß sie primär zu Zu- und Festschreibungen problematischer `Zustände` oder `Symptomen` von Kindern/Jugendlichen, und letztlich zu Stigmatisierungen führten, Aussagen über Menschen und nicht für sie seien, sowie darüber hinaus primär zur Legitimation von Entscheidungen dienten, aber keine Handlungsorientierungen für die aktuelle Praxis von PädagogInnen enthielten. Anstatt sich einer (ausgeklügelten) Diagnostik zu bedienen, empfahl Hekele den SozialpädagogInnen, "sich am Jugendlichen zu orientieren" und deren verbale, verhaltensmäßige und objektiven Bedingungen gleichermaßen und gleichberechtigt zu berücksichtigen (vgl. Arend u.a. 1995).

Mit seiner Diagnosenkritik befand sich Hekele durchaus in guter Gesellschaft, konstatierte doch auch die seinerzeit forschungspraktisch eher konservativ vorgehende Planungsgruppe Petra (1987) ebenfalls, "daß der Versuch, den Symptomen und Symptomausprägungen von Kindern und Jugendlichen die Heimerziehung als Maßnahme zuzuordnen als gescheitert gelten kann, da die Probleme von Kindern und Jugendlichen als zu komplex ..." sich erwiesen haben (zit. nach: Freese/Kisse 1990, S. 28). Auch aus den Bemühungen, eine Indikation für die `gesicherte Unterbringung` von Jugendlichen herauszufinden (vgl. Wolffersdorff u.a.1989), resultierte eigentlich nur die Erkenntnis, daß den diversen Diagnosen wenig zu trauen sei, daß sie nicht trennscharf seien, letztlich dazu dienten, eine "vorwerfbare Schwäche" (vgl. Cremer-Schäfer 1998, S. 36f) zu konstruieren oder gar Kinder und Jugendliche, wenngleich mit wenig Erfolg, zu psychiatrisieren.

Zehn Jahre nach dieser Veröffentlichung gibt es wiederum eine Doppelnummer der Zeitschrift "sozial extra" zu erzieherischen Hilfen (Nr.1-2/1999), diesmal mit dem Schwerpunkt "Sozialpädagogische Diagnostik" und dem ausdrücklich erklärten Ziel, für eine pädagogische Diagnostik zu werben. Dies, "weil [die Sozialpädagogik] seit der Debatte über die stigmatisierenden Auswirkungen der Zuschreibungen wie `schwererziehbar` oder `kriminell` davon Abstand genommen hat, selber pädagogische Beurteilungen über Individuen abzugeben. Sie hat die `schweren Fälle` dem diagnostischen Instrumentarium der Psychologie/Psychiatrie überantwortet und sich darauf beschränkt, die erforderlichen Maßnahmen für den `Durchschnittsfall` mit den Betroffenen nach bestem Wissen und Gewissen auszuhandeln. Dabei wird nicht nur darüber geredet, was nun geschehen soll, sondern auch darüber, wo eigentlich das Problem liegt. So einleuchtend es ist, die Betroffenen in die Abwägung verschiedener möglicher Hilfen einzubeziehen, so absurd ist die Verhandlung mit ihnen über die Ursachen des Problems" (Hering 1999, S. 2). Dann folgt der Vergleich mit einer medizinischen Diagnose, über die ja auch nicht verhandelt würde, sondern bestenfalls darüber, was aus ihr folge: "Die Diagnose, wenn sie qualifiziert ist, steht fest. Sie darf aber im Fall der Kinder- und Jugendhilfe nicht Symptome von Krankheit oder Standardabweichungen ausweisen, sondern sollte die individuelle Persönlichkeitsstruktur der jeweiligen Kinder oder Jugendlichen darlegen, um pädagogisch umsetzbar zu sein" (ebenda).

Es hat sich also ganz offensichtlich etwas getan, wenn Diagnosen nicht nur innerhalb von `nur` 10 Jahren als `rehabilitiert` gelten, sondern in einer sich selbst als "kritisch" verstehenden Profession (und entsprechenden Publikationen) zum Fortschritts- und Trendthema werden, über das sich - neben einem Mehr an ökonomischer Rationalität - gar die Qualität und Effizienz des Jugendhilfesystems insgesamt neu definieren/bestimmen soll.

III.

Wenn man sich fragt, was sich denn eigentlich geändert hat, damit Diagnosen und Diagnostik wieder einen, wenn nicht den Stellenwert in einer sich als professionell verstehenden Jugendhilfe gewinnen konnten, so stößt man neben den schon erwähnten Gründen auf (zumindest) folgende Aspekte:

- **eine deutliche Veränderung des Zeitgeistes** und ängstigende Auswirkungen raschen sozialen Wandels und damit verbundene Schließungsprozesse sozialen Raumes. Obgleich es schwierig ist, so etwas wie `veränderten Zeitgeist` empirisch zu beschreiben, so lassen sich doch Veränderungen ablesen an "Themenkonjunkturen, Topoi und dominanten Wirklichkeitsdeutungen, wie sie im Diskurs der Massenmedien formuliert werden, in die Alltagskommunikation einwandern und auch einen Bezugspunkt der wissenschaftlichen Publizistik bilden. Als an die Ströme der massenmedialen Kommunikation angeschlossenes Gesellschaftsmitglied lernt man zu unterscheiden, was zeitgemäße und unzeitgemäße Themen, Überzeugungen und Vokabulare sind. Denn eine Funktion der Massenmedien liegt `im Dirigieren der Selbstbeobachtung des Gesellschaftssystems`; sie `garantieren ... eine gesellschaftsweit akzeptierte, auch den Individuen bekannte Gegenwart` und formulieren `konsensuell akzeptierte Hintergrundüberzeugungen` (Luhmann 1996, S. 176 ff)" (Scherr 1998, S. 586). Auflagenstarke überregionale Zeitungen (Spiegel, Focus, Die Zeit, Frankfurter Rundschau, FAZ) z.B. nehmen sozialwissenschaftliche Zeitdiagnosen, insbesondere die Individualisierungs- und Globalisierungstheoreme und die darin prognostizierten (negativen) Entwicklungen bezüglich der Integrationsfähigkeit heutiger Gesellschaft auf und vervielfältigen sie - unterlegt mit konkreten anschaulichen und personalisierten Beispielen - ungeachtet der theoretischen Tragfähigkeit solcher Zeit- und Krisendiagnostik, die nicht in ihrer Widersprüchlichkeit, sondern zumeist nur in einer Tendenz beschrieben werden (zur Kritik vgl. Lash 1996; Vester 1998): Das Ergebnis solcher Zeitdiagnose ist ganz überwiegend, daß das aus Traditionen und sozialstaatlichen Sicherheiten gelöste auch jugendliche Individuum - unter struktureller Unsicherheit - zunehmend eigenverantwortlich handeln muß und dafür ggf. auch haftbar (auch im engen Sinne dieses Wortes) zu machen ist. Der „starke Mythos des Neoliberalismus" (Bourdieu 1998) bringt es mit sich, daß in der medialen und Fachöffentlichkeit "(...) sich die Stimmungslage (verdüstert). Der Glaube an die reformistische oder revolutionäre Veränderbarkeit gesellschaftlicher Strukturen schwindet. Die Grenzen des Machbaren treten in den Vordergrund" (Brand 1993, S. 15) und verlangen - gerade unter der fortschrittlich gemeinten Präventionslogik des 8. Jugendberichts wie des KJHG - nach einer Individualisierung sozialpädagogischer Interventionen, die zunehmend technologisch vorgehen und für jeden Einzelfall - nach ausführlicher Diagnose - die richtige Behandlung und `Entstörung` vorsehen.

- **die Einfügung des § 35a „Eingliederungshilfe für seelisch behinderte Kinder und Jugendliche" in das KJHG**. Zwar eröffnet der § 35a nach langläufiger Meinung keine anderen Hilfeangebote als der Jugendhilfe nicht auch sonst zu Verfügung stünden, verändert aber die Struktur der Jugendhilfe und die Philosophie der Hilfegewährung. In jedem Einzelfall muß nunmehr die zuständige Fachkraft zunächst entscheiden, ob eine Hilfe nach § 27ff oder 35a erfolgen soll. Der § 35a, Abs.1, Satz 2 geht dabei von der Unterstellung aus, daß es Hilfen nach diesem Paragraphen gibt, die unabhängig von einer Hilfe zur Erziehung geleistet werden (vgl. Münder u.a. 1993, S. 276ff). Damit wird in problematischer Weise der „Anspruch des ganzheitlichen Hilfeansatzes im Gesetz konterkariert" (Cobus-Schwertner 1998, S. 43). Wenngleich es zahlreiche Versuche gibt, durch landesjugendamtliche oder ministerielle Empfehlungen einen inflationären Gebrauch des § 35a - zumeist ob seiner stigmatisierenden Wirkung - einzuschränken, läßt sich häufig beobachten, daß „sich immer wieder Einrichtungsträger und Mitarbeiterinnen und Mitarbeiter in Jugendhilfeeinrichtungen dazu verleiten lassen, etikettierende und finanzierungsbegründende Begrifflichkeiten (und hierzu gehört der Begriff der seelischen Behinderung) aus Zweckmäßigkeitsgründen einzusetzen ..."(ebenda., S. 44), auch wenn sie den betroffenen Minderjährigen in ihrer Konzentration auf Defizite, Einschränkungen oder veränderungsbedürftige Anteile der Persönlichkeit nicht nützen. Für Fachkräfte in den sozialen Diensten dagegen kann sich zumal unter dem Druck zunehmender `Begründungslast` der Rückgriff auf den § 35a wegen seiner psychiatrisch-medizinischen Diagnoseanteilen, die sich sozialarbeiterischer/pädagogischer Begründung i.d.R. nicht stellen müssen, als funktional und entlastend erweisen. In die gleiche Richtung zielen Versuche einer genuin sozialpädagogischen Gutachtenpraxis auf Basis medizinisch-psychiatrischer geteilter Grundüberzeugungen (vgl. Lindemann 1998).

- **das nach wie vor ungeklärte und z.T. konflikthafte Verhältnis der Aufgabenteilung/Kooperation zwischen Jugendhilfe und Jugendpsychiatrie.** Wie deutlich wurde, geht es immer *auch* um die Durchsetzung unterschiedlicher Attributionen bzw. Definitionen von Problemen, bestimmen sie doch weitgehend auch die jeweilige Problemlösungs- und Handlungsperspektive. "Die Frage, auf welche Ursachen die Schwierigkeiten, die Menschen haben oder anderen bereiten, zurückzuführen sind, spielt für die persönliche Rechtfertigung und institutionelle Legitimation eine herausragende Rolle. Sie kann völlig abgelöst von den objektiv richtigen Ursachen erhebliche Wirkungen entfalten" (Wolf 1998, S. 489). Nach Wolf und auch eigenen Ergebnissen (Peters/Weise 1998) neigen ErzieherInnen bzw. MitarbeiterInnen in Einrichtungen der Erziehungshilfe häufig dazu, "Mißerfolge auf dispositionale Faktoren ihrer Klienten zurückzuführen (...). Wer erfolgreich unter den Verdacht gestellt wird, psychisch krank zu sein, hat erheblich schlechtere Chancen, die Probleme auf andere Faktoren zurückzuführen. Insofern kann die damit verbundende Verschiebung der Wahrnehmung weg von der Beteiligung der MitarbeiterInnen oder von Merkmalen der Institution für die Professionellen attraktiv sein (vgl. Niemeyer 1993)" (Wolf a.a.O.). Darüber hinaus (insb. im Fall des § 35a) mag Solches auch aus finanziellen, belegungs- und personalmäßigen Gründen für Einrichtungen wie für MitarbeiterInnen - und auch Eltern - aus Gründen allgemeiner Entlastung (wenn jemand `krank` ist, hat keiner `Schuld`, weil das Problem beim oder `im` Kind liegt) von Bedeutung sein. Die Medizin definiert, was `krank` oder `gesund` ist. Diagnosen wie "oppositionelles Verhalten mit Aggressivität", "Hyperkinese", Verhaltensstörungen entwickeln sich dann "epidemisch" (Fegert 1996). In Fällen allgemeiner Ratlosigkeit (vgl. Gintzel/Schone 1989, S. 121ff) besteht im Jugendhilfesystem nach wie vor die Praxis, Kinder und Jugendliche entweder zur `diagnostischen Abklärung` oder zur Aufbewahrung in die Kinder- und Jugendpsychiatrie (manchmal auch in die geschlossene Erwachsenenpsychiatrie) zu überweisen. Über die Angemessenheit solcher Verweisungen herrscht Unstimmigkeit in der Fachwelt: Ungeachtet ihrer Nicht-Umsetzbarkeit in sozialpädagogischen Arrangements und trotz ihrer manchmal laienhaft unterkomplex anmutenden Empfehlungen ("X braucht einen durchstrukturierten Tagesablauf") und ungeachtet auch ihrer Vagheit - ich erinnere nur an das sog. MCD-Syndrom, von dem nicht einmal PsychiaterInnen wissen, was es im jugendlichen Alter eigentlich bedeutet - erfahren psychiatrische bzw. medizinische Diagnosen nach wie vor hohe Wertschätzungen, weil der ihnen korrespondierenden therapeutischen, behandlungsorientierten medizinischen Praxis auch von PädagogInnen kurzfristige Verhaltens- und Personenänderungen zugetraut werden (vgl. Wolf 1998), und die psychiatrischen Institutionen ihre Rezepte gegen `oppositionelles Verhalten und soziale Störungen` auch offensiv anbieten. Nach Äußerungen renommierter Psychiater z.B. bedürfen ca.15 - 20% aller Kinder und Jugendlichen einer psychiatrischen Behandlung, fehlen mehrere hundert `Betten` für verhaltensgestörte Kinder und Jugendliche in der Kinder- und Jugendpsychiatrie. Demgegenüber stehen konträre Auffassungen, die nicht nur die angegebenen Zahlen in Frage stellen, sondern zugleich betonen, daß Kinder und Jugendliche ungeachtet evtl. Auffälligkeiten/Abweichungen in ihrer Lebensführung immer zuerst Kinder und Jugendliche sind, die in die Zuständigkeit der Jugendhilfe und alltagsnaher Betreuung fallen und gerade nicht spezialisierten Settings zu überstellen seien und der Kinder- und Jugendpsychiatrie eher (und nur) einen `Konsultativ-Status` zusprechen (vgl. Köttgen 1986, 1998). Dies geschieht auch vor dem Hintergrund, daß mehr als 50% aller Fälle nach Selbstbekunden von psychiatrischen Fachkräften durch eine psychiatrische Behandlung als *nicht* gelöst aufgefaßt und zumeist "eine Bearbeitung der weiterhin bestehenden Probleme im primär pädagogischen Rahmen ..." gesucht werden (vgl. Gintzel/Schone 1989, S. 125 in ihrer allerdings nicht repräsentativen Untersuchung). Unterm Strich evoziert diese knapp skizzierte Situation aber ebenfalls einen Bedarf nach qualifizierteren Diagnosen und einer verbesserten Hilfeplanung, nicht zuletzt um die wechselseitigen Überweisungen, Entlastungen, Problemverschiebungen etc. zwischen der Jugendhilfe und der Kinder- und Jugendpsychiatrie zu minimieren und um - im Interesse der Kinder und Jugendlichen - zu einer die jeweiligen Grenzen und Möglichkeiten (selbst-)bewußter wahrnehmenden Kooperation zu gelangen.

- **die mit öffentlichem Sparzwang einhergehende Ökonomisierung der Jugendhilfe**, die auf ihre `Effizienz` hin befragt mit möglichst `zielgenauen Hilfen` und Erarbeitung neuer `Technologien` zu antworten sucht (vgl. FAM/FiM, Video-Home-Trainings etc.)

- **ein gegenüber dem Sachstand von vor zehn Jahren erheblich vermehrtes sozialpädagogisches Wissen der Profession**, das sich anhand zahlreicher Publikationen ablesen läßt (vgl. u.a. Mollenhauer/Uhlendorff 1992, 1995; Uhlendorff 1997; Niemeyer 1993; Harnach-Beck 1995; Müller 1993; Schütze 1983, 1995; Thimm 1994; Jacob 1997; Lindemann 1998; "sozial extra", Heft 1-2/1999) und sich auch im vermehrten Tagungsgeschäft wiederfindet, wo es vermehrt um die Frage geht, "was der Fall ist" bzw. wie PraktikerInnen sozialer Arbeit erkennen können, was die jeweiligen Probleme, mit denen sie sich konfrontiert sehen, sind, um qualifiziert individuelle Hilfepläne aufzustellen - zunächst unabhängig davon, ob und wie diese ggfs. mit den Betroffenen auszuhandeln und (auch kostenmäßig) zu realisieren wären.

Das vermehrte professionsspezifische Wissen ist unterscheidbar in praxisgeneriertes Wissen und disziplinärer Entwicklung geschuldetem Wissen. Obzwar primär politisch und finanziell motiviert werden praktische Entwicklungen in der Praxis selbst „eigentheoretisierend" für sich angegangen, wie sich exemplarisch an den vom Anspruch „punktgenau" ansetzenden neuen intensiven Familienhilfen (FAM, FiM, Video-Home-Training etc.) zeigen läßt, erzeugen aber darüber hinaus einen gesellschaftlichen und wissenschaftlichen Bedarf an sozialpädagogischen Diagnosen (vgl. Winkler 1999, S. 10).

Die genannten Beispiele, man könnte die derzeitige Diskussion um Qualität und Qualitätsentwicklung noch hinzufügen, evozieren systembildende und systemstabilisierende Sinnbildungen in Form bedeutungszuschreibender und akzeptierbarer Probleme und Lösungen vermittels nachvollziehbarer Verfahren - auch um bestimmte, kostenintensive Hilfen überhaupt noch legitimieren bzw. durchsetzen zu können. Dafür entwickelt und theoretisiert die Praxis aus sich heraus differente Formen von „Entscheidungsfindungssettings" und/oder eben (einen Bedarf an) „Diagnosen".

Auf die Sozialpädagogik/-arbeit als wissenschaftliche Disziplin mit Anspruch auf Praxisbezug wirkt diese Situation insofern zurück, als sie - um ihren Praxisbezug und ihre praktische Relevanz unter Beweis zu stellen - sich diesem Thema vermehrt zuwendet. Eingebettet ist diese Befassung in die Entwicklung der vergleichsweise jungen, immer noch um Eigenständigkeit ringenden, wissenschaftlichen Disziplin Sozialpädagogik als „normal science" (vgl. Rauschenbach/Thole 1998), die in diesem Prozeß nach genuin eigenen, „sozialpädagogischen" Themen, Methoden und Verfahren für eine vergleichsweise entwickelte soziale Praxis der sozialen Arbeit sucht. Insofern ist es nicht verwunderlich, daß ob der Strukturiertheit der Praxis nach zumeist „Fällen", wobei „Fall" nicht ein Einzelfall sein muß, sondern auch das Gemeinwesen betreffen kann, Fallanalysen und ein neuerliches wissenschaftliches Interesse an einer sozialpädagogischen Kasuistik (an der „Mikrologik" des Handelns) ins Zentrum der sozialpädagogisch-wissenschaftlichen Disziplin rücken, die vermehrt sich selbst beobachtet und damit zunehmend - nicht zuletzt über qualitative Forschungs- und Evaluationsverfahren - „selbstreflexiv" und „professioneller" wird und dabei auch wieder nach methodischer Fundierung ihres Handelns strebt (vgl. Jacob in diesem Band.; Galuske 1998).

Von Bedeutung ist ferner die vielerorts an Fachbereichen von Universitäten und Fachhochschulen sich entwickelnde Vorstellung von „Professional Schools", die sich zunehmend über rekonstruktive Verfahren und Erkenntnisse der Biographieforschung auch in der Ausbildung profilieren und damit - neben auch vermehrten Versuchen, quantitative Fragestellungen und Forschung generell zu befördern (s. insbes. die Bemühungen von Th. Rauschenbach und die Aktivitäten der Dortmunder Forschungs- und Dokumentationsstelle „Jugendhilfestatistik") - neue Eigenständigkeit und neues Selbstbewußtsein auf der Grundlage eines vermehrten Wissens entwickeln. Bewußt anknüpfend an die Tradition der Fallorientierung und sozialen Diagnose in der sozialen Arbeit (Salomon 1926) und der zwischenzeitlich stattgehabten Ausweitung qualitativ empirischer Studien im Kontext rekonstruktiver Sozialforschung/bzw. rekonstruktiver Sozialpädagogik (vgl. Kraimer, 1998; Jacob i.d.Bd.) gewinnen „Diagnosen" und eine sozialpädagogische Kasuistik auch disziplinär an Bedeutung und wirken - vermittelt über die publizistischen Kanäle und diverser Praxisberatungen und Wissenstransferprojekte - verstärkend auf Entwicklungen in der Praxis.

IV.

Ob der Rückgriff auf den Begriff der (sozialpädagogischen) „Diagnose“, historisch gegenläufig entwickelt zu gemeinwesenorientierten Ansätzen (vgl. Müller 1982) und eingeführt in die deutsche Tradition durch Alice Salomon, die die psycho-soziale Diagnose als das „Kerninstrument“ der sozialen Arbeit ausgemacht hatte, auch angesichts der neuen Wissensbestände und verbesserter sowie sozialpädagogisch problemangemessener fundierter diagnostischer Verfahren uneingeschränkt tauglich ist, darf dennoch bezweifelt werden: Denn entgegen allem reflektiertem Schreiben über die angemessene Verwendung dieses Begriffs im Kontext rekonstruktiver Sozialpädagogik, bleibt die problematische Nähe zur Nomenklatur einer überwiegend am naturwissenschaftlichen Modell orientierten Medizin/Psychiatrie und damit - entgegen den ausdrücklichen Intentionen der Protagonisten (vgl. Kraimer 1998) - das in das Alltagswissen eingedrungene Versprechen, „technologisch“ wirksam werden zu können. Und da auch die Politik alltagstheoretisch, „zeitgeistabhängig“ und auf das Machbare hin orientiert ist, werden m.E. mit dem Diagnosebegriff falsche Signale gesetzt, die geeignet sind, notwendig zu erhaltende Komplexität vorschnell zu vereinfachen (vgl. Klatetzki 1998). „Sozialpädagogisches Fallverstehen, das die Frage nach dem „Wie“ offener läßt, wäre m.E. ein angemessenerer Begriff als die Wiederbelebung des „Diagnosebegriffs“ (zur Kritik s. auch Köttgen i.d.Bd.). Und: Überraschen und nachdenklich stimmen müßte eigentlich auch die Quasiwiederholung der „Ursprungsdebatte“, denn auch derzeit wird neben dieser

Diskussion um eine verbesserte Diagnose im Einzelfall eine engagierte Debatte um eine sozialräumlich-gemeinwesenorientierte Jugendhilfe ja geführt... (vgl. die Diskussion um integrierte, flexible, sozialräumliche Hilfen, zusammenfass. Peters/Trede/Winkler 1998).

V.

Eine (evtl.) verbesserte Diagnosepraxis allein reicht nicht aus, um die pädagogische Qualität der Jugendhilfe zu verbessern. Um aus der beschriebenen Situation ausbrechen bzw. diese verändern zu können, bedarf es PolitikerInnen und PädagogInnen, die mit „Leidenschaft und Augenmaß“ (Max Weber) und sozialwissenschaftlich aufgeklärt, unhysterisch und reformorientiert angesichts der allgemeinen Probleme der Jugendhilfe zu handeln bereit sind. Ob Reformstrategien (und wie) gelingen, ist dann letztendlich eine empirische Frage, die aber mit entschieden wird durch die in diesem Feld tätigen Professionellen und ihr professionelles Selbstverständnis, das allerdings keine gruppenspezifische oder „individuelle Schöpfung ist, sondern Ausdruck der kollektiven Erfahrung des Wissensbestandes einer Organisation“ (vgl. Klatetzki 1998) bzw. Profession, und auch - als „Erziehung“ - in erster Linie kein bestimmtes Handeln beschreibt, sondern ein als (irgendwie) pädagogisch beschreibbares Handeln primär rechtfertigt bzw. mit „pädagogischem Sinn“ versieht (vgl. Giesecke 1996, S. 393), zugleich aber als Modell von etwas und Modell für etwas eine „Wirklichkeit“ folgenreich auf sich auszurichten in der Lage ist (vgl. Klatetzki 1993). Obgleich Jugendhilfeeinrichtungen sich gerne als fest gekoppelte Systeme präsentieren, die über bestimmte Methoden verfügen, mit denen sie gezielte Veränderungen bewirken, ist ihre Realität eine andere: Sie leiden an einem strukturellen Technologiedefizit, weil sie eben über keine kausalen Verfahren für die Erziehung von Kindern und Jugendlichen verfügen (vgl. Luhmann/Schorr 1982). Das Konzept der losen Koppelung für personenbezogene Dienstleistungsorganisationen (vgl. Weick 1976, 1985) „ist angesichts dieser Tatsache geeignet, einen wesentlichen Aspekt der Alltagsrealität von Jugendhilfeeinrichtungen zu erfassen: nämlich daß die Organisationsmitglieder angesichts der durch lose Systemkoppelung entstehenden Unklarheit des Geschehens damit beschäftigt sind, zu verstehen, was vor sich geht. Um sich darüber klar zu werden ... produzieren und interpretieren die MitarbeiterInnen Ideen, sie vermitteln Einsichten, verleihen Ereignissen Bedeutung und erzählen Geschichten, kurz: sie stiften Sinn für ihr professionelles Handeln und Berufsleben. (...) Lose Kopplung macht (relationale) Sinnstiftung fortwährend nötig“ (Klatetzki 1998, S. 58), wozu Professionelle typischerweise Professionswissen bzw. Theorie nutzen und es nicht unwesentlich ist, auf welche Theorietraditionen mit welchen impliziten Geltungsansprüchen sie sich stützen. Diese Formulierung ist bewußt „weich“ formuliert, weil wir ja aus der soziologischen Anwendungsforschung wissen, daß Theorien oder wissenschaftliches Wissen nicht einfach angewendet wird, sondern vermittelt über vielfältige Interpretations- und Vermittlungsebenen quasi „neu“ konstruiert werden, um wirksam zu werden, wobei dann auch noch wesentlich nichtwissenschaftliche Einflüsse zum Tragen kommen (vgl. Kunstreich/Peters 1988).

Aktuelle jugendhilfespezifische Beispiele, in denen deutlich wird, daß und wie die „zu Rate gezogenen Hintergrundtheorien“ unterschiedlich praxisrelevant werden könne, finden sich in der Geschichte der Entwicklung der „mobilen Betreuung“, der Etablierung „flexibler Betreuung“ (vgl. Klatetzki/ Winter 1990), der sog. „Hamburger Heimreform“, die vergleichsweise gut dokumentiert ist (vgl. Peters 1988; 1993; Wolf 1996; Klatetzki 1993; Hansbauer 1998) und der jüngeren Diskussion um flexible Hilfen (Peters/Trede/ Winkler 1998) einerseits, aber auch in den jüngsten „Erfolgsgeschichten“ intensiver familienorientierter Kurzzeitinterventions- oder Trainingsprogramme, die aber alle mehrheitlich ein bestimmtes Verfahren auf Dauer zu stellen suchen, und damit gerade keinen sensiblen Umgang mit Ungewißheit - das zentrale Moment, welches öffentliche Erziehung in mehrfacher Hinsicht kennzeichnet - , zu befördern in der Lage sind, sondern die kritisierte Selektivität nicht nur erhalten, sonder qua Differenzierung und Technologisierung noch erhöhen andererseits.

Ein alleiniger Rückgriff auf eine wieder entdeckte Diagnostik reihte sich m.E. nahtlos ein in einen neo-liberalen, betriebswirtschaftlich fundierten, scheinbar entideologisierten Diskurs, der mit verschiedenen Elementen derzeit die sozialpädagogische Praxis überrollt (von Neuen Steuerungsmodellen, einer vorgeblichen „Kundenorientierung“ über Leistungs-, Entgelt- und Qualitätsentwicklungsvereinbarungen etc.) und dessen Gemeinsames auf eine nur mehr durch Verfahren legitimierte entpolitisierte Praxis zielt. Demgegenüber bleibt zumindest Skepsis angebracht.

VI.

In diesem Buch, das ausgehend von einer bereits im November 1997 in Schweicheln durchgeführten ExpertInnentagung der IGfH das Thema und Problem "sozialpädagogischer Diagnosen" nicht nur darstellen, sondern ihm auch Richtung geben will, werden die derzeit diskutierten und/oder praktizierten Diagnoseverfahren dargestellt. Die Annäherungen, die seinerzeit erzielt worden sind, spiegeln sich trotz nach wie vor bestehender Unterschiede in den Artikeln wider. Ergänzt worden sind die damaligen Referate um Beiträge, die zwischenzeitliche Entwicklungen oder \`gute Praxis\` repräsentieren.

Im *ersten* Teil des Buches mit Beiträgen von Viola Harnach-Beck, Karl-Heinz Lindemann und Joachim Merchel geht es um den Grundsatzstreit zwischen \`Feststellung\` und \`Aushandlung\` möglicher Hilfebedarfe. Harnach-Beck und Merchel repräsentieren dabei diese schon früh in der Diskussion vorhandenen Alternativpositionen, während Lindemann eine aus systemtheoretischen Überlegungen gewonnene Zwischenlösung favorisiert.

Im *zweiten* Teil werden theoretische Positionen, Modelle und praktizierte Ansätze \`rekonstruktiven Fallverstehens\` vorgestellt. Diese aus der Entwicklung qualitativer Sozialforschung resultierenden Methoden \`kontrollierten Fremdverstehens\` gelten derzeit als erfolgversprechendste Variante einer sich professionalisierenden und wissenschaftlich fundierten sozialen Arbeit und Jugendhilfe, obgleich – angesichts der unterschiedlichen Bedingungen praktischen und wissenschaftlichen Handelns – ihre Realisierbarkeit in der Praxis, u.a. wegen der Zeitintensität, die sie beanspruchen, strittig ist. Gisela Jacob leitet diesen Part des Buches mit einem Übersichtsartikel ein, der gefolgt wird von einem Beitrag von Uwe Uhlendorff zu "sozialpädagogisch-hermeneutischen Diagnosen", die dann weiter diskutiert bzw. ausbuchstabiert (Franz-Josef Krumenacker/Gerd Ziegler; Eberhard Nölke) und um die Variante \`objektiver Hermeneutik\` (Norbert Höpfner/Manfred Jöbgen/Roland Becker) ergänzt werden.

Im *dritten* Kapitel werden die alltäglich-praktischen Probleme im Umgang mit einem ´verstehenden und diagnostizierenden Handeln` in Beiträgen von Christian Niemeyer, Alenka Kobolt, Charlotte Köttgen und Karlheinz Thimm in den Blick genommen. Ihnen gemeinsam ist, daß sie auf attributionstheoretisch erklärbare Verkürzungen in der Problemwahrnehmung und -behandlung ebenso aufmerksam machen wie auf praktizierbare Alternativen.

Erfurt/Hamburg, im Juli 1999 *F.P.*

Literatur

Arend, D./**Hekele**, K./**Rudolf**, M.: Sich am Jugendlichen orientieren. Frankfurt/ M. 4. Aufl. 1995.

Bittscheidt, D.: Zum Verhältnis von Jugendhilfe und Justiz in Deutschland: Wenn Erziehung zur Strafe werden soll ... In: Forum Erziehungshilfen, 4.Jg., Heft 2/1998, S. 68-78.

Bittscheidt, D.: Wie Ausgrenzung vermeiden? Zur Konzeption und Organisation von Hilfe in der Jugend-, Behinderten- und Psychiatriepolitik. In: Widersprüche, 17.Jg., H. 64/1997, S.53-68.

Bittscheidt, D./**Lindenberg**, M.: Zero Toleranz im Umgang mit Jugenddelinquenz? In: Neue Kriminalpolitik, 10.Jg., Heft 3/1998, S.23-28.

Bourdieu, P.: Praktische Vernunft. Zur Theorie des Handelns. Fft/M 1998.

Brand, K.-W.: Pädagogische Diskurse, Konjunkturen des Zeitgeistes und gesellschaftlicher Problemwandel. In: Neue Praxis, Heft 1/2/ 1993, S. 11-24.

Cremer-Schäfer, H.: Weshalb Arme so leicht kriminell werden müssen. In: Neue Krimalpolitk, H. 4/1998, S,33-37.

Engel, U./**Hurrelmann**, K. (Hrsg.): Was Jugendliche wagen. Weinheim/ München 1998.

Freese, W./**Kisse**, M.: Zur Indikationsfrage in der Jugendhilfe: Die psychosoziale Diagnose. In : Psychologie und Gesellschaftskritik, 14. Jg., H. 53/90. Oldenburg 1990, S.23-42.

Hansbauer, P. (Hg.): Kinder und Jugendliche auf der Straße. Münster 1998.

Harnach-Beck, V.: Psychosoziale Diagnostik in der Jugendhilfe. Weinheim/München 1995.

Hurrelmann, K.: Sozialisation und Gesundheit. Weinheim/München 1994.

Hurrelmann, K../**Laser**, U. (Hrsg.): Handbuch Gesundheitswissenschaften. Weinheim/München 1998.

Jacob, G.: Fallverstehen und Deutungsprozesse in der sozialpädagogischen Praxis. 1997. i. d. Bd.

von Kardorff, E.: Die Strategie der Therapeutisierung – Zum veränderten Handlungstyp in der Sozialen Arbeit. In: Neue Praxis, H.1/1982, S. 1-11.

Klawe, W./**Bräuer**, W.: Zwischen Alltag und Alaska. Weinheim/München 1998.

Klatetzki, Th.: Einige Aspekte, die vielleicht die Qualität von Organisationsstrukturen in Jugendhilfeeinrichtungen verbessern. In: Wolff, M. (Hrsg.): Pädagogische Qualität in der Jugendhilfe. Dresden (Veröffentlichung der TU Dresden) 1998.

Klatetzki, Th. (Hrsg.): Flexible Erziehungshilfen. Ein Organisationskonzept in der Diskussion. Münster 1995.

Lash, C.: Reflexivität und ihre Doppelungen: Struktur, Ästhetik und Gemeinschaft. In: Beck/Giddens/Lash : Reflexive Modernisierung. Eine Kontroverse. Frankfurt/M. 1996.

Lindemann, K-H.: Objektivität als Mythos.... Münster 1998

Luhmann, N.: Die Realität der Massenmedien. Opladen 1996

Luhmann, N./**Schorr**, K.E.: Das Technologiedefizit der Erziehung und die Pädagogik. In: Dies. (Hrsg.): Zwischen Technologie und Selbstreferenz. Fragen an die Pädagogik. Frankfurt/M. 1982.

Mollenhauer, K./**Uhlendorff**, U.: Sozialpädagogische Diagnosen I und II. Weinheim/München 1992 und 1995.

Möller, B./**Radloff**, B.: Mädchen und Jungen mit dem Lebensmittelpunkt Straße in Dresden. Dresden 1998.

Müller, B.: Sozialpädagogisches Können. Ein Lehrbuch zur multiperspektiven Fallarbeit. Freiburg 1993.

Niemeyer, C.: Markus stört. Sozialpädagogische Kasuistik von Ausgrenzungsprozessen auf attributionstheoretischer Grundlage. In: Peters, F. (Hg.): Professionalität im Alltag. Entwicklungsperspektiven in der Heimerziehung II. Bielefeld 1993.

Permien, H./**Zink**, G.: Endstation Straße? München 1998.

Scherr, A.: Jugendkriminalität, Sicherheitspraktiken und präventive soziale Arbeit. Aspekte einer Analyse und Kritik der aktuellen Diskussion. In: Neue Praxis, 28.Jg/1998, S. 577-590.

Schütze, F.: Biographieforschung und narratives Interview. In: Neue Praxis H.13/1983, S. 283-293.

Schütze, F.: Verlaufskurven des Erleidens als Forschungsgegenstand der interpretativen Soziologie. In.: Krüger, H. H./Marotzki, W. (Hrsg.): Erziehungswissenschaftliche Biographieforschung . Opladen 1995.

Schwabe, M.: Das Hilfeplangespräch nach § 36 – eine` bescheidene Übung` zwischen ideologischer Überfrachtung und strukturellen Widersprüchen. In: Forum Erziehungshilfen, 2.Jg., H. 4/1996, S. 164-172.

Vester, M.: Klassengesellschaft ohne Klassen. In: Berger, P.A./Vester, M. (Hrsg.): Alte Ungleichheiten – Neue Spaltungen. Opladen 1998.

1. Kapitel

Die Feststellung des Hilfebedarfs zwischen gutachterlicher Diagnose und Aushandlungsprozeß

Viola Harnach-Beck

Ohne Prozeßqualität keine Ergebnisqualität - Sorgfältige Diagnostik als Voraussetzung für erfolgreiche Hilfe zur Erziehung

1. Präzise Planung von Leistungen als Auftrag der Fachkräfte im Jugendamt

Wie kann es der sozialen Fachkraft im Jugendamt gelingen, eine Hilfe zur Erziehung so vorzubereiten, daß diese eine möglichst große Erfolgschance hat? Dieser Frage soll mit den folgenden Überlegungen zur Optimierung von Prozeßqualität als wichtige Vorbedingung für Ergebnisqualität nachgegangen werden. Ausgangsthese ist, daß eine Hilfe nur dann personen- und problemangemessen erbracht werden kann, wenn zuvor eine möglichst große Klarheit gewonnen wird über die subjektiv und objektiv bestehenden Problemlagen, deren Entstehungsbedingungen, die Bedürfnisse des Kindes/Jugendlichen und seiner Familie, ihre Motivation, Veränderungen in Angriff zu nehmen, ihre Lösungskompetenzen ebenso wie ihre Bewältigungsschwierigkeiten und ihre Wünsche oder Tolerierungsbereitschaften hinsichtlich möglicher Interventionen. Kurz: der „erzieherische Bedarf" als rechtlich festgelegte Voraussetzung für eine Hilfe zur Erziehung muß möglichst genau erkannt werden, damit eine möglichst passende Jugendhilfeleistung ausgewählt werden kann. Mit dem einschränkenden Wort „möglichst" weise ich darauf hin, daß es hier immer nur um Annäherungen an einen als ideal gedachten Vorgang gehen kann. Eine völlig objektive Feststellung eines „erzieherischen Bedarfs" gibt es nicht, da die subjektiven Sichtweisen aller Beteiligten darin eingehen. Ebensowenig ist die Bestimmung „der" einzig richtigen Hilfe möglich (ausführlich hierzu: Harnach-Beck 1997a). Das bedeutet aber nicht, daß die Zuordnung von Interventionen zu Problemlagen beliebig sein kann. Immerhin erlaubt uns der gegenwärtige Stand der psychologischen und erziehungswissenschaftlichen Forschung durchaus schon, von unterschiedlichen Erfolgswahrscheinlichkeiten bei unterschiedlichen Problem-Interventions-Kombinationen auszugehen.

Das systematische Angehen eines Hilfeersuchens durch die Fachkräfte des Jugendamtes steht zuallererst im Interesse der Antragsteller. Ein professionelles, also reflektiertes, zielgerichtetes, begründbares, effektives und Ressourcen optimal nutzendes Vorgehen gibt ihnen die größtmögliche Gewähr für

- die gerechte Verteilung der knappen Mittel der Jugendhilfe nach dem vorhandenen Bedarf (und nicht nach Gutdünken der Entscheidungsträger)
- eine möglichst gradlinige Erreichung des Ziels der Wiedererlangung eigenständiger Elternkompetenz bzw. eines Entwicklungsfortschrittes des Kindes ohne Verschwendung kostbarer Entwicklungszeit
- die Erhaltung der Mitwirkungsbereitschaft (die nicht durch unnötige Mißerfolge geschwächt werden darf)
- die Schonung des Zeit-, Kraft- und Finanzbudgets der Adressaten.

Es darf nicht vergessen werden, daß Fehlverläufe, die durch falsches berufliches Handeln verursacht wurden, bei lebendigen Systemen in aller Regel nicht vollständig rückgängig gemacht werden können.

Daß eine individuelle Bedarfssituation sorgfältig abgeklärt werden muß, ehe verändernd gehandelt werden kann, gehört nicht nur zum selbstverständlichen Handlungswissen von Fachkräften sozialer Arbeit, sondern dies ist auch gesetzlich verankert, nämlich im Untersuchungsgrundsatz des Verwaltungsverfahrensrechts bzw. für den Anwendungsbereich des Sozialgesetzbuches in den Bestimmungen des SGB X. Wie Maas (1996a, S. 76 ff. und S. 196) detailliert darlegt, ist die Ermittlung des Sachverhalts von Amts wegen die Grundregel aller behördlichen Verwaltungsverfahren. Ein wirksam gestellter Antrag verpflichtet die Verwaltungsbehörde zur Aufklärung des leistungserheblichen Sachverhalts[1] (§ 20 SGB X). Das heißt, daß sie im Rahmen der rechtlichen Vorgaben alle geeigneten Schritte unternehmen muß, um die re-

[1] Maas (1996a, S. 64f) definiert den „Sachverhalt" als den „entscheidungsrelevanten Ausschnitt aus der Lebenswirklichkeit". Er weist zugleich darauf hin, daß der Sachverhalt kaum jemals die Lebenswirklichkeit deckungsgleich abbildet, weil psychologische und soziologische Grenzen der Wahrnehmung, Schwierigkeiten der Darstellung und Fehlinterpretationen des Wahrgenommenen die Wiedergabe einschränken.

levanten Informationen zu erfahren und in ihrer Bedeutung für die zu treffende Entscheidung angemessen zu würdigen.

Folglich sind Kriterien für die Erhebung der erforderlichen Daten zu entwickeln, die den gesetzlichen Vorgaben ebenso wie außerrechtlichen fachlichen Standards und den ethischen Codices der Profession genügen.
*Den durch Fachkräfte der sozialen Arbeit gestalteten und verantworteten Prozeß der regelgeleiteten Ermittlung der für eine Entscheidung erforderlichen Sozialdaten bezeichne ich als **„psychosoziale Diagnostik"** oder auch **„sozialarbeiterische"** oder **„sozialpädagogische Diagnostik"**.*[2]

Mit den Attributen „psychosozial“, „sozialarbeiterisch“ oder „sozialpädagogisch“ werden die Besonderheiten der Anforderungen des Informationsgewinnungsprozesses in der sozialen Arbeit herausgestellt und betont, daß es sich weder um ein medizinisches noch ein (rein) pädagogisches noch ein (rein) psychologisches Verständnis von Diagnostik handelt. Dennoch ist auch von diesen Disziplinen viel zu lernen. Es würde eine Verschwendung von Wissen und damit gesellschaftlichem Vermögen darstellen, wollte man deren umfangreichen „body of knowledge“ nicht nutzen.[3]

2. Materiell-, verfahrens- und datenschutzrechtliche Aspekte der Sachverhaltsaufklärung für die Gewährung von Hilfen zur Erziehung

Die Anforderungen an die sozialarbeiterische Diagnostik sind hoch und durchaus nicht immer mit der wünschenswerten Objektivität und Reliabilität zu leisten. Vor allem die folgenden Probleme stellen sich in den Weg:
- die Schwierigkeit, eine von allen Mitwirkenden geteilte Auslegung der relevanten Gesetzesbegriffe, z.B. der Begriffe „erzieherischer Bedarf“ oder „Kindeswohl“, zu finden,

---

[2] Mit „Diagnose“ ist eher das Ergebnis eines dergestalt gerichteten Erkenntnisprozesses gemeint. „Diagnostik“, „diagnostisches Handeln“ oder „diagnostische Urteilsbildung“ bezeichnen den Prozeß der Erarbeitung dieser Erkenntnis.

[3] Den Gedanken, daß Sozialarbeiter zwar ihre eigene Methode entwickeln müßten, dabei aber von anderen Berufen lernen könnten, äußerte übrigens Alice Salomon bereits 1926 in ihrem Buch „Soziale Diagnose“ (S. 8).

- die Komplexität individueller Lebenslagen,
- die für Außenstehende (zu Recht) begrenzte Durchsichtigkeit der familiären Wirklichkeit,
- die schnelle Veränderung von Systemen, wie sie Familie, Schule oder nachbarschaftliches Umfeld darstellen.

Eine Lösung kann aber nicht im Verzicht auf die Sachverhaltsklärung gesucht werden, sondern nur in der vermehrten Anstrengung, die Wissensgrundlagen sozialer Arbeit zu verbreitern und ihr Instrumentarium zu verfeinern.

Welche Informationen werden benötigt, um einen „erzieherischen Bedarf" festzustellen? Generell läßt sich dazu sagen: Es werden Anhaltspunkte dafür gebraucht, daß die Eltern mit ihrem Erziehungsauftrag überfordert sind, d.h. objektiven wie subjektiven Schwierigkeiten begegnen, ihren Kindern bedürfnisgerechte und entwicklungsfördernde Bedingungen des Aufwachsens zu schaffen. Dies ist nach § 27 KJHG der anspruchsbegründende Tatbestand. Die *Erziehungssituation in einer Familie* steht also im Mittelpunkt der Sachverhaltsaufklärung. Dabei sind zunächst die *Sichtweisen der Betroffenen* in den Vordergrund zu stellen:

- Worunter leiden die Kinder subjektiv und mit welchen Folgen für ihre Persönlichkeitsentwicklung?
- Was belastet die Eltern?
- Was möchten sie verändern?
- Welche Art von Hilfe wünschen sie (zunächst)?
- Welche Motivation und welche Kräfte können sie in einen Veränderungsprozeß einbringen?

Die subjektive Perspektive der Adressaten ist zu ergänzen durch die *Beobachtungen, die die Fachkraft anstellt*, gegebenenfalls auch durch Angaben anderer mit der Familie verbundener Personen, z.B. Lehrer (das Einverständnis der Personensorgeberechtigten und des älteren Kindes vorausgesetzt), also durch eine intersubjektive Sichtweise.

Meistens wird es auch erforderlich sein zu erfahren, welchen Wirkungen aus dem *Umfeld* sich die Familie ausgesetzt sieht (erweiterte Verwandtschaft, Schule, Ausbildungs- oder Arbeitsplatz, Freunde, Nachbarschaft). Wodurch wird sie zusätzlich belastet? Wer greift ihr unter die Arme? Wo könnte zusätzlicher Beistand aktiviert werden? In diese Betrachtung (Netzwerkanalyse) sollte auch die bisherige Rolle der verschiedenen Institutionen des Gemeinwesens (der formellen Unterstützungssysteme) einbezogen werden.

In vielen Fällen wird es zum besseren Verständnis der Probleme erforderlich sein, einen Blick in die Vergangenheit zu werfen. Nachzuzeichnen sind dann die *Entwicklung des Kindes*, die Bedingungen, unter denen die Probleme zum ersten Mal auftraten, sowie erfolgreiche und fehlgeschlagene frühere Bewältigungsversuche (ausführliche Zusammenstellungen potentiell relevanter Themen bei Harnach-Beck 1997a).

Welche der hier skizzierten Informationen tatsächlich relevant sein könnten, muß in jedem einzelnen Fall vor ihrer Erhebung neu bedacht werden (Grundsatz der Erforderlichkeit).
Grundlage für die Bestimmung des Datenbedarfs bilden Hypothesen über mögliche Ursachen der vorgetragenen Probleme, über die Auswirkungen der Schwierigkeiten auf die kindliche Entwicklung und deren Veränderbarkeit durch Jugendhilfe. Diese Hypothesen können zu Beginn des Planungsprozesses grundsätzlich nur vorläufig sein. Sie müssen im weiteren Planungsverlauf ständig überprüft, verfeinert, als Folge verbesserten Wissens notfalls auch abgeändert oder fallengelassen werden. Deshalb empfiehlt sich die *sequentielle*, abgestufte Form der Datengewinnung. Ermittelt wird immer gerade so viel, wie für den nächsten Arbeitsschritt gebraucht wird. Gewonnene Erkenntnisse werden in den weiteren Erhebungsprozeß „eingespeist", so daß er nach und nach mit immer größerer Zielgenauigkeit durchgeführt werden kann. In der Regel werden zunächst Informationen höheren Allgemeinheitsgrades benötigt, z.B. um eine Erstberatung durchführen zu können. Je deutlicher sich herauskristallisiert, auf welche Hilfen der Planungsprozeß hinausläuft, desto spezifischer müssen die Angaben werden.

Ein sequentielles Vorgehen sichert am ehesten die Beachtung des Datenschutzgebots, die Erhebung nicht erforderlicher Daten zu vermeiden (§ 62 KJHG). Da der Datenbedarf von der getroffenen Entscheidung her legitimiert werden muß (zu erheben ist, was zur Begründung der Entscheidung erforderlich ist), können erst zu einem relativ späten Zeitpunkt des Planungsprozesses erforderliche und nicht erforderliche Informationen voneinander geschieden werden. Wenn schon die Erhebung der letzteren nicht gänzlich zu vermeiden ist, so hat man doch ihre Dokumentation in den Akten zu unterlassen.

Es ist leicht zu erkennen, daß ein solches Verfahren der hypothesengeleiteten und sequentiellen Informationserhebung in deutlichem Gegensatz zur Verwendung der alten Erhebungsbögen steht, wie sie noch bis Ende der achtziger Jahre in vielen Jugendämtern gang und gäbe war. Damals waren Fragenkataloge festgelegt, die ungeachtet der Besonderheiten jedes Falles einheitlich abgearbeitet werden sollten. Daß diese Diagnosebögen gravierende datenschutzrechtliche Probleme aufwarfen und deshalb abzulehnen waren, hat Maas bereits 1982 aufgezeigt. In einer von uns gemeinsam durchgeführte Aktenuntersuchung (Gärtner-Harnach/Maas 1987) wurde dies auch empirisch belegt. Damit ist auch gesagt, daß die Daten nicht *vor* der Hilfeplanung erhoben werden dürfen, ein Vorgehen, das vom Deutschen Verein (1994) zu Recht kritisiert wird, sondern daß die hier beschriebene diagnostische Arbeit integraler Bestandteil des Hilfeplanungsprozesses ist.

3. Fachliche Beurteilung und rechtliche Bewertung der gewonnenen Informationen

Aus den ermittelten Daten sind *die leistungserheblichen Merkmale herauszufiltern.* Ausstattungs-, Austausch- und Machtprobleme (vgl. Staub-Bernasconi 1994, 15 ff.) sollten in ihrer Bedeutung für die Entwicklung des Kindes herausgearbeitet werden. Neben den tatsächlich oder potentiell entwicklungsbeeinträchtigenden Faktoren sind außerdem die Stärken und Potentiale des familiären Systems zu erkennen und zu benennen, die durch eine Jugendhilfeleistung nicht geschwächt werden dürfen und an denen die Hilfe nach Möglichkeit ansetzen sollte.

Auf dieser Basis hat die Fachkraft ihre *Beurteilung der Problemlage* abzugeben, d.h. herauszuarbeiten, welche erzieherischen Anforderungen von der Familie nicht bewältigt werden können. Auf diese fachliche Interpretation kann nicht verzichtet werden, denn sie stellt wiederum die Grundlage für die *rechtliche Bewertung* dar, also für die Feststellung, daß der Tatbestand des § 27 KJHG erfüllt ist (ausführlich hierzu Maas 1996a und b, Harnach-Beck 1995a; 1997a).

In die fachliche Beurteilung müssen auch *prognostische Aussagen* einbezogen werden. Das Konzept des erzieherischen Bedarfs beinhaltet ja prinzipiell eine Prognose, nämlich die, daß ohne fachliche Hilfe eine dem Wohl des Kindes entsprechende Erziehung aller Voraussicht nach auch weiterhin nicht gewährleistet sein wird. Andernfalls wäre eine Leistung nicht notwendig. Auch die Auswahl einer bestimmten Hilfeart kann ohne prognostisches Element nicht auf ausreichende Weise fachlich begründet werden. Es muß nämlich voraussagbar sein, daß die ins Auge gefaßte Hilfe mit einer genügend hohen Wahrscheinlichkeit zu einer akzeptablen Stärkung der Erziehungskompetenz der Eltern und damit zu einer Verbesserung der Entwicklungsmöglichkeiten des jungen Menschen führen wird.

Selbstverständlich birgt jede Prognose ein Irrtumsrisiko, denn nicht alle zukünftigen Einflüsse sind voraussehbar und menschliche Entwicklungsvorgänge sind grundsätzlich als offen zu betrachten (Kusch/Petermann 1996; Montada 1995). Aber die passende Reaktion auf diese Problemlage darf nicht lauten: Augen zu und durch. Sie muß heißen: Fortwährendes Bemühen von Praxis und Forschung um Verbesserung der Prognosegrundlagen. Dazu sind z.B. gut kontrollierte prospektive Verlaufsstudien zur Erkundung der differentiellen Wirkungen verschiedener Jugendhilfeangebote erforderlich.

Mit der Gewährung der Hilfe ist der diagnostische Prozeß noch nicht beendet. Die Anforderung, die Wirksamkeit der Leistung laufend zu kontrollieren (§ 36 Abs. 2 KJHG), um den Hilfeplan entsprechend fortschreiben zu können, nötigt zu ständiger weiterer Erkenntnisgewinnung, wiederum unter Mitwirkung der Leistungsberechtigten und nunmehr unter verstärkter Einbeziehung der hilfeerbringenden Stelle. Die *Evaluation des Hilfeverlaufs* soll allen Beteiligten Rückmeldungen über Erfolge oder Mißerfolge der gemeinsamen Arbeit geben. Sie soll Hinweise für nötige Korrekturen des eingeschlagenen Weges liefern, den Leistungsberechtigten signalisieren, daß ihre Mitarbeit weiterhin von hoher Bedeutung ist, und dem Jugendamt die nötigen Begründungen für die Entscheidung über Fortsetzung oder Beendigung der Leistungen an die Hand geben. Wird sie sorgfältig dokumentiert, so kann die Evaluation des Hilfeverlaufs Bestandteil von Praxisforschung bzw. Selbstevaluation (vgl. Heiner 1994; von Spiegel 1994) werden und so dazu beitragen, die wissenschaftliche Grundlage sozialpädagogischer Praxis zu verbessern.

4. Qualitätsstandards für diagnostische Tätigkeiten

4.1 Dimensionen des Begriffs „Qualität"

„Qualität" wird nach ISO-Norm definiert als „Gesamtheit von Eigenschaften eines Produkts oder einer Dienstleistung, die sich auf deren Eignung zur Erfüllung festgesetzter oder vorausgesetzter Erfordernisse bezieht". „Qualität" ist in diesem Konzept ein mehrdimensionaler Begriff, dessen Bedeutung von zeitlichen Faktoren und von Bedingungen des Umfeldes abhängig ist. Seine Dimensionen sind zu operationalisieren, indem adäquate Indikatoren benannt werden, denen meßbare oder zumindest bestimmbare Eigenschaften zugrunde liegen. In der gegenwärtig vorherrschenden „wertorientierten" Interpretation des Qualitätsbegriffes wird das ursprünglich als zentral gesehene Merkmal der objektiven Gebrauchstauglichkeit ergänzt durch die Komponenten „Kundenorientierung", Finanzierbarkeit und politisch gewollte Wirkung („Outcome"; vgl. *KGSt*, 1995, S. 11). Eine Verwaltung erfüllt, so heißt es in der *KGSt*-Empfehlung (1995, S. 13), die heute gültigen Anforderungen an das Qualitätsmanagement dann, wenn sie „ihre Dienstleistungen (Produkte) konsequent an den Bedürfnissen[4] der Bürger orientiert, Standards dokumentiert und im Rahmen von Controlling laufend überprüft." *Demnach kommt Qualitätsentwicklung nicht ohne gewisse Regeln für ihre Arbeitsabläufe aus.* Die Nutzer einer Leistung müssen sich darauf verlassen können, daß sie in den Genuß einer dem jeweiligen Stand des Faches entsprechenden Güte des Ergebnisses wie des Verfahrens kommen.

Donabedian (1980) schlug die Unterscheidung dreier Dimensionen des Qualitätsbegriffs vor, nämlich die von Struktur-, Prozeß- und Ergebnisqualität. Der Begriff der Strukturqualität bezieht sich auf die allgemeinen Rahmenbedingungen einer Institution, innerhalb derer eine Leistung zu erbringen ist (z.B. Organisation, Ressourcen, Konzepte). Unter „Prozeßqualität" werden die Merkmale zielführender fachlicher Tätigkeit verstanden, in unserem Kon-

[4] Hier wird von der KGSt allerdings übersehen, daß die Verwaltung bei der Gewährung individueller Leistungen streng genommen nicht nach (subjektivem) „Bedürfnis" entscheiden darf, sondern nur nach „Bedarf", also nach einem möglichst an objektiven Kriterien zu messenden Mangel. Die Brisanz dieser Unterscheidung zeigt sich z.B. an den Rechtsstreitigkeiten zwischen Eltern und Jugendämtern wegen verweigerter Übernahmen der Kosten für Legasthenie-Therapien (vgl. Harnach-Beck 1996c).

text also z.B. die Gestaltung beratender, ermittelnder, erziehender, therapierender Arbeitsverläufe. Der Begriff „Ergebnisqualität" bezieht sich auf den Erfolg einer Leistung (ihre Effektivität) sowie auf ihre Effizienz (das Verhältnis von Erfolg zu Ressourcenverbrauch). Prozeßqualität steht im Dienste von Ergebnisqualität, ist also kein Selbstzweck. Sie ist eine notwendige, wenn auch nicht hinreichende Bedingung für ein gutes Ergebnis der Hilfeleistung.

In der Jugendhilfe läßt sich die Qualitätsdiskussion nicht ohne die Einbeziehung der gesetzlichen Vorschriften, namentlich des KJHG, führen. Hier finden wir die zentralen Standards für „gute" Jugendhilfe. Ergänzt durch weitere fachliche Grundsätze lassen sie sich zu einem Katalog von Qualitätsmerkmalen zusammenstellen:[5]

4.2 Kriterien für Prozeßqualität

Kriterium 1: Systematisches Angehen des Hilfeplanungsprozesses
Bevor man mit der diagnostischen Arbeit beginnt, sollte man ihr eine gedankliche Struktur geben, d.h. die erforderlichen Handlungsschritte vor dem Tätigwerden durchdenken und in eine angemessene Reihenfolge bringen. Die Fachkraft muß z.B. Überlegungen anstellen zu den folgenden Fragen:

1. Um was geht es den Hilfesuchenden? (Klärung der Fragestellung in der Ausgangssituation)
2. Fällt das Anliegen in den Aufgabenbereich der Fachkraft, oder muß sie den Hilfesuchenden eine andere Anlaufstelle vermitteln? (Klärung der Zuständigkeit)
3. Welche Rechtsgrundlagen sind für die weitere Tätigkeit zu beachten?
4. Wie sind die rechtlichen Bestimmungen zu konkretisieren? (z.B. Operationalisierung des rechtlichen Begriffs „erzieherischer Bedarf)
5. Welche psychologischen und soziologischen Aspekte könnten für die Problembearbeitung relevant sein? (Hypothesenbildung)
6. Welche Ziele sollen (vorläufig) angestrebt werden, zum einen aus der Sicht der Adressaten, zum anderen aus fachlicher Perspektive?
7. Welche Informationen könnten benötigt werden, und bei welchen Informanten könnten sie eingeholt werden? (Vorläufige Bestimmung des Da-

[5] Ausführlich hierzu Harnach-Beck 1997b

tenbedarfs und der zu befragenden Personen unter strikter Beachtung der Datenschutzregeln des KJHG)

8. In welcher Reihenfolge sollen die Informationen eingeholt werden und mit welchem Genauigkeitsgrad?
9. Wer soll in die Erstellung des Hilfeplans einbezogen werden?
10. Wie soll die spätere Leistungserbringung evaluiert werden?

Diese gedankliche Vorstrukturierung kann naturgemäß nur zu vorläufigen Ergebnissen führen. Mit jeder neuen Information tritt möglicherweise das Erfordernis auf, die Planung zu modifizieren, um auf diese Weise zu immer besser passenden Arbeitsschritten zu gelangen. Wir haben es hier mit einem iterativen Prozeß zu tun.

Kriterium 2: Hypothesengeleitete Datengewinnung

Um nicht den Weg von Versuch und Irrtum zu gehen, muß die Fachkraft - wie schon dargelegt - Hypothesen darüber entwickeln, welche Faktoren für das Verständnis der zu bearbeitenden Problematik relevant sein könnten. Diese werden im darauf folgenden Datengewinnungsprozeß geprüft und gegebenenfalls korrigiert. Ein hypothesengeleitetes Vorgehen hilft am ehesten, den diagnostischen Prozeß zielstrebig und effizient durchzuführen.

Kriterium 3: Überprüfbarkeit von Prozeß und Ergebnis der Datenerhebung

Die Einheitlichkeit beruflichen Handelns und seine wissenschaftliche Begründung und Rechtfertigung gehören zum fachlichen Anspruch einer Profession. Professionelle Entscheidungen sollen säkular (d.h. nicht auf Glaubenssätzen beruhend), empirisch gehaltvoll und begrifflich klar sein (Mollenhauer 1992). Darüber hinaus müssen die Entscheidungen von Fachkräften des Jugendamtes gerichtlicher Nachprüfung standhalten können, so daß nicht nur Experten, sondern über diesen Weg auch Klienten die Möglichkeit offen steht, Verwaltungsentscheidungen zu kontrollieren (Maas 1994). Das Ergebnis des Prozesses der Sachverhaltsaufklärung soll also nach Möglichkeit intersubjektiv nachvollziehbar sein. Dies scheint mir bei hermeneutischen Ansätzen (z.B. dem von Mollenhauer/Uhlendorff 1992) weniger gesichert zu sein.

Kriterium 4: Beteiligung der Adressaten
Die angemessene Beteiligung an der Abklärung der Problemsituation und der Auswahl von Hilfen ist gesetzlich verankertes Recht der Eltern und der jungen Menschen[6]. Ohne sie wäre auch das Gelingen des Prozesses nicht denkbar. Wie dargestellt, geht es um *ihr* Verhalten, *ihr* Erleben von Belastung, *ihre* Veränderungswünsche und *ihre* Aussage darüber, welche Maßnahmen *sie* aktiv mittragen oder zumindest akzeptieren können. Ihre Lösungskompetenzen werden in der Phase der Hilfeplanung ebenso gebraucht wie in der Zeit der Hilfeerbringung. Sie sind in ihren eigenen Angelegenheiten prinzipiell selbst dann noch als Experten anzusehen, wenn sie in Teilbereichen ihrer Lebensgestaltung offensichtlich mit ihrem Latein am Ende sind. Fachkraft und Klient können sich gegenseitig ergänzen und unterstützen in der gemeinsamen Anstrengung, die leistungsrelevanten Aspekte der Gesamtsituation herauszufinden. Aussagen und Verhaltensweisen von Familienmitgliedern regen Überlegungen, weitere Fragen und Beobachtungen der Fachkraft an und umgekehrt geben deren Fragen den Klienten Anstöße zu gezielter Introspektion, zur Beobachtung der Vorgänge in der Familie, zum Wiederbeleben von Erinnerungen, zum Nachdenken über mögliche Ursachen von Schwierigkeiten, zu eigenen Zielsetzungen und zur Formulierung von Vorstellungen über die von ihnen gewünschte Hilfeart, kurz: zur aktiven gedanklichen Mitarbeit. Erst die Integration der Angaben der Leistungsadressaten und der Befunde des Sozialarbeiters über deren Situation unter der Perspektive seines Fachwissens ergibt ein brauchbares Bild. *Diagnostik ist ein interaktives Geschehen*, in dem die Klienten gewissermaßen als *Co-Diagnostiker* fungieren. Es kann also nicht darum gehen, sie lediglich zur Zustimmung zu von der Sozialarbeiterin erdachten Lösungen zu bewegen, sie also nur formal zu beteiligen.

Die Mitwirkung der Leistungsempfänger ist außer bei der Vorbereitung auch bei der Evaluation einer erbrachten Leistung notwendig. Ihre Einschätzung der erzielten Veränderungen ist von hoher Relevanz für die Beurteilung der Angemessenheit der ausgewählten Hilfe zur Erziehung. Sie ist auch rechtlich gefordert, denn die hilfeerbringende Stelle darf nur mit Einwilligung der Verfügungsberechtigten Daten an das Jugendamt weitergeben (Maas 1996a).

---

[6] Zur Differenzierung der Rechte von sorgeberechtigten und nicht sorgeberechtigten Eltern sowie von jungen Volljährigen, Kindern und Jugendlichen vgl. Deutscher Verein (1994).

Für Kinder und Jugendliche gilt dies nach Maßgabe ihres Entwicklungsstandes.

Diagnostische Tätigkeit hat zwar die vorrangige Aufgabe, einen Informationsgewinn zu bringen. Daneben kann sie aber auch bereits problemreduzierend wirken. Das Erleben eines ernsthaften Interesses an der eigenen Person und dem eigenen Leben, die Gelegenheit, sich auszusprechen, dabei auf Empathie und Verständnis zu stoßen und klärende Rückmeldungen zu erhalten, kann bei den Adressaten bereits Wahrnehmungs- und Erlebnisweisen verändern, kann sie Einsichten in Zusammenhänge gewinnen lassen und bei ihnen zu Verhaltensänderungen führen. *Die Hilfevorbereitung wird damit bereits zu einem Stück Hilfeerbringung - u.U. verkürzt sie auf diese Weise sogar die Phase des eigentlichen Leistungsempfangs.* Andererseits besteht gerade bei unfachgemäßer Gestaltung dieses Prozesses die Gefahr einer womöglich folgenreichen Problemverschärfung.

Partnerschaftliche, von wechselseitiger Anerkennung der speziellen Kompetenzen getragene Zusammenarbeit hebt allerdings nicht die Tatsache auf, *daß die Beziehung zwischen Fachkraft und Klienten ihrer Natur nach asymmetrisch ist.* Hier kann kein wahrhaft gegenseitiger Austausch stattfinden, wie er z.B. die Grundlage für eine Freundschaft ist, sondern es handelt sich um eine Arbeitsbeziehung mit einseitiger Offenlegung persönlicher Lebensbereiche. Nicht die Fachkraft gewährt einen Einblick in ihre private Sphäre, sondern der Antragsteller. Er muß Hilfebedarf eingestehen, nicht sie. Unterschiedliches Erklärungs- und Handlungswissen und unterschiedliche Verfügungsmacht über Ressourcen sind weitere Aspekte dieser Beziehung. Eine arbeitsteilige Gesellschaft bringt ohnehin in allen Lebensbereichen asymmetrische Beziehungen hervor. Aber das Machtgefälle zwischen Antragstellendem und Leistungsbewilligendem in unserem Zusammenhang gibt dieser Beziehung eine spezielle Färbung, deren sich der Antragsteller bewußt sein dürfte, und über die auch die Fachkraft sich Rechenschaft ablegen muß. Besser als die Macht zu vertuschen, ist es, sie klaren, offengelegten und allgemein akzeptierten Begrenzungsregeln zu unterwerfen, damit sie nicht zur „Behinderungsmacht“ (Staub-Bernasconi, 1994) werden kann.[7]

[7] Eine Thematisierung der ungleichen Kraftverhältnisse findet sich auch in den Empfehlungen des Deutschen Vereins zur Hilfeplanung (1994).

Kriterium 5: Wahrung des Grundrechts der Leistungsberechtigten auf informationelle Selbstbestimmung

Die Datenschutzbestimmungen dienen dazu, die Klienten vor einem ungerechtfertigten Eindringen in ihre Privatsphäre zu bewahren. Aber schon vor ihrer gesetzlichen Verankerung gehörte die Beschränkung der „Erkundungslust" auf das unvermeidliche Maß zu den berufsethischen Grundsätzen der sozialen Arbeit ebenso wie der Psychologie. Respekt vor der Autonomie der Klienten ist auch dadurch zu bezeugen, daß man in deren persönliche Domäne nicht weiter vordringt, als sie selbst es zulassen und als es die jeweilige Aufgabenstellung verlangt. Voraussetzung dafür ist, daß die Adressaten genügend gut verstehen können, wofür ihre Aussagen verwendet werden, also der Sozialarbeiter sein Vorgehen transparent macht.[8]

Kriterium 6: Handlungsanleitende Funktion von Diagnostik

Der vorrangige Zweck der Datengewinnung im hier besprochenen Kontext besteht zum ersten darin, eine valide Begründung für die zu treffende Entscheidung zu liefern, und zum zweiten darin, (vorläufige) Hinweise für die Ausgestaltung der Leistung zu geben, die dann im Zuge der Leistungserbringung verbessert und komplettiert werden können. Sie soll also eine möglichst tragfähige Grundlage für sozialpädagogisches Handeln herstellen. Erweist sie sich als nützlich für die Erzielung des gewünschten Handlungsergebnisses, so hat sie ihre Funktion erfüllt.

Kriterium 7: Kooperative Durchführung diagnostischer Tätigkeiten

§ 36 Abs. 2 KJHG verlangt das Zusammenwirken mehrerer Fachkräfte, wenn über eine Hilfe zur Erziehung zu entscheiden ist, die voraussichtlich für längere Zeit geleistet werden muß. An der Aufstellung und Überprüfung des Hilfeplans sollen außer diesem Team und den Antragstellern auch Vertreter der leistungserbringenden Stelle bzw. Personen, die die Leistung durchführen, beteiligt werden. Die erweiterten Erkenntnismöglichkeiten kollegialer Zusammenarbeit sind also für die Absicherung einer Entscheidung zu nutzen. Zumindest dann, wenn Eingliederungshilfe nach § 35 a KJHG erforderlich erscheint, sollen auch ein Facharzt (i.a. ein Kinder- und Jugendpsychiater) und gegebenenfalls Fachkräfte der Bundesanstalt für Arbeit beteiligt

---

[8] Vgl. das Konzept des „informed consent" in der amerikanischen Sozialarbeit.

werden (§ 36 Abs. 3 KJHG).[9] Die Zusammenarbeit mit Psychologen, z.B. der kommunalen Erziehungsberatungsstelle, empfiehlt sich aber auch bei der Sachverhaltsaufklärung für die Hilfen nach §§ 27 ff. KJHG immer dann, wenn die Sozialpädagogin oder der Sozialarbeiter für ihre Entscheidung Informationen brauchen, die sich besser mit Hilfe psychologischer Verfahren gewinnen lassen, wie z.B. die Höhe eines Intelligenzquotienten.

Kriterium 8: Lehr- und Lernbarkeit der Methode

Eine fachgerechte Datenerhebung ist zwar schwierig, aber keine „Kunst“, geschweige denn ein esoterisches Geheimnis. Studierende der sozialen Arbeit können lernen, auf welche Weise sie benötigte Informationen im Gespräch, bei der Verhaltensbeobachtung oder auch bei der Verwendung von für ihren Bereich standardisierten Verfahren erlangen können. Das Studium kann ihnen die unterschiedlichen Gestaltungsformen und Zwecksetzungen von diagnostischen Gesprächen und Verfahren vermitteln. Für den hier beschriebenen diagnostischen Ansatz sind klare, auch für die Ausbildung an der Hochschule konzipierte und von Studierende erwerbbare Handlungskonzepte vorgelegt worden[10]. Wenn behauptet wird, daß es Alternativen zu diesem systematischen Weg gäbe, so müßten diese ebenfalls so detailliert und eindeutig dargestellt werden, daß Lernende brauchbare Konzepte erwerben und Praktiker daraus Sicherheit für ihr Handeln ziehen können.

5. Was hat psychosoziale Diagnostik mit „Aushandeln“ zu tun?

Wenn der Begriff „Aushandlung“ wie in den Empfehlungen des Deutschen Vereins zur Hilfeplanung nach § 36 KJHG (1994, S. 320) so verstanden wird, daß alle Beteiligten versuchen sollen, ihre Wahrnehmung der Problemkonstellation und ihre Vorstellungen über Abhilfemöglichkeiten unter einen Hut zu bringen, so kann ich ihn durchaus hinnehmen. Mit einer so verstandenen Aushandlung ist allerdings nur ein Teil des diagnostischen Prozesses erfaßt. Zu beschreiben bleibt, *wie* die Fachkraft zu *ihrer* Situationsdefinition und ihren Handlungsvorstellungen, mithin zur *kompetenten* Erfüllung ihres

---

[9] Zu den diagnostischen Aufgaben der Fachkraft sozialer Arbeit bei der Gewährung von Eingliederungshilfe für seelisch behinderte Kinder und Jugendliche vgl. Harnach-Beck 1996b und c, 1997c.

[10] Z.B. von Arndt et al. 1993, Maas 1996a, Harnach-Beck 1997a.

Aufklärungs- und Beratungsauftrags gelangen kann. Diese Lücke ist es, die mit dem hier beschriebenen Vorgehen gefüllt werden soll. Es geht um das Herausarbeiten der Gegebenheiten, die einen Leistungsanspruch begründen, d.h. des erzieherischen Bedarfs für eine konkrete Hilfe zur Erziehung. Dazu muß die Sozialpädagogin oder der Sozialarbeiter wissen, welche Sachverhaltsmerkmale einen Anspruch auf welche Art der Hilfe entstehen lassen. Und das bedeutet, daß sie/er die *Verantwortung* für das Zusammentragen der erforderlichen (und nur dieser) Tatsachen zu übernehmen hat. Hier liegt ein wesentlicher Unterschied zur bloßen „Moderation von Aushandlungsprozessen" (Merchel 1996). Die soziale Fachkraft kann sich nicht auf die neutrale Moderatorrolle zurückziehen, sondern sie hat ihr Fachwissen über die Auslegung von Gesetzesbegriffen, die Bedingungsfaktoren erzieherischer Probleme ebenso wie über Wirkungsmöglichkeiten des ihr zur Verfügung stehenden Leistungsrepertoires, also Fakten-, Problem-, Erklärungs- und Handlungswissen beizusteuern, damit eine Hilfe, die professionell erbracht werden soll, auch entsprechend professionell geplant wird. Die Antragsteller haben einen Anspruch auf eine fachlich fundierte Orientierungshilfe. Ein ähnliches Verständnis der Rolle der Fachkraft ist bei Münder (1996, S. 13) zu finden, wenn er schreibt: „Das (Entwickeln gemeinsamer Vorstellungen; d. V.) bedeutet nicht den Verzicht auf die Entwicklung eigener, fachlich begründeter Positionen der Akteure der Jugendhilfe, sondern fordert geradezu heraus, für diese Vorstellungen zu 'werben', die Bürger dafür zu gewinnen." So gesehen, ergibt es keinen Sinn, „Aushandeln" als Alternative zu „Diagnostik" zu konstruieren. Ein Teil kann nicht für das Ganze stehen. Wer fordern wollte, sich auf einen Teil der gesamten Sachverhaltsermittlung zu beschränken, würde verlangen, man sollte nur die halbe Arbeit tun.

Nicht vergessen werden darf schließlich, daß dem Vorgang des Aushandelns enge Grenzen gesetzt sind. Spätestens dann, wenn eine Anspruchsgrundlage für eine Leistung beim besten Willen nicht zu erkennen ist, oder wenn Antragsteller eine Leistung wünschen, die nach allen fachlichen Erfahrungen die Probleme verschärfen statt sie zu mildern, muß offengelegt werden, daß die Entscheidungsbefugnis über die Gewährung der Hilfe bei der Fachkraft liegt, d.h. daß bei Nichtzustandekommen einer Einigung die Leistung nicht gewährt werden kann. Besser als das (zu) späte Eingeständnis, das der Vorgabe, alles sei möglich, schließlich folgen muß, ist dann doch die rechtzeitige Aufklärung der Adressaten über Spannbreite und Begrenzungen ihrer Rechte und Pflichten. Und das gilt erst recht bei Vorliegen einer Gefährdung des Kindeswohls (ausführlich hierzu Harnach-Beck 1995b; 1996a).[11]

6. Zur Eigenständigkeit der von Fachkräften sozialer Arbeit durchgeführten Diagnostik

Die Erfassung individueller Lebenskonstellationen wird in der sozialen Arbeit seit den wegweisenden Publikationen von Mary Richmond (1917) und, durch sie angeregt, von Alice Salomon (1926) als „soziale Diagnose"[12] bezeichnet. Mary Richmond meinte damit „das Bemühen, zu einer möglichst exakten Definition der sozialen Situation und der Persönlichkeit eines Menschen, der in einer sozialen Notlage ist, zu gelangen - in Beziehung zu anderen Menschen, von denen er in irgendeiner Weise abhängt oder die von ihm abhängen, und auch in Beziehung zu den sozialen Institutionen seiner Gemeinde".[13] Sie wies schon damals darauf hin, daß es dabei nicht um die Etikettierung „abweichenden" Verhaltens gehen dürfe, sondern angestrebt werden müsse, Probleme von Menschen im Kontext ihrer Lebenslage zu sehen, weil nur so die passenden Hilfen angeboten werden könnten. Auch wenn sie den Begriff der Medizin entnommen haben mag, so hatte sie doch schon damals alles andere als einen auf eine medizinische Krankheitsmodellvorstellung verengten Diagnosebegriff. Auch Alice Salomon (1926) grenzte ihre Blickrichtung deutlich vom ärztlichen „Gesichtswinkel" ab und hob hervor, daß die soziale Diagnose im Unterschied zu jenem „auf den gesamten Menschen eingestellt sei".

Natürlich hat sich seit den Zeiten von Mary Richmond und Alice Salomon das Grundverständnis über das Verhältnis zum Klienten und über methodisches Vorgehen weiterentwickelt. Insbesondere die sozialen Bewegungen der 70er und 80er Jahre haben die soziale Arbeit gelehrt, ihre Klienten als Bürger mit berechtigten Ansprüchen an staatliche Daseinsvorsorge, mit eige-

---

[11] Zum Spannungsverhältnis zwischen ergebnisorientierten und kompetenzbasierten Praxisanforderungen auf der einen Seite und Prinzipien der Selbstbestimmung der Klienten auf der anderen vgl. auch Rothman et. al. (1996).

[12] Mit „Diagnose" ist eher das Ergebnis eines dergestalt gerichteten Erkenntnisprozesses gemeint. „Diagnostik", „diagnostisches Handeln" oder „diagnostische Urteilsbildung" bezeichnen den Prozeß der Erarbeitung dieser Erkenntnis.

[13] zit. nach Kirk et al. 1989, S. 296; Übersetzung durch mich.

nen Stärken und Lösungskompetenzen und als ernst zu nehmende Gesprächspartner zu sehen, und mit dem Volkszählungsurteil des Bundesverfassungsgerichts (1983)[14] wurde der Blick auf das Recht von Bürgern an den eigenen Daten gerichtet (vgl. hierzu Gärtner-Harnach/Maas 1987). Diese Entwicklung wurde für die soziale Arbeit durch das KJHG kodifiziert und damit für alle Beteiligten sichtbar verdeutlicht. Nicht zuletzt durch diese Entwicklungen beeinflußt, hat sich auch das Verständnis von „psychosozialer Diagnostik" gewandelt. Als *lege artis* durchgeführt kann sie heute nur dann gelten - und dies sollte mit den vorangegangenen Ausführungen deutlich gemacht werden - wenn sie als ein Prozeß der Zusammenarbeit zwischen Nutzern auf der einen und Fachkräften auf der anderen Seite gestaltet wird, in dem den Deutungsmustern und Zielvorstellungen der Leistungsempfänger eine hohe Bedeutung beigemessen wird. Die fachlichen Handlungsvollzüge sind transparent zu machen. Das Grundrecht der Adressaten auf informationelle Selbstbestimmung ist zu wahren, was bedeutet, daß keine einzige Information ohne ihre Zustimmung erhoben werden darf (abgesehen vom Gefährdungsfall) und daß sie mit Datendokumentation und -weitergabe einverstanden sein müssen. Achtung der Rechte und der Kompetenzen der Adressaten sind also heute als unverzichtbarer Bestandteil des diagnostischen Vorgehens zu sehen (ausführlich hierzu Harnach-Beck 1997a). Es ist also nicht so, daß der Begriff „Diagnostik" für ein Konzept der „expertenbestimmten" Bevormundung von Adressaten der Jugendhilfe oder für ein medizinisches oder psychologisches Konzept steht, wie gelegentlich behauptet wird (vgl. Merchel 1994, S. 45 ff.; 1996).[15]

Bei einer Konzeption sozialarbeiterischer Diagnostik geht es darum, psychologisches, juristisches und originär sozialarbeiterisches Wissen neu zu durchdenken und so zu verknüpfen, daß es für die ganz spezifischen Aufgabenstellungen der Fachkräfte sozialer Arbeit brauchbar wird.[16] Diagnostik in der sozialen Arbeit unterscheidet sich von der des Psychologen in mindestens fünf wichtigen Aspekten deutlich, nämlich

[14] BVerfGE 65, 1.

[15] Wobei auch konzediert werden muß, daß sich das medizinische Verständnis von Diagnostik in den letzten Jahrzehnten gewandelt hat und die Einbeziehung der Sichtweisen der Patienten durchaus zum fachlichen Selbstverständnis guter Ärzte gehört.

[16] Auf vergleichbare Weise haben dies zuvor Arndt/Oberloskamp/Balloff (1993) getan, die ebenfalls von „psychosozialer Diagnose" sprechen.

1. in ihrer Fundierung im gesetzlichen Auftrag,
2. in der Aufgabenstellung, eine vorgefundene soziale und persönliche Situation unter Gesetzeskategorien zu subsumieren,[17]
3. in der Bestimmung, unter den Hilfen, über die die Jugendhilfe verfügen kann, die geeignete und notwendige herauszufinden,
4. in der spezifischen Beachtung der Datenschutzregeln und
5. teilweise - allerdings eben nur teilweise - in den Datenerhebungsmethoden. Die enge Verschränkung von Wissenssträngen unterschiedlicher Disziplinen, die eine solche Arbeit voraussetzt, stellt eine gedankliche Leistung dar, die nur Sozialarbeiterinnen bzw. Sozialpädagogen mit ihrer interdisziplinären Ausbildung erbringen können.

Als ein weiterer Einwand gegen den Begriff der psychosozialen Diagnostik wird vorgebracht, er sei gewissermaßen altmodisch, weil er in den 70er Jahren als Element der Sozialarbeiterqualifizierung betrachtet wurde (Merchel/ Schrapper 1994, S. 23). Welchen Nutzen soll es aber bringen, ständig die Begrifflichkeit zu wechseln und damit die Wahrnehmung für langdauernde (weil langsame) Entwicklungen zu verstellen? Besser erscheint mir die Besinnung auf die lange (wenn auch für 12 Jahre gebrochene) Tradition sozialer Arbeit, weil dies für Sozialarbeiterinnen und Sozialpädagogen eher identitätsstiftend wirkt (Leschmann 1988) und den Dialog zwischen den Generationen überhaupt erst ermöglicht.

7. Zusammenfassung

Die sorgfältige Ermittlung der Handlungsgrundlagen (also die diagnostische Tätigkeit) stellt einen unverzichtbaren Bestandteil des professionell durchgeführten Hilfeplanungsverfahrens dar. Prozeßqualität ist bei der Sachverhaltsaufklärung am Grad der Beachtung der folgenden Kriterien zu messen:

- strukturierte und hypothesengeleitete Datenermittlung,
- Nachvollziehbarkeit des Datenermittlungsverfahrens und Replizierbarkeit seiner Ergebnisse,

[17] So müßte eine soziale Fachkraft des Jugendamtes selbst dann, wenn sie die gesamte Datenermittlung sagen wir von einer kommunalen Erziehungsberatungsstelle machen ließe, dennoch eine eigene Übersetzungsleistung erbringen, nämlich bestimmen, was den erzieherischen Bedarf oder den Bedarf nach Eingliederungshilfe gem. § 35 a KJHG ausmachte.

- Beteiligung der Leistungsadressaten,
- Beachtung des Grundsatzes der Erforderlichkeit der Datenerhebung,
- handlungsanleitende Funktion der Datengewinnung,
- Kooperation mit Kolleginnen und Kollegen,
- akademisch vermittelbare Methoden,
- ausgewogenes Verhältnis von Ergebnis und Ressourcenverbrauch (bei Adressaten und Institution).

Können die mit der Vorbereitung und der Bewilligung von Hilfen zur Erziehung betrauten Fachkräfte des Jugendamtes eine gute Qualität des Planungsprozesses gewährleisten, so verbessern sie damit deutlich die Chance für eine erfolgreiche Hilfeerbringung, also für ein Ergebnis, das die Leistungsnutzer zufriedenstellt.

Die diagnostische Tätigkeit von Fachkräften des Jugendamtes wurde hier am Beispiel der Hilfen zur Erziehung beschrieben. Weitgehend übertragen läßt sich das beschriebene Vorgehen auf die Planung von Eingliederungshilfen für seelisch behinderte Kinder und Jugendliche (§ 35 a KJHG) und auf die Hilfen für junge Volljährige (§ 41 KJHG). Daneben wird psychosoziale Diagnostik auch zur Erfüllung „anderer" Aufgaben des Jugendamtes nach § 2 Abs. 3 KJHG benötigt, insbesondere zur Darlegung von Tatbeständen, wie sie die Mitwirkung in den verschiedenen gerichtlichen Verfahren nach §§ 50 (Familien- und Vormundschaftsgericht) und 52 KJHG (Verfahren nach dem Jugendgerichtsgesetz) erfordert (ausführlich hierzu Harnach-Beck 1997a). Allerdings gilt es auch hier, die Besonderheiten dieser Aufgabenstellungen zu beachten. Sie verlangen also jeweils speziell zugeschnittene Formen der Informationsgewinnung.

Literatur

Arndt, J./**Oberloskamp**, H./**Balloff**, R.: Gutachtliche Stellungnahmen in der sozialen Arbeit. Eine Anleitung mit Beispielen für die Vormundschafts- und Familiengerichtshilfe. Neuwied: Luchterhand 1993.

Deutscher Verein für öffentliche und private Fürsorge: Empfehlungen des Deutschen Vereins zur Hilfeplangestaltung nach § 36 KJHG. Vorbereitung und Erstellung des Hilfeplans. Nachrichtendienst des Deutschen Vereins für öffentliche und private Fürsorge, 1994, S. 74, S. 317-326.

Dörner, D.: Die Logik des Mißlingens. Reinbek: Rowohlt 1989.
Donabedian, A.: The definition of quality and approaches to its assessment: Explorations in quality assessment and monitoring. Vol I. Ann Arbor: Health Administration Press 1980.
Gärtner-Harnach, V./**Maas**, U.: Psychosoziale Diagnose und Datenschutz in der Jugendhilfe. Untersuchung von gutachtlichen Stellungnahmen und Entwicklungsberichten aus dem Bereich der Heimerziehung im Rahmen der Freiwilligen Erziehungshilfe. Karlsruhe 1987.
Harnach-Beck, V.: Psychosoziale Diagnostik bei „Hilfe zur Erziehung“ - Zur Informationsgewinnung des Jugendamtes als Grundlage für die Gestaltung des Hilfeplans. Zentralblatt für Jugendrecht, 82/1995(a), S. 484-491.
Harnach-Beck, V.: Zur Diagnostik der Gefährdung - Aufgaben sozialer Arbeit bei Anrufung des Vormundschaftsgerichts. Nachrichtendienst des Deutschen Vereins für öffentliche und private Fürsorge (NDV), 75/1995(b), S. 373-378.
Harnach-Beck, V.: Auf Gedeih und Verderb - Der Auftrag des Jugendamtes bei Vernachlässigung und anderen Gefährdungen des Kindeswohls. Sozialmagazin, 21/1996(a), S. 22-32.
Harnach-Beck, V.: Die Ermittlung des Sachverhalts bei Eingliederungshilfe für Kinder und Jugendliche mit seelischen Behinderungen - Aufgaben des Jugendamtes bei der Planung von Hilfen und der Gestaltung des Hilfeplans. Dokumentation der Fachtagung „Hilfe für seelisch behinderte junge Menschen als Aufgabe der Jugendhilfe gemäß § 35 a SGB VIII.“ Bayerisches Landesjugendamt, 1996(b), S. 20-37.
Harnach-Beck, V.: Seelische Behinderung - was ist das? Eingliederungshilfe für seelisch behinderte Kinder und Jugendliche - wofür ist das Jugendamt zuständig? Sozialmagazin 21/1996(c), S. 20-33.
Harnach-Beck, V.: Psychosoziale Diagnostik in der Jugendhilfe - Grundlagen und Methoden für Hilfeplan, Bericht und Stellungnahme. Reihe: Soziale Dienste und Verwaltung. Weinheim/München: Juventa. 2. Aufl. 1997(a).
Harnach-Beck, V.: Informationsgewinnung durch Fachkräfte des Jugendamtes - Professionelle Datenermittlung als Aspekt des Qualitätsmanagements. Kindheit und Entwicklung 6, 1997(b), S. 31-39.
Harnach-Beck, V.: Eingliederungshilfe für Kinder und Jugendliche mit seelischen Behinderungen - Entscheidungsfindung und Hilfeplanung durch das Jugendamt. In: Landeswohlfahrtsverband Baden, Landesjugendamt: Seelische Behinderungen bei Kindern und Jugendlichen: Stand der Diskussion - Entwicklung der Leistungsangebote. Karlsruhe 1997(c), S. 5-27.

Heiner, M.: Erfahrungen aus der Evaluationsberatung. Konsequenzen für ein Fortbildungs- und Qualifizierungskonzept. In M. Heiner (Hrsg.), Selbstevaluation als Qualifizierung in der Sozialen Arbeit. Fallstudien aus der Praxis (56-77). Freiburg: Lambertus 1994.

Jans, K.-W./**Happe**, G./**Saurbier**, H.: Kinder- und Jugendhilferecht. Kommentar. 3. Aufl. Köln: Kohlhammer 1997.

KGSt: Kommunale Gemeinschaftsstelle: Bericht 6/1995: Qualitätsmanagement. Köln 1995.

Kirk, S.A./**Siporin**, M./**Kutchins**, H.: The prognosis for social work diagnosis. Social Casework, 70/1998, S. 295-304.

Kusch, M./**Petermann**, F.: Konzepte und Ergebnisse der Entwicklungspsychopathologie. In F. Petermann (Hrsg.): Lehrbuch der Klinischen Kinderpsychologie (53-94). Göttingen, 2. kor. Aufl. 1996.

Leschmann, G.: Identität durch Aneignung von Geschichte: Untersuchung zur Entwicklung sozialer Dienste und professioneller sozialer Arbeit in Mannheim. Karlsruhe: Lenkungsausschuß für Hochschuldidaktik an den Fachhochschulen in Baden-Württemberg 1988

Maas, U.: Rechtsschutz in der Sozialverwaltung. Teil 2: Der rechtswidrige Verwaltungsakt. Sozialmagazin 7/1982, S. 37-44.

Maas, U.: Probleme der Konkretisierung der Hilfe zur Erziehung als jugendhilferechtlicher Individualleistung. Recht der sozialen Dienste und Einrichtungen, 25/1994, S. 1-22.

Maas, U.: Soziale Arbeit als Verwaltungshandeln. Systematische Grundlegung für Studium und Praxis. Reihe: Soziale Dienste und Verwaltung. Weinheim: Juventa, 2., überarbeitete Aufl. 1996(a).

Maas, U.: Der Hilfeplan nach § 36 und das jugendhilferechtliche Verwaltungsverfahren. Zentralblatt für Jugendrecht, 831996(b), S. 113-156.

Maas, U.: Das mißverstandene KJHG. Zentralblatt für Jugendrecht 84/1997(a), S. 70-76.

Maas, U.: Offenbar kein Mißverständnis. Zu Werners Entgegnung. Nachrichtendienst des Deutschen Vereins für öffentliche und private Fürsorge 77/1997(b), S. 149-152.

Merchel, J.: Von der psychosozialen Diagnose zur Hilfeplanung. Aspekte eines Perspektivenwechsels in der Erziehungshilfe. In Institut für soziale Arbeit (Hrsg.), Hilfeplanung und Betroffenenbeteiligung (44-63). Münster: Votum 1994.

Merchel, J.: Hilfeplanung als treibendes Element bei der Modernisierung der Jugendhilfe: Anmerkungen zur jugendhilfepolitischen Bedeutung des § 36

KJHG. In: Faltermeier, J., Fuchs, P. u.a.: Hilfeplanung konkret. Praktische und fachpolitische Handlungsstrategien zur Qualitätssicherung in der Jugendhilfe. Frankfurt/M.: Deutscher Verein 1996, S. 97-122.

Merchel, J./**Schrapper**, C.: Abschlußbericht zum Projekt „Fachliche und organisatorische Gestaltung der Hilfeplanung nach § 36 KJHG“ im Jugendamt Herne. Münster: ISA 1994.

Mollenhauer, K.: Jugendhilfe. Modernitätsanforderungen und Traditionsbestände für die sozialpädagogische Zukunft. In: Rauschenbach, T./Gängler, V. (Hg.:): Soziale Arbeit in der Risikogesellschaft. Neuwied: Luchterhand 1992, S. 101-117.

Mollenhauer, K./**Uhlendorff**, U.: Sozialpädagogische Diagnosen. Über Jugendliche in schwierigen Lebenslagen. Weinheim: Juventa 1992.

Montada, L.: Fragen, Konzepte, Perspektiven. In: Oerter, R./ Montada , L. (Hrsg.): Entwicklungspsychologie. Ein Lehrbuch. München/Weinheim: Psychologie Verlags Union. 3. , vollständig überarbeitete und erweiterte Aufl. 1995, S. 1-83.

Münder, J.: Von der Fürsorge zur Dienstleistung. Jugendhilfe im gesellschaftlichen Wandel. In J. Faltermeier, P. Fuchs u.a.: Hilfeplanung konkret. Praktische und fachpolitische Handlungsstrategien zur Qualitätssicherung in der Jugendhilfe. Frankfurt/M.: Deutscher Verein 1996.

Richmond, M.: Social Diagnosis. New York: Russel Sage Foundation 1917.

Rothman, J./**Smith**, W./**Nakashima**, J./**Paterson**, M.A./**Mustin**, J.: Client self-determination and professional intervention: Striking a balance. Social Work 41/1996, S. 396-405.

Salomon, A.: Soziale Diagnose. Berlin: Teubner 1926.

von Spiegel, H.: Selbstevaluation als Mittel beruflicher Qualifizierung. In: M. Heiner (Hrsg.): Selbstevaluation als Qualifizierung in der Sozialen Arbeit. Fallstudien aus der Praxis (11-55). Freiburg: Lambertus 1994.

Staub-Bernasconi, S.: Soziale Probleme - soziale Berufe - soziale Praxis. In Heiner/Meinhold/von Spiegel/Staub-Bernasconi: Methodisches Handeln in der Sozialen Arbeit. Freiburg i. B.: Lambertus 1994.

Wiesner, R./**Kaufmann**, F./**Mörsberger**, T./**Oberloskamp**, H./**Struck**, J.: SGB VIII Kinder- und Jugendhilfe. München: C.H. Beck'sche Verlagsbuchhandlung 1995.

Karl-Heinz Lindemann

Gutachten der Sozialarbeit zwischen professioneller Objektivität, Betroffenenbeteiligung und formalisierten diagnostischen Verfahren

1. Einleitung

In modernen Gesellschaften können scientifisch begründete Argumentationen privilegiert Gültigkeit beanspruchen. Insofern korrespondiert fachliche Unabhängigkeit, die für die Durchsetzung fachlich begründeter Leistungsansprüche Voraussetzung ist, mit dem Professionalisierungsgrad des fachlichen Handelns. Nun wird die Sozialarbeit in den letzten Jahren verstärkt mit dem Phänomen konfrontiert, daß den zuständigen Entscheidungsträgern der Fachbehörde die fachliche Entscheidung entzogen wird. Immer häufiger bestimmen Landräte oder Kämmerer, ob Kinder ins Heim kommen oder nicht. Ob erlebnispädagogische Maßnahmen durchgeführt werden oder nicht. Ob präventive Maßnahmen Pflicht oder Kür sind und insofern zu gewähren oder nicht. Vor diesem Hintergrund muß die Profession Sozialarbeit die Frage der Durchsetzbarkeit der eigenen, fachlich begründeten Entscheidungen diskutieren. In diesem Zusammenhang muß sie einmal die Frage klären, wie ein Diskurs unter diesem Gesichtspunkt sinnvoller Weise zu führen ist. Zum anderen, mit Blick auf die Praxis, welche praktischen Lösungen auf Grundlage eines konstruktiven theoretischen Referenzrahmens vorstellbar und letztlich realisierbar sind. Die hier vorgestellte Untersuchung setzt sich mit diesen Fragen kritisch auseinander.[1] Auf der einen Seite problematisiert sie die Forderung nach Objektivität, prüft deren Umsetzbarkeit und Umsetzung und zeigt die damit verknüpften Implikationen auf. Auf der anderen Seite grenzt sie sich ebenso gegenüber einer subjektivistischen Wendung ab, der Idee, Gutachten als Texte zu lesen, die Betroffene über ihre Situation mitteilen.

---

[1] Lindemann, Karl-Heinz: Objektivität als Mythos: Die soziale Konstruktion gutachterlicher Wirklichkeit. Eine Analyse der sprachpragmatischen Strukturen in Gutachten und Berichten der Sozialarbeit/Sozialpädagogik. Münster 1998.

Die hier vorgestellte Untersuchung fordert demgegenüber als Antwort auf kontingente Voraussetzungen eine verstärkte Klärung und Explikation der gutachterlichen Grundlagen, Transparenz bei den zugrunde gelegten Bewertungs- und Bezugssystemen normativer und theoretischer Art und in diesem Zusammenhang explizit auch überprüf- und kontrollierbare Explorationsverfahren, wie sie bei anderen Professionen üblich sind.

2. Funktion und Bedeutung

In der Sozialarbeit fungieren Gutachten und Berichte als Entscheidungs- und Legitimationsgrundlage für behördliche und gerichtliche Maßnahmen. Für den einzelnen Klienten sind sie in der Regel folgenreich und begründen in manchen Fällen massive Lebenseingriffe: Ob ein Kind im strittigen Fall bei Scheidung der Eltern bei Vater oder Mutter bleibt, die Besuchskontakte beim unterlegenen Elternteil großzügig geregelt oder gar nicht zugelassen werden, bei Sorgerechtsregelungen das Recht der Eltern eingeschränkt wird, ein Adoptionsbewerber geeignet ist, in einem Gerichtsverfahren einem Jugendlichen eine "Jugendverfehlung" oder eine "massive schädliche Neigung" attestiert werden - in jedem der Fälle ist das Jugendamt als Fachbehörde gesetzlich gefordert, gutachterlich Stellung zu nehmen.[2] Damit beeinflußt die Jugendbehörde gerichtliche Entscheidungen maßgebend (Lindemann, S. 13).

So folgten zum Beispiel nach einer Untersuchung von Spiros Simitis bei Verfahren nach §§ 1634 (Besuchsregelung) und 1671 BGB (Sorgerechtsregelung) 87 % der Richter den Empfehlungen des Jugendamtes.[3] Nach Dorothee Peters ist bei Gerichtsverfahren von Jugendlichen die "Sozialkategorie" wichtigste Anwendungsregel bei der Festsetzung des Strafmaßes.[4] Und nach einer Untersuchung von Ute Genser-Dittmann werden Angaben zur

---

[2] Vgl. Roßbroich, H.: Diagnostik. In: Deutscher Verein für öffentliche und private Fürsorge (Hrsg.): Fachlexikon der sozialen Arbeit. 3. Aufl. 1993, S. 435.

[3] Vgl. Simitis, S.: Kinderwohl. Frankfurt/M. 1979.

[4] Vgl. Peters, D.: Richter im Dienst der Macht. Stuttgart 1973.

"Lebensführung" bei der Urteilsbildung gleichgewichtig wie Vorstrafen bewertet.[5]

Analog begründen Gutachten der Sozialarbeit administrativ-behördliche Entscheidungen im Zusammenhang der Hilfegewährung wie der Anspruchsabwehr.[6] Eine gutachterliche Stellungnahme geht logisch jeder Hilfegewährung voraus. Dabei stellt die Entscheidung über die Fremdplazierung eines Kindes, die einschneidendste Maßnahme der Sozialbürokratie dar (Lindemann, S.14).

3. Rechtsgrundlage

Die Bedeutung der Gutachten hat sich auch durch die Veränderung der Gesetzesgrundlage 1991, bei der das alte Gesetz für Jugendwohlfahrt (JWG) durch ein neues Kinder- und Jugendhilfegesetz (KJHG) abgelöst wurde, nicht geändert. Glaubt man dem Gesetzesentwurf der Bundesregierung vom September 1989, so sollte durch das Gesetzgebungsverfahren das alte eingriffs- und ordnungsrechtliche Instrumentarium der Sozialarbeit abgeschafft und durch ein neues präventiv orientiertes Leistungsgesetz abgelöst werden. Folgerichtig wurden die Leistungen als Rechtsanspruch für die betroffenen Eltern formuliert. Damit sollte die früher übliche "hoheitlich austeilende Gerechtigkeit der staatlichen Instanzen" durch ein partnerschaftliches Zusammenwirken der Beteiligten ersetzt werden. Es heißt explizit, daß die Wünsche der Eltern bei allen Entscheidungen weitgehend zu beachten sind. Methodisches Kernstück für dieses Verfahren ist der sogenannte Hilfeplan (Lindemann, S.16).

---

5 Vgl. Genser-Dittmann, U.: Ungeregelte Lebensführung als Strafzumessungsgrund? In: KrimJ. Jg. 1975, S. 28-35.

6 Dabei entsteht gerade bei der Anspruchsabwehr eine Art Paradox: In dem Umfang wie das sozialpädagogische Handeln modernisiert wird und damit an Attraktivität für die Klienten gewinnt, steigt die Bedeutung der Anspruchsabwehr. Die Sozialarbeit gerät in eine Qualitätsfalle: Sie soll einerseits die Klienten im Sinne einer Dienstleistung ansprechen, zum anderen aber nicht so attraktiv sein, daß sie zu stark nachgefragt wird.

4. Bedarfsprüfung

Doch in der Praxis hat das neue Kinder- und Jugendhilfegesetz noch keine überzeugende Veränderung oder gar verbesserte Situation für die Klienten gebracht. Denn die versprochenen Rechtsansprüche werden im § 2 I Satz 2 SGB I im gleichen Atemzuge wieder zurückgenommen, so daß die genannten Rechtsansprüche zwar "wie die Verheißung eines Anspruchs klingen, aber keinen gewähren."[7] Und selbst in den Fällen wo die Rechtsansprüche explizit bejaht werden, so bei den Hilfen zur Erziehung, entscheidet über Bedarf und Notwendigkeit der Hilfe die gewährende Stelle. Schließlich muß jede Hilfegewährung durch das Nadelöhr der Bedarfsprüfung, die in Form einer gutachterlichen Stellungnahme des Sozialarbeiters bestimmt wird. Dabei wird im Zusammenhang der Bedarfsfeststellung der Fachbehörde für die fachlich-inhaltliche Bewertung ein sogenannter Beurteilungsspielraum und damit ein Letztentscheidungsrecht zugebilligt. Das heißt: Die Verwaltungsgerichte sind nicht befugt, ihre Beurteilung des Falles an die Beurteilung der Verwaltung zu setzten[8] - die Entscheidung der Fachbehörde wird damit von außen unangreifbar (Lindemann, S. 16-18).

5. Untersuchungsansatz

Vor diesem Hintergrund werden die Ausgangshypothesen der hier vorgestellten Untersuchung plausibel, die von folgenden Annahmen ausgehen:

1. Im Begutachtungsprozeß konstituiert sich paradigmatisch ein Macht-Ohnmacht-Verhältnis, daß exemplarisch das Verhältnis zwischen Sozialarbeiter und Klient widerspiegelt. Das asymmetrische Verhältnis, so die Arbeitshypothese der Untersuchung, wird im Begutachtungsprozeß über die diskursive Machtchance des Gutachters begründet, eine gutachterliche Aussage fachlich legitimiert als gültig oder ungültig diskriminieren zu können. Dem Gutachter

---

[7] Vgl. Kunkel, P.-C.: Leistungsverpflichtungen und Rechtsansprüche im Kinder und Jugendhilfegesetz, insbesondere die Hilfe zur Erziehung. In: Zentralblatt für Jugendrecht, Jugend und Familie, Jugendhilfe, Jugendgerichtshilfe. Heft 3/1991, S. 146 ff.

[8] Vgl. Ollmann, R.: Fachkompetenz und Beurteilungsspielraum. In: Zentralblatt für Jugendrecht, Jugend und Familie, Jugendhilfe, Jugendgerichtshilfe. Heft 2/1995, S.45 ff.

wird damit nämlich die Chance eingeräumt, die eigenen Wirklichkeitsbestimmungen durchzusetzen und gleichsam dem Klienten die Möglichkeit zu verwehren, seine Wirklichkeitsdefinitionen in den gutachterlichen Prozeß einzubringen. Dies wird über das Objektivitätskonzept erreicht, über die Unterstellung, daß das, was der Gutachter sagt, wahr ist und damit mit der Wirklichkeit übereinstimmt.

2. In einer kontradiktorisch formulierten zweiten Arbeitshypothese wird demgegenüber die Annahme vertreten, daß Gutachten der Sozialarbeit gar nicht objektiv sind. Die Arbeitshypothese unterstellt, daß die Macht des Gutachters auf einem geschickten sprachlichen Täuschungsmanöver beruht, indem die gutachterlichen Formulierungen von allem bereinigt werden, was an das beobachtende und aussagende Subjekt erinnert. Ausgangspunkt gutachterlicher Aussage sind schließlich entweder Beobachtungen, Selbstexplorationen und damit Selbstbeobachtungen oder Wertungen. Insofern sind gutachterliche Aussagen generell subjektabhängig. Wenn also im Zuge des Begutachtungsprozesses, vor allem im Zuge der Verschriftlichung, vom Gutachter unterschlagen wird, was an das aussagende oder wertende Subjekt erinnert, die Aussage vom Aussagenden, die Beobachtung vom Beobachter, die Wertung vom Wertenden abgetrennt werden, entsteht ein ontisch unreflektierbares und unangreifbares Konstrukt von Faktizität. Wenn der Gutachter im Zuge des Täuschungsmanövers zusätzlich auf Begründungen verzichtet, die die Feststellung bestimmter inkriminierender Verhalten/Sachverhalte rechtfertigten und legitimieren müßten und diese durch neutral klingende Wertungen ersetzt,[9] wird durch das spezifische Arrangement der sprachpragmatischen Strukturen die gutachterliche Aussage gegenüber jeder Kritik Dritter abgesichert - das Gutachten erscheint als objektiv. Insofern exploriert die vorliegende Untersuchung weniger das, was Gutachter sagen, als vielmehr das, was sie nicht sagen. Dabei wird in der Untersuchung unterstellt, daß in der Sozialarbeit Gutachtenkonstruktion und rechtliche Situation Hand in Hand gehen, der Klient faktisch machtlos, praktisch rechtlos

---

[9] Der Gutachter schreibt z.B. einem Klienten scheinbar wertfrei "Anpassungsschwierigkeiten", ein "gestörtes Funktionieren des Ich", "psychische Hemmungen" oder "mangelnde Ambiguitätstoleranz" zu (vgl. Lindemann, S. 36).

ist, weil er sein Recht nicht wirklich durchsetzten kann (Lindemann, S.42-43).

6. Objektivität

Im Vordergrund der theoretischen Auseinandersetzung der hier vorgestellten Untersuchung steht deshalb zunächst die kritische Beschäftigung mit unterschiedlichen Objektivitäts- bzw. Wahrheitskonzepten. Am Anfang geht es um Annahmen der klassischen Wahrnehmungstheorie und damit um ein in diesem thematischen Zusammenhang übliches Rezeptionsniveau. Im nächsten Schritt werden die durch die Wahrnehmungstheorie angesprochenen Schwierigkeiten radikalisiert, indem die Grundannahmen des Konstruktivismus eingeführt werden. Durch den damit verknüpften Perspektivenwechsel wird dem Wissensverständnis "So ist es" ein beliebiges "Alles ist vom Standpunkt und den Voraussetzungen des Beobachters (Gutachters) abhängig" gegenübergestellt. Objektivität ist so gesehen gar nicht mehr vorstellbar, so daß sich die Frage stellt: Wie kann unter diesen Voraussetzungen noch eine fachlich fundierte gutachterliche Arbeit gemacht und begründet werden? Die theoretische Lösung liegt im dritten Argumentationsstrang der Untersuchung: Dem sprachpragmatischen Wahrheitskonzept von Jürgen Habermas. Dort ist nämlich eine Möglichkeit angelegt, die durch den radikalen Konstruktivismus vorgegebene Argumentationslinie weiterzuführen und dabei gleichzeitig ein praktikables, theoretisch abgeleitetes Fundierungsverhältnis zu begründen, das den klassischen Objektivitätsbegriff neu- und umformuliert (Lindemann, S. 44-45).

7. Referenzrahmen

Mit dem sprachpragmatischen Ansatz wird die klassische "Wahrheitssemantik", die auf die objektive Welt als Gesamtheit existierender Sachverhalte orientiert ist und durch assertorische Sätze ausgedrückt wird, durch ein Sprachkonzept ersetzt, das den Fokus auf den illokutionären Aussageteil richtet. Habermas definiert als elementare Einheit der Sprache den Sprechakt, der sich aus illokutionärem und propositionalem Aussageteil zusammensetzt und nur dann für Kommunikation anschlußfähig ist, wenn beide zusammen auftreten. Zum Beispiel bei dem Satz: "Ich verspreche dir, daß ich morgen komme," ist "Ich verspreche dir," der dominierende, illokutive Bestandteil der Aussage, wobei der propositionale Aussageteil, "daß ich morgen komme" etwas über die Welt aussagt. Dabei ist für das sprachpragmatische Konzept des kommunikativen Handelns der illokutive Teil des Sprechaktes konstitutiv, weil nur er einen Hörer dazu bewegen kann, sich auf die im Sprechakt angegebene Verpflichtung des Sprechers zu verlassen."[10] Denn der Sprecher erhebt mit seiner Äußerung einen Geltungsanspruch, der begründet, warum sich der Hörer auf die jeweilige Aussage verlassen kann (Lindemann, S. 61 ff.).

In diesem Zusammenhang differenziert Habermas auf der grundbegrifflichen Ebene die Außenwelt in eine objektive und eine soziale und führt die Innenwelt als Komplementärbegriff zu dieser Außenwelt ein. Das Konzept der drei Welten fungiert bei Habermas als gemeinsam unterstelltes Koordinatensystem, in dem die unendlich vorstellbaren Situationskontexte so angeordnet werden können, daß im Prinzip Einverständnis darüber erzielt werden kann, was die Beteiligten jeweils als Faktum, als Norm oder als subjektives Erlebnis behandeln. Dabei wird unterstellt, daß ein Kommunikationsteilnehmer, der Bezug auf die objektive Welt nimmt, den Geltungsanspruch erhebt, daß seine Aussage wahr ist. Ein Teilnehmer, der Bezug auf die soziale Welt nimmt, will damit ausdrücken, daß ein Verhalten richtig ist und ein Kommunikationsteilnehmer, der Bezug auf die eigene innere Welt nimmt, erhebt den Anspruch, daß seine Aussage wahrhaftig ist. In diesem auf Kommunikation angelegten Wahrheitskonzept kann ein Opponent die Wahrheit einer Aussage bezweifeln, die Richtigkeit eines Verhaltens in Frage stellen oder die Wahrhaftigkeit einer Aussage unglaubhaft finden. Unter dieser Prämisse verwandeln sich Dinge und Ereignisse in Sachverhalte, die sowohl existieren als auch nicht existieren können. Opponent wie Proponent werden damit auf Argumentationen verwiesen, die hypothetische Einstellungen begründen und Geltungsansprüche formulieren, die allerdings mit der Form der Aussage, auch den Sinn von Begründung in spezifischer Weise verändern. Denn sobald auseinandergehalten werden soll, worin sich Dinge von Personen unterscheiden, müssen zwei Grundeinstellungen gegenüber der objektiven Welt differenziert werden: Die "objektive Welt" dessen, was der Fall ist

---

[10] Habermas, J.: Vorstudien und Ergänzungen zur Theorie des kommunikativen Handelns. Frankfurt/M. 1984, S. 432.

und die "soziale Welt" dessen, was wir legitimerweise erwarten können, was geboten oder gesollt ist. Der Schnitt muß kausale Zusammenhänge der Natur und normative Ordnung der Gesellschaft, Gründe von Ursachen, Kausalität von Intentionalität unterscheiden (Lindemann, S. 59 ff.).

Dabei nehmen Kommunikationsteilnehmer, die sich über die Welt verständigen wollen, nicht nur eine Beziehung zu etwas in der Welt auf, sondern auch zur sozialen und subjektiven Welt. Denn zu sagen "was der Fall ist", ist zwar innerlich nicht an die Bedingung von Kommunikation gebunden, aber der Satz selbst ist auch ein Akt der Behauptung, mit dem ein Sprecher gegenüber einem Opponenten einen bestreitbaren Wahrheitsanspruch erhebt. Insofern kann durch die Dezentrierung des Weltbildes das handelnde und erkennende Subjekt verschiedene Grundeinstellungen gegenüber derselben Welt einnehmen: Es kann einen "objektivierenden", "normenkonformen" oder "expressiven" Bezug aufnehmen. Die objektivierende Grundeinstellung wird durch Konstativa ausgedrückt. Die normenkonforme Grundeinstellung wird durch Sprechakte deutlich, die Habermas Regulativa nennt. Sie thematisieren das Verhältnis, das Akteure zu Handlungsnormen einnehmen. Sie ermöglichen die Unterscheidung zwischen empirischen Regelmäßigkeiten, die beobachtet und geltenden Regeln, die befolgt oder verletzt werden können. Durch die expressive Grundeinstellung werden Selbstdarstellungen eines Sprechers, Intentionen, Einstellungen, Erlebnisse, Gefühle, ausgedrückt. Ein Subjekt kann aber auch die Kommunikation selbst zum Thema machen. Es nimmt damit einen reflexiven Bezug auf, der sich in explikativen Aussagen ausdrückt. Und wenn Subjekte einen evaluativen Weltbezug aufnehmen, thematisieren sie Sachverhalte unter wertendem Gesichtspunkt und sagen damit, was ein Sprecher gut oder schlecht findet. Beurteilungen und Wertungen liegen zwar subjektive Präferenzen zugrunde, sie sind aber trotzdem nicht rein privat. Sie drücken vielmehr eine Übereinstimmung einer bestimmten Lebensform aus, sind somit partikularer Natur und deshalb nicht in der Lage, einen normativen Anspruch zu begründen (Lindemann, S. 68 ff.).

8. Untersuchungsinstrument

In der hier vorgestellten Untersuchung werden über die eingeführten grundbegrifflichen Differenzierungen von Habermas ein differenziertes theoriengeleitetes Untersuchungsinstrument einerseits und ein fachlich begründetes Anforderungsprofil für Gutachten der Sozialarbeit andererseits begründet. Die Untersuchung ist so angelegt, daß jede einzelne gutachterliche Aussage daraufhin überprüft werden kann, ob das, was behauptet wird, auch als wahr nachgewiesen wurde oder das, was ein Klient über sein subjektives Erleben äußert als wahrhaftig anzusehen ist oder das, was der Gutachter an normativen Erwartungen an das Verhalten des Klienten stellt, auch als gerechtfertigt und damit als legitim nachgewiesen wurde (Lindemann, S. 11). Auf Grundlage der so arrangierten begrifflichen Schnittstellen wird im empirischen Teil der Arbeit überprüft, ob Gutachter der Sozialarbeit die Wahrheit von Aussagen nachweisen, die Wahrhaftigkeit von subjektiven Äußerungen begründen und die eigene normative Grundlage nachweisen und rechtfertigen. Damit werden Problemstellen thematisiert und überprüft, die bei Gutachten der Sozialarbeit auftreten, die aber durch das Objektivitätskonzept bisher eher verdeckt wurden (Lindemann, S.12).

Schließlich kann ein Rezipient eines Gutachtens die Wahrheit einer Behauptung, die Richtigkeit eines Verhaltens oder die Glaubwürdigkeit einer Aussage nur nachvollziehen und beurteilen, wenn er weiß, warum der Gutachter die Aussage als wahr, das Verhalten als richtig oder eine Äußerung als glaubhaft behandelt. Auch kann ein Rezipient die Bedeutung eines als inkriminiert definierten Verhaltens nur beurteilen, wenn er den normativen Anspruch, den Maßstab, den der Gutachter anlegt, nachvollziehen kann. Dies gilt ebenso für die Aussagen, die den Begutachtungsprozeß selbst thematisieren. Ein Rezipient kann die fachliche Qualität des Gutachtens nur beurteilen, wenn er Explorationssituation und Explorationsprozeß und die damit verknüpften Schwierigkeiten nachvollziehen kann. Der Rezipient muß schließlich wissen, wer die jeweilige Aussage gemacht hat und in welchen Handlungszusammenhängen das spezifisch inkriminierte Verhalten der Klienten auftritt. Und da der Nachweis der Aussagegültigkeit generell über explikative Argumentationen geführt wird, muß abhängig vom jeweils aufgenommen Weltbezug die explikative Argumentation hinreichende Informationen liefern, damit der Rezipient die jeweilige Gültigkeit einer Aussage beurteilen kann (Lindemann, S. 83).

9. Anforderungsprofil

Von einem fachlich ausgewiesenen Gutachten wird deshalb folgendes erwartet:

1. Die Rahmenbedingungen des Gutachtens, Explorationssituation und damit verbundene Probleme, Anlaß der Begutachtung usw. sind konkret beschrieben. Der Gutachter soll Auskunft geben, wie er an die im Gutachten zusammengestellten Daten herankam und für wie glaubhaft er die jeweilige Datenquelle einschätzt.
2. Im Zusammenhang jeder Aussage ist für den Rezipienten nachzuvollziehen, wer genau die Aussage, die Beobachtung, die Wertung gemacht hat.
3. Die inkriminierten Verhalten wie jeder andere Sachverhalt sind konkret beschrieben.
4. Bei Aussagen, die Bezug zur objektiven Welt aufnehmen, werden neben der konkreten Beschreibung des Sachverhaltes, explikative Angaben zu Untersuchungsmethode, -instrument und -ergebnis formuliert.
5. Bei Aussagen, die Bezug zur sozialen Welt aufnehmen, wird neben der konkreten Beschreibung des inkriminierten Verhaltens, der damit verbundene Auslegungs- und Interpretationsprozeß parallel beschrieben.
6. Bei Aussagen, die Bezug zur subjektiven Welt aufnehmen, wird die Äußerung des Klienten konkret formuliert und in Anführungsstriche gesetzt. Zugleich gibt der Gutachter Gründe an, warum er sie als glaubwürdig einschätzt.
7. Die kontextuellen Bedingungen der inkriminierten Verhalten und der soziale Kontext sind hinreichend beschrieben, so daß das spezifische Verhalten von einem Rezipienten aus diesem Zusammenhang heraus nachzuvollziehen und zu verstehen ist.
8. Der Gutachter legt sein, bei der Definition problematischer Verhalten/Sachverhalte/Situationen zugrunde gelegtes, normatives Bezugssystem offen und begründet, warum er die von ihm angelegte Norm im konkreten Fall als gerechtfertigt und damit legitim einschätzt.
9. Der Gutachter macht seine persönlichen Wertpräferenzen explizit.
10. Der Gutachter benennt seinen Theorienbezug und begründet, warum er das inkriminierte Verhalten der Klienten theoretisch und nicht vor des-

sen lebensweltlichem Hintergrund und Herausforderung deutet (Lindemann, S. 102-103).

10. Ergebnisse[11]

Bei zwei Drittel der Gutachten wird die Explorationssituation mit keinem Wort angesprochen.[12] Bei den anderen Gutachten sind die Angaben zur Explorationssituation mehr oder weniger vagewertend formuliert. In keinem der untersuchten Gutachten ist die Explorationssituation befriedigend beschrieben. Bis auf Ausnahmen kann ein Rezipient nicht einmal nachvollziehen, ob das Gutachten aufgrund eines Gespräches mit dem Klienten im Amt, einem Hausbesuch oder einer systematischen Beobachtung zustande kam. Der Explorationsprozeß, darunter wird der Begutachtungsvorgang selbst verstanden, wird in keinem Gutachten angesprochen, so daß ein Rezipient Beteiligte, Intensität, Vorraussetzungen, Fragestellungen oder Schwierigkeiten im Gespräch, bei der Beobachtung, nachvollziehen könnte. Kurz: Der gesamte Begutachtungsvorgang bleibt im Dunklen (Lindemann, S.107-108).

Ebenso werden bei 92% der untersuchten Aussagen die Angabe zum Sprecher unterschlagen. Für den Rezipienten ist damit im Zusammenhang der meisten gutachterlichen Aussagen nicht nachvollziehbar, wer eine Aussage, eine Beobachtung, eine Wertung gemacht hat. In gewisser Weise ist nicht einmal nachzuvollziehen, daß es sich bei der gutachterlichen Aussage um subjektabhängige Äußerungen handelt. Aber auch bei den restlichen 8% der Aussagen sind in knapp der Hälfte der Fälle und damit nur im Zusammenhang von 4% der Aussagen die Angaben zum Sprecher eindeutig. Es wird konkret von Frau S., Klassenlehrer D. oder der Mutter des Kindes gesprochen. Bei der anderen Hälfte sind die Benennungen ungenau, so daß für ei-

---

[11] In der Untersuchung werden natürlich die Untersuchungseinheiten sehr viel differenzierter entwickelt, als dies hier dargestellt werden kann. Aber auch die Ergebnisse können in diesem Rahmen nur sehr allgemein vorgestellt werden, auf Beispiele, die in der Untersuchung einen erheblichen Raum einnehmen, wird ganz verzichtet. (vgl. dazu Lindemann, S.105 ff.).

[12] In der Untersuchung werden ausgewählte Gutachten exploriert, die Heimeinweisungen begründen.

nen Rezipienten auch hier nicht nachzuvollziehen ist, wer die Aussage gemacht hat. Sobald der Sprecher unterschlagen wird oder ungenau benannt ist, bekommen die Aussagen allein dadurch eine relativ apodiktische Struktur. Dies wird noch zusätzlich verstärkt, wenn auch die Angaben zur Explorationssituation weggelassen werden. Dabei treten überraschend häufig (61,5%) die Angaben zum Sprecher im Zusammenhang von wertenden Aussagen auf. (Im Vergleich zur Gesamtverteilung der wertenden Aussagen von 38% fast doppelt so hoch.) Am häufigsten werden Vertreter der Schule genannt. Klassen- oder Fachlehrer, Schuldirektoren oder anonym die Schule als Institution. Daneben aber auch Ärzte und Polizisten. Da es sich bei den Wertungen durchweg um negativ diskriminierende Abwertungen der Klienten handelt, soll die wertende Aussage offensichtlich durch den Nimbus des Experten unter dem Gesichtspunkt der "Gültigkeit" aufgewertet werden. Denn bei Aussagen anderer, weniger imponierender Sprecher, wird die Angabe zum Sprecher unterschlagen. So bekommen die Aussagen in einem Fall ihre Gültigkeit, indem sie von einem Experten gesagt werden. Im anderen Fall erhalten sie den Anschein von Gültigkeit, indem der Sprecher unbenannt bleibt (Lindemann, S. 111-118).

Aussagen mit Bezug zur objektiven Welt sind in Gutachten der Sozialarbeit schon rein quantitativ gesehen unbedeutend. Inhaltlich geben sie meist Auskunft über die körperliche Verfassung des jeweils begutachteten Kindes (Lindemann, S. 118-120).

Mit fast 65% der Untersuchungseinheiten werden Gutachten der Sozialarbeit dominiert von Aussagen, die Bezug zur sozialen Welt aufnehmen. Sie sind insofern allein unter quantitativem Gesichtspunkt relevant. Ihre Brisanz bekommen diese Aussagen allerdings dadurch, daß sie buchstäblich wie "natürlich" in einer internen Beziehung zu normativen Geltungsansprüchen stehen, der Gutachter deshalb bei der Bestimmung inkriminierter Verhalten auf strittige Maßstäbe normativer Art zurückgreifen muß und deshalb gefordert wird, den Maßstab selbst zu begründen und zu rechtfertigen. Die Schwierigkeit des Gutachters beruht dabei vor allem darauf, daß er auf sogenannte "vorstaatliche Normen", das heißt auf Regelungen, die weder durch gesatztes oder positives Rechts als solches definiert sind, zurückgreifen muß. Die Explorationschwierigkeit wird in diesem Zusammenhang noch zusätzlich erschwert, weil einerseits beobachtbares soziales Verhalten erst vor dem Hintergrund innerer, nicht beobachtbarer Motive sinnvoll gedeutet und andererseits soziales Verhalten generell nur vor seinem spezifischem situativem und sozialem Hintergrund plausibel gemacht werden kann. An den Gutachter muß deshalb die Erwartung gestellt werden, daß er neben der konkreten Beschreibung der Verhalten und der Exploration der damit verknüpften Gründe die Legitimität des normativen Anspruchs und damit die Berechtigung seiner Verhaltenserwartung nachweist, zusätzlich aber auch den sozialen und situativen Kontext beschreibt. Dabei darf er den Nachweis nicht über Wertbezüge begründen, da sie keine intersubjektiv gültige Verhaltenserwartung begründen können. Vom Gutachter wird deshalb erwartet, daß er in normenkonformer Einstellung feststellt, ob die von ihm erhobene Verhaltenserwartung im Prinzip für jedermann gültig und damit auch für den Einzelfall gerechtfertigt ist (Lindemann, S. 121).

Weniger als ein Viertel der Aussagen beruht auf beobachtbaren Sachverhalten. Die meisten Aussagen sind wertender, der Rest ist expressiver Natur. In 5 von 1047 Fällen wird die Gültigkeit der Aussage angesprochen, aber nicht wirklich nachgewiesen. Die "Nachweise" selbst sind nämlich wertender oder expressiver Natur. Insofern wird in keinem der Fälle eine Aussage real auf ihre Gültigkeit hin überprüft. Ebenso wird in keinem der Fälle ein spezifisches Verhalten in normenkonformer Einstellung als inkriminiertes Verhalten begründet. Dies kommt nicht einmal vor. Das heißt, die Erwartung, daß ein als inkriminiert definiertes Verhalten nachgewiesen von einer intersubjektiv gültigen Norm abweichen muß, wird in keinem Fall eingelöst. Dies wird ganz durch Wertungen ersetzt. Dabei verteilen sich die objektivierend formulierten Aussagen auffallend auf äußere biographische Daten, die Wertungen auf das Verhalten der Klienten. Die Wertungen übernehmen damit die Funktion, über Schwierigkeiten, die sich dem Gutachter bei der Bestimmung der normativen Standards stellen, hinwegzutäuschen. Oder auch die Schwierigkeiten, die in der Regel bei der deskriptiven Erfassung von Verhalten und der Beschreibung situativer Kontexte auftreten, zu umgehen. Das bedeutet: Gerade in dem Feld, auf dem der Sozialarbeiter als Fachmann für soziales Verhalten gefragt wäre, werden die geforderten fachlichen Standards nicht eingelöst (Lindemann, S. 121-126).

Aussagen mit Bezug zur subjektiven Welt können von einem Beobachter nicht gesehen werden. Sie sind deshalb in dem favorisierten Argumentationsduktus, der hier vorgestellten Untersuchung, nicht wahrheitsfähig. Es wird daher die Erwartung formuliert, daß sie in wörtlicher Rede verfaßt werden, damit der Rezipient nachvollziehen kann, daß das, was im Gutachten angegeben wird, auch tatsächlich von der genannten Person gesagt wurde. Dabei muß gerade bei Aussagen mit Bezug zur subjektiven Welt der Sprecher benannt sein, weil nur so für den Rezipienten die Selbstthematisierung des Klienten gegenüber einer psychologischen Deutung von außen abzugrenzen ist. Die Gültigkeit der Aussage kann dabei unter dem Gesichtspunkt einer allgemeinen Glaubwürdigkeit der aussagenden Person oder situationspezifischer Gründe plausibel gemacht, aber nicht im eigentlichen Sinne nachgewiesen werden.

Nur in absolut einem Fall wird eine Aussage eines Klienten in wörtlicher Rede verfaßt. In weniger als 10% der Fälle wird der Sprecher genannt. In immerhin 5 von 185 Fällen wird die Gültigkeit der Aussage kommentiert. Von Begründung kann auch in diesem Zusammenhang nicht gesprochen werden. Die Kommentierungen sind nämlich durchweg wertender Natur.

Angaben zum Kontext, zum situativen und sozialen Kontext, sind gerade bei Weltbezügen sozialer und subjektiver Art bedeutsam, weil der Gutachter wie auch jeder Rezipient ein bestimmtes Verhalten, eine bestimmte Explorationssituation, eine unter bestimmten Aspekten unverständliche Äußerung nur verstehen kann, wenn die situativen und sozialen Hintergründe nachzuvollziehen sind. Nur in sechs Fällen wird der situative Hintergrund von Verhalten angesprochen. In einem davon ist der Kontext konkret beschrieben, der Rest ist wertend. Anders ist das bei dem sozialen Kontext. Mit absolut 219 Untersuchungseinheiten dominieren sie Gutachten der Sozialarbeit erheblich. Über die Hälfte der Aussagen sind objektivierend beschrieben. Hier konzentrieren sich die meisten Beobachtungsdaten überhaupt. Sie geben nachvollziehbar Auskunft über die einzelnen Familienmitglieder, deren Geburtsdaten, Scheidungen, Schulbesuche oder Wohnungsgröße (Lindemann, S. 126-134).

Aussagen über die Bezugssysteme der Gutachter geben Auskunft über deren normative bzw. theoretische Vorraussetzungen. Sie kommen bis auf Einzelfälle nicht vor. Die normative Grundlage des Gutachters wird in keinem der explorierten Gutachten explizit gemacht oder in irgendeiner Form benannt. Auch eine Begründung, warum die in Bezug auf spezifische Verhalten erhobene Erwartung des Gutachters als legitim anzusehen ist, wird in keinem Gutachten erbracht. Überhaupt wird in keinem der Gutachten begründet, warum ein als problematisch definiertes Verhalten des Klienten als problematisch zu beurteilen ist. Auch im Zusammenhang der Bewertungen des Klientenverhaltens wird in keinem der untersuchten Fälle die persönliche Wertpräferenz des Gutachters offengelegt. Lediglich mit Blick auf die theoretischen Voraussetzungen wird in einem der explorierten Gutachten mit absolut drei Aussagen der theoretische Hintergrund angesprochen. Das Gutachten ist interessanterweise als einziges von einem Heilpädagogen und nicht einem Sozialarbeiter verfaßt. Der Gutachter nimmt einmal konkret zu einem Testverfahren Stellung und greift im anderen Fall mehr vage auf ein nicht genau benanntes entwicklungspsychologisches Modell zurück.

Das bedeutet zusammenfassend betrachtet: Die geforderte Objektivität[13] der Gutachten wird nicht einmal in Ansätzen eingelöst, obwohl sie explizit unterstellt und gefordert wird. Tatsächlich dient die Objektivitätsunterstellung als Machthebel des Gutachters, um seine Aussagen einer Prüfung und Widerlegung zu entziehen. Kurz: Mit dem erhobenen Anspruch und der gezielten Unterschlagung der illokutionären Aussageteile werden Machtchancen etabliert und verteidigt. In der hier vorgestellten Untersuchung wird deshalb die Forderung nach Objektivität durch die Forderung nach Explikation der eigenen Grundlagen abgelöst. Nach diesem Konzept sollen in den Gutachten Explorationssituation und -vorgang beschrieben, die Gültigkeit der Aussagen nachgewiesen und die implizit erhobenen normativen Ansprüche begründet sein.

---

[13] Tatsächlich kann im referenztheoretischen Sinne überprüft werden, ob in den Gutachten der eigene Anspruch auf Objektivität eingelöst wird oder nicht, auch wenn das Objektivitätskonzept prinzipiell in Frage gestellt wird (vgl. Lindemann, S. 142-143).

11. Umsetzung

Wo aber sind bei der Umsetzung der Anforderungen Schwierigkeiten zu erwarten? Probleme beim Nachweis der Aussagegültigkeit oder der Beschreibung der Explorationssituation sind wahrscheinlich meist praktischer Natur. Der Gutachter könnte schließlich, wenn in der Praxis Probleme auftreten, im Gutachten angeben, warum er den Nachweis nicht führt oder nicht führen konnte. In vielen Fällen wird er den Nachweis erbringen können. Das Hauptproblem entsteht, so heißt es in der Untersuchung, bei der Bestimmung der inkriminierten Verhalten, weil der Sozialarbeiter auf keine professionsintern geklärten normativen Maßstäbe zurückgreifen kann. Der einzelne Gutachter kann deshalb nicht wissen, was normativ gültig ist (Lindemann, S. 149). Es heißt in diesem Zusammenhang: "In dieses Vakuum stoßen immer stärker neutral formulierte psychologisierende Wertungen, die die normative Leerstelle besetzen. So wird das praktische Problem des Gutachters gelöst, gleichzeitig seine prekäre normative Basis verschleiert." (Lindemann, S. 149). An die Sozialarbeit wird deshalb die Erwartung gestellt, daß sie verstärkt ihre normative wie ihre theoretische Grundlage klärt, sie in diesem Zusammenhang die grundlegende Entscheidung trifft, ob sie soziales Verhalten primär sozial oder psychologisch deuten will. Dabei wird sie das Machtgefälle, so die Untersuchung, das im Begutachtungsprozeß festgestellt wurde, nicht durch Betroffenenbeteiligung reduzieren oder gar aufheben können, wie dies von Klaus Mollenhauer und Uwe Uhlendorff angesprochen wird.[14] Denn wie will der Gutachter seinen Anspruch auf Fachlichkeit gegenüber der Kostenträgerseite nachweisen, wenn das Gutachten als Text gelesen werden soll, den die Betroffenen über spezifische Ereignisse mitteilen? Die Lösung wird deshalb in der hier vorgestellten Untersuchung nicht in weniger, sondern in einer verstärkten Professionalisierung gesehen - im expliziten Nachweis der Fachlichkeit (Lindemann, S. 150). Es heißt: "Nur so kann in einer modernen Gesellschaft, die szientifisch begründete Argumentationen privilegiert, fachliche Unabhängigkeit, die für die Durchsetzung der fachlich begründeten Leistungsansprüche notwendig ist, erreicht werden. Aber auch nur so kann gutachterliche Macht kontrolliert werden. Insofern muß die Pro-

---

[14] Vgl. Mollenhauer, K./Uhlendorff, U.: Sozialpädagogische Diagnosen. Über Jugendliche in schwierigen Lebenslagen. Weinheim 1992, S. 31.

fession ihr Theorienverständnis klären: Sie muß sich gleichzeitig auf fachliche Standards einigen, die festlegen, wie ein Gutachten der Sozialarbeit auszusehen hat." (Lindemann, S. 150).

12. Standards

Vor dem beschriebenen Hintergrund werden in der hier vorgestellten Untersuchung acht Voraussetzungen für ein fachlich explikativ ausgewiesenes Gutachten begründet:

Erstens: Explorationssituation, -ort, -zeitpunkt, -dauer, -häufigkeit sind konkret beschrieben. Nur so ist für einen Rezipienten der fachliche Standard des Gutachtens zu beurteilen. Dies kann jeder Guachter ohne weiteres erbringen. Dies setzt allerdings voraus, daß in einem fachlichen Diskurs Mindeststandards für eine angemessene Begutachtung diskutiert und festgelegt werden.

Zweitens: Der Explorationsprozeß wird so beschrieben, daß er für einen Rezipienten nachzuvollziehen ist. Dies könnte durch noch zu entwickelnde formalisierte und verifizierbare Explorationsverfahren zusätzlich qualifiziert werden. In der Psychologie oder Heilpädagogik sind solche Verfahren schließlich auch selbstverständlich.

Drittens: Im Zusammenhang jeder Aussage wird das aussagende Subjekt benannt und damit für den Rezipienten nachvollziehbar. Dies ist von einem Gutachter ohne größere Schwierigkeit einzulösen.

Viertens: Bei Aussagen, die Bezug zur objektiven Welt aufnehmen, sind Untersuchungsverfahren, -instrument, -zeitpunkt und -intervall angegeben und beschrieben.

Fünftens: Bei Aussagen, die Bezug zur sozialen Welt aufnehmen, werden parallel zur Beschreibung des normabweichenden Verhaltens, der normative Maßstab und dessen Auslegungs- und Interpretationsprozeß benannt und beschrieben. Da normative Erwartungen in modernen Gesellschaften nicht mehr unstrittig als gottgewollt oder natürlich begründet werden können, sie im Verdacht gruppenbezogener Partikularinteressen stehen, ist darüber hinaus der erhobene normative Anspruch daraufhin zu überprüfen, ob er in Hinblick auf eine bestimmte Problemlage des einzelnen Klienten auch wirklich verallgemeinerungsfähige Interessen verkörpert. Insofern müßte der Gutachter den eigenen Maßstab befragen, ob er gerechtfertigt und damit legitim ist. Dies wird den einzelnen Gutachter gegenwärtig überfordern, weil die Profession keine allgemein gültigen Kriterien vorgibt, sie nicht sagt, wann soziale Problemlagen als sozialarbeitsrelevant zu definieren und wie sozialarbeitsspezifische Problemlagen voneinander abzugrenzen sind.

Sechstens: Bei Aussagen mit Bezug zur subjektiven Welt ist der Sprecher benannt. Nur so ist für einen Rezipienten die Selbstthematisierung des Klienten von der psychologischen Deutung und damit von der Wertung durch den Beobachter abzugrenzen. Die Aussagen werden in wörtlicher Rede verfaßt und mit entsprechender Zeichensetzung kenntlich gemacht. Und wenn der Gutachter die Glaubwürdigkeit des Klienten thematisiert, weist er auf Widersprüche in der Aussage hin oder äußert seine Erfahrungen in ähnlich gelagerten Fällen. Für den Rezipienten könnte dies bei der Einschätzung der Aussage hilfreich sein, ohne daß dies im engeren Sinne als Nachweis verstanden werden darf. Der Gutachter könnte die genannten Punkte ohne Schwierigkeiten einlösen.

Siebtens: Die kontextuellen Angaben zur Explorationssituation, sozialem Verhalten, Aussagen mit Bezug zur subjektiven Welt oder den Voraussetzungen des Gutachters sind so beschrieben, daß der Rezipient die fachliche Angemessenheit der Exploration, vor allem auch die Frage, wer dem Gutachter das Mandat für die Begutachtung gab, nachvollziehen und beurteilen kann. Das als inkriminiert definierte Verhalten ist in seinem spezifisch-situativem Kontext, sowie vor dem Hintergrund der besonderen sozialen Lage des Klienten zu beschreiben, damit der Rezipient das Verhalten des Klienten nachvollziehen und damit sinnhaft deuten kann. Denn nur unter dieser Voraussetzung kann die psychologisierende Deutung des Gutachters auf ihre Berechtigung hin überprüft werden. Ebenso ist das Bezugssystem des Gutachters für den Rezipienten nachvollziehbar, seine Theorienansätze, Literaturhintergründe oder Untersuchungsergebnisse nachgewiesen.

Achtens: Der Maßstab des Gutachters ist beschrieben, bzw. benannt. Bei Normbezügen wird begründet, warum ein bestimmtes Verhalten als normativ richtig anzusehen ist. Der erhobene Anspruch selbst wird daraufhin befragt, warum er im spezifischen Fall als legitim behandelt werden kann. Bei Wertbezügen benennt der Gutachter sein "subjektives Fürwahrhalten". Bei Theorienbezügen macht er diese explizit und ist zusätzlich bemüht, für den Rezipienten nachvollziehbar, das als inkriminiert definierte Verhalten vor dem Hintergrund der lebensweltlichen Herausforderungen des Klienten zu deuten (Lindemann, S. 150-153).

13. Weiterführende Überlegungen

Am Ende der hier vorgestellten Untersuchung wird abschließend die Frage aufgeworfen: "Wie kann, wenn die Annahme, daß die Welt objektiv zu erfassen ist, so problematisiert wird, daß sie nicht mehr zu halten ist, Fachlichkeit der Gutachten begründet und formale Gleichheit und damit Gerechtigkeit zwischen den Adressaten der Sozialarbeit hergestellt und garantiert werden?" (Lindemann, S. 154). Die Klärung der Frage wird über einen Vergleich mit anderen gesellschaftlichen Funktionssystemen gesucht. Es heißt: "Nun ist die Sozialarbeit als noch junge Profession nicht allein mit einer solchen Situation konfrontiert. Auch andere gesellschaftliche Funktionssysteme, Recht, Wissenschaft oder auch das politische System, gerieten mit zunehmender Ausdifferenzierung gegen das Religionssystem in die Zwangslage, Antworten auf entstandene Unsicherheiten und Kontingenzen zu geben, die in Bezug auf die eigenen Grundlagen aufgetreten sind und sich als Ergebnis ausdifferenzierender Gesellschaften nicht mehr rückgängig machen lassen. So konnten z. B. für das Rechtssystem die eben aufgeworfenen Fragen solange nicht aufkommen, wie Rechtsnormen als sakrosankt angesehen wurden, davon auszugehen war, daß sie als etwas Seiendes wahr sind, weil sie "kraft Stiftung in der Vergangenheit, kraft Weisung der Toten, kraft unvordenklichen Alters"[15] oder kraft Krone und Altar legitimiert, unhinterfragbar gültig sind. Wahrheit war so konzipiert, daß Reflexion, überhaupt alternative

[15] Luhmann, N.: Legitimation durch Verfahren. Frankfurt/M. 1993 (3. Aufl.), S. 146.

Vorstellungen, ausgeschlossen wurden und in der Konsequenz allen anderen Möglichkeiten Seinsqualität abgesprochen werden konnte.[16] Auch der Naturrechtsgedanke, der die Natur als Quelle der Kultur und gemeinsamen Ursprung des Wahren, Guten und Schönen, als das gewachsene, immanent Wahre, ansah, führte zu einem ähnlich ontisch, alternativlosen Verständnis von Faktizität. Die Ursache wurde hier in eine Sphäre außerhalb der Gesellschaft projiziert, wobei die Trennung von kosmischer Naturordnung und historischer Gesellschaft, die einfacheren Gesellschaften noch fremd war, bereits vollzogen wird, so daß die Entgegensetzung von Naturrecht und gesetztem Recht erstmals Ansätze von Reflexion möglich machte.[17] Aber erst an der Stelle, wo historisch die Grundlage so legitimierter Macht wegbricht, religiöse oder andere Legitimationen als Garant für Gewißheit den Boden verlieren, die moderne Sicht der Welt die Grundlagen ihrer eigenen Bindungen in Frage stellt,[18] werden die sich ausdifferenzierenden gesellschaftlichen Teilsysteme gezwungen, Antworten auf entstandene Unsicherheiten und Kontingenzen zu geben.

Das Rechtssystem antwortet mit einer Positivierung des Rechts und gründet Recht auf Entscheidung und Verfahren.[19] Auch das politische System legitimiert seine Macht durch Verfahren.[20] Wissenschaft orientiert auf Objektivität, (...) und bindet den Wahrheitsbegriff an streng methodische Voraussetzungen. In diesem Zusammenhang empfiehlt Niklas Luhmann, Wahrheit nicht länger nur als Wert, sondern als sozialen Mechanismus zu begreifen, der eine angebbare Funktion erfüllen muß: Wahrheit soll Ungewißheit absorbieren, weil gewisse Wahrnehmungen und gewisse Schlußfolgerungen als zwingend gesichert, als so und nicht anders behandelt werden müssen. (...) In Gerichtsverfahren soll dies durch Ausdifferenzierung verfahrensspezifischer Rollen und einem spezifischen Beweisrecht erreicht werden, indem das Verfahren von divergierenden Standpunkten aus, quasi kontradiktorisch als ko-

---

[16] Vgl. Luhmann, N.: a.a.O., S. 146.

[17] Vgl. Luhmann, N.: a.a.O., S. 147.

[18] Vgl. Luhmann, N.: a.a.O., S. 151.

[19] Vgl. Luhmann, N.: a.a.O., S. 31.

[20] Vgl. Luhmann, N.: a.a.O., S. 163.

operative Wahrheitssuche, konzeptionalisiert wird.[21] Dabei übernehmen die beiden Seiten, Anklage und Verteidigung, die Aufgabe, die Ungewißheit des Ausgangs zu reduzieren, wobei der entscheidende Richter gezwungen ist, bis zum Ende seine Unparteilichkeit zu wahren. Denn er ist verpflichtet, zu objektivem, sachlichem, Gleiches gleich behandelndem Urteil. Sonst kann er wegen 'Befangenheit' abgelehnt werden.[22] So kann als erstes Zwischenergebnis festgestellt werden: Obwohl Verfahren auf Wahrheit orientieren, setzen sie doch voraus, daß in Fragen der Wahrheit und der Gerechtigkeit Ungewißheit besteht.[23] Dieser Widerspruch wird gerade beim Beweisrecht evident. Konnte in einfachen Gesellschaften beim Gottesbeweis kein Zweifel darüber aufkommen, ob die richterliche Entscheidung richtig ist und damit Legitimität beanspruchen kann, ist der in modernen Gesellschaften übliche 'freie Beweis' gerade dadurch charakterisiert, daß er zur Diskussion gestellt wird und 'in den Entscheidungsbegründungen als eine von mehreren möglichen Deutungen erscheint, die im Verfahren selbst erarbeitet werden'.[24] Schließlich können über die Beweisführung schwache Stellen der Gegenseite lokalisiert, vielleicht sogar generalisiert und durch Aufdeckung einer Lüge oder Fehlargumentes ganze Sichtweisen diskreditiert werden.[25]

Gerechtigkeit und damit die Legitimität der richterlichen Entscheidung wird - und dies ist in dem hier diskutierten Fragezusammenhang der springende Punkt - dabei nicht durch Wahrheit, sondern durch das rechtlich geordnete Verfahren garantiert. Die Rationalität wird durch die Prozedur erreicht, durch die sie Konstituiert wird und überprüft oder widerlegt werden kann. Ähnlich wird in der Wissenschaft auf Letztbegründungsversuche verzichtet, der Wahrheitsbegriff umformuliert und an streng methodische Voraussetzungen gebunden. Und auch die politische Herrschaft wird nicht mehr unhinterfragbar durch vorgegebene Rollen legitimiert, die dem Ältesten oder dem Erstgeborenen automatisch die Rolle des Herrschers zuweist. Auch die

---

21 Vgl. Luhmann, N.: a.a.O., S. 50.

22 Vgl. Luhmann, N.: a.a.O., S. 116.

23 Vgl. Luhmann, N.: a.a.O., S. 60.

24 Vgl. Luhmann, N.: a.a.O., S. 63.

25 Vgl. Luhmann, N.: a.a.O., S. 50.

politische Macht wird durch Verfahren legitimiert, die in demokratischen Gesellschaften in spezifischer Weise geregelt sind (Lindemann, S.158). Das heißt, das Rechtssystem oder auch das politische System haben als Antwort auf entstandene Unsicherheiten und Kontingenzen überprüf- und kontrollierbare Verfahren entwickelt, wobei das fachliche Handeln über das geordnete Verfahren legitimiert wird (Lindemann, S.159).

In diesem Zusammenhang wird mit Blick auf die Sozialarbeit wohl eher rhetorisch die Frage aufgeworfen: "Ob analog auch das fachliche Handeln der Sozialarbeit hinreichend überprüft und kontrolliert werden kann, ob durch Ausdifferenzierung verfahrensspezifischer Rollen oder anderer Mechanismen garantiert wird, daß die Klienten gleichbehandelt, berechtigte Ansprüche durchgesetzt und willkürliche Eingriffe in Persönlichkeitsrechte verhindert werden?" (Lindemann, S.161). Und als Pointe der Argumentation wird kritisch festgestellt, daß "als Ergebnis der Aufklärung und der Positivierung des Rechts, die starke Rechtsstellung des einzelnen im Rechtssystem und als Kehrseite die Beschneidung und Kontrolle der Macht des Staates herausgekommen sind, aber im Vergleich mit dem Zugriffbereich der Sozialarbeit für diesen eingeräumt werden muß, daß er wie in vordemokratischen Gesellschaften üblich, undifferenziert und unterentwickelt, dem einsamen Entscheider in einer Hand Normsetzung wie Tatsachenermittlung überläßt,[26] die Entscheidungsprozedur im Dunklen läßt[27] und gleichzeitig dem

[26] Im Rechtssystem können die Instanzen, die Recht setzen, nicht zugleich angeben, welche Tatsachen wahr sind und umgekehrt. Beide Umwelten sind getrennt und können sich auch wechselseitig nicht beherrschen. Vgl. Luhmann, N.: a.a.O., S. 71.

[27] Im Gegensatz dazu fordert die Rechtsprechung die Öffentlichkeit des Verfahrens, bei Gerichtsverfahren, wie auch Parlamentssitzungen die Teilnahmemöglichkeit des Publikums, vor allem auch der kritischen Presse. Vgl. Luhmann, N.: a.a.O., S. 124.

Betroffenen Abwehrmöglichkeiten verweigert[28] - insofern verbürgte Freiheitsrechte außer Kraft gesetzt sind." (Lindemann, S. 162).

Und es heißt weiter mit Blick auf den zu führenden Diskurs: So gesehen muß Sozialarbeit, auch und besonders die moderne Sozialarbeit, unter machttheoretischem Gesichtspunkt reflektiert werden, weil nur so perspektivische Strategien entwickelt werden können, die den Klienten schützen, die die Stellung des Klienten stärken und die, indem sie das Objektivitätskonzept problematisieren und statt dessen die Explikation der gutachterlichen Voraussetzungen fordern, die Arbeit des Sozialarbeiters transparent und damit überprüfbar und kontrollierbar machen. (...) Es geht insofern um eine Professionalisierung der grundlegenden Handlungsvollzüge. Es geht darum, die Verfahren, und dazu gehört zentral die Begutachtung sozialer Sachverhalte, so zu entwickeln und zu qualifizieren, daß sie den Standards moderner Gesellschaften genügen können.

Die in der vorliegenden Arbeit entwickelten acht Punkte für ein explikativ ausgewiesenes Gutachten könnten ein erster Schritt in diese Richtung sein. Und in dem Maße, wie sie praktisch realisiert werden, würde die Profession gefordert, sich der eigenen implizit erhobenen Gültigkeits- und Wahrheitsansprüche bewußt zu werden, sie offenzulegen, sie zu begründen und zur Diskussion zu stellen und damit in einem wiederkehrenden Revisionsprozeß neu zu bestimmen. Kurzum: Die Profession wäre gefordert, Kriterien für Fachlichkeit zu bestimmen und das eigene Handeln daran messen zulassen. Die Sozialarbeit hätte damit die Chance, wie andere Professionen auch, ernst genommen zu werden und die eigene Auffassungen überzeugend begründen und durchsetzen zu können (Lindemann, S. 163).

---

[28] Auch beim Zeugnisverweigerungsrecht, das den klassischen Vertrauensberufen (Geistlichen, Rechtsanwälten, Ärzten, Hebammen und anerkannten Beratungsstellen) gewährt, der Sozialarbeit aber verweigert wird, geht es um die Rechtsposition des einzelnen gegenüber dem Staat, es ist insofern ein Abwehrrecht, das die Macht des Staates einschränken soll. Vgl. Kappeler, M.: Zeugnisverweigerungsrecht. In: Petzhold, H.J./Speichert, H. (Hrsg): Handbuch pädagogischer und sozialpädagogischer Praxisbegriffe. Reinbek 1981, S. 494 ff.

Daß eine Umsetzung dieser Vorstellungen auch praktisch realisierbar ist, zeigen jüngste Entwicklungen in den Niederlanden, wo z.B. von Prof. Evert Scholte und seinen Mitarbeitern an der Universität in Leiden in einem Zeitraum von 7 Jahren ein standardisiertes Explorationsverfahren für die Sozialarbeit[29] entwickelt wurde, das in Form und Systematik angelehnt an das international gültige Klassifikationssystem für psychiatrische Störungen (DSM), mittlerweile in verschiedenen Indikationsteams der Sozialarbeit erprobt und eingesetzt wird. Ziel des Verfahrens ist eine genaue Bestimmung und Überprüfbarkeit von Hilfebedarf und adäquater Hilfe über eine Abklärung des Risikoprofils des Kindes. Die Liste der Items beruht auf einer Langzeitstudie über Risikofaktoren, wobei den Risikofaktoren sogenannte Schutzfaktoren, d.h. Ressourcen von Kind und Familie gegenübergestellt und mit diesen verrechnet werden. Das Risikoprofil wird mit Blick auf den Lebensweg des Kindes unter den Aspekten Erleben, Verhalten und Persönlichkeit und den Umfeldbedingungen Familie, Schule, Freundeskreis, sozioökonomischer Hintergrund, usw. ermittelt und errechnet sich über einen Vergleich mit Durchschnittswerten gleichaltriger Kinder. Dabei kommen zwei Sozialarbeiter, die das Verfahren unabhängig voneinander durchführen, zu gleichen Ergebnissen. Andererseits können mit dem Explorationsverfahren auch die Leistungsprofile der Einrichtungen ermittelt werden, so daß eine optimale Passung von Hilfebedarf und -angebot möglich wird. Und nicht zuletzt ist das Instrument als Evaluationsmethode einsetzbar und bietet damit für die Sozialarbeit eine echte Möglichkeit, die Leistungsfähigkeit der einzelnen Hilfen differenziert überprüfen und nachweisen zu können.

---

29 Vgl. Scholte, E. M.: Psychosocial risk characteristics of children in welfare programmes in Holland: the role of risk factor analysis in the planning of welfare services for troubled children. In: Child hood, A global journal of child research, Volume 5, Number 2 May 1998, ISSN 0907-5682, SAGE Publications London, S- 185-205.

Joachim Merchel

Zwischen „Diagnose“ und „Aushandlung“: Zum Verständnis des Charakters von Hilfeplanung in der Erziehungshilfe[1]

1. Hilfeplanung: ein Versuch, die für sozialpädagogische Handlungsfelder konstitutive Unsicherheit zu reduzieren

Handeln in sozialpädagogischen Handlungsfeldern erschöpft sich nicht in Routinen und in standardisierten Handlungsprogrammen. Ein großer Teil sozialpädagogischen Entscheidens und Handelns läßt sich vielmehr als ein „Handeln in Unsicherheit" charakterisieren. An den sozialpädagogisch Handelnden ergeht die Aufforderung, „verantwortungsbewußt und methodisch angemessen im Zuge der Herstellung und Erhebung neuen Wissens mit Ungewißheit umzugehen" (Hörster 1996, S. 9). Gerade in der Erziehungshilfe haben die sozialpädagogischen Akteure es in hohem Maße mit Unsicherheit zu tun. Situationen und Problemkonstellationen sind nicht eindeutig; die Vorhersehbarkeit von Entwicklungen sowie insbesondere die Vorhersehbarkeit der Ergebnisse und Wirkungen möglicher Interventionen sind sehr begrenzt. So wird in der Frage "Welche Hilfe ist die richtige?" (Schrapper u.a. 1987) eines der zentralen Probleme der Erziehungshilfe formuliert: Wie kann angesichts der Komplexität von Lebensverhältnissen und angesichts der strukturellen Unsicherheit sozial-pädagogischer Prognosen eine Hilfe gefunden werden, die mit einer relativ hohen Wahrscheinlichkeit die Erziehungssituationen eines Kindes oder Jugendlichen merklich verbessert? Welche Verfahrensweisen sind geeignet, die Wahrscheinlichkeit einer problemangemessenen Hilfe-Entscheidung zu erhöhen bzw. zu gewährleisten?

---

[1] Die Darstellung in diesem Beitrag basiert auf den Ausführungen in: J. Merchel, Hilfeplanung bei den Hilfen zur Erziehung § 36 SGB VIII, Stuttgart u.a. 1998 (Boorberg-Verlag), insbes. Kap. 3.2. Die dortigen Ausführungen wurden ergänzt und erweitert.

Die Suche nach Lösungsmöglichkeiten für dieses Problem war eines der Themen, die in den langjährigen Debatten zur Reform des Jugendhilferechts verfolgt wurden. Zu Beginn der Reformdiskussionen zum Jugendhilferecht Ende der 60er/Anfang der 70er Jahre erhoffte man sich eine fachliche Qualifizierung und eine nachdrückliche Verbesserung der Rationalität von Entscheidungen durch eine Verwissenschaftlichung des Entscheidungsvorgangs. Die Chiffre dafür hieß "Planung". "Planung" wurde als der Modus eingeführt, durch den ein systematisches Aufarbeiten derjenigen Vorgänge aus der Vergangenheit erfolgen sollte, die als ursächlich für die aktuellen Probleme oder Auffälligkeiten eines Kindes anzusehen seien und auf deren Grundlage ein zielbezogenes Handeln zur Änderung des kindlichen Verhaltens entwickelt werden könne. "Diagnose" und "Erziehungsplan" wurden zu den Formeln, die eine Erhöhung des wissenschaftlichen Standards versprachen und damit eine Perspektive zur Behebung einiger zentraler Mängel in der Erziehungshilfe eröffneten. Bereits der erste Referentenentwurf zu einem "Gesetz für Jugendhilfe" aus dem Jahr 1974 macht eine "psychosoziale Diagnose" zur verpflichtenden Grundlage für eine Hilfeentscheidung und für einen daran anzuknüpfenden "Gesamtplan" (§ 55). Auch im Referentenentwurf des Jahres 1977 wird unter der Überschrift "Untersuchung und Gesamtplan" (§ 41) ein differenziertes Verfahren im Vorfeld einer erzieherischen Hilfe gefordert. Über eine möglichst genaue Ursachenerfassung sollte die Zielgenauigkeit der pädagogischen oder therapeutischen Intervention verbessert werden. Diagnostische Untersuchung und Gesamtplan wurden als methodische Mittel angesehen, um die Steuerbarkeit der Entwicklung des jungen Menschen zu erhöhen. Psychosoziale Diagnostik war Ausdruck einer Form der Verwissenschaftlichung Sozialer Arbeit, bei der wissenschaftliche Methodik verstanden wurde als Mittel der "Objektivierung" von Verfahrensweisen, der möglichst ziel-genauen Steuerung individueller und sozialer Entwicklungsprozesse. Erlasse wie der zur Psychosozialen Diagnose in Niedersachsen aus dem Jahr 1976, die Einführung umfangreicher Diagnosebögen, der Vorschlag, „Beobachtungsheime" zum Zweck diagnostischer Abklärung und effizienterer Erziehungsplanung einzurichten (Bundesjugendkuratorium 1974, S. 172) - solche und weitere Vorschläge und Maßnahmen sollten dazu dienen, die Entscheidungen auf dem Wege einer wissenschaftlichen Objektivierung zu qualifizieren und die Planbarkeit der individuellen Hilfen zu erhöhen.

Mit der Forderung in § 36 KJHG, einen individuellen Hilfeplan zu erarbeiten, werden demgegenüber Verfahrensweisen benannt, die die Hilfeplanung zu einem Vorgang der kooperativen Suche nach angemessenen Problemdefinitionen und Hilfeperspektiven machen. Planung erhält den Charakter eines kontinuierlichen Prozesses der Zusammenführung und fachlichen Bewertung unterschiedlicher Situationsdefinitionen und Handlungsvorstellungen sowie der Bewertung des Hilfeverlaufs aus der Perspektive der einzelnen Beteiligten. Der im Planungsbegriff ehemals enthaltene Anspruch, Objektivität von Entscheidungen und zielgenaue Steuerbarkeit von Hilfeverläufen zu erreichen, wird ersetzt durch ein Planungsverständnis, in dessen Mittelpunkt kooperative Verfahrensweisen bei der Konstituierung und der kontinuierlichen Evaluation einer Hilfe stehen.

Hilfeplanung ist somit der Versuch, „eine Entscheidung über die erwartbar beste Handlungsalternative" gedanklich vorzubereiten und zukünftige pädagogische Handlungen zu strukturieren, um auf diese Weise „die aus der Unbekanntheit des Zukünftigen resultierende Ungewißheit zu reduzieren" (Timmermann 1995, S.142). Dabei ist entscheidend, daß dieser Versuch angesichts des Charakters pädagogischer Verläufe nur prozeßhaft und in einer kooperativen Weise geschehen kann, und zwar kooperativ sowohl zwischen den Fachkräften und den Hilfe-Adressaten, um ein für einen möglichen Erfolg des pädagogischen Handelns elementares Arbeitsbündnis zu erreichen, als auch zwischen unterschiedlichen Fachkräften, um sich über das Zusammenführen mehrerer Interpretationen der Wirklichkeit eines „Falles" annähern zu können.

2. Kontroverse zur Kennzeichnung von Hilfeplanung

In der Jugendhilfe ist nun eine Debatte darüber entbrannt, mit welchem Begriff sich der Charakter von Hilfeplanung angemessen kennzeichnen lasse: mit dem Begriff der *Diagnose* oder mit dem Begriff der *Aushandlung*. Während die einen mit dem Begriff der Aushandlung Hilfeplanung charakterisieren als einen prozeßhaften Vorgang des hypothesengeleiteten Fallverstehens und der darin eingebundenen partizipativen Konstruktion von Hilfe-Arrangements (Deutscher Verein 1994; Merchel 1994, 1997 und 1998), stellen andere stärker die expertenbestimmte Situationsbeurteilung und die daraus abgeleitete Feststellung einer "richtigen" Hilfe in den Mittelpunkt und plädieren zur Kennzeichnung dieses Vorgangs für den Begriff der Diagnose (Harnach-Beck 1995, 1997 und 1998; Maas 1997; Petermann/Schmidt 1995; Petermann/Sauer/Becker 1997). Die Auseinandersetzung über die angemessene Begrifflichkeit trifft die Kernfrage, mit welchem grundlegenden Verständnis man sich der Hilfeplanung nähern sollte und welche innere Haltung von Fachkräften diesem Prozeß gegenüber angemessen und förderlich ist. Daß die Diskussion sich nicht auf einem Nebenschauplatz bewegt, sondern elementare Aspekte des Verständnisses von Erziehungshilfe anspricht, zeigt sich auch in der sprachlichen Schärfe, mit der die Argumente vorgebracht werden. So bezeichnet z.B. Kunkel das Aushandlungsverständnis als eine "Modetorheit" (1996, S. 29) und qualifiziert die "Aushandlungsideologie" als eine "Wucherung der (...) 'Sozialpädagogisierung der Jugendhilfe'" (1995, S. 353). Maas verortet das Aushandlungskonzept der Hilfeplanung im politischen Kontext einer "Entstaatlichung der Jugendhilfe" im Sinne eines Abbaus öffentlich-rechtlicher Verantwortung des Jugendamtes (1997, S. 71), das letztlich zum "Gesellschaftskonzept eines krassen Liberalismus" gehöre und sich "fugenlos in den Abbau des Sozialstaates" einpasse (a.a.O., S. 76). Diese von Maas hergestellte Beziehung zwischen dem Verständnis von „Hilfeplanung als Aushandlung" und einer gesellschaftspolitischen Tendenz der Privatisierung öffentlicher Aufgaben ist sicherlich ein höchst merkwürdige und aus den veröffentlichten Argumenten in keiner Weise ableitbare Interpretation, jedoch wird an der Heftigkeit der Auseinandersetzung die Relevanz des Problems erkennbar.

Das Problem einer angemessenen sprachlichen Kennzeichnung von Hilfeplanung bedeutet mehr als lediglich die Erörterung zu einem Sprachspiel. Es geht um das durch Sprache geprägte Bewußtsein und die innere Haltung von Fachkräften, mit dem diese ihr Handeln ausrichten, und zwar sowohl im Umgang mit Adressaten als auch im Hinblick auf ein produktives "Zusammenwirken mehrerer Fachkräfte". Ob "Aushandlung" oder "Diagnose" als Leitkategorie in den Mittelpunkt gestellt werden, ist keine rein akademische Frage, sondern eine praktisch höchst bedeutsame, weil damit jeweils verschiedenartige Leitbilder formuliert, differierende Haltungen angesprochen und unterschiedliche fachliche Anforderungen akzentuiert werden. Die Wahl von sprachlichen Chiffren hat eine wichtige strategische Bedeutung, weil damit das Bewußtsein und die innere Haltung der Akteure in eine bestimmte Richtung geführt werden. Gleichzeitig werden mit bestimmten Begriffen auch Erwartungen erzeugt, an denen das Handeln der Akteure gemessen wird. Dies macht die praxisbezogene Brisanz der Debatte um "Aushandlung oder Diagnose" aus.

Vor diesem Hintergrund soll im Folgenden ausführlicher auf die mit den beiden Begriffen verbundenen Grundkonzepte von Hilfeplanung eingegangen werden. Dabei wird für eine Orientierung an der Leitkategorie "Aushandlung" plädiert, weil eine solche Konzeption am ehesten der im KJHG enthaltenen Vorstellung eines von Anfang an möglichst kooperativen Verfahrens bei der Ausgestaltung sozialpädagogischer Hilfeprozesse entspricht und weil sich mit dem Aushandlungsbegriff die Charakteristika sozialpädagogischer Entscheidungsprozesse am ehesten kennzeichnen lassen.

3. Hilfeplanung als prozeßorientiertes, transparentes Aushandlungsgeschehen

Will man den Charakter von Hilfeplanung einschätzen, so muß man sich über die spezifischen Bedingungen und Anforderungen bei sozialpädagogischen Entscheidungen klar werden. Schrapper (1994 und 1997) hat die strukturelle Unsicherheit von sozialpädagogischen Entscheidungen herausgestellt, vergleicht man die Art der Probleme, die in der Jugendhilfe zur Entscheidung anstehen, z.B. mit den von Medizinern oder Juristen zu bearbeitenden Problemen. Aufgrund der Mehrdeutigkeit von Problemkonstellationen gibt es in der Jugend-hilfe keine *eindeutige* Zuordnung von Ursache und Wirkungen, und dementsprechend können keine klaren und eindeutigen, gleichsam "objektiv gültigen" Zuordnungen von Problemen und Lösungen existieren. Die in § 27 KJHG enthaltene Unbestimmtheit der Rechtsbegriffe ist somit strukturell begründet. Sie folgt daraus, daß Jugendhilfe "mit Wertentscheidungen operiert, die sich nur schwer rechtlich festschreiben lassen" (Hansbauer 1995, S. 13) und daß die Vielzahl von Anlässen und Arrangements der Hilfe sich nicht in abschließende Kataloge zwängen läßt. Ollmann bezeichnet die Entscheidungsvorgänge in der Erziehungshilfe als einen "normativ vorprogrammierten Prozeß wertender Erkenntnis" (1995, S. 49).

Sozialpädagogische Entscheidungen sind also letztlich nicht objektivierbar. Der angemessene Modus, um zu einer dem Problem und den Adressaten entsprechenden Leistung zu gelangen, ist durch zwei Verfahrensweisen gekennzeichnet:

1. durch eine hermeneutische Vorgehensweise des "Fallverstehens", die aufgrund der Mehrdeutigkeit der Verhältnisse immer der Beratung und der Herbeiführung einer Entscheidung in einer Gruppe von kompetenten Fachkräften bedarf;
2. durch eine Mitwirkung der Adressaten, weil die Wirksamkeit einer Hilfe u.a. von der grundlegenden Bereitschaft der Adressaten abhängt, sich auf eine Hilfe einzulassen, und weil dies nur dann erreicht werden kann, wenn die Adressaten ihre Überlegungen und Empfindungen in die Hilfeplanung einbringen können.

Die Hilfeplanung ist also zu charakterisieren als ein hermeneutischer Prozeß des Suchens nach angemessenen Problemdefinitionen und Hilfeperspektiven. Um zu einer angemessenen Entscheidung zu gelangen, müssen unterschiedliche Perspektiven aktiviert werden, von denen zunächst einmal keine mit einem vorgängigen Wahrheitsanspruch ausgestattet ist. "Wahrheit" stellt sich in der "Aushandlung" unterschiedlicher, auch verschiedenartiger fachlicher Sichtweisen her. Das, was als "geeignete und notwendige" Hilfe entschieden wird, ist unter diesen Voraussetzungen immer eine Hypothese, mit der man sich der Realität annähert. Der Gegenstand des Rechtsanspruchs muß konkretisiert werden in einem gemeinsamen "Klärungs-, Beratungs- und Aushandlungsprozeß" (Wiesner, § 27, Rz 19). Im weiteren Verlauf des Hilfeprozesses stellt sich dann die Richtigkeit der Annahme heraus. Der Hilfeprozeß kann also nicht starren Mustern folgen, sondern es bedarf der ständigen Reflexion und mitunter auch der Revision eingeschlagener Wege. Dieses Verständnis sozialpädagogischer Hilfe-Entscheidungen liegt der Vokabel "Hilfeplanung als Aushandlungsprozeß" zugrunde. Hilfeplanung hat die Gestaltung eines prozeßhaften Geschehens zum Inhalt, als dessen zentrale Interaktionsform die Aushandlung anzusehen ist: Aushandlung als das Vermitteln und Zusammenführen unterschiedlicher Situationsdefinitionen und Handlungsvorstellungen sowie als eine aus den unterschiedlichen Sichtweisen der Beteiligten erfolgende Bewertung des Hilfeverlaufs. Aushandlung als Vorgang der Zusammenführung und fachlichen Bewertung unterschiedlicher Perspektiven beinhaltet zwei Aspekte:

1. die Aushandlung zwischen Fachkraft einerseits und Adressaten andererseits sowie
2. den Vorgang des "Zusammenwirkens mehrerer Fachkräfte". In beiden Kontexten werden unterschiedliche Interpretationen zu einem Fall zusammengetragen, und es werden in der Konfrontation dieser Perspektiven Hilfe-Arrangements herausgebildet.

Wenn Hilfeplanung hier charakterisiert wird als ein hermeneutischer Prozeß der Suche nach angemessenen Problemdefinitionen und Hilfeperspektiven, so sollte dies nicht verwechselt werden mit dem programmatischen Anspruch der sozialwissenschaftlichen „Objektiven Hermeneutik", deren Methodik neuerdings für Hilfeplanung nutzbar zu machen versucht wird (u.a. Höpfner/Jöbgen 1998). Solche Versuche der Anwendung der „Objektiven Hermeneutik" als Methode wissenschaftlicher Erkenntnisgewinnung auf praktische Anforderungen der Hilfeplanung mögen zwar methodisch anregend sein, jedoch ist der damit einhergehende Wahrheitsanspruch außerordentlich problematisch. So formuliert Oevermann (1996, bes. S. 4 f.) für die „Objektive Hermeneutik" einen Objektivitätsanspruch und damit einen Anspruch auf Erkenntnis von „Wahrheit", mit der er sogar eine Analogie zum Erkenntnisanspruch der Naturwissenschaften herstellt. Mit diesem Anspruch einer „methodisch gesicherten Objektivität" (Oevermann 1996, S. 5) steht das Konzept der „Objektiven Hermeneutik", wenn es auf einzelfallbezogene Prozesse der Hilfeplanung übertragen wird, einem traditionellen diagnostischen Expertentum nahe, und zwar in einer Weise, die nicht einmal mehr den fachlichen Entwicklungen im - durch Medizin und Psychotherapie geprägten - Diagnostik-Denken entspricht, bei dem Elemente der Interaktion und der Prozeßhaftigkeit mittlerweile stärker berücksichtigt werden (Harnach-Beck 1998). Von einem solchen Verständnis setzt sich die hier dargelegte Konzipierung eines hermeneutischen Prozesses als interaktives, prozeßhaftes Fallverstehen ausdrücklich ab.

Das Aushandlungsverständnis folgt einer interaktionistischen Interpretation des Hilfeplanungsprozesses. Demnach ist das "Problem", das es mit Angeboten der Erziehungshilfe zu bewältigen gilt, nicht als eine "objektive Realität" zu begreifen, die mit geeigneten diagnostischen Methoden zu erfassen ist, sondern als eine Interpretation, als eine Konstruktion, die ein zielgerichtetes pädagogisches Handeln erlaubt. Diese Konstruktion bzw. Hypothesenbildung ermöglicht dann zielgerichtetes pädagogisches Handeln, wenn sie zum einen unter Berücksichtigung der Interpretationen der Beteiligten (insbesondere der Hilfe-Adressaten) erfolgt und wenn sie zum anderen verschiedene fachliche Interpretationsmöglichkeiten abwägt, wenn sie also gleichermaßen partizipativ wie methodisch angeleitet und auf der Grundlage fachlichen Wissens gestaltet wird. Welche Hilfe angesichts der Konstellationen des Einzelfalls letztlich als "geeignet und notwendig" akzeptiert und mit einem Rechtsanspruch versehen wird, ist zu charakterisieren als eine begründete, von den Beteiligten zunächst getragene Hypothese, deren Tauglichkeit sich im weiteren Hilfeprozeß erweisen wird. Aus diesem Grund ist auch ein kontinuierlicher und strukturierter Bewertungsvorgang ("Fortschreibung") im Hilfeplanungsprozeß dringend erforderlich. Mit der Hervorhebung des Hypothesencharakters sozialpädagogischer Entscheidungen wird es auch schwierig, im Zusammenhang mit Hilfeplanung von "Sachverhaltsermittlung", "Tatsachenbericht" u.ä. zu sprechen. Man sollte sich bewußt halten, daß man mit einem "Tatsachenbericht" nicht umstandslos Lebensumstände von Kindern und Jugendlichen abbildet, sondern daß bei der Erstellung solcher Berichte "allenfalls eine komplexitätsreduzierte Interpretation dieser Lebensumstände durch die entsprechende Fachkraft" erfolgt, "die den Leistungsanspruch begründet" (Hansbauer 1995, S. 14).

Die Fachkräfte in der Jugendhilfe sollten sich dieses Charakters ihrer Entscheidungen bewußt sein, weil sie dadurch eine innere Haltung aufbauen können, mit der sie der skizzierten strukturellen Unsicherheit sozialpädagogischer Entscheidungen besser gerecht werden können. Um die Anforderungen der Hilfeplanung umzusetzen, bedarf es nämlich nicht allein einer fachlichmethodischen Kompetenz. Vielmehr können solche Kompetenzen nur dann ihre Wirkung entfalten, wenn sie auf einer inneren Haltung gründen, die die Relativität der eigenen Einschätzungen präsent hält. Eine angemessene Einbeziehung der Adressaten kann nur dann erfolgen, wenn die Fachkräfte bereit sind, sich auch auf die Interpretationen und Problemdefinitionen der Adressaten einzulassen und diese im Kontext von deren Lebenssituation zu verstehen. Eine Haltung, die den Adressaten einen Subjektstatus innerhalb eines Vorgangs der Aushandlung zuordnet, setzt die Bereitschaft und das Bemühen zum Verstehen voraus. "Verstehen" bedeutet das Bemühen, einen "Fall" aus den Perspektiven der unterschiedlichen Beteiligten nachzuvollziehen, Interpretationen der Beteiligten als eine für die Hilfeplanung wichtige Realität anzuerkennen, Äußerungen und Wünsche der Adressaten als zunächst gleichberechtigt zu den Vorstellungen der Fachkräfte in die Hilfeplanung einzubeziehen.

Diese Haltung gegenüber den Adressaten setzt aus zwei Gründen wichtige Akzente. Zum einen gelingt es mit dieser Haltung eher, eine Vereinbarung zur Hilfe mit den Adressaten einzugehen, die - trotz aller Ambivalenzen in den Einstellungen der verschiedenen Beteiligten - von den Adressaten innerlich mitvollzogen werden kann und damit die Chance einer größeren Wirksamkeit in sich trägt. Zum anderen erweitern sich bei den Fachkräften mit der Bereitschaft zum Fallverstehen die Möglichkeiten zu einer differenzierten Problemanalyse und zu einem differenzierteren und zielgerichteteren Einsatz von Hilfeleistungen. Wird in Beratungs- und Entscheidungsprozessen dem Verstehen des Fallgeschehens zu wenig Aufmerksamkeit gewidmet, besteht eine größere Gefahr, daß Hilfen ungenau, ohne ausreichende und verständliche Absprache mit den Adressaten und mit undifferenzierten Zielvorstellungen eingesetzt werden.

Die innere Bereitschaft zu einem Fallverstehen, bei dem die Interpretationen und Wünsche der verschiedenen Adressaten als bedeutsam für die Konstruktion der Hilfe anerkannt werden, wirkt nicht nur im Umgang mit den Adressaten, sondern auch im Hinblick auf das "Zusammenwirken mehrerer Fachkräfte" als wichtiges produktives Element. Weil die Haltung des Fallverstehens keine "objektiv richtigen Lösungen" kennt, geht es bei der kollegialen

Beratung um das Zusammentragen und das Konfrontieren von Sichtweisen, also um die Bereitschaft, mit einem "Sowohl-als-auch" umgehen zu können. Wenn unterschiedliche Sichtweisen von Problemen existieren, sind auch bei der Lösungssuche mehrere Perspektiven legitim und notwendig, um sich einer problemangemessenen praktischen Hilfeleistung anzunähern. Förderlich für das "Zusammenwirken mehrerer Fachkräfte" ist also eine innere Haltung der einzelnen Individuen,

- bei der unterschiedliche Sichtweisen Geltung zugesprochen bekommen,
- bei der diese Perspektivendifferenzen zusammengetragen werden (zunächst bei der Probleminterpretation und dann bei den Ideen zur Lösung),
- bei der das Bewußtsein zur Relativität von Einschätzungen stärker ist als die Durchsetzungsstrategien einzelner und
- bei der Interessenunterschiede und Gegensätze auch mit ihren produktiven Potentialen gesehen werden können, weil diese Unterschiede - wenn man sich Mühe gibt, sie zu verstehen - vielfach mit guten Gründen existieren und daher zunächst zu respektieren sind (wobei - um Mißverständnisse zu vermeiden - Respektieren nicht mit Akzeptieren gleichzusetzen ist).

Entscheidungen in der Erziehungshilfe können demnach zwar nicht an einem Kriterium von "Objektivität" ausgerichtet werden, sie sind jedoch angewiesen auf die Kontrolle und das Infragestellen subjektiver Einschätzungen innerhalb eines Teams von kompetenten Fachkräften. Angemessene Entscheidungen bedürfen also des Rahmens einer verläßlich ausgestalteten "Intersubjektivität" (Schrapper 1994, S. 68).

Es wäre ein Mißverständnis, würde man das Aushandlungsverständnis gleichsetzen mit einer Reduktion der Bedeutung von Fachlichkeit. Das Bewußtsein der Relativität eigener Urteile und das Anerkennen unterschiedlicher Deutungs- und Bearbeitungsmöglichkeiten von Problemen heißt nicht, daß die Fachkräfte keine eigenen fachlichen Einschätzungen entwickeln und die Adressaten nicht mit diesen fachlichen Einschätzungen konfrontieren. Fachlichkeit ist auch nicht, wie Maas (1997, S. 74 f.) dem Aushandlungsmodell zuspricht, reduziert auf eine kompetente Beratung der Adressaten. Fachlichkeit hat mehrere Dimensionen und äußert sich neben einer kompetenten Zusammenarbeit mit den Adressaten (in Form von Beratung und aktivierender Beteiligung) gleichermaßen

- in der Fähigkeit, einen "Fall" unter fachlichen Kriterien zu verstehen und einzuschätzen (wozu es eines differenzierten fachlichen Wissens und fachlicher Kompetenzen bedarf; vgl. dazu Müller 1995 und Scherr 1996),
- in der Fähigkeit, plausible mögliche Hilfe-Arrangements im Hinblick auf die Problemkonstellation im Einzelfall zu entwickeln, und
- in der Fähigkeit, im Rahmen eines Fachkräfte-Teams Perspektivendifferenzen produktiv bearbeiten zu können.

Eine Konzipierung von Hilfeplanung als einem Aushandlungsgeschehen führt auch nicht zu einer Reduktion von Verantwortung auf Seiten des Trägers der öffentlichen Jugendhilfe. Die fachliche Verantwortung des Jugendamtes zeigt sich unter mehreren Aspekten:

1. in der Sorgfalt, mit der der Prozeß des Fallverstehens und des Herausarbeitens von Hilfemöglichkeiten als ein Geschehen zwischen der fallzuständigen Fachkraft und den Fachkräfte-Teams gestaltet wird,
2. in einem fachlich qualifizierten Bemühen um eine angemessene Form der Beteiligung (und Aktivierung) der verschiedenen Adressaten (Familienmitglieder, Kind/Jugendlicher),
3. in der Erarbeitung einer gleichermaßen fachlich akzeptablen wie von den Adressaten akzeptierbaren Entscheidung zur "geeigneten und notwendigen" Hilfe,
4. in einer kontinuierlichen Form der Reflexion und einer möglichen Veränderung des Hilfeverlaufs.
5. in der Gewährleistung der organisatorischen Bedingungen, durch die eine qualitativ gute Hilfeplanung ermöglicht wird (z.B. im Hinblick auf Fortbildung und Supervision, im Hinblick auf Gestaltung von Leitungsstrukturen u.a.m.).

Die Komplexität von Entscheidungssituationen und der Hypothesencharakter von Entscheidungen bewirken, daß Hilfeplanung in der Erziehungshilfe immer mit Risiken verbunden ist. Weil Problemsituationen und das darin enthaltene Potential der Gefährdung von Kindern und Jugendlichen in ihren Auswirkungen letztlich nicht zuverlässig und eindeutig einzuschätzen sind, sind die Entscheidungen in der Erziehungshilfe immer mit einem Risiko belastet (Mörsberger/Restemeier 1997; Wiesner 1997, S. 218). Weil die Fachkräfte trotz dieser Situation fachlich verantwortbare Entscheidungen treffen müssen, bedarf es angemessener Verfahren und organisatorischer Bedingungen, die die Übernahme einer solchen Verantwortung ermöglichen. Dies herzustellen, kontinuierlich zu überprüfen und weiterzuentwickeln, ist ein zentrales Element in der fachlichen und organisationsbezogenen Verantwortung des Jugendamtes.

Die Orientierung am Leitbild der Aushandlung unterliegt Einschränkungen und muß differenziert werden in solchen Fällen, in denen das Jugendamt aufgrund seiner fachlichen Einschätzung "zur Abwendung einer Gefährdung des Wohls des Kindes oder des Jugendlichen das Tätigwerden eines Gerichts für erforderlich (hält)" (§ 50, Abs. 3 KJHG) und das Vormundschaftsgericht anruft. Gegenüber den Personensorgeberechtigten kann in solchen Fällen sicher nicht mehr ohne weiteres von Aushandlungsprozessen gesprochen werden, weil hier die Interaktionssituation durch behördliche und möglicherweise gerichtliche Interventionen geprägt wird. Allerdings gilt auch in einem solchen Fall, daß weiterhin eine Kooperation mit den Eltern erreicht werden soll und daß diese von den Leistungen der Jugendhilfe nicht abgekoppelt werden. Somit werden Kooperationen mit Aushandlungscharakter nicht völlig obsolet: Zum einen vollziehen sie sich im Umgang mit dem Minderjährigen, der an der Auswahl und bei der Realisierung von Hilfen zu beteiligen ist, und zum anderen sollen weiterhin Kooperationen mit den Eltern angepeilt werden. Daß gerade bei der Anrufung des Vormundschaftsgerichts wegen der einschneidenden Folgen dieser Maßnahme für den weiteren Hilfeverlauf eine besonders sorgfältige kollegiale Beratung im Team stattfinden muß, bei der die Situation erörtert und unterschiedliche Handlungsmöglichkeiten ausführlich abgewogen werden, spricht dafür, zur Charakterisierung dieser Situation das Aushandlungsverständnis nicht gänzlich zur Seite zu legen, sondern es zu differenzieren und situative Einschränkungen wahrzunehmen.

Der Aushandlungsbegriff formuliert ein aus den Regelungen des KJHG abgeleitetes Programm zur Konzipierung sowie zur kritischen Beurteilung und Weiterentwicklung der Praxis von Hilfeplanung. "Aushandlung" dient als eine Leitkategorie, mit der Fragen des Status von Adressaten und des Umgangs mit Adressaten sowie Fragen einer kompetenten intersubjektiven Fallberatung und -entscheidung in den Mittelpunkt gerückt werden. Mit der Betonung des Subjektcharakters der Adressaten bei Vorgängen der Aushandlung wird ein normatives Gegenmodell gesetzt zur vielfach noch vorhandenen Praxis einer Behandlung von Kindern, Jugendlichen und Familien als Objekten einer expertenbestimmten Diagnose und Hilfeleistung. Das Leitbild der Aushandlung und der damit einhergehenden Subjektstellung der Adressaten bietet ein Modell, das einerseits das Bewußtsein für einen respektvollen Umgang mit Adressaten intensivieren soll und das andererseits als eine Herausforderung für eine kritische Überprüfung und Veränderung von Praxis wirken soll. Hinsichtlich des "Zusammenwirkens mehrerer Fachkräfte" macht der Aushandlungsberiff auf die Mehrdeutigkeit von Problemsituationen und Entscheidungsmöglichkeiten sowie auf die daraus resultierende Notwendigkeit ernsthafter und fachlich kompetenter Beratung in Teamzusammenhängen aufmerksam. Auch hier ist eine Überprüfung erforderlich, ob die bisherige Praxis der Teamarbeit bereits tatsächlich die Qualität einer kompetenten kollegialen Beratung erreicht hat und damit zu einem Modus geworden ist, der für die einzelne Fachkraft eine reale Hilfe bei der Übernahme von Entscheidungsrisiken bietet.

Sicherlich bietet der Aushandlungsbegriff auch Risiken und Angriffsflächen für Mißverständnisse und verkürzende Interpretationen: z.B. hinsichtlich einer möglichen Vernachlässigung fachlicher Sorgfalt oder Assoziationen nach dem Motto "Feilschen auf dem Markt" oder die verkürzende Unterstellung einer realen Symmetrie von Beziehungen bzw. die falsche Gleichsetzung mit dem Modell eines "herrschaftsfreien Dialogs" (vgl. Maas 1997; Schwabe 1996). Solche Risiken sind zum einen durch eine differenzierte Diskussion zu verringern, und zum anderen sind sie abzuwägen gegenüber den fachlichen bzw. fachpolitischen Risiken, die mit einer Ausrichtung der Hifeplanung am Konzept der Diagnose einhergehen. Die Risiken der Charakterisierung von

Hilfeplanung mit dem Diagnosebegriff scheinen, was im folgenden zu belegen sein wird, weitaus größer zu sein.

4. Hilfeplanung als Vorgang der Diagnose?

Die Hervorhebung des Stellenwerts von Diagnosen als zentrale Elemente in der Hilfeplanung knüpft an die oben dargestellten Bemühungen um Qualifizierung der Entscheidungs- und Hilfeprozesse über den Weg der wissenschaftlichen Objektivierung von einzelfallbezogenen Erkenntnissen mit Hilfe von Verfahren der psychologischen bzw. psychiatrischen Diagnostik an. Durch eine möglichst genaue Ursachenerfassung und im Kontext einer daraus abgeleiteten prognostischen Aussage zur künftigen Entwicklung sollen zielgenaue pädagogische und therapeutische Instrumente zur einzelfallbezogenen Intervention bestimmt werden. Gefordert wird das "Aufstellen von eindeutigen Zuweisungskriterien", aufgrund derer von der Analyse einer Problemstellung stringent auf eine bestimmte Hilfe verwiesen werden kann (Petermann/Schmidt 1995, S. 21; vgl. auch Schmidt/Holländer 1996). Auch wenn die Komplexität und Individualität als Charakteristika sozialpädagogischer Entscheidungen konstatiert wird, so wird dennoch in Widerspruch dazu das Ideal einer "objektiven" Diagnose und Indikationsstellung aufrecht erhalten: "Der Befund muß unabhängig von der Fachkraft ausfallen." (Becker/ Petermann 1997, S. 259). Die Erhebungsmethoden sollen ebenfalls ein Höchstmaß an "Objektivität" ermöglichen, was mit einer eher negativen Einschätzung qualitativer und hermeneutischer Methoden des Fallverstehens (vgl. z.B. Mollenhauer/Uhlendorff 1992; Uhlendorff 1997) einhergeht: "Der Einsatz valider und reliabler standardisierter Verfahren führt gegenüber informellen und intuitiven Vorgehensweisen zu besser abgesicherten Ergebnissen." (Harnach-Beck 1997, S. 33)

Die fallzuständige Fachkraft, die mit Hilfe von diagnostischen Verfahren zu einer Beurteilung und zu einer Entscheidung zum erzieherischen Bedarf gelangen soll, nimmt dabei die Rolle einer begutachtenden Expertin ein. Die Fachkräfte ermitteln, woran die Adressaten leiden und welche Hilfen für sie gut sind. Wenn dies geschehen ist, haben die Adressaten allenfalls noch die

Möglichkeit, zwischen verschiedenen, von den Experten vorher diagnostisch als angemessen "ermittelten" Hilfeformen auszuwählen (so Maas 1997, S. 76). Getrennt wird zwischen der juristisch korrekten administrativen Sachverhaltsermittlung und Entscheidung hier und der sozialpädagogischen Beigabe ("begleitende pädagogische Beratung") dort. Primär ist ein vermeintlich objektiver Sachverhalt zu "ermitteln", während die pädagogische Beratung in diesem Kontext eine nur sekundäre Bedeutung erlangt. Bei solchen auf "Ermittlung" ausgerichteten Diagnosen ist man zwar auf die Mitarbeit der Adressaten angewiesen (Wie will man sonst an die erforderlichen Daten gelangen ?), jedoch sollte hier genau differenziert werden, welche Rolle die Adressaten übernehmen: Letztlich bleiben sie Datenlieferanten, Objekte der Datenerhebung, Objekte der Vermittlung von Erkenntnissen, Objekte pädagogisch-therapeutischen Handelns. Die Adressaten verbleiben im Status eines Objekts von Expertendiagnostik, bei der Experten "gültige" Aussagen über einen "objektiven" Hilfebedarf machen zu können glauben. Einen Stellenwert als Subjekte, als Partner bei der Erörterung des Hilfebedarfs können sie bei diesem Verständnis von Diagnose nicht erlangen. So liegt es durchaus nahe, daß sich einige Vertreter des diagnostischen Ansatzes von einem stärkeren Einbezug von extern (d.h. von psychologischen Gutachtern außerhalb der Verfahrensbeteiligten) erstellten Diagnosen eine qualifizierende Wirkung für die Hilfeplanung versprechen (Petermann/Schmidt 1995, S. 88).

Eine Verwissenschaftlichung auf dem Weg der Anamnese, Diagnose und Indikationsstellung tendiert in eine Richtung, die mit "Technisierung der Entscheidungen" bezeichnet werden kann (vgl. Merchel 1994): Es geht um den Versuch, einen Ausweg aus dem Dilemma unsicherer Entscheidungen in menschlichen Zusammenhängen zu finden, und zwar über das Bemühen, an objektivierte Maßstäbe zu gelangen, in denen Ursache-Wirkungs-Zusammenhänge eindeutiger erkennbar sind und somit unter prognostischen Aspekten gezielter einsetzbar sind. Im Hintergrund steht als Ideal die Erkennbarkeit und die Steuerung von technischen Abläufen, und das Verständnis von Verwissenschaftlichung in der Erziehungshilfe wird ausgerichtet an dem Bestreben, sich in ähnlicher Weise soziale Prozesse und menschliches Leben verfügbar machen zu können. Nach diesem Modell geraten die sozialpädagogischen Fachkräfte in die Rolle von Konstrukteuren, von "Architekten" für Lebensläufe: Die Fachkraft als Expertin für die Gestaltung kindlichen Lebens hat die Bedingungen genau analysiert und weiß aufgrund dieser Analysen und ihres Expertenwissens, mit welchen Interventionen der Lebenslauf eines Kindes/Jugendlichen zum Positiven geändert werden muß.

Mittlerweile ist jedoch deutlich geworden, daß solche Denkmuster den Problemkonstellationen der Jugendhilfe kaum angemessen sind. Der prognostische Wert von psychosozialen Diagnosen hat sich als fraglich herausgestellt, die Einzelfallkonstellationen waren in der Regel komplexer und pädagogisch bedeutsamer als die in den Indikationskatalogen enthaltenen generalistischen Annahmen, und man hat erfahren, daß die Dynamik sozialer Prozesse mit Hilfe von Indikationsstellung und Diagnostik nicht in den Griff zu bekommen ist. Das Besondere an sozialpädagogischen Entscheidungen, die Komplexität sozialer Verhältnisse, ihre Mehrdeutigkeit und ihre Bindung an Interpretationen bewirken, daß eindeutige Ursache-Wirkung-Zusammenhänge und darauf ausgerichtete eindeutige Zuordnungen von Lösungen zu Problemen kaum konstruierbar sind. Der "Konstrukteur" oder "Architekt" im sozialen Bereich agiert immer mit einer - verglichen mit dem technischen Bereich - relativ hohen Irrtums-wahrscheinlichkeit. Eine Verbesserung der Entscheidungspraxis in der Erziehungshilfe über den Weg einer Verwissenschaftlichung der Kriterien und ihrer Erhebung hat sich somit als nicht gangbar erwiesen. Dem Ziel des KJHG, "die Leistungsadressaten als Subjekte des Hilfeprozesses zu begreifen" und dementsprechend die Struktur sozialpädagogischer Leistungen auszugestalten, werden behandlungsorientierte Ansätze nach dem Diagnose-Indikations-Muster nicht gerecht (Wiesner, § 27, Rz 23). Dies schließt nicht aus, "daß bei besonders schwierig einzuschätzenden Fällen weitere psychologisch fundierte Beurteilungen als Teil des Hilfeplanungsverfahrens hinzugezogen werden" (Deutscher Verein 1994, S. 320). Allerdings sind solche Beurteilungen zu verstehen und zu behandeln als eines von mehreren Bestandteilen des komplexen Prozesses der Hilfeplanung, die bei der Entscheidungsfindung zu berücksichtigen sind. Sie sind Hilfsmittel innerhalb des sozialpädagogischen Aushandlungsprozesses, die im Rahmen der Entscheidungsfindung zu werten sind, ohne daß sie automatisch in das Zentrum gestellt oder gar die Entscheidung eng daran gekoppelt würde.

Wenn hier die Grundstruktur eines traditionellen, auf "Behandlung" ausgerichteten expertenbestimmten Diagnosemodells gekennzeichnet und kritisiert wird, so soll nicht unerwähnt bleiben, daß auch der Diagnosebegriff nicht einheitlich gebraucht wird, sondern sowohl bei der Begriffsverwendung als auch bei den Methoden Differenzierungen zur Kenntnis zu nehmen sind. So wird Diagnostik in der Jugendhilfe bisweilen durchaus als interaktives Geschehen angesehen, bei der die Sichtweise von Adressaten einbezogen werden soll (Harnach-Beck 1995; 1998, S. 28). Neuere Diagnosekonzepte beziehen bei ihren methodischen Orientierungen gerade in pädagogischen Arbeitsfeldern stärker den Stellenwert der "zu Diagnostizierenden" ein und richten sich nicht mehr primär auf Testmethoden, sondern enthalten verschiedene Formen der diagnostischen Beobachtung, des diagnostischen Gesprächs, des explorativen Gesprächs u.a.m.. Entscheidend ist allerdings die Frage, ob solche Differenzierungen neue Orientierungen bringen im Hinblick auf die grundlegende Frage: Wer bildet im Hilfeplanungsverfahren das „gültige Urteil" ? Existiert bei diesen Entscheidungen eine "objektive Wahrheit", an die sich anzunähern der Anspruch ist, den man mit entsprechend guten Verfahren einlösen zu können glaubt ?

Angesichts der Herkunft des Diagnosebegriffs aus dem Kontext der Medizin und der daraus entwickelten Psychotherapie wäre es problematisch, wenn die Jugendhilfe "Diagnose" als Leitbegriff zur Kennzeichnung der Anforderungen an Hilfeplanung in Anspruch nehmen würde. Diagnose ist ursprünglich ein medizinisches Konzept, dem Vorstellungen von Standardzustand bzw. Normalverhalten, Abweichungsanalyse, Diagnose-Therapie-Bindungen etc. eigen sind (s. Kleber 1995). Die Wahrscheinlichkeit ist groß, daß solche Vorstellungen auch weiterhin wirken, wenn sie in anderen Feldern angewandt werden. Der Diagnosebegriff prägt sowohl die innere Haltung der sozialpädagogischen Fachkräfte als auch die Erwartungen, mit denen die Beteiligten und Außenstehende (Leitungskräfte in Jugendämtern, Jugendpolitiker, Fachkräfte außerhalb der Erziehungshilfe etc.) sich der Hilfeplanung gegenüber positionieren. Diese Gefahr besteht insbesondere dann, wenn durch das Vokabular ("Sachverhaltsermittlung", "Tatsachenfeststellung" u.a.) ein Denkmuster des experten-bestimmten Gutachtens mit Wahrheitsanspruch gefestigt wird. Der Begriff der Diagnose verführt dazu, traditionelle pädagogische und rechtliche Handlungsmuster zu zementieren und auf diese Weise den Hilfeplan im Ergebnis zu einer Art Gutachten zu machen, mit dem die partizipative, auf hermeneutische Prozesse des Fallverstehens ausgerichtete Konzeption des § 36 KJHG nicht mehr realisiert wird. Mit dem Diagnosebegriff wird die Auffassung von einer "technischen" Planbarkeit von Erziehungsprozessen aufrecht erhalten, die angesichts des "strukturellen Technologiedefizits" pädagogischer Vorgänge (Luhmann/Schorr 1986) immer wieder zu Enttäuschungen führen muß.

Mit der Einführung der Eingliederungshilfe für seelisch behinderte Kinder und Jugendliche als eine eigene Hilfeform (§ 35a KJHG) ist ein Tor geöffnet worden, durch das Vorstellungen einer medizinisch-psychiatrischen Diagnostik in die Jugendhilfe hineingezogen werden, insbesondere durch die Beteiligung eines Arztes der Kinder- und Jugendpsychiatrie. Ohne an dieser Stelle ausführlich auf die Kontroverse um die Stigmatisierungswirkung und um die Risiken einer Medizinalisierung sozialer Probleme, die von der Einführung des § 35a KJHG befürchtet werden, eingehen zu können (s. dazu Verein für Kommunalwissenschaften 1996; Cobus-Schwertner 1995 sowie die Diskussion zwischen Fegert 1996 und Hilliger 1996), ist im Zusammenhang mit Hilfeplanung eine mögliche Stärkung von traditionellen Diagnosevorstellungen zu konstatieren. Es wird vor allem darauf zu achten sein, welche Rolle dem Arzt bei der Hilfeplanung zugesprochen wird. Es wird darauf ankommen, die medizinische Diagnostik als einen Bestandteil fachlicher Problemsichten in den komplexen Bewertungs- und Entscheidungsprozeß zu integrieren, ohne daß ihr von vornherein ein primärer Stellenwert zugesprochen wird (vgl. Wiesner, § 35a, Rz 20/21; Wiesner 1996, S. 20).

In den letzten Jahren sind Konzepte einer spezifisch "sozialpädagogischen Diagnostik" formuliert worden, die sich von einem traditionellen Diagnosebegriff abgrenzen, insbes. von Mollenhauer/Uhlendorff (1992), die eine spezifisch "sozialpädagogische Diagnostik" prokla-mieren, deren Methodik entsprechend der Deutungsoffenheit sozialpädagogischer Problem-stellungen eine hermeneutische, auf Prozesse des Fallverstehens ausgerichtete ist. Damit wollen sie sich gegen eine ausschließliche Vereinnahmung des Diagnosebegriffs durch Medizin und Psychotherapie wenden. Auch die Verwendung des

Begriffs der "sozialpädagogischen Diagnose" bei Müller (1993) hat eine Nähe zu einem prozeßhaften sozialpädagogischen Verständnis, das traditionelle expertokratische Diagnosemodelle überwindet. Die Bewertung des Nutzens eines solchen spezifisch sozialpädagogischen Diagnosebegriffs ist letztlich eine strategische Erwägung: Man kann bezweifeln, daß ein Festhalten an einem Diagnosebegriff, selbst wenn er mit spezifischen sozialpädagogischen Konnotationen einhergeht, die Entwick-lung der Jugendhilfe in die skizzierte Richtung einer angemessenen Hilfeplanung zu fördern vermag. Die Tradition des Diagnose-Begriffs und die heutige Prägung dieses Begriffs durch Medizin und Psychotherapie scheinen so dominant, daß eine Verwendung dieses Begriffs in der Erziehungshilfe unter strategischen Gesichtspunkten für die Jugendhilfe mit merklichen Risiken verbunden wäre, zumal, wie einige oben zitierte Aussagen zeigen, auch in der Jugendhilfe ein auf Partizipation und Intersubjektivität von Hilfe-Entscheidungen ausgerichtetes Verständnis von Hilfeplanung in kontroverser Diskussion steht.

5. Schlußbemerkungen

Die Frage, mit welchem grundlegenden Verständnis man an Hilfeplanung herangeht, ist für das Selbstverständnis der Erziehungshilfe und für die Gestaltung der Hilfen im Einzelfall von elementarer Bedeutung. Hier entscheidet sich, mit welcher inneren Haltung die Fachkräfte an einen „Fall" herangehen: wie sie ihr Verhältnis zu den Hilfe-Adressaten definieren und ausgestalten und mit welcher Ernsthaftigkeit sie sich auf das für die Konstruktion der Hilfe so notwendige „Zusammenwirken mehrerer Fachkräfte" einlassen. Äußerungen, die aus der Perspektive des Verwaltungsrechts den Vorgang der Hilfeplanung als Ermittlung eines objektiven Sachverhalts definieren, werden weder dem komplexen Geschehen der Hilfeplanung gerecht noch vermögen sie, das Bewußtsein und die Problemsensibilität von Fachkräften in einer sozialpädagogisch angemessenen Weise zu prägen. Dies wird deutlich, wenn man Ausführungen liest wie etwa folgende von Maas (1998, S. 14, FN 13), der fordert „daß der erzieherische Bedarf objektiv aus der individuellen Lebenslage der Betroffenen zu ermitteln ist. Hierbei kommt es zwar auf die Mitwirkung der Betroffenen, nicht aber auf deren subjektive Vorstellungen an. Diese sollten sich zwar im günstigen Fall mit der objektiven Einschätzung ihrer Bedarfslage durch das Jugendamt decken. Was immer aber die Betroffenen sich wünschen, ihr erzieherischer Bedarf wird vom Jugendamt verantwortlich festgesetzt und ist somit aus Sicht der Betroffenen fremdbestimmt." Hier wird exemplarisch deutlich, wie gefährlich der Diagnosebegriff wird, wenn er in die Nähe von „objektiven" Jugendamtsurteilen gerückt wird. Es ist schwer vorstellbar, daß ein Jugendamtsmitarbeiter, dessen Bewußtsein durch eine Haltung geprägt ist, die in dem obigen Zitat aufscheint, Hilfeplanung als kooperativen Prozeß der Strukturierung, Gestaltung und Auswertung von Hilfen verstehen und praktisch entwickeln kann.

Die Auseinandersetzungen zum Charakter von Hilfeplanung lassen aber auch divergente Denk- und Kategoriensysteme erkennen, die als Differenzen zwischen den Disziplinen „Recht" und „Sozialpädagogik" interpretierbar sind. Jede der beiden Disziplinen hat jeweils ihre eigene Sprache, ihre spezifische Herangehensweise an Probleme, ihre Wahrnehmung von Realität, ihre Interpretationsmuster entwickelt. Recht und Sozialpädagogik stellen unterschiedliche Sinnsysteme mit jeweils eigener Logik dar. In beiden Sinnsystemen werden Sachverhalte, Anforderungen und Regelungen zunächst mit verschiedenartigen Wahrnehmungsperspektiven sowie mit unterschiedlichen Regeln und Traditionen der Bearbeitung angegangen. Es ist ein Charakteristikum des KJHG, daß es programmatische Aussagen der Sozialpädagogik in das Sinnsystem des Rechts zu integrieren versucht und damit das Steuerungsmedium "Recht" gleichsam fachpolitisch profiliert. Bei der unmittelbaren Konfrontation zweier Sinnsysteme in einem Gesetz ist es kaum vermeidbar, daß in den Debatten Konfrontationen und Mißverständnisse zwischen den Vertretern beider Professionen entstehen. Das KJHG bringt für beide Professionen Irritationen im Hinblick auf bisherige Interpretationsweisen und Routinen, die Behauptung eigener Interpretationsmuster geht mit gegenseitigen Zuschreibungen von Unkenntnis einher, und es ergeben sich Auseinandersetzungen bezüglich differenzierter Modalitäten des Zusammenfindens beider Sinnsysteme. Die durch das stärkere Zusammenfügen von Recht und Sozialpädagogik bewirkten Irritationen lassen sich u.a. ablesen am Verlauf des „Osnabrücker Strafprozesses" mit seinen gegenläufigen Urteilen und Einschätzungen (s. Mörsberger/Restemeier 1997 und Bringewat 1997) oder beispielhaft in Äußerungen von Juristen, die gegen die "Sozialpädagogisierung der Jugendhilfe" zu Felde ziehen (Kunkel 1995, S. 353) und Ratlosigkeit offenbaren, wenn sie den Charakter von Verfahrensregeln zur Hilfeplanung betrachten und dabei zu dem Urteil gelangen, daß es sich bei der Hilfeplanung offensichtlich um eine Art "Überraschungsei" handele (a.a.O., S.354). Auch die Auseinandersetzung zum grundlegenden Charakter der Hilfeplanung, der mit den Begriffen "Diagnose" und "Aushandlung" gekennzeichnet wird, und die darin sichtbare Kontroverse um angemessene Sprach- und Denkmuster läßt sich als Ausdruck der Irritationen interpretieren, die durch das Zusammenprallen der Sinnsysteme Recht und Sozialpädagogik im KJHG entstanden sind. Auch wenn solche Auseinandersetzungen das Klima belasten und der Ton bisweilen an Schärfe zunimmt, so sind sie doch notwendig. In solchen Debatten erhalten die Standpunkte und Gestaltungsalternativen Kontur, und durch größere Klarheit können tragfähige Handlungsperspektiven entworfen werden.

Literatur

Becker, P. N./**Petermann**, F.: Diagnostik und Indikation im Rahmen der Hilfeplanung. In: Jugendwohl 6/1997. S. 257-268.

Bringewat, P.: Tod eines Kindes. Soziale Arbeit und strafrechtliche Risiken. Baden-Baden 1997.

Bundesjugendkuratorium: Mehr Chancen für die Jugend. Zu Inhalt und Begriff einer offensiven Jugendhilfe. Stuttgart u.a. 1974.

Cobus-Schwertner, I.: Brauchen wir den § 35a SGB VIII ? Einige Anmerkungen aus der Perspektive der Jugendhilfe. In: Jugendwohl 2/1995. S. 77-81.

Deutscher Verein für öffentliche und private Fürsorge: Empfehlungen zur Hilfeplanung nach § 36 KJHG - Vorbereitungen und Erstellung eines Hilfeplans. In: Nachrichtendienst des Deutschen Vereins 9/1994. S. 317-326. (Ergänzungstext zu "§ 28 KJHG (Erziehungsberatung)" in: Nachrichtendienst des Deutschen Vereins 3/1996. S. 74.)

Fegert, J.-M.: Positive und negative Irritationen um den § 35a KJHG. In: Jugendhilfe 4/1996. S. 195-202.

Hansbauer, P.: Fortschritt durch Verfahren oder Innovation durch Fortschritt? Organisationssoziologische Überlegungen zu den Schwierigkeiten einer organisatorischen Neugestaltung der Hilfeentscheidungen in Jugendämtern. In: Neue Praxis 1/1995. S. 12-32.

Harnach-Beck, V.: Psychosoziale Diagnostik in der Jugendhilfe. Grundlagen und Methoden für Hilfeplan, Bericht und Stellungnahme. Weinheim/ München 1995.

Harnach-Beck, V.: Informationsgewinnung durch Fachkräfte des Jugendamtes - Professionelle Datenermittlung als Aspekt des Qualitätsmanagements. In: Kindheit und Entwicklung 1/1997. S. 31-39.

Harnach-Beck, V.: Diagnostische Erfordernisse bei der Entscheidungsvorbereitung für Hilfe zur Erziehung nach §§ 27 ff. SGB VIII. In: Beiträge zum Recht der sozialen Dienste und Einrichtungen (RsDE), Heft 39, 1998. S. 17-37.

Hilliger, A.: Weg von Kategorisierungen - hin zu individuellen Hilfen. In: Jugendhilfe 6/1996. S. 360-364.

Höpfner, N./**Jöbgen**, M.: Plädoyer für eine pädagogische Diagnostik. Unv. Ms. (vorgegelegt zum Expertengespräch „Pädagogische Diagnostik" am 19. 11. 1998 in Bonn, veranstaltet vom Bundesministerium für Familie, Frauen, Senioren und Jugend und der Internationalen Gesellschaft für erzieherische Hilfen)

Hörster, R.: Lehre sozialpädagogischen Handelns. Zur Verständigung über ein Qualifizierungsproblem. In: Der pädagogische Blick 1/1996. S. 5-13.

Institut für soziale Arbeit (Hrsg.): Hilfeplanung und Betroffenenbeteiligung. Münster 1994.

Kleber, E. W.: Diagnose. In: Krüger, H.-H./Helsper, W. (Hrsg.): Einführung in Grundbegriffe und Grundlagen der Erziehungswissenschaft. Opladen 1995. S. 103-117.

Kunkel, P.: Jugendhilfe - Hilfe durch Leistung und Eingriff. Teil 1. In: Jugendhilfe 5/1995, S. 277-284. Teil 2 in: Jugendhilfe 6/1995, S. 348-359.

Kunkel, P.: Der Hilfeplan als "Überraschungsei" ? Entgegnung auf die Anmerkungen von Maas. In: Nachrichtendienst des DV 1/1996. S. 29/30.

Luhmann, N./**Schorr**, K.-E.: Das Technologiedefizit in der Pädagogik. In: Dies. (Hrsg.): Zwischen Intransparenz und Verstehen. Frankfurt/M. 1986. S. 11-40.

Maas, U.: Das mißverstandene KJHG. Privatisierung der öffentlichen Jugendhilfe als "Neue Fachlichkeit": Kein Auftrag, keine Verantwortung - keine Kompetenz? In: Zentralblatt für Jugendrecht 3/1997. S. 70-76.

Maas, U.: Hilfe zur Erziehung zwischen unbestimmtem Rechtsbegriff und Ermessen. In: Beiträge zum Recht der sozialen Dienste und Einrichtungen (RsDE), Heft 39, 1998. S. 1-16.

Merchel, J.: Von der psychosozialen Diagnose zur Hilfeplanung. Aspekte eines Perspektivenwechsels in der Erziehungshilfe. In: Institut für soziale Arbeit (Hrsg.) 1994. S. 44-63.

Merchel, J.: Der mißverstandene Charakter von Hilfeplanung. In: Nachrichtendienst des Deutschen Vereins 7/1997. S. 219-222.

Merchel, J.: Hilfeplanung bei den Hilfen zur Erziehung § 36 SGB VIII. Stuttgart u.a. 1998.

Mörsberger, Th./**Restemeier**, J. (Hrsg.): Helfen mit Risiko. Zur Pflichtenstellung des Jugendamtes bei Kindesvernachlässigung. Dokumentation eines Strafverfahrens gegen eine Sozialarbeiterin in Osnabrück. Neuwied/Kriftel/Berlin 1977.

Mollenhauer, K./**Uhlendorff**, U.: Sozialpädagogische Diagnosen. Über Jugendliche in schwierigen Lebenslagen. Weinheim/München 1992.

Müller, B.: Sozialpädagogisches Können. Ein Lehrbuch zur multiperspektivischen Fallarbeit. Freiburg 1993.

Müller, B.: Das Allgemeine und das Besondere beim sozialpädagogischen und psychoanalytischen Fallverstehen. In: Zeitschrift für Pädagogik 1995. S. 697-708.

Oevermann, U.: Konzeptualisierung von Anwendungsmöglichkeiten und praktischen Arbeitsfeldern der objektiven Hermeneutik (Manifest der objektiv hermeneutischen Sozialforschung). Unv. Ms., März 1996.

Petermann, F./**Sauer**, B./**Becker**, P.N.: Methoden der Effektivitätsforschung in der Jugendhilfe. In: Kindheit und Entwicklung 1/1997. S. 10-17.

Petermann, F./**Schmidt**, M. (Hrsg.): Der Hilfeplan nach § 36 KJHG. Eine empirische Studie über Vorgehen und Kriterien seiner Erstellung. Freiburg 1995.

Scherr, A.: Was können und sollen SozialpädagogInnen können ? Über die Schwierigkeit, ein klares Profil sozialpädagogischen Wissens und Könnens zu entwickeln. In: Der pädagogische Blick 1/1996. S. 14-25.

Schmidt, M. H./**Holländer**, A.: Eine Untersuchung zur Umsetzung von § 36 KJHG. In. Jugendwohl 1996. S. 231-240.
Schrapper, Ch.: Der Hilfeplanungsprozeß - Grundsätze, Arbeitsformen und methodische Umsetzung. In: Institut für soziale Arbeit (Hrsg.) 1994. S. 64-78.
Schrapper, Ch.: Sachverständigengutachten. In: Mörsberger, Th./Restemeier, J. (Hrsg.) 1997. S. 22-53.
Schrapper, Ch./**Sengling**, D./**Wickenbrock**, W.: Welche Hilfe ist die richtige ? Historische und empirische Studien zur Gestaltung sozialpädagogischer Entscheidungen im Jugendamt. Frankfurt/ M. 1987.
Schwabe, M.: Das Hilfeplangespräch nach § 36 KJHG: eine "bescheidene Übung" zwischen ideologischer Überfrachtung und strukturellen Widersprüchen. In: Forum Erziehungshilfen 4/1996. S. 164-172.
Timmermann, D.: Organisation, Planung, Management. In. Krüger, H.-H./ Helsper, W. (Hrsg.): Einführung in Grundbegriffe und Grundfragen der Erziehungswissenschaft. Opladen 1995. S. 139-156.
Uhlendorff, U.: Sozialpädagogisch-hermeneutische Diagnosen und Hilfeplanung. In: Jakob, G./v. Wensierski, H.-J. (Hrsg.): Rekonstruktive Sozialpädagogik - Konzepte und Methoden sozialpädagogischen Verstehens in Forschung und Praxis. Weinheim/ München 1997. S. 255-269.
Verein für Kommunalwissenschaften e.V. (Hrsg.): Eingliederung seelisch behinderter Kinder und Jugendlicher in die Jugendhilfe. Erfahrungen - Probleme - Entwicklungen. (Dokumentation eines Workshops vom 2.-4.9.1996) Berlin 1996.
Wiesner, R. (u.a.): SGB VIII. Kinder- und Jugendhilfe. München 1995.
Wiesner, R.: Aktuelle Diskussionen um den § 35a - Eine erste Bilanz der Aufgabenwahrnehmung durch die Kinder- und Jugendhilfe. In: Verein für Kommunalwissenschaften (Hrsg.) 1996. S. 11-22.
Wiesner, R.: Brauchen wir schärfere Gesetze ? In: Mörsberger, Th./Restemeier, J. (Hrsg.) 1997: S. 211-219:

2. Kapitel

Modelle und Ansätze rekonstruktiven Fallverstehens

Gisela Jakob

Fallverstehen und Deutungsprozesse in der sozialpädagogischen Praxis

In der Sozialpädagogik haben sich mittlerweile vielfältige Ansätze des Fallverstehens, der Rekonstruktion fremder Lebenswelten und der Analyse biographischer Prozesse herausgebildet. Diese Entwicklung läßt sich sowohl im Bereich wissenschaftlicher Untersuchungen als auch in den Handlungsfeldern der sozialpädagogischen Praxis beobachten. Einflüsse aus der qualitativen Sozialforschung haben eine Vielfalt an Studien hervorgebracht, in denen sozialpädagogische Themen mit rekonstruktiven Forschungsmethoden untersucht werden. Die Debatte um eine sozialpädagogische Kasuistik scheint eine Art Renaissance zu erfahren. In der sozialpädagogischen Praxis sind mehrere Modelle für Fallanalysen und sozialpädagogische Diagnosen ausgearbeitet und zum Teil bereits erprobt worden. Unter Stichworten wie Fremdverstehen, Fallorientierung, Lebensweltbezug und Selbstreflexivität wird eine Debatte geführt, die sich unter den Begriff einer rekonstruktiven Sozialpädagogik subsumieren läßt (vgl. Jakob/von Wensierski 1997). Der Begriff rekonstruktive Sozialpädagogik bezeichnet Ansätze, in denen es um einen sinnverstehenden, interpretativen Zugang zu fremden Lebenswelten und die methodisch kontrollierte Rekonstruktion sozialer Abläufe geht. Gemeint sind demnach nicht nur rekonstruktiv angelegte Forschungsansätze, sondern ebenso alle ausgearbeiteten und methodisch fundierten Modelle einer sinnrekonstruierenden Reflexion und Evaluation sozialpädagogischer Praxis. Wissenschaft und pädagogische Praxis unterscheiden sich in ihren Erkenntnisinteressen, den institutionellen Rahmenbedingungen und Zeithorizonten. Gemeinsam ist wissenschaftlich-qualitativer Forschung und pädagogischer Praxis der erkenntnislogische Vorgang des Fremdverstehens, der auf die Deutung fremder Lebensäußerungen und die Entschlüsselung subjektiven Sinns gerichtet ist (vgl. Schütz 1981, 137 ff.).[1] In einer fallbezogenen pädagogischen Praxis geht es ebenso wie in wissenschaftlichen Fallanalysen um eine rekonstruktive Perspektive, die auf basalen Kompetenzen des Deutens und Interpretierens basiert und auf die Analyse pädagogischer Wirklichkeit zielt (allerdings mit unterschiedlichen Erkenntnisinteressen!)

Die neuere Debatte um eine rekonstruktive Sozialpädagogik sehe ich in verschiedenen Entwicklungen gegründet:

- Einflüsse aus der qualitativen Sozialforschung, wie sie sich seit Ende der 70er Jahre/Anfang der 80er Jahre in den Sozial- und Erziehungswissenschaften etabliert hat, kommen auch in der Sozialpädagogik zum Tragen. Dies äußert sich in der Herausbildung einer vielfältigen Forschungslandschaft, die sich den Lebenswelten der Klienten, den Strukturen professionellen Handelns sowie organisatorischen und institutionellen Abläufen in den sozialpädagogischen Handlungsfeldern zuwendet.[2] Anregungen aus der qualitativen Forschung sind in der sozialpädagogischen Praxis aufgegriffen worden, indem Modelle und Konzepte eines methodisch fundierten Fallverstehens für pädagogische Handlungsabläufe entwickelt worden sind.

- Des weiteren muß die Diskussion um eine rekonstruktive Sozialpädagogik im Kontext der Methoden- und der Professionalisierungsdebatte in der Sozialpädagogik gesehen werden. Nach einer Phase der Kritik an den klassischen Methoden Sozialer Arbeit wird mit dem Rekurs auf die sozialpädagogische

---

[1] Die Rede von einer rekonstruktiven Sozialpädagogik soll keineswegs die Differenzen in den unterschiedlichen Relevanzsystemen von Wissenschaft und sozialpädagogischer Praxis negieren. Den wissenssoziologischen Arbeiten Alfred Schütz' verdanken wir sowohl Kenntnisse über die Differenzen zwischen Wissenschaft und Alltagswelt (vgl. Schütz 1971) als auch eine ausgearbeitete Theorie des Fremdverstehens, die darauf hinweist, das die Methodik des Fremdverstehens, die der Sozialwissenschaftler anwendet, prinzipiell identisch ist mit Verstehensvorgängen in der Alltagswelt (Schütz 1981). Dabei verweist A. Schütz mit dem Hinweis auf das Verstehen als „Limes-Begriff" zugleich auf die Grenzen von Verstehensprozessen (ebd.).

[2] Zum Überblick vgl. von Wensierski (1997), Jakob (1997), Lüders (1997).

Kasuistik und rekonstruktive Verfahren der Versuch einer methodischen Fundierung sozialpädagogischen Handelns unternommen. Intendiert ist dabei aber keineswegs eine Neuauflage sozialtechnokratischer Handlungskonzepte, sondern der neueren Professionalisierungsdebatte liegt die Idee eines „neuen Stils professionellen Handelns" im Sinne einer reflexiven und „dialogischen" Praxis zugrunde (Schumann 1994, S. 55). Von einem Rückgriff auf fallverstehende rekonstruktive Verfahren wird ein Professionalisierungsschub für die Sozialpädagogik erwartet.

- Ein wesentlicher Anstoß für die Entwicklung diagnostischer und fallanalytischer Konzepte in der sozialpädagogischen Praxis ist - so mein Eindruck - durch das Inkrafttreten des neuen Kinder- und Jugendhilfegesetzes (KJHG) in Gang gesetzt worden. Regelungen wie die Feststellung des Hilfebedarfs für die Bewilligung von Hilfen zur Erziehung und die Verpflichtung zur Erarbeitung und Fortschreibung eines Hilfeplans sind für die Mitarbeiter/innen in der Jugendhilfe mit neuen Anforderungen verbunden. Die Verpflichtung der Kommunen zu einer fortlaufenden Jugendhilfeplanung unter Beteiligung der Kinder und Jugendlichen weckt einen Bedarf an quantitativen und qualitativen Forschungsmethoden für eine systematische Erfassung der jugendlichen Lebenswelten. Vorschläge für Diagnoseprozeduren und Beteiligungsverfahren, wie sie in den vergangenen fünf Jahren vorgelegt worden sind, versuchen diesen neuen Anforderungen gerecht zu werden.

Diese hier thesenartig vorgetragenen Überlegungen zur aktuellen Debatte um eine rekonstruktive Sozialpädagogik sollen im Folgenden erläutert und überprüft werden. Im Zentrum stehen dabei Ausführungen zur Herausbildung fallverstehender Verfahren in der sozialpädagogischen Praxis und ihrer Bedeutung für die theoretische Fundierung sozialpädagogischen Handelns.

1. Sozialpädagogische Kasuistik und rekonstruktive Methoden in der beruflichen Praxis

Erste Anregungen für eine Systematisierung des Fallverstehens in der sozialpädagogischen Praxis finden sich bereits in *Alice Salomons Konzept "Sozialer Diagnosen", das* diese anknüpfend an Mary Richmonds Arbeiten für die deutsche Armenfürsorge entwickelt hat (Salomon 1926). A. Salomon bemerkt Defizite bei der Ermittlung und dem Verständnis des jeweiligen Notfalls, die mit der „sozialen Diagnose" behoben werden sollen. Ihr geht es dabei nicht nur darum, äußere Daten zu sammeln und von ihnen Rückschlüsse auf Hilfsmaßnahmen zu ziehen, sondern eine sorgfältige Ermittlung muß die Lebensgeschichte der einzelnen, die Familiengeschichte, bisherige Erfahrungen sowie auf die Zukunft gerichtete Pläne ermitteln, um zu einem angemessenen Hilfeverfahren zu kommen. Entscheidend ist nicht allein die Sammlung von Daten, sondern auch deren Deutung unter Rückgriff auf wissenschaftliche Erkenntnisse. „Wer auf solche Deutung und Schlußfolgerung verzichtet, wer sich begnügt, Tatsachen Punkt für Punkt mechanisch aneinander zu reihen, der füllt zwar einen Fragebogen ausführlich aus, gibt aber dem Ganzen keinen Sinn." (Salomon 1926, S. 13).

A. Salomons Vorschlag für „soziale Diagnosen" stellte einen frühen Versuch einer wissenschaftlichen Fundierung sozialarbeiterischen Handelns dar, der allerdings damals kaum Resonanz fand. Die rapide gestiegenen Fallzahlen in der Armenfürsorge infolge von Arbeitslosigkeit und Verarmungstendenzen in den letzten Jahren der Weimarer Republik machten sorgfältige Einzelfalldiagnosen überflüssig. Auch in der bundesdeutschen Sozialarbeitsentwicklung wurde Salomons Vorschlag nicht wieder aufgegriffen. In den fünfziger und sechziger Jahren wurde auf die in den USA entwickelten Methoden Sozialer Arbeit (Einzelfallhilfe, Soziale Gruppenarbeit, Gemeinwesenarbeit) gesetzt, die stark von psychoanalytischem Gedankengut geprägt waren. Darüber hinaus dürfte der ausgeprägte Kontrollaspekt und die Orientierung am Modell des Armenpflegers, dessen Hausbesuche der Ermittlung der jeweiligen Notlage dienen sollten, die Rezeption von A. Salomons „sozialen Diagnosen" erschwert haben.

In den siebziger Jahren verdrängte die sozialwissenschaftliche Wende die klassischen Methoden und die Kasuistik. „Während vor dieser „sozialwissenschaftlichen Wende" mit großer Selbstverständlichkeit die Praxistheorie, d.h. die Methodenlehre - und das heißt weitgehend die Kasuistik - das Feld des fachlichen Diskurses beherrschte, sah diese sich unversehens in die Rolle eines geduldeten und eher mitleidig belächelten Stiefkindes versetzt. Dominant waren jetzt die sozialwissenschaftlichen Bezugsfächer Soziologie und Psychologie." (Müller/Niemeyer/Peter 1986a, S. 1).

Ausgelöst durch die Alltagswende und der damit verbundenen Zuwendung zur Lebenswelt und Subjektivität der Klienten läßt sich seit Mitte der 80er Jahre eine Art Neubelebung der *sozialpädagogischen Kasuistik* beobachten. Dies findet seinen Ausdruck in der Befassung mit den Traditionen sozialpädagogischer Fallstudien (vgl. Müller, B. 1992; Müller, C.W. 1992) sowie in Veröffentlichungen, die einen kasuistischen Umgang mit Textmaterialien vorführen (vgl. Müller/Niemeyer/Peter 1986). Die Arbeit mit Textausschnitten aus der pädagogischen Praxis (Falldarstellungen, Praktikumsberichte u.a.), anhand derer Deutungen entworfen und Handlungsmöglichkeiten phantasiert werden, gewinnt auch für die sozialpädagogische Ausbildung zunehmend Bedeutung (vgl. Müller, B. 1993; Hörster 1996).

Neue Anregungen erhält die Diskussion um fallverstehende und hermeneutische Zugänge in der Sozialpädagogik im Zusammenhang mit der Etablierung qualitativer Sozialforschung. Von einer Heranziehung qualitativer Forschungsmethoden bei der Fallanalyse wird eine sozial- und erziehungswissenschaftliche Fundierung der sozialpädagogischen Kasuistik erwartet, die dem Fallbezug professionellen Handelns Rechnung trägt (vgl. Aufenanger 1986; Terhart 1985). Fallanalytische Kompetenzen sollen Zugänge zu den Lebenswelten der Klienten eröffnen (vgl. Haupert/Kraimer 1991; Haupert 1995) und eine Kontrolle von Fehlertendenzen im professionellen Handeln ermöglichen (vgl. Riemann 1991). Im Rahmen des vorliegenden Beitrags geht es darum, einige recht weit entwickelte Ansätze vorzustellen, die auf ausgearbeiteten Modellen eines rekonstruktiven Vorgehens in der sozialpädagogischen Praxis basieren und auch bereits erprobt sind.

a) Auf die Parallelität zwischen einer praxisgebundenen Untersuchung, wie sie von Professionellen in der Sozialen Arbeit erbracht wird, und einer fallbezogenen wissenschaftlichen Analyse im Kontext qualitativer Sozialforschung hat Fritz Schütze (1993, 1994, 1997) hingewiesen. Auch wenn sich die Zielsetzungen und die Rahmenbedingungen des Forschens in beiden Kontexten unterscheiden, basieren beide Vorgänge auf einer *ethnographischen Grund-*

haltung, die sich durch einen sinnverstehenden, fallrekonstruierenden Zugang zu fremden Lebenswelten auszeichnet. Die Arbeit mit Klienten, die aus sozialen Milieus und Subkulturen entstammen, denen die Professionellen selbst zunächst distanziert gegenüber stehen, sowie ein berufliches Handeln mit Klienten, denen Hintergründe ihres Handelns und ihrer Problemverstrickung selbst nicht klar sind, erfordern eine ethnographische Perspektive zur Erschließung der fremden Sinnwelten. Insofern stellt ein ethnographisches Vorgehen keine neue Technik dar, sondern repräsentiert eine grundlegende Erkenntnishaltung, die sozialarbeiterischer Intervention erkenntnislogisch inhärent ist. Es geht also nicht um eine „Beglückung der Sozialen Arbeit" mit einem neuen Methodeninstrumentarium, sondern intendiert ist, „*das* zu Bewußtsein zu bringen, explikationsfähig und damit sicherlich auch methodisch zünftig machen, was als Erkenntnispotential in der Praxis der Sozialen Arbeit angesichts der Konfrontation mit essentiell fremden Lebenssituationen und angesichts der Erkenntnislogik der drei grundlegenden Interventionsformen der Bildung, der sozialen Therapie und der sozialen Dienste bzw. der Gestaltung von Lebenssituationen immer schon faktisch angelegt ist und von sensiblen und umsichtigen SozialarbeiterInnen auch immer schon „irgendwie" (und erstaunlich verständnisfindig und handlungsmächtig) beachtet worden ist und wird" (Schütze 1994, S. 263).

Teilt man diese These einer Affinität zwischen qualitativer Forschung und sozialpädagogischem Handeln (vgl. auch Nittel 1994), dann muß es darum gehen, Verfahren interpretativer Sozialforschung für eine wissenschaftliche Fundierung Sozialer Arbeit heranzuziehen. Dazu bedarf es entsprechender Lernarrangements in Aus- und Fortbildung, in denen das Fallverstehen als Kernelement eines professionellen Habitus grundgelegt und erweitert wird (vgl. Schütze 1993, Reim/Riemann 1997). Eine umfassende Sozialisation in Methoden des Fremdverstehens ermöglicht die Aufrechterhaltung einer ethnographischen Erkenntnishaltung, auch wenn sinnverstehende Prozeduren in der beruflichen Praxis auf Abkürzungsstrategien zurückgreifen.

b) Die Analysen F. Schützes wurden von verschiedenen Autoren als Anregung aufgegriffen und auf sozialpädagogische Handlungsfelder übertragen. Eine ethnographische Perspektive wird als Grundlage für die Sozialplanung in der

Jugendhilfe gefordert (vgl. Schumann 1995, 1997), anhand eines fallverstehenden Zugangs werden pädagogische Prozesse in einem Modellprojekt der Jugendarbeit rekonstruiert (Hill 1997), Methodik und Methodologie des narrativen Interviews werden für die Entwicklung des Konzeptes einer \`biographisch-narrativen Gesprächsführung\` herangezogen (Nittel/Völzke 1993; Völzke 1997). Eine biographische Orientierung und die Arbeit mit lebensgeschichtlichen Erzählungen findet insbesondere in der außerschulischen Bildungsarbeit eine weite Verbreitung (vgl. Behrens-Cobet 1993; Blimlinger u.a. 1996; Döbert 1993; Landesinstitut für Schule und Weiterbildung 1995). Biographisches Erzählen wird dabei zur Grundlage von Prozessen der Selbstvergewisserung und Identitätskonstruktion in einer Gesellschaft, die durch eine Fragmentierung der Lebensbereiche und den Verlust höherprädikativer und integrativer Sinnsysteme gekennzeichnet ist (vgl. Hof 1995).

Auf das *Konzept einer „biographisch-narrativen Gesprächsführung"* soll etwas näher eingegangen werden, da es einen der ersten Versuche einer Systematisierung der Arbeit mit lebensgeschichtlichen Erzählungen darstellt. Ausgangspunkt ist die Beobachtung, daß sich biographische Kommunikation in der pädagogischen Praxis in der Regel als naturwüchsiger - methodisch nicht kontrollierter - Prozeß vollziehen. Das Konzept der biographischen Gesprächsführung zielt auf den *„Aufbau eines professionell angeleiteten Erzählraums"* (Völzke 1997, S. 274), der sich durch offen angelegte Gesprächssituationen und kompetentes Zuhören des Professionellen auszeichnet. Voraussetzung für Prozesse des Fremdverstehens ist - so die Argumentation - das Zustandekommen von Erzählungen, in denen der Klient oder die Klientin eine Selbstdarstellung ausgehend von den eigenen Relevanzen hervorbringen. Die Erarbeitung des Konzeptes trägt den unterschiedlichen - für die Jugendhilfepraxis typischen - Gesprächskontexten Rechnung. So sieht ein Gespräch \`zwischen Tür und Angel" anders aus als ein biographisch orientiertes Gespräch im Rahmen einer längerfristig angelegten Beratung.

c) Unter den Stichworten „sozialpädagogisch-hermeneutische Diagnosen" (Mollenhauer/Uhlendorff 1992, 1995; Uhlendorff 1997) und „psychosoziale Diagnostik" (Harnach-Beck 1995) sind zwei ausgearbeitete Modelle für Diagnoseprozeduren in der sozialpädagogischen Praxis vorgelegt worden.

Beide Entwürfe, die in der Zusammenarbeit mit Praktikern bereits erprobt wurden, orientieren sich am KJHG und den damit verbundenen neuen Anforderungen zur Ermittlung des Bedarfs für individuelle Erziehungshilfen und die Erstellung und Fortschreibung des Hilfeplans.

Das *Modell der „sozialpädagogisch-hermeneutischen Diagnosen"* ist das Ergebnis einer mehrjährigen Entwicklung, in der - in der Zusammenarbeit mit Praktikern einer Jugendhilfeeinrichtung - ein Diagnoseverfahren für die Arbeit mit psychosozial belasteten Jugendlichen erarbeitet worden ist. Die sozialpädagogischen Diagnosen sind direkt in der pädagogischen Praxis angesiedelt und erheben den Anspruch, ausgehend von der Ermittlung der „Lebensthemen" der Jugendlichen Entwicklungsaufgaben und pädagogische Aufgabenstellungen zu erarbeiten, die die Jugendlichen in ihrer Bildungsbewegung voranbringen (ebd.). Mit dem Verfahrensvorschlag geht es um einen sinnverstehenden Zugang zu den Lebenswelten der Jugendlichen, indem ihre Selbstdeutungen zum Ausgangspunkt für die Formulierung von pädagogischen Aufgaben gemacht werden. Die Selbstdeutungen der Jugendlichen werden in offen angelegten Interviews erhoben und mittels einer „hermeneutisch-diagnostischen Interpretation" (ebd.) in Bezug auf den subjektiv gemeinten Sinn und die latenten Sinngehalte entschlüsselt. Bei der Auswertung und der Herausarbeitung von Entwicklungsaufgaben wird dabei zwischen den Ebenen von Allgemeinem und Besonderem gewechselt. So werden anknüpfend an die Selbstdeutungen und unter Rückgriff auf bildungstheoretische und entwicklungspsychologische Ansätze Modelle von Entwicklungsetappen und verschiedene „Musterkombinationen oder Prototypen von Selbstdeutungen" (Uhlendorff 1997, S. 27 ff.) herausgearbeitet, die dann wiederum als heuristischer Rahmen für die Einzelfalldiagnosen herangezogen werden. Das herausgearbeitete Entwicklungsmodell „bildet gleichsam eine Entwicklungslandkarte, an der sich die sozialpädagogische Einzelfalldiagnose orientieren kann, ohne dabei die individuellen Eigenheiten aus dem Auge zu verlieren" (ebd., S. 77-78). In den ersten beiden Bänden wird die Interpretationsarbeit in erster Linie von den beteiligten Wissenschaftlern übernommen. Dagegen erhebt der dritte Band den Anspruch zur Entwicklung eines auch für Praktiker in der Jugendhilfe handhabbaren Modells und gibt dafür konkrete Hinweise (Interviewleitfaden, Diagnoseleitfaden, exemplarische Falldiagnosen).

Wie erste Veröffentlichungen zeigen, wird der Verfahrensvorschlag für sozialpädagogische Diagnosen in der Jugendhilfepraxis aufgenommen und dabei auch erweitert und abgewandelt. So stellt Karlheinz Thimm (1994) ein ausgearbeitetes und erprobtes Konzept für Fallanalysen und die Erarbeitung eines „Entwicklungskompasses" vor, die zum Ausgangspunkt für die Betreuungsplanung und Formulierung pädagogischer Aufgaben für Jugendliche in stationären Jugendhilfeeinrichtungen werden. Bei der Begründung für fallanalytische und diagnostische Prozesse in der Jugendhilfepraxis verweist der Autor auch auf die selbstreflexive Komponente, die damit für die Mitarbeiter/innen eröffnet wird. Sozialpädagogisches Fallverstehen, das sich um die Erfassung der Klientenperspektive bemüht, muß die Interpretationsraster und Deutungsfolien des/der Professionellen reflektieren, die sich im Verlauf der Lebens- und Berufsgeschichte herausgebildet haben und das Handeln beeinflussen.

Das zweite Modell für Diagnoseprozeduren in der Sozialpädagogik ist unter dem Stichwort *„psychosoziale Diagnostik"* von Viola Harnach-Beck (1992) für Arbeitsabläufe und Entscheidungsprozesse in administrativen Kontexten des Jugendamtes entwickelt worden. Dem Jugendamt sind mit dem KJHG neue Entscheidungsaufgaben übertragen worden, „die in stärkerem Maße, als dies zuvor der Fall war, die Abklärung von Tatbeständen, die Ermittlung von Entstehungsbedingungen sowie die fachliche Beurteilung von Problemkonstellationen mit Blick auf eine zu entwerfende Änderungsstrategie notwendig machen" (ebd., S. 15-16). Diagnostische Fähigkeiten werden als Kernelement einer „neuen Professionalität" gesehen, die sich in einer fachlich und rechtlich fundierten Datenerhebung als Grundlage für eine qualifizierte Beurteilung des erzieherischen Bedarfs realisiert (ebd., S.7). Eine „Schlüsselfunktion" kommt dabei dem Instrument des Hilfeplans zu, der ein planvolles und systematisches Vorgehen unter Berücksichtigung der Klientenperspektive ermöglicht (vgl. Maas 1992). Neben Schritten für eine psychosoziale Diagnose im Bereich der Erziehungshilfen wird eine differenzierte Anleitung für Diagnoseprozesse und deren schriftliche Fixierung in den Arbeitsbereichen Sorgerechtsregelungen bei Trennung und Scheidung der Eltern, Adoptionsvermittlung, Mitwirkung in Vormundschafts- und Familiengerichtsverfahren und Jugendgerichtshilfe gegeben, deren unterschiedliche rechtliche Rahmenbedingungen spezifische

Diagnoseprozeduren erfordern. Bei der Ausarbeitung ihrer „psychosozialen Diagnostik" orientiert sich V. Harnach-Beck an der Psychologie als Leitdisziplin und greift dabei insbesondere auf Gedanken aus der kognitiven Verhaltenstherapie und der Humanistischen Psychologie zurück.

Die vorgestellten Diagnoseprozeduren unterscheiden sich in ihrem theoretischen Bezugsrahmen, in ihrer jeweiligen Zielgruppe sowie in der Berücksichtigung pädagogischer Prozesse. Eine Gemeinsamkeit besteht allerdings in einer rekonstruktiven Perspektive: So geht es um die „Ermittlung von Entstehungsbedingungen" eines sozialen Problems (Harnach-Beck 1995, S. 15), im Fall einer Gefährdung des Kindeswohls muß als Voraussetzung für Entscheidungsprozesse die „Entwicklungsgeschichte des Kindes" erfaßt werden (ebd., S. 246). Im Modell der sozialpädagogischen Diagnosen geht es darum, eine „Bildungsbewegung zu rekonstruieren" ausgehend von den Selbstdeutungen des Jugendlichen (Uhlendorff 1997, S. 163). Beide Modelle sind darum bemüht, einen Rahmen zu schaffen, um die Sichtweise der Kinder und Jugendlichen zur Geltung kommen zu lassen. Damit wird zugleich der gesetzlichen Verpflichtung nachgekommen, nach der im Hilfeplanverfahren die Perspektive der Kinder und Jugendlichen bei der Problemdefinition ebenso wie bei der Entscheidung über Erziehungshilfen berücksichtigt werden muß.

In den dargestellten Modellen wird deutlich, daß ein sinnverstehender Zugang zur Lebenswelt der Klienten ein zeitweises Heraustreten aus den Routinen des Alltagshandelns notwendig macht. Rekonstruktive Prozesse erfordern eine forschende und reflexive Grundhaltung, um zu methodisch fundierten Entscheidungen zu kommen. Insofern stellen die Deutungsprozesse auch einen kreativen Akt dar. Uhlendorff (1997) bilanziert die Erfahrungen von Praktikern in der beteiligten Jugendhilfeeinrichtung: „Eine besondere Wirkung der diagnostischen Tätigkeit geht davon aus, daß sie pädagogische Phantasie freisetzt. Der kollektive Deutungsprozeß hat (...) eine spielerische Komponente, weil er die Beteiligten aus Alltagssituationen heraushebt und zu einem Gedankenspiel herausfordert." (S. 163).

Kritisch sei auf einen Punkt verwiesen, der - so weit ich dies überblicke - bei Mollenhauer/Uhlendorff ebenso wie bei Harnach-Beck vernachlässigt wird. So werden zwar differenzierte Vorschläge für soziale Diagnosen der Klienten gemacht, ausgespart bleibt allerdings die Person des Sozialarbeiters und Pädagogen in diesem Prozeß. So fehlen Überlegungen, wie Prozesse der Selbstreflexion in die Diagnoseprozeduren integriert werden können. Gefahren einer verzerrten Wahrnehmung und einer Ausblendung von Sachverhalten aufgrund der Verstrickung der/des Professionellen in eigene Konflikte bleiben so unbegriffen. Phänomene, wie sie in der Psychoanalyse im Modell von Übertragung und Gegenübertragung theoretisch gefaßt werden (vgl. Devereux 1967) bleiben einer Analyse verschlossen.

d) Sinnverstehende und fallorientierte Ansätze sind des weiteren im Kontext von *Selbstevaluation und Praxisforschung* entwickelt worden. Mit dem Begriff der „Selbstevaluation" werden Ansätze einer systematisierten Reflexion der pädagogischen Praxis unter Rückgriff auf Forschungsmethoden bezeichnet. Maja Heiner (1994a, S. 76-77) verortet Selbstevaluation im *„Schnittpunkt zwischen einer systematischen Reflexion fachlichen Handelns einerseits und einer praxisnahen, arbeitsplatzbezogenen Sozialforschung andererseits.*" Im Unterschied zu empirischer Forschung, die auf die Theoriegenerierung zielt, dient die Erforschung beruflichen Handelns in der Selbstevaluation in erster Linie der Praxisreflexion und der Erarbeitung von Orientierungen und Begründungen für berufliche Entscheidungsprozesse. Bei den verwendeten Methoden dominieren bisher quantitative Verfahren (vgl. die Beiträge in Heiner 1988, 1994). Allerdings sind auch erste Ansätze zur Arbeit mit qualitativen Forschungsmethoden entwickelt worden. Im Kontext eines Forschungsprojektes über Selbststeuerungsprozesse in der Sozialen Arbeit wurden - gemeinsam mit den Praktikern - neue Verfahren der Berichterstattung im Rahmen der Aktenführung und Gutachtertätigkeit erprobt (Heiner 1989, vgl. auch Heiner 1994a). Mittels „dichter Beschreibungen" der beobachteten Praxis wurden Interventionsverläufe rekonstruiert und die zugrundeliegenden Handlungsorientierungen der Sozialarbeiter analysiert.

Ansätze für eine Praxisforschung lassen sich bis zu den Anfängen Sozialer Arbeit zurückverfolgen und werden bereits in dem von Jane Addams geleiteten Hull House Ende des 19. Jahrhunderts in Chicago praktiziert (vgl. Müller, C.W. 1988). Heute steht der Begriff „Praxisforschung" für verschiedenste

Ansätze und Verfahrensweisen, die sich hinsichtlich ihres methodischen Vorgehens, ihrer Zielsetzungen und des Verhältnisses von Wissenschaft und sozialpädagogischer Praxis unterscheiden.[3] Als allgemeine Umschreibung wird unter Praxisforschung „die Untersuchung der Praxis beruflichen Handelns in der sozialen Arbeit verstanden, die in enger Kooperation mit den Fachkräften erfolgt" (Heiner 1988a, S. 7). Gemeinsam ist den Projekten eine Anwendungsorientierung in dem Sinne, daß die hervorgebrachten Erkenntnisse in der Praxis genutzt werden können und - wenn gewollt - auch für eine Veränderung der Praxis herangezogen werden können.

Die verschiedenen Ansätze und Projekte unterscheiden sich darin, wie die Kooperation von Wissenschaftler/innen und Praktiker/innen angelegt ist. Die Bandbreite der praktizierten Modelle reicht dabei von Projekten, in denen 'fremde' Wissenschaftler die Untersuchung durchführen bis zu Modellen, in denen die Forschung von den Praktikern selbst gemacht wird und Wissenschaftler lediglich als Berater hinzugezogen werden (vgl. Heiner 1988a). Bei den Projekten, die sich auf qualitative Forschungsverfahren stützen, findet sich eine Vielfalt an methodischen Ansätzen und theoretischen Bezugsrahmen, indem an Traditionen einer verstehenden Soziologie angeknüpft wird (vgl. von Kardorff 1988), Konzepte einer Handlungs- und Aktionsforschung verfolgt werden (vgl. Filsinger/Hinte 1988) oder auch mit neueren Verfahren der qualitativen Sozialforschung gearbeitet wird (vgl. Aufenanger 1988).

Der Begriff der „Praxisforschung" und ihr Anspruch einer „Praxisnähe" suggeriert die direkte Umsetzbarkeit von Forschungsergebnissen in ein verändertes berufliches Handeln. Die Praxis der Projekte zeigt allerdings, daß ein derartiges Versprechen nicht eingelöst werden kann.

Handlungsrationalitäten der Praxis, institutionelle Rahmenbedingungen und begrenzte zeitliche Ressourcen lassen eine einfache Übertragung nicht zu (vgl. Schone 1995, S. 52 ff.). Die Kooperation zwischen Wissenschaftlern und Praktikern stellt sich als schwieriger Prozeß dar, der sowohl durch admini-

---

[3] Die Bandbreite der unterschiedlichen Ansätze wird in dem Band von M. Heiner (1988) dokumentiert.

strative und forschungspolitische Prioritätensetzungen als auch durch die unterschiedlichen Relevanzsysteme von Wissenschaft und pädagogischer Praxis strukturiert wird.

Die hier skizzierten Modelle eines methodisch kontrollierten Fallverstehens (biographisch-narrative Gesprächsführung, sozialpädagogische Diagnose und psychosoziale Diagnostik und die unterschiedlichen Modelle von Praxisforschung und Selbstevaluation) unterscheiden sich in ihren theoretischen Bezugsrahmen, in den anvisierten Anwendungsbereichen sowie in der Art und Weise des Rückgriffs auf rekonstruktive Verfahren. Neben dieser ausgeprägten Heterogenität lassen sich allerdings auch einige *Gemeinsamkeiten* herausarbeiten:

- Allen Konzepten geht es darum, einen Zugang zu den Lebenswelten der Klienten zu erhalten und deren Perspektive möglichst weitgehend zum Ausgangspunkt für sozialpädagogisches Handeln zu machen. Die verschiedenen Ansätze sind von der Erkenntnis um die prinzipielle Fremdheit zwischen Professionellen und Klienten getragen und wissen um die Schwierigkeiten, die Logik und Sinngrundlagen des Klientenhandelns zu verstehen. Die entwickelten Konzepte stellen unterschiedliche Versuche im Umgang mit diesen Problemen dar.

- Den Ansätzen liegt eine Vorstellung sozialpädagogischen Handelns zugrunde, das sich durch Aushandlungsprozesse zwischen Professionellen und Klienten auszeichnet. Das Fallverstehen ist Teil dieses Aushandlungsprozesses, indem es eine entsprechende Berücksichtigung der Sichtweisen des Klienten sicherstellen soll.

- Auch wenn das sozialpädagogische Handeln im Modell der Aushandlung unterschiedlicher Perspektiven gedacht wird, berücksichtigen die Autor/innen die institutionellen und administrativen Rahmen sowie die Kontrollfunktion Sozialer Arbeit. Fallverstehende Zugänge zu den lebensweltlichen Grundlagen sollen dazu beitragen, den Kontrollaspekt zu reduzieren, wo dies möglich ist.

- Die verschiedenen Ansätze zum Fallverstehen sind prozeßanalytisch angelegt. D.h., die Analyse eines Falles stellt keinen einmaligen, abgeschlossenen Vorgang dar, sondern kommt immer nur zu einem vorläufigen Ende und wird im Verlauf des pädagogischen Prozesses fortgesetzt.

Betrachtet man die verschiedenen Konzepte im Überblick, so werden auch einige *Schwachpunkte und Probleme* sichtbar, die mit dem Einsatz rekonstruktiver Verfahren in der sozialpädagogischen Praxis verbunden sind:

1. Das zentrale Problem einer Erweiterung des pädagogischen Handlungsrepertoires durch den Rückgriff auf fallrekonstruktive, interpretative Forschungsverfahren besteht darin, daß sozialwissenschaftliche Forschungsmethoden nicht einfach in die pädagogische Praxis übertragen werden können. Versuche, umfassende Einzelfallrekonstruktionen und Biographieanalysen, wie wir sie aus wissenschaftlichen Untersuchungen kennen, im sozialpädagogischen Berufsalltag zu erstellen, wären schon aus zeitlichen Gründen zum Scheitern verurteilt. Darüber hinaus unterscheiden sich die Zielsetzungen wissenschaftlicher Fallanalysen, die in der Regel zur Theoriegenerierung beitragen sollen, von den anwendungsbezogenen Orientierungen eines fallverstehenden Vorgehens in der pädagogischen Praxis, das auf eine Fundierung pädagogischer Entscheidungsprozesse und beruflicher Handlungsvollzüge zielt. Dieses Problem wird auch von den Autor/innen der skizzierten Konzepte gesehen. So weist V. Harnach-Beck (1995) im Zusammenhang mit Diagnosen in der Jugendhilfe darauf hin: „In der Jugendhilfe kann es niemals darum gehen, ein Wissens- oder Vollständigkeitsbedürfnis des Sozialarbeiters zu befriedigen, sondern eine konkrete Aufgabe ist zu lösen." (S. 31).

Die Konzepte sozialpädagogischen Verstehens versuchen dieses aus der Differenz zwischen Wissenschaft und pädagogischer Praxis resultierende Problem durch die Entwicklung von Abkürzungsstrategien sowie durch die Erarbeitung eigenständiger, den Praxisrelevanzen verpflichteter Verfahren zu lösen. Mit der Abkürzung wissenschaftlicher Forschungsverfahren in der professionellen Praxis sind allerdings neue Probleme verbunden: So unterliegt eine 'abgekürzte', anwendungsbezogene Fallrekonstruktion der Gefahr einer mangelnden analytischen Tiefe und der Ausblendung zentraler Strukturelemente des jeweiligen Falles. Ein zweites Problem ergibt sich aus der „Gefahr eines szientistischen Selbstmißverständnisses", indem vorgefertigte analytische Kategorien dem Fall quasi übergestülpt werden (Schütze 1994, S. 283).

Diese Probleme und Gefahren lassen sich nur dadurch bearbeiten, indem sie zum Gegenstand der Reflexion in den fallverstehenden Verfahren gemacht werden. Um ein subsumtionslogisches Vorgehen zu vermeiden, bedarf es eines konsequenten fallrekonstruktiven Vorgehens, in dem die Analyse aus der Perspektive des jeweiligen Falles betrieben wird. Das Vorgehen muß die Vorannahmen und Vorab-Deutungen der Professionellen transparent machen, muß eine Haltung der Offenheit und Unvoreingenommenheit gegenüber dem jeweiligen Fall sicherstellen und das eigene Handeln bei der Konstruktion des Falles reflektieren.

2. Ein Problem besteht offensichtlich darin, daß der Prozeß der Auswertung der erhobenen Daten in den vorgestellten Modellen und Konzepten weitgehend verborgen bleibt. Während für die Erhebung der Primärmaterialien (Interviews, Gespräche, Beobachtungen usw.) sorgfältige Anleitungen in Form von Frageleitfäden gegeben werden, erfährt der Leser/die Leserin über den Vorgang der Interpretation und dabei herangezogene Verfahren recht wenig. Hier scheint mir ein strukturelles Problem zu liegen, was sich auch bei der Darstellung qualitativer Forschungsverfahren beobachten läßt. Wenn man davon ausgeht, daß die Interpretation eine Art Kunstlehre darstellt, die sich nicht aus Büchern erlernen läßt, sondern der Einübung bedarf, dann werden die Schwierigkeiten der Vermittlung der durchgeführten Auswertungsprozesse verstehbar. Sofort drängt sich dann allerdings die Frage auf, ob und wie eine Einübung in Kunstlehren des Fallverstehens in den vorgestellten Konzepten erfolgt ist bzw. welche Vorstellungen zur Bearbeitung dieser Anforderung vorhanden sind.

2. Fallverstehen als zentrale Kategorie in der neueren Professionalisierungsdebatte

Lebensweltorientierung und Fallverstehen sind zu zentralen Begriffen in der Diskussion um sozialpädagogisches Handeln geworden. Im Zuge der „Alltagswende" in der Sozialpädagogik hat sich eine Hinwendung zur Subjektivität und Lebenswelt der Klienten vollzogen (Thiersch 1978, 1992). Kernelement einer alltags- und lebensweltorientierten Sozialen Arbeit ist die Ausrichtung an den Relevanzen und Problemen der Klienten, die es anhand von fallverstehenden Prozeduren zunächst zu entschlüsseln gilt.[4] Es geht darum, Schwierigkeiten von Jugendlichen und ihren Familien „als Ausdruck von Problemlösungsversuchen zu akzeptieren, also von Anstrengung, Kampf und Phantasie, um in gegebenen Umständen das eigene Leben arrangieren zu können, diese Schwierigkeiten also zunächst aus dem Erfahrungs- und Verständnishorizont der Adressaten zu sehen" (Achter Jugendbericht 1990, S. 132). Fallverstehen als Voraussetzung für erzieherische Hilfen bedeutet in dem Sinne, das Handeln von Kindern und Jugendlichen im Kontext ihrer Lebenslage und ihrer Lebensgeschichte zu betrachten. Hilfen müssen danach ausgerichtet sein, ob sie in den Erfahrungs- und Verständnishorizont der Klienten passen, wie sie sich in den Alltag der Klienten einfügen und ob sie zur Stärkung der Selbsthilfekräfte beitragen (ebd., S. 133).

Fallbezug, methodisch kontrolliertes Fremdverstehen und Lebensweltanalysen stellen die zentralen Kategorien in der neueren Debatte um eine Professionalisierung Sozialer Arbeit dar (vgl. Schütze 1992; Gildemeister 1992; Gildemeister/Robert 1997). Fallanalytische Kompetenzen, die Verfügung über Handlungsmethoden sowie die Bereitschaft und Befähigung zur Selbstreflexion gelten als basale Fähigkeiten sozialpädagogischen Könnens (vgl. Scherr 1996). Sozialpädagogisches Handeln erschöpft sich keineswegs in sinnverstehenden und fallanalytischen Prozessen. Verstehen im Sinne einer Erschließung fremder Lebenswelten und der Rekonstruktion sozialer Prozesse ist allerdings eine Voraussetzung für angemessene pädagogische Entscheidungen. Darüber hinaus stellen sich Anforderungen zur Interpretation und Deutung fremder Lebensäußerungen in jeder Interaktion.

---

[4] Eine derartige Perspektive blendet den Kontrollaspekt Sozialer Arbeit nicht aus, sondern ist um die Schaffung von Rahmenbedingungen bemüht, die den Klienten einen möglichst breiten Raum zur Mitgestaltung und Mitentscheidung innerhalb institutioneller Vorgaben eröffnet. Auf rechtlicher Ebene findet diese Perspektive in zentralen Regelungen des KJHG ihren Ausdruck.

Methodisch kontrolliertes Fallverstehen zielt darauf, fremde Lebensäußerungen quasi aus ihrer Innenperspektive heraus zu verstehen. Dabei geht es darum, den subjektiven Sinn eines Handelns zu erschließen, d.h. das vom Klienten Gemeinte und seine Intentionen zu erfassen. Darüber hinaus richtet sich der Prozeß des Fremdverstehens auf die Analyse der Logik des jeweiligen Falles und seiner latenten Sinnstrukturen, die den Klienten in der Regel selbst nicht oder nur teilweise präsent sind.

Mit dem Rückgriff auf Verfahrensweisen und Modelle aus der qualitativen Sozialforschung wie der Figur der „stellvertretenden Deutung" (Oevermann 1981, 1996) wird der Versuch für die Entwicklung einer „alternativen Professionalität" begründet (Olk 1986; Olk/Otto 1989; Dewe u.a. 1993).[5] Ausgehend von einer Kritik am klinisch-kurativen Handlungsmodell und einem expertokratischen Handeln, das durch eine starre Regelanwendung gekennzeichnet ist, wird ein Professionsmodell entworfen, das durch stellvertretende Problemdeutungen (und nicht Problemlösungen!) und Aushandlungsprozesse zwischen Professionellen und Klienten gekennzeichnet ist. In dem Modell wird davon ausgegangen, daß professionelles Handeln in helfenden Berufen sich auf Probleme bezieht, die ursprünglich in den primären Lebensbereichen von Familie, Nachbarschaft usw. bearbeitet und gelöst wurden (vgl. 0evermann 1981, 1983). Erst wenn diese Instanzen die Problembearbeitung nicht mehr gewährleisten können, wird auf Professionelle zurückgegriffen, deren Aufgabe die Wiederherstellung der Autonomie der Lebenspraxis ist. Dies erfolgt im Prozeß der stellvertretenden Deutung der Klientenprobleme, der durch die widersprüchliche Einheit von universalisierter Regelanwendung und herme-

---

[5] Das Modell der stellvertretenden Deutung, wie es von Ulrich Oevermann als Merkmal professionellen Handelns herausgearbeitet wurde, ist in der Diskussion um die Professionalisierung pädagogischen Handelns vielfach aufgegriffen worden (vgl. die Beiträge in Combe/Helsper 1996 und in Dewe/Ferchhoff/Radtke 1992). Auf Probleme der Übertragung des Modells auf sozialpädagogisches Handeln weist Jo Reichertz (1993) in einer Auseinandersetzung mit zentralen Prämissen der Objektiven Hermeneutik hin. Danach denkt Oevermann mit der Figur der „stellvertretenden Deutung" in Richtung einer 'klinischen Soziologie', in der ein Wissenschaftler (z.B. ein diplomierter Soziologe) professionalisierte Berufe berät (Reichertz 1993, S. 208). Keineswegs geht es Oevermann also um professionelles Handeln in pädagogischen Beziehungen.

neutischem Fallverstehen gekennzeichnet ist. In der stellvertretenden Deutung und Problemaushandlung kommen sowohl theoretisches Wissen als auch hermeneutische Kompetenzen des Deutens zur Anwendung. Das professionelle Handeln nimmt also quasi eine Mittlerposition zwischen Wissenschaft und Lebenspraxis ein.

Die Ansätze der neueren Professionalisierungsdebatte unterscheiden sich in ihren grundlagentheoretischen Ausgangspunkten und kommen insofern auch zu unterschiedlichen Resümees, wenn es um die Professionalisierung Sozialer Arbeit geht. Während F. Schütze (1992) unter Rekurs auf den von E. Hughes und A. Strauss entwickelten interaktionistischen Traditionen verpflichteten Professionsbegriff Sozialer Arbeit den Status einer „bescheidenen Profession" zuerkennt, geht U. Oevermann (1981) vor dem Hintergrund seines strukturtheoretischen Ansatzes davon aus, daß Soziale Arbeit nicht professionalisierbar sei, da sie aufgrund ihres Kontrollauftrages die Autonomie der Lebenspraxis immer wieder verletze. Kritisch sei angemerkt, daß dieser Aspekt von Autoren, die sich anknüpfend an den strukturtheoretischen Ansatz um eine Begründung der Professionalisierung Sozialer Arbeit bemühen, gleichsam ausgeblendet wird. Statt dessen wird auf die Bestandteile des Modells zurückgegriffen, die eine theoretische Erfassung Sozialer Arbeit als professionelles Handeln ermöglichen.

Gemeinsam ist den verschiedenen Beiträgen zur Professionalisierungsdebatte das Bemühen um eine sozialwissenschaftliche Fundierung sozialpädagogischen Handelns im Fallverstehen und einer fallbezogenen Problembearbeitung. Dabei wird von einem Fallbegriff als sozialer Einheit, auf die sich sozialpädagogisches Handeln bezieht, ausgegangen. „Neben „individuelle Einzelfälle" treten „kollektive Einzelfälle" wie z.B. Interaktionszusammenhänge von Gruppen, Familien, Institutionen bis hin zu Gemeinwesen wie Stadtteile oder Kommunen." (Gildemeister/Robert 1997, S. 32) Ein „Fall" entsteht erst aus der Interaktion zwischen Professionellen und Klienten und unterliegt im Prozeß der Fallbearbeitung permanenten Transformationen (ebd.).

Professionelles sozialpädagogisches Handeln wird im Modell eines Aushandlungsprozesses zwischen Klienten und Professionellen gefaßt. Damit ist der Klient bzw. die Klientin nicht einfach nur Empfänger sozialer Dienstleistungen, sondern er/sie ist an Entscheidungsprozessen über Hilfemaßnahmen und an der konkreten Ausgestaltung des pädagogischen Prozesses aktiv beteiligt. So bedarf die Gewährung erzieherischer Hilfen der Aushandlung mit den Beteiligten. Burkhard Müller (1991) führt zur Kennzeichnung dieses Handlungsmodells den aus der Psychoanalyse entlehnten Begriff des „Arbeitsbündnisses" ein.

„In diesem konzeptionellen Sinn bedeutet *„Arbeitsbündnis" ein Interpretationsraster, das professionelle Dienstleister selbst benutzen und ihren Klienten anbieten, mit dem Ziel, die jeweils schon vorgegebenen wechselseitigen Situationsdefinitionen und Gegenstandsbestimmungen der Interaktion in eine explizite, gemeinsame, wechselseitig für vernünftig und zumutbar gehaltene Arbeitsaufgabe zu transformieren."* (Müller 1991, S. 97)

Konzeptionen sozialpädagogischen Handelns als Arbeitsbündnis und als stellvertretende Deutung, die auf der Übertragung eines Mandats zur professionellen Fallbearbeitung beruhen, blenden das Strukturdilemma des „doppelten Mandats" von Hilfe und Kontrolle (Böhnisch/Lösch 1973) keineswegs aus. Gerade angesichts dieser zentralen Paradoxie muß es aber um eine theoretische Fundierung sozialpädagogischen Handelns gehen, die die Macht der professionellen 'Experten' begrenzt und Möglichkeiten der reflexiven Kontrolle und Einschränkung von Zwangsmaßnahmen begrenzt. Selbstreflexivität, Praxisreflexion und -evaluation werden zu zentralen Instrumenten für die Überprüfung professioneller Handlungsabläufe und die Respektierung der Autonomie der Lebenspraxis der Klienten.

„Auf der *Ebene des unmittelbaren beruflichen Handelns* in der Interaktion mit den Klienten geht es vor allem um die Reflexion der Grenzen sozialarbeiterischer Interventionen, der Bestimmung der Ziele solcher Interventionen sowie schließlich der Reflexion der Beziehung zum Klienten. Reflexion in diesem Sinne bedeutet also eine bewußte Kontrolle der in das sozialarbeiterische

Handeln eingehenden widersprüchlichen Handlungsimperative und Zielsetzungen." (Olk 1986, S. 212).

Der Diskurs um Soziale Arbeit als soziale Kontrolle, Beobachtungen einer 'Entmündigung' der Klienten durch professionelle Experten sowie Tendenzen einer Zerstörung 'natürlicher' Unterstützungsnetze durch das Wirken von beruflichen 'Helfern' haben dazu beigetragen, daß in den Professionalisierungsansätzen auch auf die Gefahren und Grenzen hingewiesen wird und methodisch kontrollierte Verfahren zur Praxisreflexion gefordert werden.

3. Resümee

Die Entfaltung fallverstehender rekonstruktiver Verfahren in der Sozialpädagogik ist anhand der Entwicklungen in der sozialpädagogischen Praxis und im Kontext des Professionalisierungsdiskurses dargestellt worden. Die Verwissenschaftlichung der Sozialpädagogik und veränderte Konzeptionen sozialpädagogischen Handelns, die auch in die gesetzliche Jugendhilfereform Eingang gefunden haben (KJHG), geben die Hintergründe für die Herausbildung einer rekonstruktiven Sozialpädagogik ab.

Fallanalysen im Kontext von wissenschaftlichen Untersuchungen unterscheiden sich von fallrekonstruktiven Verfahren in der pädagogischen Praxis hinsichtlich der institutionellen Rahmenbedingungen, der Zeithorizonte und der Erkenntnisinteressen. Eine rekonstruktive Perspektive könnte sozusagen ein Verbindungsglied - und damit auch eine neue Orientierung für das Verhältnis von Wissenschaft und Praxis in der Sozialpädagogik - repräsentieren. In einer fallbezogenen sozialpädagogischen Praxis geht es ebenso wie in wissenschaftlichen Fallanalysen um methodisch kontrolliertes Fallverstehen, das auf die Erschließung fremder Lebenswelten und Sinnhorizonte zielt. Die Entwicklung fallverstehender Methoden muß allerdings die unterschiedlichen Relevanzsysteme von wissenschaftlicher Forschung, den verschiedenen Varianten praxisbegleitender Forschung und Reflexionen in der sozialpädagogischen Praxis berücksichtigen und für die jeweiligen Bereiche unterschiedliche Verfahrensweisen erarbeiten. Die Etablierung einer fallverstehenden Perspektive in der Sozialpädagogik dürfte entscheidend davon abhängen, ob eine methodische und methodologische Fundierung der Verfahren in den drei genannten Bereichen erfolgt.

Ob eine umfassende Modernisierung Sozialer Arbeit durch die Entwicklung fallverstehender lebensweltorientierter Methoden gelingt (vgl. Groddeck/Schumann 1994; Rauschenbach/Ortmann/Karsten 1993), ist derzeit noch eine offene Frage. In Analysen zu den neuen sozialen Risiken, die sich in der Folge gesellschaftlicher Modernisierungs- und Individualisierungsprozesse herausgebildet haben, wird auf veränderte Anforderungen für die Sozialpädagogik hingewiesen. Neben den bisherigen Aufgaben der Regulierung sozialer und entwicklungsbedingter Ungleichheiten „tritt die Unterstützung bei der Herstellung und Sicherung der persönlichen Ressourcen in den Vordergrund, d.h. die Stärkung derjenigen Basiskompetenzen, die benötigt werden, um als je einzelner im Prozeß der Individualisierung zu bestehen, um die individuell zugemuteten sozialen Risiken der eigenen Lebensführung und der eigenen permanenten Entscheidung unter Ungewißheitsbedingungen handhabbar zu machen" (Rauschenbach 1992, S. 51).

Teilt man diese Diagnose, dann erscheint eine stärkere Orientierung der Sozialpädagogik an fallverstehenden sinnrekonstruierenden Methoden notwendig. Voraussetzung für eine Unterstützung von Menschen in biographischen Krisensituationen und in Fragen der Lebensplanung und Lebensführung ist eine Kenntnis ihrer handlungsleitenden Orientierungen und ihrer individuellen und/oder kollektiven Geschichte. Eine lebensweltunterstützende Sozialpädagogik erfordert ein zurückhaltendes, die Grenzen der Klienten respektierendes professionelles Handeln, das um eine gemeinsame Entscheidungsfindung und eine Aushandlung der Arbeitsschritte im pädagogischen Prozeß bemüht ist.

Eine Verbreitung und Weiterentwicklung fallverstehender Zugänge in der sozialpädagogischen Praxis wird davon bestimmt werden, inwieweit es gelingt, die berufliche Praxis und (potentielle) Praktiker/innen für den Einsatz ausgearbeiteter rekonstruktiver Verfahren zu gewinnen. Dafür bedarf es der (Weiter-)Entwicklung von Verfahren, die im beruflichen Alltag praktikabel sind. Von entscheidender Bedeutung dürfte darüber hinaus die Ausbildung und Weiterbildung von Sozialarbeiter/innen und Pädagog/innen sein. Für die Grundlegung eines professionellen Habitus, der sowohl durch wissenschaftliches Wissen als auch durch hermeneutische Kompetenzen des Fallverstehens geprägt ist, bedarf es spezifischer Lernarrangements wie Forschungs- und Interpretationswerkstätten (vgl. Reim/Riemann 1997), Lernforschungsprojekten (vgl. Schumann 1997) und Forschungsseminaren (vgl. Jakob 1997a) sowie Formen praxeologischer Empirie und Kasuistikseminare (vgl. Hörster 1996, Müller 1993), die die Erweiterung von Deutungskompetenzen und eine umfassende Sozialisation in Kunstlehren des Fallverstehens ermöglichen.

Literatur

Bundesministerium für Jugend, Familie, Frauen und Gesundheit (Hrsg.): Achter Jugendbericht. Bericht über die Bestrebungen und Leistungen der Jugendhilfe. Bonn 1990.

Aufenanger, S.: Am Fall lernen - Sozialpädagogische Kasuistik. In: Ammann, W./Klattendorf, K./Neukäter, H. (Hg.): Pädagogik: Theorie und Menschlichkeit. Festschrift für Enno Fooken zum 60. Geburtstag. Oldenburg 1986, S. 233-242.

Aufenanger, S.: Medienerziehung für Eltern und Erzieher. Praxisforschung als Anregung zurReflexion der Praxis. In: Heiner (Hg.): a.a.O.. Freiburg 1988, S. 269-282.

Behrens-Cobet, H.: „Nutzen und Nachteil" der biographischen Methode in der Erwachsenenbildung am Beispiel eines Projektes mit Teilnehmern aus Nordrhein-Westfalen und Brandenburg. In: BIOS, 6. Jg., Heft 2/1993, S. 267-275.

Blimlinger, E./**Ertl**, A./**Koch-Straube**, U./**Wappelshammer**, E.: Lebensgeschichten. Biographiearbeit mit alten Menschen. Hannover 1996.

Böhnisch, L./**Lösch**, H.: Das Handlungsverständnis des Sozialarbeiters und seine institutionelle Determination. In: Otto, H.-U./Schneider, S. (Hg.): Gesellschaftliche Perspektiven der Sozialarbeit. Zweiter Halbband. Neuwied, Berlin 1973, S. 21-40.

Combe, A./**Helsper**, W. (Hg.): Pädagogische Professionalität. Untersuchungen zum Typus pädagogischen Handelns. Frankfurt am Main 1996.

Devereux, G.: Angst und Methode in den Verhaltenswissenschaften. Frankfurt am Main 1967.

Dewe, B./**Ferchhoff**, W./**Scherr**, A./**Stüwe**, G.: Professionelles soziales Handeln. Soziale Arbeit im Spannungsfeld zwischen Theorie und Praxis. Weinheim, München 1993.
Dewe, B./**Ferchhoff**, W./**Radtke**, F.-O. (Hg.): Erziehen als Profession. Zur Logik professionellen Handelns in pädagogischen Feldern. Opladen 1992.
Döbler, J.: „Lebenserinnerungen im Alter". Das biographische Gespräch als Methode. In: standpunkt sozial. Heft 1/1993, S. 78-82.
Filsinger, D./**Hinte**, W.: Praxisforschung: Grundlagen, Rahmenbedingungen und Anwendungsbereiche eines Forschungsansatzes. In: Heiner (Hg.): a.a.O. Freiburg 1988, S. 34-72.
Gildemeister, R.: Neuere Aspekte der Professionalisierungsdebatte. Soziale Arbeit zwischen immanenten Kunstlehren des Fallverstehens und Strategien kollektiver Statusverbesserung. In: neue praxis, 22. Jg., Heft 3/1992, S. 206-219.
Gildemeister, R./**Robert**, G.: „Ich geh da von einem bestimmten Fall aus..." - Professionalisierung und Fallbezug in der Sozialen Arbeit. In: Jakob/von Wensierski (Hg.): a.a.O.. Weinheim/München 1997, S. 23-38.
Groddeck, N./**Schumann**, M. (Hg.): Modemisierung Sozialer Arbeit durch Methodenentwicklung und -reflexion. Freiburg i.Br. 1994.
Harnach-Beck, V.: Psychosoziale Diagnostik in der Jugendhilfe. Grundlagen und Methoden für Hilfeplan, Bericht und Stellungnahme. Weinheim, München 1995.
Haupert, B.: Vom Interventionismus zur Professionalität. Programmatische Überlegungen zur Gegenstandsbestimmung der Sozialen Arbeit als Wissenschaft, Theorie und Praxis. In: neue praxis, 25. Jg., Heft 1/1995, S. 32-55.
Haupert, B./**Kraimer**, K.: „Ich bin ein Bauernbub". Zur Analyse lebensgeschichtlicher Interviews in der Sozialarbeit/Sozialpädagogik. In: Archiv für Wissenschaft und Praxis der sozialen Arbeit, 22. Jg., Heft 3/1991, S. 193-202.
Heiner, M. (Hg.): Praxisforschung in der sozialen Arbeit. Freiburg i.Br. 1988.
Heiner, M.: Einleitung: Perspektiven der Praxisforschung. In: Heiner (Hg.): Praxisforschung...1988a, S. 7-16.
Heiner, M. (Hg.): Selbstevaluation in der sozialen Arbeit. Fallbeispiele zur Dokumentation und Reflexion beruflichen Handelns. Freiburg i.Br. 1988b.
Heiner, M.: Selbstevaluation. Orientierung und Bilanz in der sozialen Arbeit. In: Olk, Th./Otto, H.-U. (Hg.): Soziale Dienste, im Wandel 2. Entwürfe sozialpädagogischen Handelns. Neuwied, Kriftel, Berlin 1989, S. 169-198.
Heiner, M. (Hg.): Selbstevaluation als Qualifizierung in der Sozialen Arbeit. Fallstudien aus der Praxis. Freiburg i.Br. 1994.

Heiner, M.: Erfahrungen aus der Evaluationsberatung. Konsequenzen für ein Fortbildungs- und Qualifizierungskonzept. In: Heiner (Hg.): a.a.O.. 1994a, S. 56-77.

Hill, B.: Rockmobil. Praxisforschung in einem Modellprojekt der Jugendarbeit. In: Jakob/von Wensierski: a.a.O.. 1997, S. 287-302.

Hörster, R.: Lehre sozialpädagogischen Handelns. Zur Verständigung über ein Qualifizierungsproblem. In: Der pädagogische Blick, 5. Jg., Heft 1/1996, S. 5-13.

Hof, Ch.: Erzählen in der Erwachsenenbildung. Geschichte - Verfahren - Probleme. Neuwied 1995.

Jakob, G.: Sozialpädagogische Forschung. Ein Überblick über Methoden und Ergebnisse qualitativer Studien in Handlungsfeldern der Sozialen Arbeit. In: Jakob/von Wensierski (Hg.): a.a.O.. 1997, S. 125-160.

Jakob, G.: Forschendes Lernen - Lernendes Forschen. Rekonstruktive Forschungsmethoden in der sozialpädagogischen Ausbildung. In: Rauschenbach, Th./Thole, W. (Hg.): Sozialpädagogische Forschung. Weinheim, München 1998.

Jakob, G./**von Wensierski**, H.-J. (Hg.): Rekonstruktive Sozialpädagogik. Zum Verhältnis von qualitativer Sozialforschung und pädagogischem Handeln. Weinheim, München 1997.

von Kardorff, E.: Praxisforschung als Forschung der Praxis. In: Heiner (Hg.): a.a.O.. 1988, S. 73-100.

Landesinstitut für Schule und Weiterbildung (Hg.): Lebensgeschichte und Politik: Erinnern - Erzählen - Verstehen. Methodische Zugänge zum biographischen Lernen. Bearbeitet von H. Buschmeyer. Soest 1995.

Lüders, Ch.: Qualitative Kinder- und Jugendhilfeforschung. In: Friebertshäuser, B./Prengel, A. (Hg.): Handbuch Qualitative Forschungsmethoden in der Erziehungswissenschaft. Weinheim, München 1997, S. 795-810.

Maas, U.: Der Hilfeplan nach § 36 KJHG. In: Zentralblatt für Jugendrecht, 79. Jg., Heft 2/1992, S. 60-63.

Mollenhauer, K./**Uhlendorff**, U.: Sozialpädagogische Diagnosen. Über Jugendliche in schwierigen Lebenslagen. Weinheim, München 1992.

Mollenhauer, K./**Uhlendorff**, U.: Sozialpädagogische Diagnosen II. Selbstdeutungen verhaltensschwieriger Jugendlicher als empirische Grundlage für Erziehungspläne. Weinheim, München 1995.

Müller, B.: Die Last der großen Hoffnungen. Weinheim, München 1991.

Müller, B.: Kasuistik der sozialen Arbeit - historische Bezüge und aktuelle Entwicklungen. In: Soziale Arbeit, 41. Jg., Heft 3/1992, S. 81-84.

Müller, B.: Sozialpädagogisches Können. Ein Lehrbuch zur multiperspektivischen Fallarbeit. Freiburg i.Br. 1993.
Müller, B./**Niemeyer**, Ch./**Peter**, H. (Hg.): Sozialpädagogische Kasuistik. Analysen und Arbeitsmaterial zu einem Fall. Bielefeld 1986.
Müller, B./**Niemeyer**, Ch./**Peter**, H.: Einleitung. In: Diess. (Hg.): a.a.O.. 1986a, S. 1-8.
Müller, C.W.: Achtbare Versuche. Zur Geschichte von Praxisforschung in der sozialen Arbeit. In: Heiner (Hg.): Praxisforschung... 1988, S. 17-34.
Müller, C.W.: Frühe Fallberichte als Beitrag zur Professionalisierung in der Sozialen Arbeit. In: Soziale Arbeit, 41. Jg., Heft 3/1992, S. 78-80.
Nittel, D.: Biographische Forschung - ihre historische Entwicklung und praktische Relevanz in der Sozialen Arbeit. In: Groddeck/Schumann: a.a.O.. 1994, S. 147-188.
Nittel, D./**Völzke**, R.: Professionell angeleitete biographische Kommunikation - Ein Konzept pädagogischen Fremdverstehens. In: Derichs-Kunstmann, K./Schiersmann, Ch./Tippelt, R. (Hg.): Die Fremde - Das Fremde - Der Fremde. Dokumentation der Jahrestagung 1992 der Kommission Erwachsenenbildung in der DGfE. 1993.
Oevermann, U.: Professionalisierung der Pädagogik - Professionalisierbarkeit pädagogischen Handelns. Unveröffentlichtes Transkript eines Vortrags im Institut für Sozialpädagogik und Erwachsenenbildung der Freien Universität Berlin 1981.
Oevermann, U.: Theoretische Skizze einer revidierten Theorie professionalisierten Handelns. In: Combe/Helper (Hg.): a.a.O.. 1996, S. 70-182.
Olk, Th.: Abschied vom Experten. Sozialarbeit auf dem Weg zu einer alternativen Professionalität. Weinheim, München 1986.
Olk, Th./**Otto**, H.-U.: Perspektiven professioneller Kompetenz. In: diess. (Hg.): Soziale Dienste im Wandel 2. Entwürfe sozialpädagogischen Handelns. Neuwied, Frankfurt a.M. 1989, S. IX-XXXII.
Rauschenbach, Th.: Soziale Arbeit und soziales Risiko. In: Rauschenbach, Th./Gängler, H. (Hg.): Soziale Arbeit und Erziehung in der Risikogesellschaft. Neuwied, Kriftel, Berlin 1992, S. 25-60.
Rauschenbach, Th./**Ortmann**, F./**Karsten**, M.-E. (Hg.): Der sozialpädagogische Blick. Lebensweltorientierte Methoden in der Sozialen Arbeit. Weinheim, München 1993.
Reichertz, J.: Das Dilemma des „klinischen Sozialwissenschaftlers und Sozialpädagogen". Kritische Randnotizen zur Nutzung der 0evermarmschen Professionstheorie im sozialpädagogischen Diskurs. In: Pfaffenberger, H./ Schenk, H. (Hg.): Sozialarbeit zwischen Berufung und Beruf. Professionalisie-

rungs- und Verwissenschaftlichungsprobleme der Sozialarbeit/Sozialpädagogik. Münster, Hamburg 1993, S. 205-222.
Reim, Th./**Riemann**, G.: Die Forschungswerkstatt. Erfahrungen aus der Arbeit mit Studentinnen und Studenten der Sozialarbeit/Sozialpädagogik und der Supervision. In: Jakob/von Wensierski: a.a.O. 1997, S. 223-238.
Riemann, G.: Arbeitsschritte, Anwendungsgebiete und Praxisrelevanz der sozialwissenschaftlichen Biographieanalyse. In: Sozialwissenschaften und Berufspraxis, 14. Jg., Heft 3/1993, S. 253-264.
Salomon, A.: Soziale Diagnosen. Berlin 1926.
Scherr, A.: Was können und sollen SozialpädagogInnen können? In: Der pädagogische Blick, 5. Jg., Heft 1/1996, S. 14-25.
Schone, R.: Theorie-Praxis-Transfer in der Jugendhilfe - Sozialpädagogische Praxisforschung zwischen Analyse und Veränderung. Münster 1995.
Schütz, A.: Über die mannigfaltigen Wirklichkeiten. In: Ders.: Gesammelte Aufätze. Band 1: Das Problem der sozialen Wirklichkeit. Den Haag 1971, S. 237-298.
Schütz, A.: Der sinnhafte Aufbau der sozialen Welt. Eine Einleitung in die verstehende Soziologie. Frankfurt a.M. 1981.
Schütze, F.: Sozialarbeit als „bescheidene" Profession. In: Dewe/ Ferchhoff/Radtke (Hg.): a.a.O.. 1992, S. 132-170.
Schütze, F.: Die Fallanalyse. Zur wissenschaftlichen Fundierung einer klassischen Methode der Sozialen Arbeit. In: Rauschenbach/Ortmann/Karsten (Hg.): a.a.O.. 1993, S. 191-221.
Schütze, F.: Ethnographie und sozialwissenschaftliche Methoden der Feldforschung. Eine mögliche methodische Orientierung in der Ausbildung und Praxis der Sozialen Arbeit? In: Groddeck/Schumann (Hg.): a.a.O.. 1994, S. 189-297.
Schütze, F.: Kognitive Anforderungen an das Adressatendilemma in der professionellen Fallanalyse der Sozialarbeit. In: Jakob/von Wensierski (Hg.): a.a.O.. 1997, S. 39-60.
Schumann, M.: Methoden als Mittel professioneller Stil- und Identitätsbildung. In: Groddeck/Schumann (Hg.): a.a.O.. 1994, S. 41-67.
Schumann, M.: Sozialraumanalyse und Ethnographie in Jugendhilfe und Jugendarbeit? In: deutsche jugend, 43. Jg., Heft 5/1995, S. 210-216.
Schumann, M.: Qualitative Forschungsmethoden in der (sozial-) pädagogischen Ausbildung. In: Friebertshäuser, B./Prengel, A. (Hg.): Handbuch Qualitative Forschungsmethoden in der Erzichungswissenschaft. Weinheim, München 1997, S. 661-677.

Terhart, E.: Fallgeschichten: Überlegungen im Anschluß an eine Diskussion. In: Fischer, D. (Hg.): Fallstudien in der Pädagogik. Aufgaben, Methoden, Wirkungen. Konstanz 1982, S. 107-115.
Thiersch, H.: Alltagshandeln und Sozialpädagogik. In: Neue Praxis, 8. Jg., Heft 1/1978, S. 6-25.
Thiersch, H.: Lebensweltorientierte Soziale Arbeit. Aufgaben der Praxis im sozialen Wandel. Weinheim, München 1992.
Thimm, K.: Methodische Hilfen zum sozialpädagogischen Verstehen Jugendlicher in Heim und WG. In: Unsere Jugend,, Heft 1 und 2/1994, S. 5-21, S. 62-71.
Uhlendorff, U.: Sozialpädagogische Diagnosen III. Ein sozialpädagogisch-hermeneutische Diagnoseverfahren für die Hilfeplanung. Weinheim, München 1997.
Völzke, R.: Biographisches Erzählen im beruflichen Alltag. Das sozialpädagogische Konzept der biographisch-narrativen Gespächsführung. In: Jakob/von Wensierski: a.a.O.. 1997, S. 271-286.
von Wensierski, H.-J.: Verstehende Sozialpädagogik. Zur Geschichte und Entwicklung qualitativer Forschung im Kontext der Sozialen Arbeit. In: Jakob/von Wensierski (Hg.):a.a.O.. 1997, S. 77-124.

Uwe Uhlendorff

Sozialpädagogisch-hermeneutische Diagnose in der Jugendhilfe

Der Titel des Beitrags weist darauf hin, daß es im folgenden nicht um ein Forschungsverfahren geht, sondern um eine Methode des Fallverstehens in der Jugendhilfepraxis. Die sozialpädagogische Forschung weiß sich zwar mit einem Praxisfeld verbunden, der Forscher verfolgt aber ein anderes Interesse als der Sozialpädagoge in der Jugendhilfepraxis. Fallanalysen, die mit einem wissenschaftlichen Erkenntnisinteresse durchgeführt werden, zielen auf Verallgemeinerungen ab, auf Typisierungen von Deutungsmustern, latenten Sinnstrukturen, biographischen Verläufen etc. (vgl. Jakob/ Wensierski 1997). Die Fallanalyse des Praktikers zielt auf pädagogische Aufgabenstellungen, individuelle Zielsetzungen und administrative Entscheidungen ab. Sie ist mit einem riskanten Zukunftsentwurf, einer Prognose verbunden. Die Frage, "welche Bedingungen müssen gegeben sein, daß der Jugendliche X oder die Jugendliche Y sich stabilisiert und in der Lebensbewältigung vorankommt", steht im Vordergrund. Die Fallanalyse folgt hier einem pragmatischen Interesse: "Was ist aus sozialpädagogischer Sicht zu tun?"

Im folgenden will ich eine Methode sozialpädagogischen Fallverstehens vorstellen, die für Praktiker handhabbar ist. Das Verfahren, wir haben es „sozialpädagogisch-hermeneutische Diagnose" genannt, entstand im Rahmen eines Forschungsprojektes, das sich zum Ziel gesetzt hatte, typische Selbstdeutungsmuster von psychosozial schwer belasteten Jugendlichen herauszuarbeiten (vgl. Mollenhauer/ Uhlendorff 1992; Mollenhauer/ Uhlendorff 1995). In einem zweiten Schritt wurde versucht, anhand der Erfahrungen und im engen Kontakt mit der Praxis die Forschungsmethode soweit zu vereinfachen und zu verändern, daß sie auch von Sozialpädagogen und Sozialpädagoginnen bei der Hilfe- und Erziehungsplanung angewandt werden kann (vgl. Uhlendorff 1997). Daß eine solche Transformation ein schwieriges und riskantes Unternehmen ist, versteht sich: Analytisch-rekonstruktive Verfahren in der Praxis müssen den institutionellen Zweckinteressen gerecht werden, sie erfordern eine leichtere und zeitlich ökonomischere Handhabung als Forschungsmethoden. Zudem müssen sie kontrollierbar sein.

Der folgende Beitrag gliedert sich in drei Schritte: Zunächst soll die Frage geklärt werden, warum Diagnosen in der Jugendhilfepraxis wichtig sind. Im zweiten Schritt wird das Verfahren der sozialpädagogisch-hermeneutischen Diagnose näher erläutert. Im dritten Schritt folgt ein Fallbeispiel aus der Jugendhilfepraxis.

1. Warum Diagnosen in der Jugendhilfe?

Wer Lebensläufe von Jugendlichen begleitet hat, weiß, daß Entwicklungsprozesse oder Sozialisationsverläufe und die sie begleitenden Erziehungsprozesse oft einen unvorhergesehen Lauf nehmen. Was aus einem Jugendlichen wird, wohin er oder sie sich entwickelt, darüber können wir Prognosen abgeben. Aber es bleiben immer riskante Entwürfe. Bildungs- und Erziehungsprozesse sind nicht oder nur begrenzt planbar. Wenn wir deshalb von Planbarkeit von Hilfe- und Erziehungsprozessen sprechen, dann ist das, wie ich meine, ein Zugeständnis an ein modernes Sozialmanagement, das soziale Risiken berechenbar machen will und über Hilfen in Dienstleistungskategorien denkt. Planbarkeit von Hilfen ist auch ein Zugeständnis an die Maßstäbe von Verwaltungshandeln, wo es um die Legitimierung öffentlicher Gelder, der Berechenbarkeit von Maßnahmen geht. Vogel nennt diesen Sachverhalt *das Problem der rechtlich-administrativen Rationalisierung spezifisch individueller Hilfeleistung* (Vogel 1966). Die Verwaltung, das Jugendhilfesystem muß bei jedem einzelnen Fall *zweckprogrammiert* werden (vgl. Ortmann 1994). D.h. die Rationalisierung, also die Begründung des Hilfebedarfs und die *Aufgabenerledigung* folgt keinem vorgegebenen *Konditionalprogramm* nach dem Motto, "wenn die Tatbestandsmerkmale a,b,c gegeben sind, dann tue X", sondern dem individuell ermittelten erzieherischem Bedarf und den daraus abgeleiteten fallbezogenen Zielsetzungen. Dieses Grundproblem moderner Jugendfürsorge wurde schon um die Jahrhundertwende erkannt.

Dieser Schwierigkeit, daß man also aufgrund einer administrativen Logik zur Planung gezwungen ist, aber andererseits Erziehungs- und Entwicklungstatsachen nur schwer kalkulierbar sind, sind sowohl psychosoziale Diagnosen (Harnach-Beck 1995) als auch sozialpädagogisch-hermeneutische Diagnosen ausgesetzt. Es wäre interessant zu prüfen, ob die Entwicklung eines Jugendlichen mit Diagnose einen anderen Verlauf genommen hätte als ohne. Man sollte sich von Falldiagnosen, was die Planbarkeit von Hilfen anbetrifft, nicht zu viel versprechen. Zu schnell gerät man in eine Modernitätsfalle, daß sich Objektivierung von Sachverhalten mittels kontrollierter Verfahren, Planbarkeit sowie Qualitätsmanagement letztendlich als Mythos der Moderne entlarven. Dennoch halte ich erzieherische Diagnosen im Bereich der Jugendhilfe, worunter ich sozialpädagogisch-hermeneutische und psychosoziale Diagnosen fasse, für wichtig.

Wozu Diagnosen im Jugendhilfebereich? Für wen sind Diagnosen wichtig? Zunächst ein historischer Rückblick: Mit dem Entstehen der ersten städtischen Jugendfürsorgebehörden um die Jahrhundertwende, treten auch die ersten Diagnosen, oder vielleicht sollte man besser von Gutachten sprechen, auf den Plan (Uhlendorff 1998). Es handelt sich um Gutachten und Beurteilungen, die von Armenärzten und Lehrern abgegeben wurden. Sie gingen von folgender Frage aus: Wie lassen sich die Lebensschwierigkeit beschreiben, was ist fürsorgerisch zu tun. Dieser Urtyp sozialpädagogischer Diagnose verfolgte im wesentlichen zwei Ziele. Die Entscheidung über Anstaltspflege oder Familienerziehung sollte der Verwaltungsdeputation erleichtert werden; gleichzeitig wollte man den Einsatz öffentlicher Mittel legitimieren. Mit der Reform der Armenfürsorge entstanden zugleich Aktenführung, Dokumentation, Fürsorgestatistik und Aufgaben, die man heute *Steuerung* und *Qualitätsmanagement* nennt: der sparsame Einsatz öffentlicher Mittel und die Erzielung größtmöglicher Effizienz sollte durch Kontrollmaßnahmen gewährleistet werden. Fachgutachten dienten zur Ermittlung der Hilfsbedürftigkeit und zur Legitimierung von finanziellen Mitteln gegenüber den Kritikern moderner Fürsorge.

Es läßt sich im Zusammenhang mit der Fallbegutachtung, die den Rationalitätsansprüchen moderner Daseinsfürsorge geschuldet war, noch ein anderes

Phänomen beobachten: Mit der Aktenführung, Dokumentation und Auswertung der Fallakten bildete sich ein detailliertes Wissen über Erziehungsphänomene und Lebensschwierigkeiten von Kindern bzw. Jugendlichen. Diagnosen haben der Jugendhilfe zu ihrem Selbstverständnis verholfen. Die Fallbetrachtungen führten zu einem Bewußtsein eines öffentlichen Erziehungsauftrages, zu der Erkenntnis allgemeiner sozialpädagogischer Aufgabenstellungen.

Meine Hypothese ist folgende: Sozialpädagogische Diagnosen sind eine Form der Selbstvergewisserung des Pädagogen in der Praxis aber auch eine Selbstvergewisserung der Disziplin, weil sie uns dazu zwingen, Sozialpädagogik auf den Begriff zu bringen. Diagnosen sind Wirklichkeitskonstruktionen, die in erster Linie das Handeln einer Institution oder des Sozialpädagogen, der Sozialpädagogin in der Praxis begründen und planbar machen. Dies betrifft nicht nur die Interaktion zwischen Erzieher und Jugendlichen, sondern auch die Gestaltung der räumlich sozialen Gegebenheiten in einem pädagogischen Lebensfeld. Diagnosen oder rekonstruktive Verfahren, wie immer man das nennen will, sind deshalb wichtig, weil das sozialpädagogische Selbstverständnis im Praxisalltag immer wieder verloren geht; es muß - und darin unterscheidet sich unsere Disziplin von anderen - in der Praxis immer neu eingelöst werden. Jugendhilfe ist der Alltagswelt verhaftet, deshalb ist es schwierig, pädagogische Konzepte im Einzelfall dauerhaft aufrechtzuerhalten. Die Eigentümlichkeit von pädagogischen Diagnosen liegt m.E. darin begründet, daß sie den Sozialpädagogen aus dem Verhaftetsein des Alltags herausheben und zu einem Selbstverständnis, einem pädagogischen Auftrag gegenüber einem konkreten Fall verhelfen. Jugendhilfediagnosen konstituieren eine sozialpädagogische Wirklichkeitsauffassung, so wie die medizinische Diagnose eine medizinische Wirklichkeitssicht produziert oder die Wetterdiagnose uns zu einer meteorologischen Sicht kosmischer Sachverhalte heraufhebt. Über unsere Methoden vermeintlich objektiver Wahrheitsfindung werden unsere Nachfahren sich ähnlich amüsieren, wie wir uns über die Deutungsrituale der Schamanen oder der alten Römer, die anhand von Gedärmen oder des Vogelflugs Zukunftsprognosen ableiteten. Sie konstituieren eine spezifische Sicht der Wirklichkeit und sie funktionieren, weil man an sie glaubt - oder auch nicht.

Wie ein sozialpädagogisch-hermeneutischer Deutungs- und Selbstvergewisserungsversuch in der Praxis aussehen kann, möchte ich nun beschreiben.

2. Die sozialpädagogisch-hermeneutische Diagnose

1. Nimmt man das Konzept lebensweltorientierter sozialer Arbeit ernst, dann sollte man erwarten können, daß sich SozialarbeiterInnen, SozialpädagogenInnen ein Bild machen von den Selbst- und Weltdeutungen ihrer Klientel. Mit Lebenswelt im phänomenologischen Sinn werden u.a. die Gewißheiten verstanden, über die ein Individuum kraft seiner Deutungsakte verfügt und die es mit anderen teilt; es handelt sich um Selbst- und Weltdeutungsmuster. In einem Lebensfeld, wie Schule oder Familie, können unterschiedliche Lebenswelten aufeinandertreffen. In der Jugendhilfe ist es in einer Vielzahl von Fällen nicht einfach, die Lebenswelt der Klientel, ihre Begründung für diese oder jene Handlung zu verstehen. Gespräche reichen oft nicht aus. Hier sind rekonstruktive, interpretative Verfahren sinnvoll. Voraussetzung dafür, Grundlage bilden offene Interviews und hermeneutische Interpretationsverfahren. Kinder ab dem 10. Lebensjahr, so unsere Erfahrungen, sind in der Lage, ihre Sinnentwürfe, Selbst- und Weltdeutungen sprachlich mitzuteilen. Sozialpädagogisch-hermeneutische Diagnosen scheinen also dort angebracht, wo mir als Pädagoge die Lebenswelt des Kindes oder Jugendlichen schwer zugänglich ist und die Betroffenen in der Lage sind, ihre Lebensschwierigkeiten sprachlich zu vermitteln.

Der erste Schritt der Diagnose besteht darin, Jugendliche zu ermuntern, über ihr Lebenssituation, ihre Selbst- und Lebensentwürfe zu sprechen.

2. Jugendhilfe versteht sich als soziale Unterstützung von Menschen in schwierigen Lebenslagen. Sie unterstellt, daß Heranwachsende und ihre Eltern mit bestimmten Aufgaben ihrer Lebensbewältigung überfordert sind. D.h. Jugendhilfe geht davon aus, daß Kinder und Jugendliche mit bestimmten Anforderungen unserer Kultur Schwierigkeiten haben, daß individuelle Bildungsprozesse gleichsam auf Hindernisse stoßen und sowohl für das Individuum, als auch für seine engere soziale Umwelt zu einem Problem werden.

Darüber nun können die Betroffenen selbst und nicht die Experten am besten Auskunft geben. Eine Aufgabe sozialpädagogischer Diagnose besteht darin, anhand sprachlicher Äußerungen und möglichst auch in der Sprache der Betroffenen, die Schwierigkeiten, die sie im Zurandekommen mit sich selbst und den anderen haben, zu beschreiben. Es geht also zunächst darum, die konflikthaften Lebensthemen eines Individuums auszuloten.

Der zweite Schritt sozialpädagogisch-hermeneutischer Diagnose ist eine möglichst dichte Beschreibung der Selbst- und Weltdeutungen des oder der Jugendlichen. Auf dieser Ebene sind auch Verallgemeinerungen im Sinne von Gruppendiagnosen möglich.

Wir haben bei unserer Untersuchung versucht, anhand von sprachlichen Selbstäußerungen einer größeren Gruppe psychosozial schwer belasteter Jugendlicher typische Lebensthematiken und Deutungsmuster zu beschreiben.

3. Daß Erziehung nicht nur ein *individuelles*, sondern auch ein *universelles* Geschäft ist, darauf wies schon Schleiermacher hin. Jugendhilfe ist nicht nur Hilfe zur individuellen Lebensbewältigung, sondern auch Vermittlung von Normalitätserwartungen unserer Kultur. Daß sich dies bis heute nicht verändert hat, bestätigt das KJHG. Es gibt jedem Heranwachsenden das Recht auf *Förderung der Entwicklung und auf Erziehung zu einer eigenverantwortlichen und gemeinschaftsfähigen Persönlichkeit (*§ 1). Daß Gemeinschaftsfähigkeit ein Repertoire von bestimmten sozialen Kompetenzen voraussetzt, darüber gibt es verläßliche empirische Befunde.

Sozialpädagogen haben sich mit dem Normalitätsbegiff immer schwer getan; das ist aufgrund der Geschichte der Jugendfürsorge verständlich. Jugendlichen wurden Normalitätskonzepte übergestülpt, ohne ihnen Spielräume zu gewähren (Peukert 1986). Auch wenn man von Individualisierung und Pluralität von Lebenslagen spricht, kommt man um eine Auseinandersetzung mit den Normalitätserwartungen unserer Kultur nicht umhin. Die Vermittlung gesellschaftlicher Entwicklungs- oder Normalitätserwartungen, d.h. die Erwartungen die an Gemeinschaftsfähigkeit geknüpft sind, ist elementarer Bestandteil von Erziehungs- und Interaktionsprozessen. Eine Aufgabe besteht darin, zwischen den Entwürfen eines Jugendlichen und den Normalitätserwartungen zu vermitteln, d.h. eine sowohl für den Jugendlichen als auch für andere akzeptable Balance zu finden. Trotz der Individualisierung von Lebenslagen und Lebensstilen lassen sich allgemeine Entwicklungsaufgaben nachweisen, von denen eine gelungene Sozialisation abhängt. Die amerikanische Entwicklungspsychologie insbesondere Kegan und Selman liefern hier empirische Befunde, die in der sozialpädagogischen Diskussion meines Erachtens zu kurz gekommen sind (Selman 1984; Kegan 1991).

Greifen Heranwachsende die Entwicklungserwartungen als für sich sinnstiftend auf, dann spricht man von Entwicklungsaufgaben. Das Entwicklungsaufgabenmodell (Havighurst 1953) geht davon aus, daß Kinder und Jugendliche auf dem Weg zum Erwachsenwerden eine Abfolge von Aufgaben lösen. Die Vermittlung solcher Aufgaben ist in spezifische, pädagogische Milieus eingebunden, wie Familie, Schule, Gleichaltrigengruppe. Gelingt diese Vermittlung nicht, sind die pädagogischen Milieus ungenügend ausgebildet oder überfordert, dann besteht ein erzieherischer Bedarf, der öffentlich gestützt wird durch die Angebote der Jugendhilfe. Das nötigt uns nun, die gesellschaftlichen Normalitätserwartungen transparent zu machen. D.h. aber nicht, daß man ihnen als Erzieher kritiklos gegenüberstehen muß. Es geht vielmehr darum, dem Jugendlichen zu einer Lebensführung zu verhelfen, die für ihn befriedigend und einigermaßen sozial akzeptabel ist.

Berufs- und Beziehungsfähigkeit sind zu allgemein gefaßte Aufgaben. Man muß die Entwicklungserwartungen spezifizieren. Dafür ist es hilfreich, wenn man auf Entwicklungskategorien oder -dimensionen zurückgreifen kann. Wir haben versucht, mit Hilfe der Ergebnisse entwicklungspsychologischer Forschung und mit Hilfe von 100 Interviews ein heuristisches Modell von Entwicklungsaufgaben zu entwickeln. Der von uns entwickelte und erprobte Diagnoseansatz versucht, Entwicklungsaufgaben auf vier pädagogisch relevante Kategorien zu beziehen. Es handelt sich um die folgenden Kategorien:

- Entwicklungsaufgaben, die auf eine Konturierung des Selbst in den sozialen Beziehungen gerichtet sind. Wir haben diese Entwicklungsdimension *Selbstentwürfe* genannt.
- In einer zweiten Dimension haben wir solche Aufgaben zusammengefaßt, die mit dem Erwerb *zeitlicher Schemata* einhergehen.
- Eine dritte Dimension umfaßt die Entwicklung von *Körperkonzepten,*
- die letze Kategorie bezieht sich auf moralische, *normative Orientierungen.*

Selbstentwürfe, Körperkonzepte, normative Orientierungen und Zeitschemata scheinen ganz zentrale Kategorien zu sein, auf die pädagogische Interaktionen und Selbstdeutungen Jugendlicher sich beziehen. Innerhalb dieser vier Dimensionen konnten wir unter Zuhilfenahme einschlägiger entwicklungspsychologischer Modelle und anhand von 100 Fallstudien insgesamt mehr als 90 Entwicklungsaufgaben formulieren, die Jugendliche im Alter zwischen 10 und 24 bewältigen. Diese Liste von Aufgaben, die nach diesen vier Kategorien und nach unterschiedlichen Entwicklungsetappen geordnet ist, dient uns als ein Diagnosemanual. D.h. bei der Falldiagnose dient sie als Interpretationshilfe.

Eine dritte Aufgabe der Diagnose besteht darin, die Entwicklungserwartungen, mit denen ein pädagogisches Milieu oder ein Jugendlicher seinen eigenen Selbstdeutungen zufolge überfordert ist, genauer zu beschreiben.

4. Sozialpädagogisches Handeln impliziert immer auch einen Entwurf eines Erziehungsauftrags, einer pädagogischen Aufgabenstellung, welche Heranwachsende in ihrer Entwicklung und bei der Bewältigung individueller Schwierigkeiten weiterhelfen. Sozialpädagogen oder Erzieher sind nicht nur Berater oder Supervisoren, sondern stellen ein Lernmilieu zur Verfügung oder wirken auf die Verbesserung eines bestehenden pädagogischen Milieus hin. Schwierig wird es, wenn man Sozialarbeit und Pädagogik auf Interaktion verkürzt. Sozialpädagogen sind in der Regel auch Mitgestalter eines pädagogischen Feldes, und zwar auch hinsichtlich der räumlichen Gegebenheiten und der konkreten Tätigkeitsstruktur.

Es nützt nichts, wenn man Entwicklungs- und Erziehungsziele benennt, man muß sie auch in pädagogische Aufgabenstellungen einbinden. Der letzte Diagnoseschritt besteht in dem Entwurf einer Aufgabenstellung. Es geht darum, dem Jugendlichen ein konkretes Angebot zu machen, das ihn in seiner Entwicklung voranbringt. Ihm sollen ein pädagogisches Milieu und Tätigkeitsangebote zur Verfügung gestellt werden, die ihm bei der Lebensbewältigung weiterhelfen.

Wir haben in den Einrichtungen, wo der Ansatz erprobt wurde, versucht, die Aufgabenvorschläge sehr konkret zu stellen, und zwar in Form von Alltagstätigkeiten, Spielsituationen, Tätigkeiten wie Tagebuchschreiben, Kochen, Mofawerkstatt aufbauen etc. Wir gehen davon aus, daß bestimmte Tätigkeiten eine pädagogisch-therapeutische Potenz haben. Allerdings können wir uns bei den Aufgabenvorschlägen nur auf Erfahrung und Intuition verlassen oder auf Konzepte, die im Rahmen der bewegungs- und sportorientierten Jugendarbeit entwickelt wurden. Hier besteht noch eine erhebliche Forschungslücke.

Die Diagnosen werden im Team erstellt. Die Interpretation erfolgt innerhalb einer Gruppe gleichberechtigter SozialpädagogInnen und untersteht somit gleichzeitig der Kontrolle mehrerer Fachleute. Bei der Aufgabenstellung handelt es sich um Vorschläge, um Angebote, die mit den Jugendlichen abgestimmt werden. Die von uns konstatierten Lebensthematiken, Entwicklungs- und pädagogischen Aufgabenstellungen sind lediglich Arbeitshypothesen, die während der Betreuung korrigiert werden.

Um die einzelnen Schritte zu verdeutlichen ist nun ein Beispiel angebracht. Es handelt sich um einen dreizehnjährigen Jungen, der in einer Tagesgruppe betreut wird.

3. Sozialpädagogisch-hermeneutische Diagnose John

Erfahrungen in Familie und Verwandtschaft:
Zu seinen familiären Verhältnissen befragt antwortet John: "...ich hab keine Eltern, ich wohne bei meiner Oma". Sein Vater war "Kraftmechaniker" und

kam durch einen Autounfall ums Leben, und zwar genau "...zwei Tage nach meinem Geburtstag". Auf die Frage, wie er denn den Tod des Vaters verkraftet habe, sagt er: "... ich bin ein kleines bißchen davon weggekommen". John weicht der Frage, ob er sich einen neuen Vater wünscht, aus: "Meine Mutter hat einen neuen Freund". Johns Mutter lebt allerdings allein in einer kleinen Wohnung.
Er hat drei jüngere Geschwister. Sein Verhältnis zu den Geschwistern beschreibt er mit der Formel: "...geht so". Auch mit der Mutter "geht es so". Er möchte lieber bei seiner Großmutter leben als bei seiner Mutter.

John beschreibt seine Oma folgendermaßen: "klein, dick, streng, Locken, blaue Augen, braune Haare". Die Mutter erscheint in Johns Augen als das genaue Gegenbild: "groß, dünn, raucht viel, blond, blaue Augen, einen Ohrring, geht so".

Die häusliche Situation vor der Scheidung der Eltern beschreibt John so: "... wie die geschieden sind, habe ich mich mit meinen Eltern nicht ganz vertragen; die haben rumgeschrien: John mach dies, John mach das. Das habe ich nicht ganz verstanden. Ich habe nicht verstanden, was die wollten." Seine Geschwister haben sich mit den Eltern besser verstanden.

Auch die Großeltern haben sich getrennt. Der Opa lebt in der Tschechei. Johns Verhältnis zur Oma: "geht so". Seine "Oma" empfindet er als streng, "... wenn ich `ne 5 nach Hause bringe darf ich kein fern sehen, ich bekomme dann kein Taschengeld ... muß mehr üben ... Dann kriege ich eine drei, . danach tue ich wieder nichts ... dann kriege ich ne fünf". Seiner eigenen Beschreibung zufolge lebt er in einem ständig wiederkehrenden Zyklus von Belohnung und Strafe, Lust und Unlust.

Er hat drei Schwestern (11/6/7), "...ich bin der einzigste Junge". Er wünscht sich einen Bruder. Die Schwestern nerven ihn, verpetzen ihn bei der Oma, wenn er fern sieht ("könnt ihr mich nicht ein einziges Mal in Ruhe lassen"). Er muß dann aus dem Zimmer. John möchte sich mit seinen Schwestern "lieber vertragen" und mit ihnen in Eintracht leben. Das klappt aber meistens nicht.

Beim Spiel mit den Mädchen hält er sich nicht an die Spielregeln, "ich mogel meistens". Die Schwestern berichten das der Großmutter, er wird dann angeschrieen. Auf die Frage, warum er im Spiel schummele, antwortet John, "weil es Spaß macht, weil ich gewinnen will ... jeder macht mal Fehler".

Mit dem Freund der Mutter geht er gelegentlich Schwimmen.

Er weiß von folgenden positiven Erlebnissen aus der Vergangenheit zu berichten: LKW-Fahrten mit dem Vater, Urlaub in Italien mit Oma und Schwestern.

Erfahrungen mit Gleichaltrigen:
Er spielt Hockey mit Freunden, trifft sich mit ihnen bei der Radrennbahn. Er hat "nicht ganz so viele Freunde", dafür aber einen festen Freund, mit dem er gemeinsam Fußball spielt, "... aber nach Straßenregeln, ... wir foulen meist". Fußball in der Gruppe mag er nicht, "... da hat mir alles weh getan".
Er schlägt sich selten mit Gleichaltrigen, "... nur wenn einer meine Eltern beleidigt".

Erfahrungen mit Einrichtungen des Bildungssystems:
Im Kindergarten hat er " viel Mist gebaut, ... konnte auf einem Ohr nicht richtig hören".
Mit seinen Mitschülern hat er sich zunächst nicht verstanden, "... dann nach zwei Monaten haben wir uns verstanden". Sie haben sich gegenseitig geholfen, " ... aus dem Schlamassel gezogen".
Später mußte er, wie er sagt, in eine "Schwererziehbarenschule, ... weil ich nicht richtig sitzen konnte". Zur Zeit besucht er die 6. Klasse der Hauptschule. Hier ist er der "Zweitkleinste."
Schwierigkeiten hat er mit den vielen Hausaufgaben, weil er "nicht lange still sitzen kann".

Erfahrungen im Jugendhilfebereich:
In der Tagesgruppe gefallen ihm die gemeinsamen Spiele mit den anderen Jugendlichen. Im Unterschied zur Familie hält er sich hier an die Regeln. Die Erzieher helfen ihm bei den Hausaufgaben.

Unzufrieden ist er mit der Zeiteinteilung innerhalb der Gruppe, er wünscht sich; "nicht solange Hausaufgaben machen, ... mehr frei haben". Einen Erzieher mag er besonders gern: Herrn D., "... der ist ehrlich". Er scheint seinem Bild eines idealen Betreuers ("jemand der Spaß macht, Witze versteht") sehr nahe zu kommen.

John geht sehr gern in die Tagesgruppe. Er wollte freiwillig aufgenommen werden, weil er Schwierigkeiten mit den Hausaufgaben hat.

Körpererfahrungen, Interessen:
In der Aufzählung seiner "Lieblingsbeschäftigungen" dominieren Rollerskate, Hockey, Lego (er baut Raumstationen), Fahrradfahren, Computerspiele (Kriegs- und Geschicklichkeitsspiele). Fußball in der Gruppe mag er nicht: "da hat mir alles weh getan".
Er wünscht sich eine Riesenschildkröte, "... weil man auf der Reiten kann".
Er fährt gern Einerkajak. Er ist auch schon mal mit mehreren im Kanadier gepaddelt: "... da habe ich Angst bekommen".

Probleme in der Körperinteraktion mit Gleichaltrigen, besonders in Gruppenkontexten, scheint es aufgrund seiner körperlichen Statur häufiger zu geben. Er ist in der Klasse der Zweitkleinste, der "Schwächste ... die andern ärgern mich meistens".

Normative Orientierungen:
In dem Interview bleiben seine moralischen Orientierungen unkonturiert. Er bezieht sich im Wesentlichen auf die Erwartungen seiner Erzieher; eigene Vorstellungen sind, so scheint es, nur wenig entwickelt: In der Tagesgruppe darf man seiner Ansicht nach nicht mogeln. Dic Intimssphäre der anderen muß akzeptiert werden, "man muß Anklopfen", man darf nicht weglaufen, Tür nicht knallen etc.
Hier und da bringt er aber auch eigene Wertvorstellungen zum Ausdruck. Er findet es nicht gut, wenn man die Eltern von anderen beleidigt. Man darf in Beziehungen nicht lügen.

Zeitschemata:
Die Beschreibung seines Tagesablaufs sieht folgendermaßen aus: Schule, Tagesgruppe, Mittagessen, Schularbeiten, Spiele ("wenn dann noch Zeit ist"), "Blitzlicht", danach geht es nach Hause.

Im Zentrum seines Lebenslaufs steht der Tod seines Vaters, kurz nach Johns elftem Geburtstag. Fast alle lebenslaufbezogenen Ereignisse werden auf dieses Datum bezogen (Trennung der Eltern zwei Jahre vor dem Tod). Die Lebenslaufbeschreibung bleibt bruchstückhaft: "bis zum dritten Lebensjahr in England gelebt" (weil Vater Engländer), "...danach bei Oma". Wichtige Erinnerungen sind für ihn: LKW-Fahrten mit dem Vater, Völkerball in der Grundschule, er war mal Mannschaftskapitän, Kanufahren in der Gesamtschule, Italienreise mit Oma und Geschwistern.

Über seine Zukunft hat er sich noch keine genaueren Gedanken gemacht: "weiß ich nicht".

Selbstbilder:
Er will "Kraftmechaniker werden, ... weil mein Vater einer war". Er hält sich in der Tagesgruppe an die Regeln.
Er beschreibt sich als einen "hibbeligen Typen". Er schlägt sich ungern mit Gleichaltrigen. Bei Konflikten läuft er lieber weg. Er empfindet sich ist oft als der Schwächste, die andern ärgern ihn deshalb. Die Schwestern nerven ihn. Er ist unzufrieden, daß er viel Hausaufgaben machen muß. Er hätte lieber mehr frei.
Er möchte "später mal ‘nen guten Beruf erlernen".
Wenn er drei Wünsche frei hätte: "wieder nach England, weil ich da geboren bin, meinen Vater wieder haben, ... daß ich in meiner Familie ganz froh bin".

Lebensthemen
1. Ein Lebensthema, das im Zentrum seiner Äußerungen steht, konturiert sich vor dem Hintergrund des zerrissenen und für ihn unvollständigen Familiensettings: Die Eltern und Großeltern haben sich scheiden lassen, der Vater ist gestorben, der Großvater lebt irgendwo in Tschechien, die Mutter hat zwar einen Freund, sie lebt aber allein. Was John von dem Freund der

Mutter erwarten kann, ist für ihn noch nicht geklärt. Die für ihn übersichtliche Struktur der Kleinfamilie, in die er bis zu seinem 10. Lebensjahr eingebunden war, ist zerrissen. In dieser Situation hebt sich die Großmutter als neues Familienoberhaupt ab, die mit Strenge über ihn waltet. Die Schwestern akzeptieren John scheinbar nicht in der Rolle des großen Bruders. Seine Versuche, sich als der überlegene Bruder herauszustellen, scheitern: die Schwestern durchschauen seine unlauteren Spielabsichten und verbünden sich gleichsam im Schulterschluß mit der Oma gegen ihn. Sein erstes Lebensthema lautet: "Verlust des Vaters, allein unter Frauen".

2. Nicht nur in der Familie, sondern auch in der Schule erlebt er sich als der Schwächste. Die anderen scheinen ihm an Körperkraft überlegen zu sein. Unsicher fühlt er sich auch bei unübersichtlichen, unkalkulierbaren Körperinteraktionen, wie beim Mannschaftsfußball oder im großen Kanadier, wo er mit anderen zusammenarbeiten muß. In überschaubaren sozialen Settings fühlt er sich sicherer (Straßenfußball mit dem Freund etc.). Das zweite Lebensthema könnte man "ich bin der Schwächste in der Gruppe" nennen.

3. Die vielen Hausaufgaben belasten ihn. Die Großmutter bedroht ihn mit Taschengeld- und Fernsehentzug. Er weiß auch nicht so recht, warum er sich anstrengen soll - Zukunftspläne hat er noch keine. Nach der Schule muß er in die Tagesgruppe, wo wieder die Hausaufgaben im Mittelpunkt stehen. Die Bildungsstätten, die er durchlaufen mußte, scheinen für ihn mit Leiden verbunden zu sein: im Kindergarten konnte er schlecht hören, im Schulunterricht nicht still sitzen, in der Tagesgruppe hat er keine Spielräume etc. Sein drittes Thema lautet: "Mehr frei haben, Ausgleich zum institutionellen Alltag".

4. Die Ursache für die Schwierigkeiten, den Fluchtpunkt seiner Lebensbeschreibung sieht John im Tod seines Vaters. In der Figur des Vaters verdichten sich gleich mehrere Wünsche, die in Johns Leben zur Zeit unerfüllt bleiben: Erlebnisse oder Abenteuer, die er mit einem anderen teilen kann, wie z.B. LKW-Fahrten mit dem Vater, Erfahrungen von Kraft und Überlegenheit (für den Beruf des Vaters verwendet John den Begriff "Kraftmechaniker"), Solidarität und Unterstützung in schwierigen Lebenssituationen ("sich

gegenseitig aus dem Schlamassel ziehen"), Ausgleich zu dem institutionalisierten Alltag, Wunsch nach einem Verbündeten gegen die Macht der Schwestern etc. Der Freund der Mutter, so scheint es, kann ihm diese Figur nicht ersetzen. Dem Bild des Vaters und seinen Wünschen scheint sein Erzieher D. am ehesten zu entsprechen. Allerdings verhindert der institutionelle Alltag der Tagesgruppe eine engere Beziehung. Weil sich für John in der Zukunft keine Lösung abzeichnet, richtet sich sein Blick auf die Vergangenheit: die heile Familie, die er während seiner Kindheit hatte, scheint die Aufhebung der Schwierigkeiten zu beinhalten. Das 4. Lebensthema lautet: "meinen Vater wiederhaben, wieder nach England, vollständige Familie"

Sozialpädagogische Aufgabenstellung:
Gleichsam hinter den Lebensthemen stehen folgende Entwicklungsaufgaben, die John bewältigen muß, um in seinem Bildungsprozeß voranzukommen. Er muß unabhängig von seiner familiären Situation und der Person des Vaters lernen;

- eigene Stärken zu entwickeln, um dadurch von der Gruppe und den restlichen Familienangehörigen Anerkennung zu finden,
- seine Interessen/Wünsche nach mehr Freiraum sozial zu vermitteln und mit anderen abzustimmen.
- Er muß lernen, sich einen körperlich-seelischen Ausgleich gegenüber dem institutionellen Alltag und den schulischen Leistungserwartungen zu schaffen.

Es scheint geboten, ihm mehr Freiräume in der Tagesgruppe zuzugestehen und ihn dabei zu unterstützen, sich einen befriedigenden, spielerischen Ausgleich zu schaffen. Wenn es ihm gelingt, einen männlichen Verbündeten zu finden, der ihn dabei unterstützt, sich als sozial kompetenten und starken Partner zu erleben, dann käme John in seiner Entwicklung erheblich voran. Eine sozialpädagogische Aufgabenstellung, die seine Lebens- und Entwicklungsthemen aufgreift, bestände darin, mit ihm und seinem Erzieher Herrn D. gemeinsam ein Projekt (z.B. eine Fahrradwerkstatt) zu entwickeln, in dem sein Wunsch nach Stärke und Bewegung aufgenommen ist und über das er auch in der Gruppe Anerkennung findet.

4. Schluß

Auch wenn die ins Auge gefaßten Aufgabenstellungen sich nicht immer so im Alltag realisieren lassen, haben die Diagnosen einen positiven Effekt, und zwar sowohl für den Jugendlichen als auch für das Team: Es wird mehr Zeit für den Einzelfall aufgewendet, und zwar nicht in Form von stundenlangen Krisensitzungen, sondern in Form einer gerichteten Aufmerksamkeit und Zuwendung im Alltag. Durch die Reflexion der Einzelfälle und den Entwurf konkreter Aufgabenstellungen verändert sich die Angebotsstruktur der pädagogischen Milieus. Von den Diagnosen geht eine Rückwirkung auf die Gestaltung der Wohn- oder Tagesgruppe aus. Hierin sehe ich eine primäre Bedeutung von Diagnosen, sie nötigen uns zu einem Nachdenken über folgende Fragestellung: Wie muß das Arbeitsfeld, das pädagogische Milieu sinnvoll gestaltet sein, um Heranwachsenden sozial verträgliche, befriedigende Bildungswege und Entwicklungsmöglichkeiten zu eröffnen?

Diese Form der Reflexion ist so alt wie es Pädagogik gibt. Wenn Methode - übersetzt *der Weg* - einer Problemlösungsbemühung folgt, dann steht die Diagnose am Anfang. Diese Erkenntnis stammte schon von Sokrates. Nicht zuletzt um auf Traditionsbestände aufmerksam zu machen, haben wir das Verfahren hermeneutische Diagnose genannt. Über den Begriff läßt sich streiten.

Literatur

Harnach-Beck, V.: Psychosziale Diagnose in der Jugendhilfe: Grundlagen und Methoden für Hilfeplan und Stellungnahme. Weinheim und München 1995.

Havighurst, R. J.: Developmental Tasks and Education. New York 1953.

Jakob, G./**v. Wensierski**, H.-J. (Hrsg): Rekonstruktive Sozialpädagogik: Konzepte und Methoden sozialpädagogischen Verstehens in Forschung und Praxis. Weinheim und München 1997.

Kegan, R.: Entwicklungsstufen des Selbst. Fortschritte und Krisen im menschlichen Leben. München 1991.

Mollenhauer, K./**Uhlendorff**, U.: Sozialpädagogische Diagnosen - Über Jugendliche in schwierigen Lebenslagen. Weinheim und München 1992.

Mollenhauer, K./**Uhlendorff**, U.: Sozialpädagogische Diagnosen II - Selbstdeutungen verhaltensschwieriger Jugendlicher als empirische Grundlage für Erziehungspläne. Weinheim und München 1995.

Ortmann, F.: Öffentliche Verwaltung und Sozialarbeit: Lehrbuch zu Strukturen, bürokratischer Aufgabenbewältigung und sozialpädagogischem Handeln der Sozialverwaltung. Weinheim und München 1994.

Peukert, D. J. K.: Grenzen der Sozialdisziplinierung: Aufstieg und Krise der deutschen Jugendfürsorge von 1978 bis 1932. Köln 1986.

Selman, R. L.: Die Entwicklung des sozialen Verstehens: Entwicklungspsychologische und klinische Untersuchungen. Frankfurt/M 1984.

Uhlendorff, U.: Sozialpädagogische Diagnosen III - Ein sozialpädagogisch-hermeneutisches Diagnoseverfahren für die Hilfeplanung. Weinheim und München 1997.

Uhlendorff, U.: Das Leitbild öffentlicher Jugendfürsorge im Wilhelminischen Reich. Das Beispiel Mainz. In: Zeitschrift für Sozialpolitik 7/ 1998.

Vogel, M. R.: Die kommunale Apparatur der öffentlichen Hilfe. Stuttgart 1966.

Franz-Josef Krumenacker/Gerd Ziegler

Zwischen Case-Management, aufsuchender Sozialarbeit und rekonstruktiver Sozialforschung. Diagnostische Fallanalysen mit psychosozial schwer belasteten Jugendlichen

Braucht die Jugendhilfe eigene diagnostische Methoden? Wenn ja, welche? Welche Möglichkeiten eröffnen sie? Welche methodischen Schwierigkeiten gehen mit ihnen aber auch einher und nicht zuletzt: welches manifeste oder latente Stigmatisierungspotential wohnt ihnen inne? Ohne daß diese und ähnliche Fragen bislang auf breiterer Basis diskutiert worden wären, läßt sich in den letzten Jahren eine zunehmende Konjunktur diagnostischer Methoden in der Sozialen Arbeit beobachten (vgl. Adler 1998; Hering 1999; Höpfgen/Jöbgen 1999; Jöbgen 1999; Mollenhauer/Uhlendorff 1992, 1995; Uhlendorff 1997). Die Tatsache, daß inzwischen spezifisch pädagogisch-diagnostische Verfahren entwickelt wurden, der in letzter Zeit immer wieder u.a. von den massenmedialen Diskussionen über gewaltbereite Kinder und Jugendliche erzeugte Legitimationsdruck und nicht zuletzt der im Rahmen Sozialer Arbeit selbst lauter werdende Ruf nach einer Qualifizierung der individuellen Hilfeplanung, lassen eine verstärkte Anwendung dieser Methoden in der Zukunft wahrscheinlich erscheinen. Die von Böhm u.a. Ende der achtziger Jahre aufgeworfene Frage, ob Jugendämter zur Vorbereitung und Absicherung von Plazierungsentscheidungen zukünftig stärker sozialwissenschaftliche Wissensbestände nutzen würden oder nicht, läßt sich daher heute vermutlich weniger skeptisch beantworten (Böhm u.a. 1989 zit. nach Winkler 1999, S. 71).

Der fachspezifische Hintergrund für das wachsende Interesse an pädagogisch-diagnostischen Verfahren muß u.a. darin gesehen werden, daß sich bezüglich der relativ kleinen, aber zunehmenden Gruppe psychosozial schwer belasteter Kinder und Jugendlichen das vorhandene Instrumentarium der Hilfe- und Unterbringungsplanung noch vielfach als unzureichend erwiesen hat. Auf der Erscheinungsebene handelt es sich bei diesem Personenkreis um junge Menschen, die von Praktikern der Jugendhilfe als „nicht (mehr) erreichbar", „sich auf keine Hilfeangebote (mehr) einlassend" oder als „alle Hilfen abbrechend" charakterisiert werden. Eine biographische Betrachtungsweise offenbart bei ihnen vielfach eine beträchtliche Häufung von belastenden biographischen und psychosozialen Erfahrungen. In gesellschaftlich marginalisierten Milieus aufgewachsen, waren diese Jugendlichen von gravierenden und andauernden frühkindlichen Vernachlässigungen und/oder Traumatisierungen betroffen. Überdies erlitten sie massive Enttäuschungen durch und/oder den mehrfachen Verlust von Bezugspersonen und reproduzierten diese und ähnliche belastende biographische Erfahrungen - häufig unbemerkt - im Rahmen von Hilfemaßnahmen. Die von derart belasteten jungen Menschen gewählten Bewältigungsformen - eine Mischung aus depressivem Rückzug und Drogenkonsum, (auto)aggressiver Devianz und unterschiedlichen subkulturellen Bindungen - erscheint auch Fachkräften vielfach schwer verstehbar. Vor allem aber entbehren sie in der Regel Optionen auf eine dem jungen Menschen akzeptable Hilfeplanung. Kommt dennoch eine ambulante oder gar stationäre Hilfe zustande, verlaufen diese häufig besonders schwierig, es kommt zu Hilfeabbrüchen und damit zu einer weiteren Verstärkung der Negativerfahrungen mit dem Hilfesystem.

Die eher spärlichen Evaluationen von Hilfeverläufen - nicht nur auf die benannte Personengruppe bezogen - kommen zu dem Ergebnis, daß ein wesentlicher Faktor in der Dynamik dieser Karrieren darin gesehen werden muß, daß „auffällig selten eine fachlich angemessene Diagnose im Vorfeld der Entscheidung für die eine oder andere Hilfe gestellt wurde (Bauer u.a. 1989, S. 48f.; zit. nach Höpfgen/Jöbgen 1999, S. 6; Freigang 1986). Ohne eine möglichst präzise Bestimmung des erzieherischen Bedarfs fallen Plazierungsentscheidungen aber zwangsläufig beliebig und willkürlich aus. Besonders drastisch haben diesen Zusammenhang von Wolffersdorff/Ehlert u.a. (1989, S. 131) für den Bereich der geschlossenen Unterbringung thematisiert: Der Unterbringungsprozeß gleiche einem naturwüchsigen Prozeß von Versuch und Irrtum, in dem vermeintlich eindeutige Symptome bizarr überzeichnet werden.

Auf diese hier nur angedeutete Problematik Bezug nehmend, hatte der Achte Jugendbericht dem Themenkreis „Zuweisungskriterien/Diagnosen" als einem allgemein anzustrebenden Qualitätsstandard einen eigenen Abschnitt gewidmet. Von den Stichworten „Pluralisierung", „Individualisierung von Lebenskonzepten" und „Entstrukturierung" von Identitätsentwürfen junger Menschen einerseits und der Ausdifferenzierung des Erziehungshilfeangebots andererseits ausgehend, unterstrichen die Autoren die Notwendigkeit eines „komplexen, situationsbezogenen Konzepts von Zuweisungskriterien" (BMJFFG 1990, S. 132). Als konkrete Aufgabenstellung beschrieb der Jugendbericht die Entwicklung eines Instrumentariums, das darauf zielt, die Erziehungs- und Lebensschwierigkeiten einzelner Jugendlicher mit den institutionellen Möglichkeiten der Jugendhilfe zu vermitteln. Dadurch soll nicht allein das 'richtige' Hilfsangebot für einen jungen Menschen bestimmt werden, dem Hilfegeber soll vielmehr auch die Möglichkeit eröffnet werden, auf der Basis von fundiertem Wissen über die biographischen Erfahrungen junger Menschen und deren Widerspiegelungen in charakteristischen Verhaltens- und Bewußtseinsformen zielgerichtet sozialpädagogisch zu handeln. Unter praktischen Gesichtspunkten geht es auch um die Vermeidung kostspieliger und kontraproduktiver Fehlvermittlungen aufgrund einer unzureichenden Wissensbasis. Diese nun beinahe zehn Jahre alte Forderung wird heute durch die Forderung nach einer diagnostischen „Qualifizierungsoffensive" unterstrichen (Hering 1999).

1. Zum aktuellen diagnostischen Diskurs

Konstatierten Burkhard Müller u.a. (1986, S. 1) in ihrem Mitte der achtziger Jahre erschienenen Kasuistik-Band noch die Vernachlässigung der Methodenlehre - und mithin der sozialpädagogischen Kasuistik - als eine Folge der „sozialwissenschaftlichen Wende", so hat sich die Situation seither nahezu in ihr Gegenteil verkehrt. Im Rahmen der seit einiger Zeit zu beobachtenden starken Hinwendung qualitativ-sozialwissenschaftlicher Methoden zu den Problembereichen der Sozialen Arbeit sind inzwischen eine Vielzahl von Arbeiten zum Themenkreis sozialwissenschaftliche Hermeneutik und Fallverstehen erschienen.[1] Mitunter entsteht gar der Eindruck, daß Sozialpädagogische Diagnostik die Kasuistik der späten 90er Jahre darstellt. Zumindest kann aber gegenwärtig von Diagnostik als einem zentralen, aktuellen Thematisierungsmotiv sozialpädagogischer Kasuistik gesprochen werden.

Kritisch betrachtet scheint für den gegenwärtigen Diskurs über Sozialpädagogische Diagnosen indessen mindestens dreierlei kennzeichnend: Zum einen handelt es sich um einen rein sozialwissenschaftlich-qualitativen Diskurs. Zwar werden vereinzelt auch quantitativ-verhaltensorientierte Herangehensweisen vorgeschlagen (vgl. etwa Adler 1998), in Theorie und Praxis spielen sie jedoch eine zu vernachlässigende Rolle. Dies hat nicht zuletzt damit zu tun, daß sich an ihnen eine Problematik verschärft, die Höpfner/Jöbgen (1999, S. 5) schon für bestimmte Spielarten der Psychosozialen Diagnose aufgezeigt haben: Mit ihren von 'außen' an die Biographien herangetragenen, vorab operationalisierten Begriffen bedienen sie sich einer Verfahrensmechanik, die die Individualität des Einzelfalles fast notwendig verfehlen muß.

Zum anderen werden Erfolgsgeschichten publiziert (vgl. Jöbgen 1999) und somit der Eindruck erweckt, als seien die mit der Anwendung hermeneutisch diagnostischer Verfahren verbundenen methodischen und arbeitsökonomischen Probleme schon gelöst und es ginge nur noch um eine möglichst breitflächige Implementierung und Anwendung der jeweils favorisierten Verfahren. Allzu glatte Darstellungen sollten allerdings stutzig machen, muß doch zum einen davon ausgegangen werden, daß Verfahren, mit denen spezifische Problemlagen bestimmt und adäquate Hilfeformen zugeordnet werden können - sich zumindest hinsichtlich ihrer Anwendung *im Rahmen des Jugendhilfesystems* - noch überwiegend in der Erprobung und Entwicklung befinden und ihre Bewährung in der außeruniversitären Praxis noch aussteht. Zum anderen legen unsere eigenen Erfahrungen nahe, daß mit der Erarbeitung von biographisch hermeneutischen Diagnosen im Rahmen des Jugendhilfesystems eine Vielzahl unterschiedlicher Anforderungen und potentieller Probleme einhergehen können. Auf die uns besonders bedeutsam erscheinenden

[1] Vgl. beispielsweise die Beiträge in Jacob/Wensierski (Hrsg.) 1997.

werden wir weiter unten eingehen. Die Verwendung von Begriffen wie „Diagnostik" oder „Indikation" kann demnach nicht darüber hinwegtäuschen, daß vermutlich der Diskurs über sozialpädagogische Diagnosen zur Zeit noch stärker auf eine primär sozialwissenschaftlich inspirierte Programmatik, als auf erwiesenermaßen praxistaugliche Verfahren und evaluierte Ergebnisse verweist.

Schließlich kann der gegenwärtige diagnostische Diskurs insofern als „verengt" angesehen werden, als es sich um einen ausschließlich hermeneutisch-sozialwissenschaftlichen handelt. Die Problematik eines entschieden rational-sozialwissenschaftlichen Diskurses wird in der Arbeit mit psychosozial schwer belasteten Kindern und Jugendlichen besonders deutlich. Jeder Praktiker - und jeder „Diagnostiker" - der sich auf die Lebenswelten und Wahrnehmungsweisen dieser jungen Menschen einläßt, weiß, wie wenig rational diese gewirkt sind und daß es die affektiv gespeisten Widerstände sind, die eine kognitiv gesteuerte Einstellungs- und Verhaltensänderung geradezu systematisch verhindern. Demgegenüber konstruieren die hermeneutisch-sozialwissenschaftlichen Verfahren ein affektbereinigtes Bild von diesen Jugendlichen, das sie als allein vernunftgeleitete Individuen präsentiert, die zu kognitiv induzierten Wahrnehmungs- und Verhaltensänderungen ohne weiteres in der Lage sind (Gerspach 1998, S. 44). Auf dieses Problem kommen wir weiter unten in Zusammenhang mit dem Verfahren von Mollenhauer und Uhlendorff noch einmal zurück.

Mit diesen kritischen Anmerkungen sollen allerdings die mit qualitativen Verfahren erzielten Erfolge nicht geleugnet werden. Angesichts des von Mollenhauer/Uhlendorff (1992, S. 69) konstatierten „hermeneutischen Defizits" in der Sozialen Arbeit, erscheint es vielmehr nur folgerichtig, wenn hermeneutisch geschulte Experten in der Auseinandersetzung mit den Biographien von schwer belasteten Jugendlichen zu aufschlußreichen Ergebnissen gelangen. Ohne vorgeben zu wollen, die mit unserer letzten These einhergehenden methodischen Probleme bereits befriedigend gelöst zu haben, verweist sie dennoch auf eine notwendige Erweiterung des Blickwinkels, auf eine weitere relevante Aufmerksamkeitsrichtung.

Im folgenden skizzieren wir die Entwicklung des am weitesten entwickelten Verfahrens, der Sozialpädagogischen Diagnostik nach Mollenhauer/Uhlendorff. Wir formulieren vier kritische Anfragen daran, stellen vor diesem Hintergrund das von uns favorisierte Vorgehen vor und thematisieren die in der Anwendung aufgetretenen Probleme.

2. Sozialpädagogische Diagnostik nach Mollenhauer/Uhlendorff

2.1 Sozialpädagogische Diagnostik als „lebensthematische Diagnostik"- Über „Lebensthemen" und ihnen korrespondierende, bildende Tätigkeiten

Die bislang gründlichste Auseinandersetzung mit der Frage sozialpädagogischer Diagnostik stammt von Mollenhauer/Uhlendorff (1992, 1995) und Uhlendorff (1997). Die Entwicklung ihres Verfahrens haben sie in drei Bänden dokumentiert. Mollenhauer/Uhlendorff eröffnen ihre Ausführungen mit einer praxisorientierten Grundlegung des Begriffes „Sozialpädagogisch-hermeneutische Diagnosen", rekapitulieren ihr Praxisforschungsprogramm und stellen das erlebnispädagogisch orientierte Setting vor, in dem sie das Verfahren entwickelt haben. Sozialpädagogische Diagnostik in ihrer frühen Form basiert vornehmlich auf drei, in einem Zeitraum von ca. neun Monaten mit den an dem Projekt teilnehmenden Jugendlichen geführten Interviews. Das erste wurde zu Beginn des Projektes, das zweite auf seinem Höhepunkt und das dritte Interview in der sich an den im Zentrum stehenden 5-7 monatigen Auslandsaufenthalts anschließenden Integrationsphase geführt. Als weitere Quelle des diagnostischen Prozesses dienten die Wochenberichte der die Jugendlichen betreuenden ErzieherInnen, die den Forschern zur Auswertung zur Verfügung gestellt wurden.

Auf der Basis des ersten Interviews wurde für jeden der achtzehn an diesem Projekt teilnehmenden Jugendlichen (13 Jungen, 5 Mädchen) eine sozialpädagogische Diagnose gestellt und den betreuenden ErzieherInnen als modifizierbarer Leitfaden für die pädagogische Arbeit zur Verfügung gestellt (vgl. Mollenhauer/Uhlendorff 1992, S. 34 ff.). Der zentrale Auswertungsschritt in der Erarbeitung der Diagnosen bestand dabei darin, daß aus dem 'Datenmaterial' für jede/n Jugendliche/n drei bis fünf zentrale, konflikthafte Themen herausgearbeitet wurden, um die herum sich deren Äußerungen und beobachteten Verhaltensweisen sinnvoll gruppieren ließen. Diese übergeordneten Themen nennen Mollenhauer/Uhlendorff „Lebensthemen". Vor dem Hintergrund ihres gut begründeten Diskurses über die Bedeutung und pädagogisch-therapeutische Potenz bestimmter Tätigkeiten (1992, S. 63-140) wurden den ermittelten Lebensthemen Tätigkeiten zugeordnet, von denen angenommen werden konnte, daß sie für die Bearbeitung der Probleme des Jugendlichen und somit für seine Selbststabilisierung hilfreich sein könnten.[2]

Sozialpädagogische Diagnostik nach Mollenhauer/Uhlendorff ist in dieser Entwicklungsphase daher *lebensthematische Diagostik* mit einem ausdrücklichen Bezug auf 'heilsam' wirkende Tätigkeiten. Die Tätigkeitsorientierung unterscheidet sozialpädagogische wesentlich von psychologischer oder psychiatrischer Diagnostik. Die Göttinger Erziehungswissenschaftler schlagen damit für den Bereich der Sozialpädagogik ein Verfahren vor, das - wie das folgende Zitat belegt - in seinem Grundgedanken auch schon für den Bereich der Schulpädagogik formuliert wurde: „Störungen in der Interaktion und im Aneignungsprozeß eines Kindes, die Aufarbeitung und Bearbeitung der innerpsychischen Spannungen können langfristig überwunden werden, wenn die inneren und äußeren Widersprüche des Kindes als dessen 'generative Themen' erkannt und in gemeinsamer Vergegenständlichung bearbeitbar werden. Dies ist ein emotionaler, sozialer und kognitiver Prozeß gleichermaßen" (Preuss-Lausitz 1979 zit. nach Springer 1982).

2.2 Sozialpädagogische Diagnostik als „fünfdimensionale Selbstkonzeptdiagnostik"

Blieben Mollenhauer/Uhlendorff zunächst noch dicht an den Erzählungen und Beschreibungen der Jugendlichen, so ist ihr weiteres Vorgehen durch eine Reihe von Abstraktionen gekennzeichnet. Im ersten Abstraktionsschritt

[2] Vgl. zusammenfassend die Übersicht zum Zusammenhang von Herkunftserfahrungen, Lebensthemen und Tätigkeiten mit vermutlich heilender Wirkung in Mollenhauer/Uhlendorff 1992, S. 102.

fragten sie nach den in den „Lebensthemen" der Jugendlichen enthaltenen „Meta-Geschichten". Damit sind verallgemeinerbare Themen bzw. „Themen-Klassen" gemeint, die den erzählten „Lebensthemen" innewohnen (1992, S. 61). Unter diesem Blickwinkel unterschieden sie drei übergeordnete Themenbereiche: „Leibbezogene Themen", „Beziehungsthemen" und „Ich-Entwurfs-Themen".

Im 1995 erschienenen zweiten Band der Sozialpädagogischen Diagnosen knüpfen sie an diese Kategorien an und leiten zwei weitere ab. Das diesem Band zu Grunde gelegte Auswertungsschema, umfaßt mithin fünf Dimensionen: „Zeitschemata", „Körpererfahrungen", „Selbstentwürfe", „normative Orientierung" und „Devianz". Von diesen Dimensionen nahmen Mollenhauer/Uhlendorff an, daß es sich bei ihnen um fundamentale Bildungsdimensionen und damit auch um hilfeplanrelevante Gesichtspunkte handelt (1995, S. 18). Auf der Basis von 70 in dieser Phase zusätzlich geführten Interviews wurden die genannten Bildungsdimensionen entwickelt und darüber hinaus in jeder Dimension auch jeweils drei bis vier Deutungsmuster ermittelt bzw. konstruiert. So unterscheiden Mollenhauer/Uhlendorff beispielsweise in der Dimension „Zeitschemata" die Muster „institutionalisierte Zeit", „Beziehungszeit" und „fragmentierte Zeit". Die Deutungsmuster der Jugendlichen in den fünf Dimensionen bilden zusammen genommen eine spezifische „Muster-Kombination" (1995, S. 129).

Das in dieser Entwicklungsphase vorgeschlagene Vorgehen besteht demnach darin, auf der Basis der Selbstkonzepte der Jugendlichen, ihre Deutungsmuster in den fünf Bildungsdimensionen zu bestimmen. Den Deutungsmustern lassen sich sodann bestimmte Stärken und Schwächen zuordnen, wodurch bereits erste Anhaltspunkte für die pädagogische Arbeit gewonnen sind. Angesichts der Aussagekraft und Differenziertheit von Mollenhauers und Uhlendorffs Beschreibungen der einzelnen Deutungsmuster, überrascht, daß beide das Hauptanliegen des zweiten Bandes nicht in der praktischen Weiterentwicklung des Diagnoseverfahrens sehen. Vielmehr war es ihnen lediglich darum zu tun, die fünf Bildungsdimensionen zu entwickeln und zu begründen, um derart Grundlagen für die weitere Arbeit zu schaffen (Uhlendorff 1997, S. 7). Von der Anwendbarkeit der entwickelten Kategorien, Deutungsmuster und „Muster-Kombinationen" überzeugt und abweichend von Mollenhauer und Uhlendorffs Selbstverständnis interpretieren wir Sozialpädagogische Diagnostik in dieser zweiten Entwicklungsstufe als eine *fünfdimensionale Selbstkonzeptdiagnostik.*

2.3 Sozialpädagogische Diagnostik als entwicklungspsychologisch-aufgabenorientierte Diagnostik

Im dritten, von Uwe Uhlendorff allein verfaßten Band der Sozialpädagogischen Diagnosen, befragt dieser die in Band zwei entwickelten Bildungsdimensionen auf ihre Anschlußfähigkeit an die zeitgenössischen entwicklungspsychologischen Konzepte von Robert Kegan und Robert L. Selman. Darüber hinaus präsentiert er eine abschließende Integration der bis dahin erarbeiteten Erkenntnisse, die den Anspruch erhebt, auch für Praktiker anwendbar zu sein. Kegan und Selman arbeiten beide mit psychosozial schwer belasteten Jugendlichen in therapeutischen Settings und integrieren in ihren Theorien auf je unterschiedliche Art die Entwicklungstheorie Jean Piagets, psychoanalytische und interaktionistische Ansätze. Ihr Erkenntnisinteresse gilt der Entwicklung von Selbstbildern, sozialen Kompetenzen und dem realen zwischenmenschlichen Handeln von Jugendlichen einerseits sowie den ihnen korrespondierenden pädagogisch-therapeutischen Aufgabenstellungen und pädagogischen Milieus andererseits. Das den Stufenmodellen von Kegan und Selman zugrundeliegende Leitbild jugendlicher Entwicklung geht von einer Zunahme der Möglichkeiten zur Perspektivenübernahme aus. Kegan unterscheidet diesbezüglich fünf Stufen des Selbst (Uhlendorff 1997, S. 41), Selman vier Niveaus zwischenmenschlicher Perspektivenübernahme.

Diesen Stufen bzw. Niveaus ließen sich die meisten Selbstdeutungsmuster der von Mollenhauer/Uhlendorff befragten Jugendlichen grundsätzlich zuordnen. Mitunter umfaßten sie allerdings mehrere Entwicklungsstufen oder lagen genau zwischen den von Selman unterschiedenen Niveaus. Aus diesem Grund und in enger Anlehnung an Kegans und Selmans Entwicklungsmodelle konstruiert Uhlendorff sodann ein vierstufiges Entwicklungsmodell, das mit den ermittelten Selbstdeutungsmustern der Jugendlichen ohne weiteres kompatibel ist. Wie bei Selman sind den einzelnen Stufen Entwicklungsaufgaben zugeordnet, die gelöst worden sein müssen, um die nächst höhere Stufe zu erreichen. Dieses vierstufige Entwicklungsmodell mit den ihm zugeordneten Entwicklungsaufgaben dient Uhlendorff als Bezugsgröße für die jeweilige sozialpädagogische Diagnose (vgl. die Übersicht a.a.O., S. 124-127).

Vereinfachend beschrieben meint Sozialpädagogische Diagnostik in dieser voll entwickelten Form demnach ein mindestens vier Schritte umfassendes Vorgehen: Ausgehend von nurmehr einem Interview mit dem Jugendlichen werden gemeinsam mit dem ihn betreuenden Team seine Selbstdeutungsmuster in den fünf Bildungsdimensionen („Zeit", „Körper", „Selbst", „normative Orientierung" und „Devianz") und damit seine spezifische Muster-Kombination erarbeitet. Anschließend werden die in diesen Dimensionen thematisierten, zentralen konflikthaften Interviewthemen („Lebensthemen") ermittelt und mit ihrer Hilfe der Entwicklungsstand des Jugendlichen im vierstufigen Entwicklungsmodell verortet. Die sich daraus ergebenden Entwicklungsaufgaben werden formuliert, auf konkrete pädagogische Hilfeleistungen und potentielle pädagogische Settings bezogen und die erarbeiteten Ergebnisse an den Jugendlichen zurückgekoppelt und ggf. modifiziert. Dieses Vorgehen wurde in Interviews mit 30 weiteren Jugendlichen wiederum überprüft. Sozialpädagogische Diagnostik in dieser Entwicklungsstufe bezeichnet demnach ein *entwicklungspsychologisch-aufgabenorientiertes* Vorgehen.

2.4 Vier kritische Anfragen an die Sozialpädagogische Diagnostik nach Mollenhauer/Uhlendorff

Besinnt man sich nach der Lektüre des dritten Bandes noch einmal auf den im ersten Band dokumentierten Ausgangspunkt, so wird einerseits die enorme 'Entwicklungsstrecke' deutlich, die Mollenhauer und Uhlendorff zurückgelegt haben. Andererseits treten aber auch die mit den methodischen Abstraktionen einhergehenden Verluste deutlich hervor. Die im dritten Band vorgelegte Integration hat auch ihren Preis gefordert. Diskussionswürdig erscheinen uns in diesem Zusammenhang mindestens fünf Punkte. Zum *einen* entstand bei uns der Eindruck, daß sich Uhlendorff in der voll entwickelten Form des Verfahrens erstaunlich weit von dem im ersten Band formulierten Anspruch entfernt hat, demzufolge die Selbstdeutungen der Jugendlichen den Angelpunkt des gesamten Verfahrens bilden sollen (vgl. Vogel 1998). *Zweitens* fällt die unterschiedliche Tiefe der jeweiligen hermeneutischen Fallinterpretationen auf. Im Vergleich mit denen des ersten Bandes muten die im dritten Band vorgestellten Deutungen und Diagnosen mitunter relativ flach an. Bezogen auf den dritten Band entstand daher bei uns punktuell der Eindruck eines unangemessenen Verhältnisses zwischen umfassender und anspruchsvoller - für Praktiker womöglich zu anspruchsvollen - theoretischer Ableitung und dem daraus resultierenden praktischen Ertrag. An dieser Stelle sei auch die Frage erlaubt, ob Mollenhauer/Uhlendorff nicht unbemerkt der 'Verführung durch die große Zahl' erlegen sind. Die Grundgesamtheit der im Projekt erarbeiteten Diagnosen beläuft sich auf beachtliche hundertachtzehn (!). Dadurch basiert das Verfahren einerseits auf einer für hermeneutische Verfahren ungewöhnlich breiten empirischen Basis, andererseits birgt eine solche Quantität aber auch die Gefahr, auf Kosten der Tiefe der hermeneutischen Interpretationen erkauft zu werden. *Drittens* scheint uns diskussionswürdig, ob in der Entwicklung des Verfahrens nicht zwei wichtige Qualitätsstandard diagnostischer Arbeit eingebüßt wurden. Gemeint ist der prozessuale Gesichtspunkt einerseits und ein ausdrücklich mehr als Wortdaten umfassendes Vorgehen andererseits. Beruhten die Diagnosen des ersten Bandes noch auf drei, innerhalb von neun Monaten geführten Interviews, so beschränkt sich das Vorgehen im dritten Band auf ein einziges Interview. Auch wenn die die Jugendlichen betreuenden Praktiker in die Auswertung einbezogen werden, ist damit lediglich ein punktueller Einblick möglich. Erörternswert erscheint uns auch, daß sich Uhlendorff im dritten Band allein auf das Wortmaterial verläßt. Hier sei an das von ihm und Mollenhauer im ersten Band selbst formulierte Postulat erinnert, wonach sich hermeneutisches Verstehen im Dienste Sozialpädagogischer Diagnostik nicht allein auf sprachliche Daten beschränken dürfe. Es müsse vielmehr auch die leibhaft-alltäglichen „Mitteilungen" und Handlungen der Jugendlichen einschließen (1992, S. 69).

Schließlich erscheint uns - *viertens* - auch die im Zusammenhang mit dem aktuellen diagnostischen Diskurs oben schon angesprochene, dezidiert sozialwissenschaftlich-rationale Ausrichtung dieses (und anderer) Verfahren diskussionswürdig. So wohltuend präzise die Kategorien und Beschreibungen Mollenhauers und Uhlendorffs sich angesichts der vielfach fragmentiert-unübersichtlichen Biographien schwer belasteter Jugendlicher ausnehmen, sie sind zugleich auch affektbereinigt, einseitig rational und dadurch distanzierend. Daß dies methodisch gewollt ist, haben Mollenhauer/Uhlendorff unterstrichen. Mit Bezug auf die Ausführungen von Schmidt (1990, S. 106) bestimmen sie affektives Erleben als ein Kennzeichen der alltäglichen sozialpädagogischen *Praxis* und delegieren es damit gleichsam an die Praktiker. Dieser alltäglichen Praxis mit ihren einfühlend-affektiven Wahrnehmungsformen steht die auf Verallgemeinerung zielende, allein kognitiv-wissenschaftliche Herangehensweise des „Diagnostikers" gegenüber (Mollenhauer/Uhlendorff 1992, S. 23f.). Seine Aufgabe beschränkt sich auf, „kognitive Disziplin" erfordernde, hermeneutisch-kognitive Arbeitsschritte (a.a.O., S. 27). Der „Diagnostiker" nimmt dabei die Position eines quasi neutralen und unbeteiligten Beobachters ein. In dieser Grundhaltung liegt auch begründet, warum im Prozeß der Erarbeitung einer pädagogischen Diagnose beispielsweise „Empathie" überhaupt keine Rolle spielt und als methodisch unscharfer Begriff abgelehnt wird. Das von Mollenhauer/Uhlendorff praktizierte, das affektive Erleben als störend aus dem diagnostischen Prozeß eliminierende Vorgehen verkennt aber, daß sorgfältig reflektierte Empfindungen und Gefühle des Diagnostikers zu einem vertieften Verständnis des betreffenden Jugendlichen beitragen können. Schließlich beruhen sie auf einer Identifizierung mit ihm und seinen unbewältigten Lebensthemen. Zum anderen liegt das zentrale Problem einer solchen Herangehensweise unseres Erachtens in dem rationalen Bild der Jugendlichen, das sie konstruiert.

3. Zwischen Case Management, aufsuchender Sozialarbeit und rekonstruktiver Sozialforschung

Unser eigenes Vorgehen entwickelte sich in der kritischen Auseinandersetzung mit dem Verfahren Mollenhauers und Uhlendorffs und den konkreten Erfordernissen der Praxis. Wenn wir zum Teil andere Erfahrungen als Mollenhauer und Uhlendorff gemacht haben und daraus andere Einschätzungen resultierten, so ist dies sicherlich auch auf die unterschiedlichen Ausgangsbedingungen zurückzuführen. Während Uhlendorff ein administratives (Jugendamt) und ein pädagogisches Arbeitsfeld (Tagesgruppen, Wohngruppen, Heime) unterscheidet und sein Verfahren letzterem zuordnet (1997, S. 20f.), war das Bremer Projekt „Sozialpädagogische Diagnostik und 'homefinding'" im ersten Arbeitsfeld angesiedelt. In Zusammenarbeit mit den fallführenden SozialarbeiterInnen der Ämter für Soziale Dienste und einem freien Träger der Jugendhilfe sollten „Diagnosen" und Betreuungsperspektiven für besonders auffällige Jugendliche entwickelt werden, die von ihrer Problematik und dem erforderlichen Aufwand die Arbeitsabläufe in den Ämtern überforderten. Unser Erkenntnisinteresse galt demnach nicht „Diagnosen" im Rahmen eines bereits bestehenden pädagogischen Settings, sondern solchen, die die Auswahl spezifischer Settings erst erlauben sollte, indem sie im besten Fall Zuweisungskriterien zur Verfügung stellten.

Aus dieser Ausgangsbedingung ergaben sich im Vergleich mit der Arbeit Mollenhauers und Uhlendorffs zwei bedeutsame Unterschiede: Da die Jugendlichen - meist unter besonders schwierigen Bedingungen - noch bei einem Elternteil oder bei Freunden lebten, waren wir sehr viel stärker mit ihrem sozialen Netzwerk konfrontiert. Zweitens stellte es sich für uns als *das* zentrale Problem heraus, die Mitwirkungsbereitschaft der Jugendlichen zu gewinnen. Die Herstellung eines „Arbeitsbündnisses" mit den Jugendlichen gestaltete sich hingegen bei Mollenhauer und Uhlendorff offenbar mehr oder weniger problemlos. Bei 'unseren' Jugendlichen dagegen, konnten tragfähigen Motivationen nicht vorausgesetzt werden oder sie drohten im Diagnoseprozeß immer wieder zusammenzubrechen. Um einen Kontaktabbruch, der ein Scheitern des ganzen Prozesses bedeutet hätte, zu vermeiden, mußten wir aus eigener Initiative mehrfach aktiv werden. Dies ist der Grund, weshalb wir in die Umschreibung unseres Vorgehens das Element der *aufsuchenden Sozialarbeit* aufgenommen haben. Wenn unser Vorgehen darüber hinaus auch Elemente eines case-mangements einbezieht, so hängt dies damit zusammen, daß wir uns im administrativen Vorfeld von Hilfemaßnahmen bewegten. Unsere im Vergleich zu den fallführenden SozialarbeiterInnen weitaus größere Nähe zu den Jugendlichen während der Prozesse einerseits, der in der Praxis nie zu vermeidende Ausfall der BezirkssozialarbeiterInnen durch Krankheit, Urlaub, Fortbildung andererseits und schließlich auch die sich aus krisenhaften Zuspitzungen ergebenden akuten Handlungsnotwendigkeiten, machten punktuell ein eng mit den fallführenden SozialarbeiterInnen abgestimmtes case-management erforderlich.

Das im folgenden beschriebene Modell schlägt vor, die Jugendlichen nicht in Form eines isolierten qualitativen Forschungsprozesses zu diagnostizieren. Die Fallanalyse wird vielmehr von einer sozialpädagogischen Betreuungsmaßnahme begleitet. Zum Schluß fließen die Erkenntnisse gegebenenfalls in einen ‚homefinding'-Prozeß ein, in dem die geeignete Hilfsmaßnahme und ein entsprechendes pädagogisches Setting konkretisiert werden. Der Diagnoseprozeß beruht auf unterschiedlichen Quellen und nutzt mehrere Wege der 'Datenerhebung' sowie eine Kombination von Methoden und Konzepten zur Analyse. Im Zentrum des Vorgehens stehen ein „narratives Interview", Gespräche mit den Jugendlichen und seine teilnehmende Beobachtung während der Betreuung. Hinzu kommt mindestens ein obligatorisches Expertengespräch mit der fallführenden SozialarbeiterIn. Je nach der besonderer Ausprägung des Falles führen wir auch ein „narratives Interview" und Gespräche mit den Eltern oder anderen bedeutsamen Bezugspersonen des Jugendlichen.

Einen Diagnoseprozeß zu durchlaufen, stellt die jungen Menschen, ihre Familien und die beteiligten Hilfeinstanzen vor eine besondere Situation. Die intensive Auseinandersetzung mit dem Lebensalltag und der Lebensgeschichte der Jugendlichen fordert die Diagnostiker vor allem aber die Jugendlichen selbst heraus. Sie erhalten in der Regel seit vielen Jahren diverse Hilfeangebote, die von der Integrations- über die Familienhilfe bis hin zu Aufenthalten in Pflegefamilien und Heimen reichen. Aus unterschiedlichen Gründen wurden die jeweiligen Maßnahmen vorzeitig entweder durch die Jugendlichen selbst, das Jugendamt oder die Helfer beendet. In der Folge hat sich bei den Jugendlichen ein tiefgreifendes Mißtrauen und eine grundsätzlich ablehnende Haltung gegenüber jedem neuen Hilfeangebot gebildet. Die Eltern bestätigen diese Haltung zumeist. Sie interpretieren den aktuellen Zustand dahingehend, daß das Hilfesystem entweder schlecht funktioniere, sie in der Erziehung zu wenig unterstütze oder ihre Kinder schlicht renitent seien. Weiteren Hilfeangeboten sehen sie mit Defaitismus entgegen bzw. akzeptieren sie nur unter der Bedingung, von der „Last der Erziehung" ihrer Kinder befreit zu werden.

Ferner vollzieht sich der Diagnoseprozeß auch immer im Kontext der Möglichkeiten von Jugendhilfe. Seitens des Jugendamtes besteht vor dem Hintergrund der gescheiterten Maßnahmen vielfach weitgehende Ratlosigkeit, mit welcher Art von Unterstützung den Jugendlichen geholfen werden könnte. Sich stabilisierende deviante Verhaltensmuster und das mit den Altersgrenzen von 14 und 18 Jahren verbundene Erreichen von Strafmündigkeit bzw. Volljährigkeit verstärken oftmals den Handlungsdruck. In einer solchen Situation besteht die Hauptaufgabe von Diagnostik darin, eine neue Perspektive zu entwickeln und die geeignete Hilfe zu spezifizieren. Durch die Analyse sollen für die Hilfeplanung Erkenntnisse hinsichtlich neuer, fallbezogener Unterstützungsmaßnahmen gewonnen werden, die die zentralen Lebensthemen und -schwierigkeiten der Jugendlichen einschließen. Außerdem müssen sich die vorgeschlagenen Maßnahmen immer auch an ihren Umsetzungschancen messen lassen.

Den wichtigsten Faktor sowohl im Diagnoseprozeß als auch in der Umsetzung seiner Ergebnisse stellt die Mitwirkungsbereitschaft der Jugendlichen dar. Wie erwähnt konnte sie unter unseren Arbeitsbedingungen nur in den seltensten Fällen vorausgesetzt werden. In der Regel hegen die Jugendlichen großes Mißtrauen gegenüber dem Diagnoseteam. Sie befürchten, zum bloßen Objekt eines undurchsichtigen Verfahrens zu werden und über ihre Zukunft realiter nicht mitentscheiden zu können. Die stark verunsicherten jungen Menschen benötigen daher zu Beginn 'vertrauensbildende' Maßnahmen etwa in Form eines ausgiebigen gegenseitigen Kennenlernens. Als von entscheidender Bedeutung für das Gewinnen der Kooperationsbereitschaft der Jugendlichen hat sich die Haltung des Betreuers erwiesen. Sie sollte gekennzeichnet sein durch ein grundsätzliches Annehmen der Person des Jugendlichen und eine unbedingte Offenheit für alle während des Diagnoseprozesses auftretenden Probleme. Gleichzeitig ist ein weitgehender Verzicht auf Anforderungen erforderlich. Daneben muß der Jugendliche ausgiebig über den jeweiligen Stand und das Procedere des Prozesses informiert werden. Die Diagnostiker müssen insofern nicht nur die Transparenz des Verfahrens gewährleisten, sondern darüber hinaus die Beteiligung der Jugendlichen konzeptionell als Schwerpunkt verankern. Dies schließt in den meisten Fällen ein gleichsam klinisches und punktuelles Vorgehen aus. Lediglich die notwendigen 'Daten' während eines einmaligen Treffens zu erheben, auszuwerten und die Jugendlichen mit den abschließenden Ergebnissen zu konfrontieren, kann ihnen nicht vermitteln, daß sie als Subjekte gesehen und ernst genommen werden. Manifestes Mißtrauen gegenüber Erwachsenen im allgemeinen und Sozialpädagogen im besonderen würde dadurch bestätigt und jegliche anschließende Maßnahme von Beginn an damit belastet. Die nach wissenschaftlichen Maßstäben gewonnenen Erkenntnisse könnten dann zwar in den theoretischen Wissensbestand von Forschung einfließen, die Verwertungschancen für die pädagogische Praxis wären wegen der inneren Widerstände der Jugendlichen indes begrenzt.

Um die Mitwirkungsbereitschaft der Jugendlichen zu gewinnen, hat sich in unserer Arbeit darüber hinaus eine expressiv-instrumentelle Rollenverteilung als hilfreich erwiesen. Dieser ursprünglich von Talcott Parsons im Rahmen seiner Arbeiten zur familialen Sozialisation eingeführte Begriff bezeichnet eine Arbeitsteilung in „expressive" und „instrumentelle" Rollen. Im Diagnoseprozeß übernimmt der den Jugendlichen betreuende Mitarbeiter die expressive Rolle, die sich - wie erwähnt - durch eine beinahe uneingeschränkte Annahme der Person des Jugendlichen und einen weitgehenden Verzicht auf Anforderungen auszeichnet. Hingegen schließt die Übernahme der instrumentellen Rolle durch den zweiten Mitarbeiter Forderungen an den Jugendlichen ausdrücklich ein. Aus diesem Grund führt auch dieser Mitarbeiter das Interview mit dem Jugendlichen.

Die hier nur skizzierten Überlegungen lassen eine die Diagnose begleitende Betreuung der Jugendlichen sinnvoll, wenn nicht sogar geboten erscheinen. Eine sich auf der Basis von Gesprächen und gemeinsamen Unternehmungen anbahnende Beziehung zwischen den Jugendlichen und dem Betreuer trägt generell zur Erhöhung der Kooperationsbereitschaft bei. Unsere Erfahrung lehrt, daß die Jugendlichen recht bald die Gelegenheit wahrnehmen, ihr Zuhause, ihr Umfeld, ihre peer-group, von ihnen häufig aufgesuchte Orte, kurz ihre Lebenswelt, nicht nur in Worten zu beschreiben, sondern sie auch zu zeigen. Durch die dort gesammelten Eindrücke entsteht wichtiges 'Datenmaterial', das in den Diagnoseprozeß einfließt. Die Wahrnehmungen des Betreuers und die Erzählungen der Jugendlichen werden aus dem Gedächtnis protokolliert. Darin spiegeln sich über die Selbstbeschreibungen und -deutungen hinaus die potentiellen Verhaltensveränderungen der Jugendlichen während des ca. sechswöchigen Diagnoseprozesses wider. Die dabei nicht zu vermeidende Verstrickung des Betreuenden in der Alltagswelt der Jugendlichen und die anschließende 'Verobjektivierung' durch distanzierte Analyse und Reflexion im Diagnoseteam ermöglichen es, Einblicke in den Fall zu gewinnen, die sich für die Kontrastierung mit dem übrigen 'Datenmaterial' als sehr fruchtbar erwiesen haben.

Die Herstellung eines Arbeitsbündnisses stellt die Basis für das weitere diagnostische Vorgehen dar. Nach einer Anlaufphase wird mit den Jugendlichen ein „narratives Interview" geführt. Das Vorgehen unterscheiden sich allerdings von dem in der Biographieforschung üblichen (Alheit 1994; Schütze 1977 nach Hoffmann-Riem 1980, S. 360). Unsere Erfahrung lehrt, daß viele psychosozial schwer belastete Jugendliche mit der Aufforderung einer biographischen Stehgreiferzählung überfordert sind. Unter Umständen *können* sie sich nur in Drei- oder Vier-Wort-Sätzen ausdrücken. Die Fähigkeit zu einer lebensgeschichtlichen Rekapitulation steht ihnen womöglich von ihrer entwicklungspsychologischen Grundstruktur her noch gar nicht zur Verfügung. Die Gründe liegen darüber hinaus aber auch in ihrer mangelnden Bereitschaft, ihre oftmals durch mannigfaltiges psychisches und physisches Leiden sowie zahlreiche Brüche gekennzeichneten biographischen Erfahrungen überhaupt thematisieren zu *wollen*. Aufgrund der in der Regel nur kurzen Erzählpassagen müssen den Jugendlichen im Verlaufe der Interviews mehrere Erzählstimuli angeboten werden, um den Erzählfluß erneut in Gang zu setzen. Die Stimuli beziehen sich nicht nur auf vergangene Lebensabschnitte, sondern auch auf die gegenwärtige Situation und zukünftige Vorstellungen. Der von Uhlendorff dargelegte Interviewleitfaden für sozialpädagogisch-hermeneutische Diagnoseverfahren (Uhlendorff 1997, S. 171-176) erweist sich in diesem Zusammenhang als nützliches Instrument. Das flexible und sensible 'Setzen' der Themenbereiche durch den Interviewer unterstützt die Jugendlichen, ihre Erfahrungen und Wünsche mitzuteilen. Das Interview gleicht damit stärker einem Gespräch mit offener Fragehaltung als einem klassischen narrativen Interview.

In der anschließenden Analyse der transkribierten Tonbandprotokolle werden die jeweiligen Lebensgeschichten rekonstruiert. Die biographischen Strukturen werden auf die Verhaltens- und Bewältigungsmuster der Jugendlichen in den zugehörigen Kontexten hin untersucht und Schlüsselsequenzen, in denen sich die Eigenart des Falles wie auch zentrale Themen repräsentieren, herausgearbeitet (Schütze 1984). Darin bisher verborgene Zusammenhänge des Falls können derart freigelegt und der Bearbeitung in pädagogischen Settings prinzipiell zugänglich gemacht werden. Die Selbstbeschreibungen und -deutungen der Jugendlichen aus den Gesprächen und der begleitenden Betreuung werden anhand der Dimensionen (Zeitschemata, Körperbild, Selbstentwurf, normative Orientierung, Interaktionsstrategien) und Entwicklungsaufgaben nach Mollenhauer/Uhlendorff (1995; Uhlendorff 1997) interpretiert. Die spezifische Sichtweise der Jugendlichen auf ihre vergangenen und gegenwärtigen Probleme finden auf diese Weise Eingang in die Analyse. Die konkretisierten Entwicklungsaufgaben bilden dann gemeinsam mit den umfangreichen Kenntnissen über die Biographie, die Lebenswelt und die aktuellen Verhaltensstrategien der jungen Menschen eine zuverlässige Basis zum Entwurf pädagogischer Tätigkeiten und Settings. Im kontrastiven und diskursiven Durchgang innerhalb des jetzt um einen dritten, nicht direkt mit dem Jugendlichen arbeitenden Mitarbeiter erweiterten Diagnoseteams verdichten sich die Grundlinien und -ideen über die geeignete Unterstützung in der Regel zu einem konturierten Bild.

Im Anschluß werden die gewonnenen Erkenntnisse an den jungen Menschen und ggf. an seine engsten Bezugspersonen rückgekoppelt. Die Rückkoppelung ist sowohl Bestandteil des Diagnoseprozesses - und mithin noch Erhebungssituation - zugleich aber auch schon der Beginn der Konkretisierung einer geeigneten Hilfe und des entsprechenden pädagogischen Milieus. Die erarbeitete Diagnose kann mit den Informationen aus der Rückkoppelung in einzelnen Punkten korrigiert, modifiziert oder verfeinert werden. Bei der Auswahl steht nicht eine bestimmte Einrichtung im Vordergrund, sondern das an einem bestimmten Ort speziell zugeschnittene Arrangement, das eine qualifizierte haltende Umgebung und die notwendigen Entwicklungsanreize bieten kann.

Die abschließende Diagnose und Empfehlung werden in einem Gutachten vorgelegt, zunächst mit der fallführenden SozialarbeiterIn reflektiert und zugleich an die TeilnehmerInnen der Hilfekonferenz weitergeleitet. In diesem Rahmen werden die Ergebnisse und Empfehlungen ein weiteres Mal diskutiert und mit den je konkreten Möglichkeiten der Jugendhilfe abgestimmt. Wenn gewünscht, unterstützt das Diagnoseteam die Anbahnung des Kontaktes zu Trägern der Hilfe, indem es die Übersetzung der Ergebnisse des Gutachtens in die Praxis erläutert. Sofern dieser Auftrag zustande kommt, besteht die Aufgabe der sozialpädagogischen Betreuung nunmehr darin, als ‚homefinder' die jungen Menschen bei der Kontaktaufnahme zu begleiten. Der Betreuer kann so bei Artikulationsschwierigkeiten der Jugendlichen die anwaltliche Funktion für ihre Bedürfnisse, Interessen und Fähigkeiten übernehmen. Diese Unterstützung ist einerseits wegen der Tragweite der Entscheidung und andererseits wegen der noch fragilen Situation im Erstkontakt mit dem zukünftigen Lebensort von großer Bedeutung.

Mit der geringen Kooperationsbereitschaft, die maßgeblich aus den schwer belasteten Biographien und dem massiven Mißtrauen gegenüber pädagogischen Interventionen resultiert, exponieren die jungen Menschen nach unserer Erfahrung die Hauptschwierigkeit der sozialpädagogischen Diagnostik. Neben der Mitwirkungsbereitschaft der Jugendlichen nehmen aber auch bereits mit dem Jugendlichen arbeitende professionelle Helfer (Familienhelfer, Kinder- und Jugendpsychiater) und die Familien der jungen Menschen selbst maßgeblich Einfluß auf die Inhalte und den Erfolg des diagnostischen Verfahrens. Während der Diagnosephase und des ggf. ebenfalls begleiteten ‚homefinding'-Prozesses bedarf es daher einer engen Abstimmung der Fachkräfte, damit die Jugendlichen nicht, irritiert durch unterschiedliche oder sogar widersprüchliche Haltungen und Einstellungen, ihre Mitwirkungsbereitschaft revidieren. Nur in einem widerspruchsfreien Zustand kann das Hilfesystems den Jugendlichen zur Mitarbeit motivieren. Alle beteiligten Fachkräfte müssen die Ziele des Verfahrens teilen, das Vorgehen unterstützen und dies in ihrer Arbeit dem Jugendlichen auch vermitteln. Daneben beeinflussen die Herkunftsfamilien vielfach maßgeblich den Verlauf des Prozesses. Sie prägen entscheidend das Klima mit, in dem die Diagnostiker arbeiten. Ihre Befürchtung, mit der Diagnose rückten ihre persönlichen Defizite und das

Versagen in der Erziehung ihrer Kinder in den Mittelpunkt, veranlassen sie unter Umständen, den Diagnoseprozeß zu torpedieren. Angebote und Versprechungen an die Kinder, um sie als Bündnispartner an sich zu binden, oder das Provozieren von deviantem Verhalten, um den vermeintlich unannehmbaren Charakter ihrer Kinder zu demonstrieren, begünstigen einen Abbruch der diagnostischen Bemühungen. Daher sollte die Herkunftsfamilie in das Arbeitsbündnis mindestens soweit einbezogen werden, daß sie den Aufbau einer tragfähigen Perspektive für ihr Kind nicht untergräbt.

4. Möglichkeiten und Grenzen sozialpädagogischer Diagnosen - Ein Resümee

Wie ist vor dem Hintergrund unserer Ausführungen nun die eingangs aufgeworfene Frage nach der Notwendigkeit eigener diagnostischer Methoden für die Jugendhilfe zu beantworten? Zum einen treten in dem Dargestellten die Möglichkeiten einer Sozialpädagogischen Diagnostik im Vergleich mit psychologischen oder psychiatrischen Herangehensweisen deutlich hervor. Ausgehend von dem bereits erreichten Entwicklungsstand liegt die Chance des gegenwärtigen diagnostischen Diskurses darin, daß er mit dem Ziel weitergeführt wird, eine handlungsorientierte, prozessuale, dialogisch-beziehungsorientiert angelegte, nicht affektbereinigte diagnostische Vorgehensweise zu entwickeln. Damit ist freilich eine Maximalforderung formuliert, an die immer nur Annäherungen möglich sein werden.

Den Blick auf die Grenzen sozialpädagogischer Diagnostik richtend, muß aber auch wahrgenommen werden, daß gute Diagnosen zwar notwendige aber keine hinreichenden Bedingungen für konstruktive Hilfeverläufe darstellen. Neben zutreffenden diagnostischen Einschätzungen spielen noch viele andere Faktoren eine Rolle. Einige Untersuchungen aus 'Vor-KJHG-Zeiten' belegen, daß es beispielsweise weitgehend von Zufällen abhängt, ob es zu einer Fremdplazierung kommt oder nicht (Freigang 1986; Simmen 1993, S. 129). Stärker als von den Auffälligkeiten der Kinder und Jugendlichen scheint dieser Prozeß von mindestens drei anderen Faktoren abhängig zu sein:

- den Alltagstheorien der fallführenden SozialarbeiterInnen (Bürger u.a. 1994)
- den vorhandenen institutionellen Angeboten (Böllert/Otto 1990, 137) und der Frage, ob Alternativen zur Verfügung stehen (Freigang 1986, S. 162).
- den Bedürfnissen der Eltern nach Entlastung von ihren Kindern, weil sich diese in einer durch Scheidung und Wiederverheiratung o.ä. revidierten Lebensplanung nicht (mehr) unterbringen lassen (Bundesjugendkuratorium 1983, S. 156 zit. nach Winkler 1999, S. 70; Freigang 1986, S. 160; Krumenacker/Ziegler/Walter 1998, S. 11ff.)

In Übereinstimmung mit diesen Einschätzungen kommt auch eine neuere Untersuchung für die Schweiz zu dem Ergebnis, daß „die Chancen für ein Kind, rein aus Gründen seines eigenen Verhaltens fremdplaziert zu werden, gering" sind (Niederberger/Zeindl o.J., S. 58 zit. nach Winkler 1999, S. 70). All diese Befunde thematisieren indirekt die Grenzen sozialpädagogischer Diagnostik und bestätigen die Annahme von zutreffenden Diagnosen als notwendigen aber nicht hinreichenden Bedingungen für sich positiv entwickelnde Hilfeverläufe. Das beste Argument für die Anwendung und Weiterentwicklung sozialpädagogischer Diagnoseverfahren scheint uns aber immer noch zu sein, daß in der Jugendhilfe faktisch immer schon Diagnostik stattfindet, wenn Plazierungsentscheidungen getroffen werden. Die Jugendhilfe kann deshalb - allen kritischen Einwänden zum Trotz - auf eine ihrem Arbeitsfeld angemessene Diagnostik nur zu dem Preis verzichten, daß sie eine sinnvolle Reduktion von Komplexität unterläßt und sich selbst einer das professionelle Handeln erschwerenden Unübersichtlichkeit mit all ihren negativen Auswirkungen ausliefert.

Literatur

Adler, H.: Fallanalyse beim Hilfeplan nach § 36 KJHG. Frankfurt/M. 1998.

Alheit, P.: Das narrative Interview. Eine Einführung. Voksenpaedagogisk Teoriudvikling. Arbeitstekster nr. 11 (Reprint), Roskilde, Roskilde Universitetscenter 1994.

Böllert, K./**Otto**, H.-U.: Jugendhilfe zwischen Prävention und Normalisierung. Strukturmuster und Interaktionsformen öffentlicher Erziehungshilfe am Beispiel von Großstadtjugendämtern (NRW). In: Sachverständigenkommission 8. Jugendbericht (Hrsg.): Jugendhilfe - Historischer Rückblick und neuere Entwicklungen. Materialien zum 8. Jugendbericht (Band 1) München 1990, S. 97-154.

Bürger, U./**Lehning**, K./**Seidensticker**, B.: Heimunterbringungsentwicklung in der BRD. Theoretischer Zugang, Datenlage und Hypothesen. Frankfurt/M. 1994.

Bundesministerium für Jugend, Familie, Frauen und Gesundheit: Achter Jugendbericht. Bericht über Bestrebungen und Leistungen der Jugendhilfe. Bonn 1990.

Hering, S.: Alles für die Katz? Professioneler Umgang mit „Problem-Kids“: Die Kinder- und Jugendhilfe bedarf einer Qualifizierungsoffensive. In: Sozial Extra 1-2/1999, S. 1f.

Höpfgen, N./**Jöbgen**, M.: Fall-Verstehen statt falsch verstehen. Braucht die Jugendhilfe Diagnosen? In: Sozial Extra 1-2/1999, S. 4 ff.

Hoffmann-Riem, Ch.: Die Sozialforschung einer interpretativen Soziologie. Der Datengewinn. In: Kölner Zeitschrift für Sozialpsychologie und Soziologie, Jg. 32, 1980, S. 339-372.

Jakob, G./**Wensierski**, H.-J. (Hrsg.): Rekonstruktive Sozialpädagogik. Weinheim und München 1997.

Jöbgen, M.: Und doch kein Fall für die Justiz. Oder vom Nutzen der pädagogischen Diagnostik. 1999.

Krumenacker, F.-J.: Zerstört Theorie die Menschlichkeit? In: Neue Sammlung, 37. Jg., Heft 4/1997, S. 651-670.

Krumenacker, F.-J./**Ziegler**, G./**Walter**, M.: Abschlußbericht über das Sozialpädagogische Clearing mit „Kevin“. Bremen 1998.

Mollenhauer, K./**Uhlendorff**, U.: Sozialpädagogische Diagnosen. Weinheim und München 1992

Mollenhauer, K./**Uhlendorff**, U.: Sozialpädagogischen Diagnosen II. Weinheim und München 1995.

Müller, B. /**Niemeyer**, Ch./**Peter**, H. (Hrsg.): Sozialpädagogische Kasuistik. Bielefeld 1986.

Uhlendorff, U.: Sozialpädagogische Diagnosen III. Weinheim und Basel 1997.

Schmidt, M.: Kinder- und Jugendpsychiatrische Diagnostik. Empirisches und hermeneutisches Vorgehen bei klinischen und wissenschaftlichen Fragen. In Gintzel, U./Schone, R. (Hrsg.): Zwischen Jugendhilfe und Jugendpsychiatrie. Münster 1990.

Schütze, F.: Kognitive Figuren des autobiographischen Stegreiferzählens. In: Martin Kohli und Günther Robert (Hrsg.), Biographie und soziale Wirklichkeit. Neue Beiträge und Forschungsperspektiven, Stuttgart 1997, S. 78-117.

Schütze, F.: Kognitive Anforderungen an das Adressatendilemma in der professionellen Fallananalyse der Sozialarbeit. In: Jakob, G./Wensierski, H.-J. (Hrsg.) 1997, S. 38ff.

Simmen, R.: Heimerziehung im Aufbruch. Bern, Stuttgart, Wien 1993

Springer, S.: Die pädagogische Kompetenz von Lehrern. Düsseldorf 1982.

Vogel, M.: Uwe Uhlendorff: Sozialpädagogische Diagnosen III. In: Sozialwissenschaftliche Literaturrundschau, 21. Jg. H. 36/1998, S. 99-102 .

Winkler, M.: Kinder im Heim, Hilfen zur Erziehung, stationäre und teilstationäre Hilfen (§§ 32, 33, 34 KJHG). Expertise für den 10. Jugendbericht, 1999 (im Erscheinen).

Eberhard Nölke

Biographieanalyse als hermeneutisches Rekonstruktionsverfahren und ihre Bedeutung für die Kinder- und Jugendhilfe

Jede methodisch kontrollierte Erkenntnis fundiert in der Lebenspraxis, von der sie sich gleichermaßen distanzieren muß, um sie zum Gegenstand ihrer Erkenntnis machen zu können. Um die lebenspraktischen Probleme, mit denen sich Klienten an die Professionellen wenden, verstehen zu können, müssen die sichtbaren Lebensumstände aber auch die unklaren oder gar verborgenen Sinnzusammenhänge der Problemlagen so rekonstruiert werden, daß eine stellvertretende Bearbeitung der Krisen unter Wahrung maximaler Autonomie und Mitwirkung des Klienten möglich wird. Das Einzelfallverstehen ist somit integraler Bestandteil jeder professionellen Praxis, ja die professionell Tätigen sind per se naturwüchsige Hermeneuten. Die von ihnen zur Anwendung gebrachten Verfahren des Einzelfallverstehens wurden gerade in der beruflichen Praxis angesichts der spezifischen Anforderungen entwikkelt. In der Regel sind derartige Verfahren für die Praxis geeigneter als ein wissenschaftliches Verfahren, da die Professionellen unter einem größeren Handlungs- und Entscheidungsdruck stehen als die mit Fallrekonstruktionen beschäftigten Wissenschaftler. Professionelle verfügen gleichermaßen über ein umfangreiches Fallwissen von lebenspraktischen Problemzusammenhängen ihrer Klienten und den Möglichkeiten und Grenzen ihrer Bearbeitung. Insofern kann es auch nicht darum gehen, ihnen Methoden sozialwissenschaftlicher Fallanalyse als praktisches Verfahren zu empfehlen oder damit ihre Praxis gar zu bevormunden. Vielmehr steht jede Profession vor der Aufgabe, eigene Verfahren des Fallverstehens zu entwickeln bzw. weiterzuentwickeln. Dabei könnte auch auf wissenschaftliche Fallanalysen zurückgegriffen werden.

Weitergehende Möglichkeiten ergeben sich allerdings bei der nachträglichen, in Distanz zur unmittelbaren beruflichen Praxis sich vollziehenden Reflexion des beruflichen Handelns. Dies kann insbesondere dann notwendig werden, wenn die berufliche Praxis in eine Krise gerät und sich berufsgruppenbezogene, institutionsspezifische oder persönlichkeitsbedingte blinde Flecken in die professionelle Praxis einschleichen. Neben Bearbeitungsformen der Supervision gäbe es auch die Möglichkeit einer sozialwissenschaftlich orientierten Fallanalyse bei der neben individuellen auch familiale, institutionelle und milieuhafte Sozialzusammenhänge ins Blickfeld einer nachträglichen (rekonstruktiven) Bearbeitung geraten könnten. Ein solches sozialwissenschaftliches Verfahren der Einzelfallrekonstruktion stellt die Biographieanalyse dar. Gerade für die in unterschiedlichen Handlungsfeldern der Sozialpädagogik Tätigen stellen sich Bezüge und thematische Reichweite zu den biographischen Prozessen ihrer Klienten zwangsläufig und in unterschiedlicher Intensität her. Die Rekonstruktion der familialen, sozialen und individuellen Problemlage, die Planung geeigneter Angebote und Aushandlung von bereitstehenden Möglichkeiten mit den Bedürfnissen der Adressaten oder gar die gegen den Willen der Betroffenen sich vollziehende Ingangsetzung und Forcierung von Interventionen sind konstitutiver Bestandteil einer professionalisierten Kinder- und Jugendhilfe. Die Aushandlungsprozesse und Interventionen erlangen insbesondere dann biographische Relevanz, wenn sich Probleme der Sozialisation und Erziehung von Kindern und Jugendlichen als so schwierig oder nicht lösbar darstellen, daß die Eltern oder Erziehungsberechtigten zu scheitern drohen, bereits gescheitert sind, sich resigniert zurückziehen oder sich für nicht mehr zuständig erklären. An diesen Bezugspunkten der sozialisatorischen Krise, den Bruchstellen sozialer Zugehörigkeit sowie biographischer Labilität und Neuorientierung beginnt der für Angebotsplanung und sozialpädagogisches Handeln grundlegende und mit notwendiger Unsicherheit behaftete Einfädelungsprozeß. Es ist auch der Anschluß an eine nicht immer deutlich zutage tretende und langgestreckte Verkettung von bereits stattgefundenen Ereignissen, von teils erfolglosen Interventionen anderer Instanzenvertreter, von biographischen Handlungs- und Erleidensprozessen, die in ihrem zukünftigen Verweisungscharakter nur diffus sich abzeichnende Bildungsprozesse offenbaren.

Dem beruflichen Handeln in sozialpädagogischen Arbeitsfeldern ist somit bereits eine biographische Perspektive eigen, ob sich die Handelnden dessen bewußt sind oder nicht. Sozialpädagogische Interventionen stehen immer in der Kontinuität biographischer Prozesse ihrer Klienten und nehmen auf diese gewollt oder ungewollt Einfluß. Des weiteren werden die in den Handlungsfeldern der Sozialpädagogik Tätigen mit einer Vielfalt bedeutungsträchtiger, scheinbar oft ungeordneter biographischer Artikulationsformen ihrer Klienten konfrontiert, seien es lakonische Verweise oder Geschichten des Scheiterns, bildhafte szenische Verdichtungen eigenen Leids oder persönliche Lebensentwürfe für eine bessere Zukunft. Gerade für eine vertrauensvolle Zusammenarbeit und die Überwindung von Fremdheit sind sowohl die Fähigkeit zur angemessenen Wahrnehmung und Bedeutungszuschreibung lebensgeschichtlicher Artikulation, als auch der behutsame Umgang mit den biographischen Informationen von zentraler Bedeutung. Ebenso ermöglicht eine derartige biographische Perspektive, die vordergründig als fremd, widersprüchlich und normabweichend erscheinenden Haltungen, Handlungen und Lebensentwürfe von Klienten als Ausdruck einer Sinnstruktur zu sehen, die sich aus dem jeweiligen Zusammenspiel von objektiven Lebensbedingungen und subjektiven Entwürfen hat ausbilden können und Resultat eines langgestreckten lebensgeschichtlichen Handlungs-, Erleidens- und Wandlungsprozesses ist. Statt eine schematischen Unterordnung des Einzelfalles unter vorab gebildete Kategorien vorzunehmen, ermöglicht es eine biographieanalytische Perspektive, Begriffe zu finden, die dem jeweiligen lebensgeschichtlichen Entwicklungsprozeß der Klienten im Zusammenspiel mit den objektiven Bedingungen ihrer Lebensverhältnisse gerecht zu werden versuchen. Gleichermaßen läßt sich fragen, inwieweit die beabsichtigten Interventionen mit der Lebensgeschichte, der Lebenspraxis, und dem Zukunftsentwurf des Klienten vereinbar sind.

Neben der unhintergehbaren Erfahrung einer begrenzten Lebenszeit zwischen Geburt und Tod eignen sich die Gesellschaftsmitglieder im Verlauf der Sozialisation ein reichhaltiges Repertoire an kollektiven Formtraditionen biographischer Artikulation, Bildern und persönlichen Vorstellungen eines „gelungenen" oder „gescheiterten" Lebens an. Biographie als intentionaler Entwurf ist dabei nicht frei von Ausblendungstendenzen und idealisierenden Glättungen.

Wesentliche *Funktionen biographischer Thematisierung in der Lebenspraxis* sind:

- Fremdverstehen als interessierter Zugang zu bislang fremden Lebenszusammenhängen im Kontext begrenzter Begegnungen;
- Ermöglichung einer besseren Handlungsorientierung und -koordinierung aufgrund des Austauschs biographischer Erfahrungen, die zugleich einen Zugang zu Eigenschaften, Interessen und Bedürfnissen des anderen eröffnen;
- Biographische Selbstthematisierung im Zuge der persönlichen Rehabilitation und nachträglichen Rechtfertigung diskreditierbarer und schuldbeladener Handlungen;
- Selbstvergewisserung, um „im Wechsel der biographischen Zustände und über die verschiedenen Positionen im sozialen Raum hinweg Kontinuität und Konsistenz zu sichern“ (Kohli 1981b).

Weiterreichende biographische Thematisierungen und lebensgeschichtliche Bilanzierungen werden insbesondere dann bedeutsam, wenn Situationen der Identitätsbedrohung auftreten oder die Entdeckung neuer Sinnressourcen im Zuge der biographischen Wandlungsprozesse notwendig werden.

Des weiteren können Institutionen die Reichweite und formale Gestaltung einer biographischen Selbstthematisierung ermöglichen oder fordern. Als institutionalisierte „Biographiegeneratoren“ (Hahn 1987) können in diesem Zusammenhang die Beichte, die Psychoanalyse, das Aufzeichnen persönlicher Dokumente, wie Tagebuch oder Memoiren, das Geständnis vor Gericht, die Anamnese oder auch das biographische Interview gezählt werden. Gerade die institutionell geforderte Erhebung, Auswertung und Speicherung biographischer, teils persönlicher und intimer Daten, die gleichermaßen dem unkontrollierten Informationsaustausch anonymer innerbürokratischer Logiken unterliegt, gibt häufig Anlaß zu Mißtrauen gegenüber „institutioneller Biographieforschung“.

Die *wissenschaftliche Bezugnahme auf individuelle Lebensgeschichten* hat Tradition und ist inzwischen zu einem zentralen Forschungsgebiet innerhalb der Humanwissenschaften geworden. Der inzwischen breiten, disziplinär angewachsenen und interdisziplinären Ausdifferenzierung des Forschungsbezuges zu Biographie und biographischen Dokumenten entspricht eine breite terminologische Vielfalt, wie Biographieanalyse, life-event-Forschung, soziobiographische Methode, Einzelfallanalyse.

Der Blick auf Lebenslauf und Biographie ermöglicht es, auf der Individualebene dem Prozeßverlauf der Herausbildung und Sedimentierung sozialer Lebensmuster und Institutionalisierungsprozesse gerecht zu werden. Allerdings werden nach Auffassung des Autors nur solche rekonstruktiven Verfahren dem sequentiellen Charakter biographischer Prozesse gerecht, die sowohl die sozialstrukturellen Bedingungen der Herausbildung von Individualität als auch die emergente Handlungsspontanität des Subjekts zu rekonstruieren vermögen. Biographie ist nicht nur Schicksal. Vielmehr läßt sich gleichermaßen danach fragen, was der einzelne aus dem macht, was die gesellschaftlichen Umstände aus ihm gemacht haben. Die Analyse von Biographieverläufen erfordert gleichermaßen Rekonstruktionsverfahren, die in der Lage sind, auch latente Sinnstrukturen zu analysieren. Diese Sinnstrukturen entfalten eine eigenständige, latent wirksame Realitätsschicht, die sich nicht auf die mentale Repräsentation oder Intention des Handelnden reduzieren läßt, ja ihnen bewußtseinsmäßig nicht präsent sein muß, um dennoch ihre Wirksamkeit zu entfalten.

Im Rahmen verschiedener Forschungs- und Weiterbildungsprojekte habe ich mit Kolleginnen und Kollegen Versuche unternommen, mit verschiedenen hermeneutischen Rekonstruktionsverfahren die Biographieverläufe von “gescheiterten Jugendlichen“ zu analysieren.

Den vorliegenden Untersuchungen lagen insbesondere die methodischen Konzepte des biographieanalytischen Verfahrens von Schütze und der „strukturalen oder objektiven Hermeneutik“ nach Oevermann zugrunde. Das tiefenhermeneutische Verfahren Lorenzers wurde in einigen Fällen im Sinne einer experimentellen Gegeneinanderführung (Triangulation) erprobt (vgl. Ehlert, M./Müller, H./Nölke, E. 1991).

Als zentrales Erhebungsinstrument der Untersuchung wurde das *biographisch-narrative Einzelinterview* gewählt. Das biographisch-narrative Interview eignet sich insbesondere zur Erfassung latenter Sinnstrukturen und ihrer biographischen Bedeutung. Hierzu muß dem Befragten in der Interviewsituation eine möglichst große Darstellungsfreiheit eingeräumt werden. Dabei wird der Befragte zu Beginn des Interviews aufgefordert, die Geschichte seines Lebens zu erzählen. Während der Erzählung der Lebensgeschichte übernimmt der Interviewer die Rolle des interessierten und empathischen Zuhörers, d.h. er unterbricht den Darstellungsfluß nicht, sondern wartet, bis der Erzähler von sich aus die Erzählung fortsetzt oder die Darstellung unterbricht. Das Bemühen des Interviewers ist gemäß diesem Verfahren darauf gerichtet, eine selbstläufige und den eigenen Gestaltungsprinzipien folgende lebensgeschichtliche Gesamterzählung zu evozieren, bei der das narrative Potential der interessierenden Thematik weitgehend ausgeschöpft wird. Gemäß der Grammatik des Stegreiferzählens ist gerade das Wechselspiel von dominanter Erzähllinie und nicht narrativen Darstellungspassagen, wie beschreibende, erklärende oder bewertende Stellungnahmen, für den später erfolgenden Auswertungsprozeß von hohem analytischen Interesse. Erst wenn der Befragte seine Erzählung mit einer Koda beendet hat, stellt der Interviewer narrative Nachfragen. Inzwischen wurde das Konzept des biographisch-narrativen Interviews auch für die Entwicklung einer mehr oder weniger extensiven „biographisch-narrativen Gesprächsführung“ im Kontext alltäglicher sozialpädagogischer Handlungsvollzüge herangezogen, die sich gleichermaßen in abgekürzter Form auf Grundhaltungen einer klientenzentrierten Gesprächsführung stützt (Völzke 1997).

In der autobiographischen Stegreiferzählung stellt der Erzähler sich selbst als jenes Zentrum des Handelns und Erleidens dar, das sich gleichsam rekonstruierend im lebensgeschichtlichen Ereignisstrom erneut begegnet und den biographischen Darstellungsprozeß vom Standort der gegenwärtigen rückblickenden Gesamtstruktur raffend und selektiv zu steuern trachtet. Auf diese Weise kommen gerade die interessierenden langfristigen, komplexen und unbekannten Prozesse des Handelns und Erleidens in ihren Innen- und Außenaspekten ins Blickfeld. Die erzählte Lebensgeschichte entfaltet ihre Gestalt nicht nur durch die für die Sachverhaltsdarstellung *des Erzählens konstitutiven Zugzwänge* der Gestaltschließung, Kondensierung und Detaillierung, sondern weist mit der sequentiellen Struktur ihrer Darstellung eine systematische Regularität, Dynamik und Ordnung auf.

Gemäß dem Prinzip der *Gestaltschließung* muß der Informant den „Gesamtzusammenhang und die einzelnen Situationen der erlebten Geschichte als Episoden oder historische Ereigniskonstellationen durch das Darstellen aller wichtigen Teilereigniszusammenhänge in der Erzählung repräsentieren" (Schütze 1983a, S. 571). Der *Kondensierungszwang* „bewirkt, daß der Tendenz nach nur das Ereignisgerüst der erlebten Geschichte und das was zum Verständnis des Entstehens und der wesentlichen Folgen der Ereignisknotenpunkte unumgänglich ist, berichtet wird" (Schütze 1983a, S. 572). Der *Detaillierungszwang* entfaltet seine Wirkungskraft dadurch, daß der Erzähler die zwischen den darzustellenden Ereignispunkten liegenden Verbindungslinien insoweit entfaltet, daß der zuhörende Interaktionspartner dieses Ereignis in seiner zeitlichen, kausalen und intentionalen Verflechtung mit dem folgenden Ereignis nachvollziehen kann (vgl. Schütze 1982).

Im Mittelpunkt des Erkenntnisinteresses steht beim biographieanalytischen Verfahren mittels autobiographischer Stegreiferzählungen die Rekonstruktion der Strukturen individueller und kollektiver Handlungs- und Erleidensprozesse. Als grundlegende *Prozeßstrukturen des Lebenslaufs* lassen sich aus sozialwissenschaftlich-biographieanalytischer Sicht biographische Handlungsschemata, Verlaufskurven, institutionelle Ablaufmuster und biographische Wandlungsprozesse unterscheiden.

Biographische Handlungsschemata kennzeichnen die intentional ins Auge gefaßten und unter gegebenen Handlungsspielräumen aktivierten biographischen Verlaufsformen. Zu den Handlungsschemata von biographischer Relevanz gehören:

- biographische Entwürfe, die in der Übernahme eines sozial präformierten Ablaufmusters, beispielsweise einer Ausbildungskarriere oder eines individuellen Lebensentwurfs, bestehen können
- biographische Initiativen zur Änderung der Lebenssituation;
- episodale Handlungsschemata des Erlebens von Neuem mit nachträglicher biographischer Relevanz;
- situative Bearbeitungs- und Kontrollschemata von biographischer Relevanz, die vor allem in Gang gesetzt werden, wenn das intendierte übergeordnete Handlungsschema zu scheitern droht;

- Handlungsschemata markierter biographischer Irrelevanz (Phasen des time-off, die als solche markiert und sozial verbürgt sind, wie Zeiten des Zivildienstes).

Den biographischen Handlungsschemata ist eine „notorische Diskrepanz zwischen Planungsvorstellungen und Realisierungsereignissen" (Schütze 1981, S. 86) eigen, denen im Zuge einer Neuinterpretation des Handlungsschemas intentionaler Sinn zugesprochen wird.

Mit dem Konzept der *Verlaufskurve* werden Prozeßstrukturen des Erleidens gekennzeichnet, die das Subjekt der Dominanz heteronomer sozialer Prozesse unterwirft und die eigene „Planungs-, Entfaltungs- und Kontrollkompetenz"(Schütze 1989, S. 31) nachhaltig untergräbt.

Der von der Verlaufskurve Betroffene gerät in den Sog fremdbestimmter Ereignisse und vermag sich diesen gegenüber nicht mehr intentional und geordnet zu verhalten. Das Erfaßtwerden durch äußere „Ereigniskaskaden" geht gemeinhin einher „mit einem biographisch mehr oder weniger tiefgehenden Erleiden und Sich-fremd-Werden; die Kompetenz und die strukturelle Möglichkeit zu eigenem Handeln sind nach dem Einbruch der Verlaufskurve in das Leben des betroffenen Menschen zunächst abhanden gekommen." (ebenda, S. 31). Verlaufskurven weisen eine sequentielle Geordnetheit auf, „die Stationen des Aufbaus eines Verlaufskurvenpotentials, der Grenzüberschreitung von einem intentionalen zu einem konditionellen Aggregatzustand sozialer Aktivitäten, des Findens und Bewahrens eines labilen Gleichgewichts, der Entstabilisierung der Lebenssituation ('Trudeln'), des Orientierungszusammenbruchs, der theoretischen und handlungsschematischen Bearbeitungs- und Entkommensstrategie" (Schütze 1981, S. 146).

Institutionalisierte Ablaufmuster und -erwartungen des Lebenslaufs kennzeichnen einen präformierten lebenszyklischen Erwartungsfahrplan im Zusammenhang gesamtgesellschaftlicher oder bereichsspezifischer Institutionalisierungen, wie familienzyklische oder ausbildungs- und berufsspezifische Phasen und Stufen. Entgegen ihrer normativen Verbindlichkeit und institutionell verbürgten Wirksamkeit treten sie in aller Regel als Hintergrundfolie umfassender lebenszyklischer Normalformerwartungen in biographischen Erzählungen kaum in Erscheinung.

Wandlungsprozesse der Selbstidentität kennzeichnen einen weitreichenden Prozeß der fokussierten Umorganisation der Ich-Identität, bei dem „der Betroffene in sich Merkmale und Fähigkeiten entdeckt, die für ihn selbst neuartig sind. Dies ist zumeist damit verbunden, daß der Betroffene in bisher ungewohnte Anregungsmilieus, d. h. Situationen des Erlebens von Neuem, gerät. Wandlungsprozessen entspricht grundlagentheoretisch die Innovationskomponente der Ich-Identität, der Neuerfassung von Selbst-, Fähigkeits-, Welt- und Interaktionsaspekten, des Von-sich-selbst-überrascht-Seins, der Integration der Überraschungsgehalte in das eigene Selbstbild, des Eingewöhnens in und des Bauens auf neue Fähigkeiten“ (Schütze 1989, S. 53).

Die *Auswertung der Interviews* erfolgte in folgenden Schritten: Zunächst fand jedoch in der Forschergruppe eine *erste Einschätzungsrunde* über den Erstkontakt und den Verlauf des narrativen Interviews statt. In dieser Phase wurden im Frankfurter Projekt auch Formen der freien Fallschilderung zum ersten Kontakt erprobt, die sich am Modell der Fallbearbeitung einer Balintgruppe orientierten (vgl. Nölke/Müller/Helsper 1992). Der dadurch mögliche, spontane und assoziative Umgang mit dem Material, führt oft schon zu offenen Fragen, die für das weitere Interview und die spätere Interpretationsarbeit hypothetisch instruktiv sein können.

Ein weiterer Schritt der Einzelfallrekonstruktion ist die *Analyse der objektiven biographischen bzw. familienbiographischen Daten.* Dies sind Daten, die am wenigsten von der Interpretation der Textproduzenten abhängig sind, wie Geburtsdatum, Geburtsort, Schul-und Berufsbildung, die Position in der Geschwisterreihe, der Beruf und die Herkunft der Eltern, etc. Aus diesen Daten wird von den Interpreten ein Text konstruiert, der sequentiell nach der biographischen Entwicklung konstruiert sein kann. Eine andere Möglichkeit besteht darin, von der momentanen psychosozialen Situation der Klienten auszugehen und dann weitere biographische Daten als Kontextbedingungen heranzuziehen. Bei der Interpretation werden dann soziale Bedingungen und Handlungsmöglichkeiten gedankenexperimentell rekonstruiert. Hierzu gehört auch die Rekonstruktion von Generationslagen, also die sozio-historischen

Bedingungen, die bestimmte Generationen prägten. Ziel eines solchen Interpretationsschrittes ist es, einen ersten Überblick über die Gesamtbiographie zu bekommen und riskante Strukturhypothesen im Sinne von gedankenexperimentell entwickelten Möglichkeiten entwickeln (exemplarisch: Nölke 1994, S. 67-71 u. 159-164).

Die Analyse der objektiven Daten erfolgte nach dem Verfahren der *objektiven Hermeneutik* (Oevermann 1979, 1986, 1993), einer Methode zur Rekonstruktion objektiver Sinnstrukturen von Protokollen sozialer Handlungen, die durch das Verfahren der Sequenzanalyse in ihrem Sinnaufbau erfaßt werden sollen. Die objektive Fallstruktur wird analytisch unterschieden von dem Selbstbild der Person oder des sozialen Gebildes, welches als Fall rekonstruiert werden soll.

Zwar ist auch das Selbstbild der Person oder des sozialen Gebildes Bestandteil der zu rekonstruierenden Fallstruktur, die intentional präsentierten Bedeutungen gewinnen jedoch erst durch vergleichende Bezugnahme auf die „latenten Sinnstrukturen" ihre Bedeutsamkeit. Diese Sinnstrukturen entfalten eine eigenständige, latent wirksame Realitätsschicht, die sich nicht auf die mentale Repräsentation oder Intention der Handelnden reduzieren läßt, ja ihnen bewußtseinsmäßig nicht präsent sein muß, um dennoch ihre Wirksamkeit zu entfalten.

Entsprechend dem konsequent sequentiellen Vorgehen der objektiven Hermeneutik wird die Bedeutung der ersten Sequenzen einer protokollierten Handlung des Textes ohne Rückgriff auf weitere Kontextinformationen so reproduziert, daß sowohl der allgemeine Bedeutungsgehalt der Sequenz erfaßt als auch die zu ihr passenden Kontexte bzw. pragmatischen Erfüllungsbedingungen in einem gedankenexperimentellen Suchprozeß gesammelt und nach Plausibilitätskriterien ausgewählt werden.

Nächster Schritt der Auswertung ist eine ausführliche *strukturell-inhaltliche Beschreibung des Textes* der biographischen Erzählung. Hier werden die zentralen Phasen der Erfahrungsaufschichtung hinsichtlich ihrer Erleidens-, Handlungs-und Wandlungsprozesse in ihrer Abfolgelogik rekonstruiert. In einer ersten formalen Analyse wird hierbei der Text gemäß seinen formalen

Indikatoren in seine narrativen und nicht-narrativen Passagen segmentiert. Ziel ist die Herausarbeitung der manifesten Form der „einzelnen zeitlich begrenzten Strukturen des Lebensablaufs" (Schütze 1983, S. 286). Dabei ist der Sprache der strukturellen Beschreibung eine Distanz gegenüber konventionellen Kategorien eigen, um den Text in seiner Struktur erfassen und analytisch ausschöpfen zu können. Die strukturell-inhaltliche Beschreibung kann als eine über das bloße Paraphrasieren hinausgehende Analyse des Erzählaufbaus angesehen werden, die zudem die Einordnung von Relevanzabstufungen bezüglich lokaler oder zeitlich weit gestreckter Prozeßstrukturen des Lebensablaufs, wie sie vom Erzähler gewichtet wurden, ermöglicht.

Im nächsten Schritt, der *analytischen Abstraktion*, erfolgt unter Bezugnahme auf die in der strukturell-inhaltlichen Beschreibung detailliert erarbeiteten Abschnitte und in größerer analytischer Distanz zum konkreten Text eine Systematisierung der für den Einzelfall dominanten biographischen Prozeßstruktur. Erst auf dem Hintergrund der Erarbeitung des dominanten Ereignis- und Erfahrungsablaufs werden die eigentheoretischen Deutungs- und Verarbeitungsmuster, wie die Haltung zur eigenen Biographie, in einem weiteren Schritt expliziert.

Anschließend werden jeweils *biographische Gesamtform und zentrale Strukturmuster* des Handelns und Erlebens zusammengefaßt. Schließlich werden in einem letzten Durchgang der Kontrastierung weitere Fälle einem *typologischen Vergleich* unterzogen. Diese Materialverdichtung erfolgte vor allem im Hinblick auf die übergreifenden zentralen Dimensionen der biographisch bedeutsamen Sozialisationsinstanzen Familie, Schule, peergroup sowie Institutionen der Jugendhilfe (vgl. Nölke 1994).

Die *beiden nachfolgend ausgewählten Fälle* repräsentieren vor dem Hintergrund unterschiedlicher sozialer Herkunftsmilieus und familiärer Konfliktstrukturen einen je spezifischen Typus der Auseinandersetzung mit den jeweiligen sozialpädagogischen Angeboten. Ich werde den ersten Fall etwas ausführlicher, wenn auch stark abgekürzt vorstellen.

Ein erstes, grundlegendes Datum jeder Biographie sind der Tag und Umstände der eigenen Geburt, die man erlebt hat, aber nicht erinnern kann. Im nachfolgenden Fall jedoch stellt der Jugendliche **David** nicht nur das Datum der eigenen Geburt, sondern das Ereignis der eigenen Zeugung an den Beginn seiner Lebensgeschichte:

> *David:* jo ... naja gut ... fang ich da an wie ich gezeugt worden bin ... eine sehr schöne Geschichte meine Mutter war ... in Mallorca im ... Urlaub ... oder zur Erholung ... und war damals dreißig glaub ich ja ... muß se gewesen sein ... und ... hat da also 'n Mann kennengelernt aus Amerika (*leicht lachend*) 'n Amerikaner ... die ham sich am Strand geliebt ... ja und als sie nach Hause kam war sie schwanger ... der Mann war weg und ich war da ne ... dann war sie ... die ersten Jahre mit mir allein ... das heißt die ersten drei ... hat dann zu der Zeit noch am Theater gearbeitet war ... Kostümbildnerin also hat die Kostüme entworfen wie die Leute nachher auf die Bühne damit gegangen sind"

Bevor der Erzählfaden aufgespannt wird, wird eine eingelagerte, mit einem spannungssteigernden Ankündigungscharakter versehene Kommentierung vorgenommen („eine sehr schöne Geschichte meine Mutter ..."). Dadurch soll der Zuhörer zugleich in erhöhte Aufmerksamkeitsposition diesem besonderen Ereignis gegenüber versetzt werden. Diese Qualifizierung legt es zudem nahe, daß ihm als Erzähler dieses Ereignis aus der eigenen Erfahrungsrekapitulation direkt verfügbar sei, gleichsam aus der Position eines „beteiligten unsichtbaren Dritten", der noch heute von dieser Geschichte mit einer gewissen „Rührung" zu berichten weiß. Es fällt auf, daß es sich um eine fast beiläufige, durch keinerlei Pausen oder besondere Intonationen von der Erzählung abgesetzte Kommentierung handelt, was trotz der hervorgehobenen Besonderheit auf eine gewisse Vertrautheit mit der nachfolgenden Episode verweisen könnte.

Die Mutter wird hier als signifikante Person im Kontext einer besonderen außeralltäglichen Situation eingeführt. Die besondere Hervorhebung des Alters der Mutter an dieser Stelle („war damals dreißig glaub ich ja muß se gewesen sein") kann

- die Verwunderung des Erzählers darüber zum Ausdruck bringen, daß ihr dies in einem solchen Alter noch passieren kann;

- dazu dienen, ihre besondere Attraktivität als Frau dieses Alters zu unterstreichen;
- in Bezug auf das Ereignis der Zeugung und Schwangerschaft dieses durch gleichsam „reife" Entscheidungsanteile zu qualifizieren.

Die Mutter „hat da also 'n Mann kennengelernt aus Amerika (*leicht lachend*) 'n Amerikaner". In der Darstellung seines leiblichen Dabei ist es ihm wichtig, zu betonen, daß es sich nicht nur um einen Mann handelt, der aus Amerika *kommt*, sondern daß dieser zugleich die *amerikanische Staatsbürgerschaft besitzt*. Andernfalls könnte es sich ja auch um einen in Amerika sich aufhaltenden Ausländer eines außeramerikanischen Landes handeln. Mit der Kennzeichnung seines leiblichen Vaters als Amerikaner wird zugleich der eigene Zeugungsakt in einem zweifachen Sinne von einem besonderen *„internationalen Flair*" gekennzeichnet: Er verdankt seine Existenz jenem einzigartigen Liebesakt, den seine Mutter mit einem Amerikaner auf Mallorca vollzieht. In diesem Sinne ließe sich das an dieser Stelle auftretende Lachen als „verlegener Stolz" verstehen angesichts der besonderen Einzigartigkeit seines Ursprungs, die ihm ein gewisses *Charisma des Besonderen* verleiht. Der Liebesakt selbst vollzieht sich auch an einem besonderen und zugleich öffentlichen Ort („die ham sich am Strand geliebt ..."), womit neben der Besonderheit des Ortes auch auf die Freizügigkeit des Liebesaktes verwiesen wird. Damit wird deutlich, daß David mit der Verfügung über die Erzählung aus zweiter Hand von der Mutter in besonderer Weise an dem Ereignis seiner Zeugung qua Erzählung beteiligt worden ist.
Daß er von der Thematik der Zeugung in besonderer Weise betroffen ist, wird an späterer Stelle deutlich, als er über seine Impotenz spricht und diese als ein biographisch bis in die Kindheit reichendes Problem klassifiziert.

> (David: „ich hatte ... seitdem ich denken kann immer ein und dasselbe Problem ... ich konnte jede Frau kriegen die ich wollte ... aber wenn ich mit ... mit ihr im Bett war dann konnte ich nicht ... es ging nicht ... es hat bis heute noch nicht geklappt ...").

Während die Mutter in dieser Szene durch ihr Alter klassifiziert wird, charakterisiert er den Vater durch die besonderen Merkmale seiner Herkunft sowie Züge eines nicht erreichbaren Mannes, der als verführungs- und zeugungsfähiger Partner der Mutter eigentümlich fremd bleibt und nur über die mütterliche Erfahrungsdarstellung in Umrissen verfügbar ist. Die Mutter kehrt allein nach Hause zurück, „der Mann war weg und ich war da ne ..." Aus der Perspektive der Mutter wird hierdurch die Partnerlosigkeit bei gleichzeitiger Schwangerschaft und Mutterschaft betont, während die eigene Perspektive Davids eher den Aspekt hervorhebt, daß der Vater zwar nicht mehr verfügbar ist, er jedoch gleichsam an seine Stelle getreten sei. Hier wird die kindliche Abhängigkeit von der Mutter und die männliche Unvollkommenheit zugunsten der Allmachtsphantasie einer kindlichen gattensubstitutiven „Stellvertreter-Funktion" ausgeblendet.

In der sich anschließenden Hintergrundskonstruktion wird der mit dem Auftreten des Stiefvaters einhergehende Veränderungsprozeß der beruflichen Tätigkeit der Mutter bereits angekündigt, die zu dieser Zeit „noch am Theater gearbeitet" hat. Die Beschreibung der Tätigkeit der Mutter wird dabei detailliert („also sie hat die Kostüme entworfen, wie die Leute nachher damit auf die Bühne damit gegangen sind..."). Damit weist er mit einem gewissen Stolz auf die besondere kreativ-gestaltende Funktion ihrer beruflichen Tätigkeit innerhalb der sozialen Welt des Theaters hin, die zugleich zentrale Bedeutung für das Erscheinungsbild der Schauspieler in der Öffentlichkeit hat. Zugleich wird diese Tätigkeit als einflußreich-bestimmende gekennzeichnet. So ist es zu verstehen, daß David nicht sagt, daß die Mutter jene Kostüme entworfen hat, mit denen die Schauspieler nachher aufgetreten sind, sondern sie hat die Kostüme so entworfen, wie sie nachher von den Schauspielern getragen wurden. In der Funktion als bestimmende Gestalterin und Architektin gilt es die Mutter zu sehen, womit zugleich vermieden wird, sie lediglich in der unspezifischen Rolle als berufstätige Mutter zu belassen, zumal damit zugleich eine Tätigkeit als arbeitende Handwerkerin nicht ausgeschlossen werden könnte. Ebenso wird angesichts des im Zuge der späteren Heirat der Mutter erfolgenden Austritts aus dem Beruf mit der Hervorhebung des qualitativen Charakters ihrer Tätigkeit und ihrer prestigeträchtigen Position der Abstiegsprozeß in zusätzlicher Weise markiert.

Die *biographische Bedeutung des leiblichen Vaters* kann in folgendem gesehen werden:

- Als amerikanischer Geschäftsmann repräsentiert der leibliche Vater für David die familienbiographische Kontinuität jenes phantasierten sozialen Milieus der internationalen Geschäftswelt, der er sich selbst und die Mutter - entgegen den realen Lebensumständen - zugehörig sieht. Das Muster der Klassifizierung anderer nach der Kategorie ihrer herausgehobenen Lebensumstände und sozialen Herkunft wird in den sozialen Beziehungen zu anderen immer wieder orientierungswirksam.
- Die besonderen Umstände der Zeugung am Strand und das „Verschwinden" des leiblichen Vaters nach der Geburt werden zum Ausgangspunkt der illusionären Größenvorstellung, schon früh den Platz des verschwundenen Vaters an der Seite der Mutter eingenommen zu haben, und präformieren die Verleugnung der Existenz eines Generationsunterschiedes.
- Als verführungs- und zeugungsfähiger Partner der Mutter wird der Vater in deutlichen Kontrast zur eigenen Impotenz gesetzt. Das sinnlogische Verbindungsglied zwischen beiden könnte darin bestehen, daß das Verschwinden des Vaters nach dem Zeugungsakt zu der unbewußten Phantasie beiträgt, daß der Vollzug des Geschlechtsaktes mit einer anschließenden Vernichtung einhergeht.

Die ersten drei Jahre wächst David bei der Mutter und zeitweise bei der gleichfalls alleinstehenden Großmutter auf. Das Fehlen einer männlichen Identifikationsfigur in dieser Zeit mag als wesentliches Bedingungspotential zur Aufrechterhaltung der illusionären Größenphantasie beigetragen haben, Partner der Mutter zu sein.

Der weitere biographischen Verlauf kann hier nur in verkürzter Form wiedergegeben werden:
Als David drei Jahre alt ist, heiratet die Mutter einen Mann, den David als „gewalttätigen Typen" kennzeichnet. Infolge der Berufstätigkeit der Eltern wurde David weiterhin häufig von einer befreundeten Familie der Mutter beaufsichtigt und versorgt. Dabei nahm er teil am großzügigen Lebensstil dieser wohlhabenden Familie, den er als Kontrast zur eigenen Familiensitua-

tion erlebte und der ihn nachhaltig positiv beeindruckte. Er eignet sich ein auch späterhin auftretendes biographisches Orientierungsmuster an: die Bewunderung und Nachahmung eines Lebensstils, der durch grenzenlose Ungebundenheit und dem „Bedarf von groß und mehr" gekennzeichnet ist. Er mußte demzufolge häufig die quasi-familiären Milieus wechseln, ohne daß eine eindeutige, gewachsene familiale Zugehörigkeit gesichert gewesen wäre. Dieses *Muster familiärer Anbindung im Status eines familienexternen Gastes* gewinnt auch später eine orientierende Funktion für ihn bei der Gestaltung seiner Freundschaftsbeziehungen.

Vor dem Hintergrund der Unterbringung in den reichen familialen Kontrastmilieus wird das Zuhause als zunehmend fremd und restriktiv erfahren sowie eng an das „niedere" Herkunftsmilieu sowie die damit verknüpften Orientierungs- und Handlungsmuster des Stiefvaters gebunden, den er als „gewalttätig" und egozentrisch beschreibt. Gleichermaßen macht er die Erfahrung, daß auch die Mutter in zunehmendem Maße zum Opfer dieser Gewalt wird und der Stiefvater sexuelle Beziehungen zu anderen Frauen aufnimmt. Der Stiefvater fällt als positiv-signifikante männliche Identifikationsfigur aus und markiert einen negativen Kontrast zum idealisierten leiblichen Vater sowie zu der von Nachgiebigkeit gekennzeichneten Erziehungshaltung in der weiblichen Lebenswelt von Mutter und Großmutter.

Zur Zeit seiner Einschulung erreicht die Krise zwischen den Eheleuten einen Höhepunkt, die schließlich zur Trennung führt. David sah sich im Prozeß der Auseinandersetzungen zwischen den Eltern in einer Art Schicksalsgemeinschaft mit der Mutter, die für ihn im „gemeinsamen Hinausschmiß" des Vaters gipfelte. Hier wird das auch später *wiederkehrende biographische Bewältigungsmuster der handlungsschematisch gewendeten Leiderfahrung erstmals dominant: die Umkehrung des Passivischen ins Aktivische, sowie eine Basisposition, die ihn immer wieder veranlaßt, sich gegenüber anderen unter Absehung alters- und kompetenzspezifischer Differenzen behaupten zu müssen.* Der „Rausschmiß" des Stiefvaters gleicht jenen „David-und-Goliath-Situationen", die auch in der Schule wirksam werden und in denen es ihm vermeintlich gelingt, einen mächtigen Gegner zu besiegen. Mit der Scheidung der Eltern wurde die familiale Verlaufskurve gebremst und eine Periode der Stabilisierung eingeleitet, die er als seine eigentliche Kindheit und sein Leben kennzeichnet.

Die ersten Probleme in der Schule hatte David nach eigener Darstellung im Alter von zehn Jahren, weil er nicht in die Vorstellungen „reinpaßte", die sich anthroposophische Pädagogen vom altersgemäßen Aussehen und Verhalten von Schülern machten, was sich unter anderem in seinen langen Haaren, seiner Kleidung, aber auch in seinem Verhalten (z. B. zu rauchen, bis abends spät unterwegs zu sein, die falschen Freunde zu haben etc.) geäußert habe. Er typisiert sich hierbei als jemand, der eine beschleunigte Entwicklung durchlief, den normal erwartbaren Alterskategorien nicht entsprach und zugleich eine andersartige Orientierung ausgeprägt hatte.

In dieser Zeit gewannen auch die Beziehungen zu Gleichaltrigen an Bedeutung, wobei für David das Ansehen, das er dort durch sein provokatives Verhalten gewann, entscheidend wird. Ein weiteres Bedingungspotential der schulischen Verlaufskurve stellt die Abkoppelung von den Mitschülern seiner Klasse dar, mit deren Verhalten als „stille liebe Kinder" er nichts anzufangen vermochte, sowie seine Mitgliedschaft in einer Clique aus Schülern seiner Parallelklasse und höheren Klassen, die „weiter waren in ihrer ganzen Entwicklung". In der Folge des Eintritts in die Gruppe der „Weiterentwickelten" veränderte sich seine Lebensweise nachhaltig. Rauchen, Biertrinken und der Besuch von Diskotheken, vor allem aber das nächtliche Fortbleiben wurden zu Statussymbolen, die beweisen sollten, „daß man kein Kind mehr ist".

David genoß nach eigener Darstellung zu Hause Rechte, die sonst nur älteren Jugendlichen und Erwachsene zugestanden werden. So durfte er zu Hause rauchen und Alkohol trinken, seine Clique zu sich nach Hause einladen und über die Familienvorräte verfügen, ohne daß die Mutter dies wirksam verhinderte. Durch das Privileg geriet David gegenüber den anderen Gruppenmitgliedern in die Position eines Gastgebers, der in der Lage war, den meist älteren Gruppenmitgliedern bestimmte Möglichkeiten zu bieten und Rechte zu gewähren, die sie zu Hause nicht hatten. Im Zuge der einseitigen Fokussierung auf ein exzessives Freizeitverhalten vermochte er die für die Bewältigung seiner schulischen Pflichten notwendige Alltagsbalance zwischen Arbeit und Freizeit nicht mehr aufrechtzuerhalten und entwickelte statt dessen eine ausgeprägt hedonistische Lebensweise.

Die Vorstellung, daß es für ihn innerhalb der Familie und der Clique keine wirklichen Grenzen gab, prägte auch sein Verhalten in der Schule. Hier verletzte David häufig Normen und Erwartungen, die für ihn als Schüler galten. So erbrachte er in der Schule keine Leistungen mehr und blieb dem Unterricht häufig fern. Hinzu kam eine provokative Verletzung institutioneller und generationsspezifischer Grenzen, was David selbst im nachhinein als „Übertreibung" charakterisiert. Das Autoritätsverhältnis zwischen Lehrer und Schüler wurde dabei umkehrt, was David in der Formulierung ausdrückt, er habe die Lehrer „entsprechend behandelt". Seine Provokationen, die als Schlagfertigkeit interpretiert wurden, lösten bei Mitschülern und einigen Lehrern zwar „Begeisterung" aus, was David in seinem Verhalten anspornte und mit zu der „Übertreibung" beitrug. Dabei überschritt er jedoch die institutionellen Grenzen zwischen den Verhaltensweisen eines Schülers, die zwar negativ sanktioniert wurden, aber noch ein Verbleiben in der Schule ermöglichten, und solchen Verhaltensweisen, die dazu führten, daß der Schüler die Schule verlassen mußte. Der Fallencharakter bestand hier darin, daß das Verhaltensmuster, das ihm zunächst Anerkennung und Bewunderung verschaffte, bei der Übertreibung ins Negative umschlug.

Grenzen scheinen für ihn nicht existiert zu haben („Überflieger"), was zu „Übertreibung" (David) und letztlich dazu führte, daß er die Waldorfschule verlassen mußte („Absturz"), zumal auch seine Mutter, die inzwischen dort unterrichtete, in eine schwer auszubalancierende Situation geriet, da ihre Kollegen sie zu einer Disziplinierung ihres Sohnes aufforderten und moralischen Druck auf sie ausübten. Die Schule wurde somit auch zum Austragungsort familialer Konflikte. Mit dem Verlassen der Waldorfschule wurde zugleich ein sozialer Abstiegsprozeß eingeleitet, der die erste Phase der Verlaufskurvenentwicklung, die zu Davids Arbeitslosigkeit führt, darstellt und für David angesichts seiner Fokussierung auf den Status des Besonderen mit einem zentralen Imageverlust verbunden war.

Den Versuchen der Mutter, den schulischen Abstiegsprozeß zu verhindern und ihn in einem anderen Gymnasium und Internat unterzubringen, tritt er mit provokativer Gleichgültigkeit entgegen.

Im Zuge der Ausgrenzung aus der schulischen Peer-group erweitert sich der Wirkungsbereich der Verlaufskurve: Über einen Mitschüler gelangte David in eine Hippie-Kultur, in der leichtere Drogen konsumiert wurden. Die Kosten der beginnenden Drogenverlaufskurve zeigen sich daran, daß ihm die zeitliche Struktur des Alltags zunehmend verloren ging und er nur noch unregelmäßig die Schule besuchte. Der Auseinandersetzung mit der Realität des schulischen Abstiegs und der Ausgrenzung durch seine ehemaligen Mitschüler wurde so auch mit Hilfe des Drogenkonsums ausgewichen.

Als sein Drogenkonsum immer bedrohlichere Dimensionen annahm, er nachts kaum noch nach Hause kam und tagsüber kaum mehr zur Schule ging, versuchte seine Mutter, ihn in einem anthroposophischen Heim unterzubringen. Seine erneute Strategie des Unterlaufens, die Demonstration von Unlust und Gleichgültigkeit, führte jedoch dazu, daß er aufgrund seiner fehlenden Motivation von den Heimleitern abgelehnt wurde. Nachdem die Versuche einer Fremdplazierung Davids gescheitert waren, schickte die Mutter David zu einem Drogentherapeuten und schaltete das Jugendamt ein, was David als Ausdruck ihrer Hilflosigkeit erklärt. Die Mutter sieht im Drogenkonsum ihres Sohnes eine gegen sie gerichtet Aggression, die sie nicht zu erklären vermag. Gemäß dem familialen Herkunftsmilieu der Mutter dürfte das öffentliche Eingeständnis der Hilflosigkeit diskriminierend gewesen sein, da der Sohn zum Betreuungsfall öffentlicher Erziehung zu werden drohte.

Die Beziehung zu einem Drogentherapeuten stellt zwar eine vorübergehende Stabilisierung seiner Situation dar, obgleich er auch hier die Bearbeitungsangebote des Therapeuten unterläuft, indem er - in Analogie seiner „Behandlung" der Lehrer - diesen „mit schlechten Witzen vollschwätzt".

Den Mitarbeitern des Jugendamtes gelang es, David, der die Schule mittlerweile nicht mehr besuchte und das Zuhause lediglich noch als Übernachtungsmöglichkeit ansah, in einer Gesamtschule unterzubringen. Zwar blieb auch hier das Muster der Übertreibung und Provokation dominant, er fühlte sich jedoch relativ sicher vor schärferen Sanktionen der Schule, da er zunächst von den Ressourcen zehren konnte, die er in der Waldorf- und der Realschulzeit erworben hatte, und demgemäß gute Schulleistungen erbringen konnte, so daß er aus den anfänglichen Erfolgen den Schluß zog, „daß Schule ne unheimlich leichte Sache is". Der Fallencharakter dieses Urteils bestand darin, daß sich die anfänglichen Wissensressourcen im Zuge seines Fernbleibens vom Unterricht sehr schnell verbrauchten. Die Selbstdarstellung als guter Schüler ließ sich, als langandauerndes Prinzip seiner Fähigkeiten, in der Realität nicht aufrechterhalten, sondern entsprach eher seinem „*Höhenflug-Absturz-Schema*".

Im Bereich der Sozialbeziehungen entwickelte sich David mehr und mehr zum Außenseiter und Einzelgänger. Die Auswirkungen seiner hedonistischen Beziehungsgestaltung zeigten sich insbesondere in den außerschulischen Aktivitäten. Es reduzierten sich seine Kontakte zu anderen, seine Freizeit verbrachte er überwiegend allein in Diskotheken oder war mit wenigen „Leuten" unterwegs. Davids Kontakte zu Gleichaltrigen wurden dadurch immer brüchiger, er reagierte darauf mit Rückzug und der Selbststilisierung als Außenseiter. Anschluß suchte er an Ältere, zu denen er sich ja ohnehin viel eher zugehörig fühlte als zu Gleichaltrigen.

In dieser Zeit lernte David einen fast doppelt so alten Freund kennen, mit dem er häufig ausgedehnte Reisen in einem Wohnmobil unternahm. Er demonstrierte damit einen bohemienartigen Lebensstil lustbetonter Ungebundenheit über den Zeitraum eines halben Jahres, der eher einem bestimmten studentischen Milieu eigen ist. In dieser Zeit begann sich seine sexuelle Impotenz sozial auszuwirken. Von entscheidender Bedeutung wurden dabei die sexuellen Beziehungen zu Frauen, die die beiden Männer zunächst gemeinsam anbahnten, die für David aber im entscheidenden Moment abbrachen, wenn nämlich die Frauen seine Impotenz bemerkten und ihn „schockiert" fallenließen. So blieb er nicht nur weiterhin von einem relevanten sexuellen Erfahrungszusammenhang ausgeschlossen und unterlag einer zunehmenden Stigmatisierung durch die gegengeschlechtlichen Partnerinnen, sondern begann sich im Zuge einer zunehmenden Selbststigmatisierung mehr und mehr zurückzuziehen. Davids Impotenz wurde demgemäß auch zu einem sozialen Stigma, was ihn nicht nur vor Frauen beschämte und von sexuellen Beziehungen ausschloß, sondern auch diskriminierend in Beziehungen mit gleichgeschlechtlichen Freunden war, da es auch seinem Ansehen als Mann schadete. In der Schule hielt David einerseits am Selbstbild des genialen Schülers fest, für den die Schule „eine unheimlich leichte Sache" war, entzog sich andererseits aber zunehmend den realen Leistungsanforderungen.

Entscheidend verschärft wurde Davids Situation, als die Mutter, die seinen schlechten Einfluß auf den jüngeren Bruder fürchtete, ihn mit Hilfe des Jugendamtes aus der Wohnung wies, so daß er mit sechzehn Jahren plötzlich eine eigene Wohnung suchen und allein zurechtkommen mußte. Das Verhalten der Mutter deutete er als Ausdruck ihrer Hilflosigkeit, was Ausblendung seiner aggressiven Gefühle gegenüber der Mutter und eine Bestätigung seiner Macht gewesen sein könnte. Hier ergibt sich eine Verbindung zu dem Muster der Umkehrung vom Passiven ins Aktive bzw. vom Erleiden zum Handeln: David vermeidet sich als Opfer zu sehen, Erleidensprozesse werden zu Handlungsschemata umgedeutet. Die Ausgrenzung führte zu einem Orientierungsverlust, einer verstärkten Isolationstendenz, der völligen Entkoppelung von der Schule und einer Zunahme seines Drogenkonsums. Da seine Leistungen in der zehnten Klasse nicht mehr beurteilt werden konnten, mußte er kurze Zeit später die Gesamtschule ohne Schulabschluß verlassen.

In dieser Situation der erneuten sozialen Isolation hatten Davids Beziehungen zu einigen Jugendpflegern und zum Arbeitsamt eine besondere Bedeutung. David verweigerte sich hier den Forderungen nach Aufnahme einer Arbeit oder einer Ausbildung und verhinderte damit den Erfolg der Bemühungen des Jugendamtes und des Arbeitsamtes für seine schulisch-berufliche Entwicklung. Vor allem gegenüber den Jugendhelfern verhielt sich David ähnlich provokativ wie früher gegenüber den Lehrern und demonstrierte ihnen ihre Hilflosigkeit.

> David: "... jo und dann ... war wieder das Jugendamt die sich ja immer wieder bei mir gemeldet haben und immer wieder wollten daß ich was tue und ich müßte immer wieder zum Arbeitsamt und so und ich hab ... habs

aber immer wieder geschafft halt nichts zu machen und die ... Termine sausen zu lassen und eh ... wenn ich mal einen hatte ... einen Jugendhelfer also ... einfach vor Situationen zu stellen wo der nichts mehr machen konnte weil der mit mir wie ich damals war ... ich einfach gesagt habe es wäre mir egal und er könnte mich also jetzt vom Tisch weg verprügeln und mich totschießen ... aber er würde es nicht schaffen mich dazu zu kriegen daß ich noch ... erzähle was ich heut vormittag gemacht habe ... geschweige denn irgendwas anderes zu hören ... mich zu irgendwas zu motivieren ... naja der hatte das weitestgehend aufgegeben"

Im vorliegenden Segmentabschnitt schildert David, wie es ihm immer wieder gelungen sei, die Forderungen der Jugendamtsmitarbeiter zur Aufnahme einer Arbeit zu unterlaufen. Die Aussage, daß sich das Jugendamt "ja immer wieder bei mir gemeldet" habe, weist auf ein strukturelles Problem im Arbeitsbündnis psychosozialer Arbeit hin, das David zu seinen Gunsten zu instrumentalisieren vermag. Die sich vollziehende einseitige Kontaktaufnahme der Mitarbeiter des Jugendamtes beruhen nicht auf einem Arbeitsbündnis. So fehlt als wesentliche Voraussetzung der Leidensdruck des Klienten und eine hieraus ableitbare Kontaktaufnahme zu den Sozialarbeitern. Vielmehr kann David davon ausgehen, daß sich die Jugendhelfer regelmäßig bei ihm melden werden. Der Terminus "melden" vermittelt darüber hinaus treffend den Eindruck der Pflichtmäßigkeit einer derartigen Kontaktaufnahme.

Gerade die Gleichzeitigkeit einer institutionell-kontrollierenden, andererseits persönlich-hilfsbereiten Beziehungsaufnahme ermöglicht es David, seine provokative Verweigerung als einen persönlichen Triumph anzusehen. Dabei handelt es sich um das erneute *Wirksamwerden des dominanten biographischen Musters der Umkehrung von Erleidensprozessen in vordergründig erfolgreiche Handlungen*. Das findet seinen Ausdruck vor allem in der Satzsequenz "habs aber immer wieder geschafft halt nichts zu machen". Hier wird die Verweigerung zur besonderen Leistung, das `Nichtstun` als erfolgreiches Ergebnis dargestellt. So läßt sich der vor diesem Textabschnitt noch als "Rücksturz" bezeichnete Abstiegsprozeß als eigener Erfolg verbuchen. David entscheidet sich schließlich von selbst in dem Moment zu einen Arbeitsversuch, als die Sozialpädagogen ihre Versuche aufgeben, ihn zur Aufnahme einer Arbeit zu motivieren.

David, der kaum noch private Beziehungen hatte, nutzte somit auch die Möglichkeiten, die die öffentlichen Institutionen in diesem Fall anboten, zur Herstellung von Sozialkontakten. Ferner demonstrierte er so der Institution, die seinen Auszug aus der Wohnung der Mutter ermöglicht hatte, den völligen Mißerfolg dieser Maßnahme.

Nachdem die Jugendhelfer ihre Versuche, David zur Aufnahme einer Arbeit oder Ausbildung zu motivieren, aufgegeben hatten, gelang es einer mit der Mutter befreundeten Kunstpädagogin, ihn für eine Ausbildung in einem Alternativbetrieb, der „Sonnenblume" zu interessieren, wobei sie an sein Hobby, das Computerspiel anknüpfte. David konnte sich in diesem Alternativbetrieb, der sich gerade in der Aufbauphase befand, integrieren und beruflich stabilisieren. Er konnte sich mit dem Betrieb identifizieren, an dessen Aufbau er persönlich partizipierte. Erleichtert wurde diese Identifikation schließlich durch die Nivellierung betrieblicher Hierarchien zwischen den Betriebsangehörigen und der Reduktion der statusmäßigen Differenzen zwischen Vorgesetzten und Untergebenen bzw. Klienten und Ausbildern. So konnte David die Vorstellung entwickeln, daß er eine bedeutende Funktion in diesem Betrieb hatte, ohne daß dies mit dem Verweis auf seine formale Position in Frage gestellt wurde. Nach einigen Monaten der Probe begann David in der „Sonnenblume" eine Lehre als Bürokaufmann, was seine berufliche Perspektive erheblich stabilisierte. Davids relative Stabilisierung bezog sich nur auf den beruflichen Bereich, in seinem privaten Alltag änderte sich dagegen zunächst nichts. So führte der hohe Alkoholkonsum auch immer wieder zu Fehlzeiten am Arbeitsplatz.

Im folgenden biographischen Kommentar drückt sich in kondensierter Form das *dominante Muster in Davids Biographie* aus:

> *David:* das hab ich eigentlich immer getan und werd ich wahrscheinlich auch noch lange tun ... 'n bißchen ... Überflieger spielen ... ich brech mir eigentlich dabei auch jedes Mal die Nase ..."

Wie im Mythos des Sisyphos wird ein erfolgloser Ablauf ständig wiederholt, wobei sich David, im Gegensatz zu der Interpretation von Camus, der Erfolglosigkeit seines Tuns bewußt zu sein scheint. Die Tragik besteht nicht zuletzt darin, daß sich dieses biographische Muster trotz des vermeintlichen Wissens mit Hartnäckigkeit wiederholt. Es zeigte sich besonders deutlich in der Waldorfschule, in seiner Beziehung zu den peers und seinen Beziehungen zur Familie. So provozierte er die Lehrer, indem er häufig institutionelle Regeln verletzte und die Lehrer so „behandelte", als hätte sich das Machtverhältnis „Lehrer-Schüler" umgekehrt. Grenzen scheinen für ihn nicht zu existieren („Überflieger"), was zu einer „Übertreibung" (David) und letztlich dazu führt, daß er die Schule verlassen muß („Absturz"). Ebenso in der Clique der Waldorfschule sieht er sich zunächst als Gruppenleiter, der nach Verlassen der Waldorfschule in deren Ansehen fiel. Auch die Mutter sah sich außerstande, sich durchzusetzen, so daß auch hier die Situation zum „Rausschmiß" aus dem Elternhaus führt. Analoges läßt sich für die Beziehungen zum anderen Geschlecht zeigen, wo er sich als für Frauen attraktiv und begehrt erweist, jedoch zurückgewiesen wird, sobald diese die Scheinhaftigkeit seiner Männlichkeit als grenzenlose Übertreibung erkennen. Ein weiteres zentrales Beziehungsmuster könnte man als hedonistisch charakterisieren. Die unterschiedlichen Gruppen scheinen für David die Funktion gehabt zu haben, seine Freizeitwünsche zu erfüllen. Auch hier taucht das Bild von fast unbegrenzten Möglichkeiten auf, was zur Übertreibung führt („ausgenutzt") und schließlich zum Bruch einiger dieser Beziehungen („Absturz"). Eine zweckfreie Gegenseitigkeit wird in diesen Beziehungen nicht erkennbar. Die Beziehungen zu anderen haben desgleichen die instrumentalistische Funktion, die eigene „Grandiosität" narzißtisch zu spiegeln. So die Beziehung zu seinem Freund Karl, die dadurch gekennzeichnet war, daß sich beide „gegenseitig bewunderten". Auch die Selbststilisierung als „Paradiesvogel" zeigt die auf das eigene Selbst gerichtete Größenphantasie. In der Zurückweisung jeglicher Form der Anpassung und Verkehrung der Passivität in Aktivität erscheint David als das ausschließlich gestaltende Subjekt der Biographie, dessen Ursprung es sich selbst in einem nicht faßbaren, außeralltäglichen Zeugungsakt verdankt. Soweit zur ersten Fallschilderung (ausführlicher hierzu: Nölke 1994).

Die folgende kurze Falldarstellung beschränkt sich auf Ausschnitte der Schilderung zum Heimalltag sowie ihre Beziehung zur zuständigen Sozialarbeiterin.

Die *Biographie von Esra*, einer türkischen Jugendlichen, ist nachhaltig geprägt vom familialen Migrationsprozeß und dessen mit ständigen eruptiven Orts- und Personenwechseln sowie kulturellen Brüchen geprägten Verlauf. Ihre Sozialisationsgeschichte wird zudem maßgeblich von den willkürlichen erzieherischen Formierungsversuchen des Vaters dominiert und auch die Maßnahmen der Fremdunterbringung werden von ihm nachhaltig beeinflußt. In gleichem Maße haben die Auseinandersetzungen mit den Sozialarbeiterinnen und Sozialpädagoginnen um Selbst- und Fremdbestimmtheit im Erziehungsprozeß, das Zugeständnis einer weitergehenden Autonomie sowie die direkte Beteiligung an Entscheidungsprozessen für institutionelle Übergänge eine zentrale biographische Bedeutung.

> Esra:" ... ich hab mich aufgeregt ich war nur noch am Zittern als ich hier hochkam total fertig (tiefes Atmen). weil das nämlich hinter meinem Rükken gemacht worden ist ... ich war noch in der Schule man hat mir nicht Bescheid gesagt daß sie da ist die haben sich einfach hingesetzt und über mich gesprochen und ich wußte davon überhaupt nichts ich werde gar nicht gefra gefragt wann ich runter wollte ... tja ... und da hab ich gesagt ich will nicht mehr in der Gruppe bleiben ... da meinten sie ja warum ich jetzt sofort auf Selbstversorger will da hab ich gesagt weil ich meine Freiheit will also ... so ich hab ihr gesagt ja weil ich mich eingeengt fühle in der Gruppe ..."

Während Esra sich bereits auf einen schnellen Wechsel in eine autonomere Selbstversorgungsgruppe des Heimes eingestellt hatte, treffen die pädagogischen Mitarbeiter in einem Gespräch mit der Sozialarbeiterin die Entscheidung, daß sie erst am Ende des Jahres diesen Wechsel vollziehen könne und informieren sie erst nachträglich über den gefaßten Beschluß. Esra reagiert nicht nur mit Empörung auf die Tatsache, daß ihr eigener Handlungsplan verworfen wird, sondern kritisiert vor allem den Verfahrensablauf der Entscheidungsfindung, an dem sie nicht beteiligt worden ist. Da es sich hierbei um einen für sie signifikanten biographischen Planungsvorgang handelt, an dem die für sie zuständige Sozialarbeiterin beteiligt ist, läßt sich Esras empörte Reaktion auf ihren Ausschluß als Entscheidungsbetroffene als Ausdruck des Mißtrauens gegenüber der Sozialarbeiterin verstehen. Andernfalls könnte sie darauf vertrauen, daß diese in ihrer Abwesenheit ihre Interessen stellvertretend gegenüber den Interessen der Heimvertreter wahrnimmt. Hier wird die biographische Sachwalterposition der Sozialarbeiter besonders deutlich, deren Machtmöglichkeit darin besteht, über das weitere Verbleiben, den Zeitpunkt und den Aufenthaltsort der Jugendlichen auch ohne vorherige Absprache mit diesen zu entscheiden und ohne stellvertretende Wahrnehmung des Mandanteninteresses an Konferenzen teilzunehmen. Die Kehrseite eines solchen Vorgehens liegt in der Suspendierung der pädagogischen Anwaltsfunktion, die ja auch von den pädagogischen Mitarbeitern des Heimes nicht wahrgenommen wird.

Aus der Sicht Esras lag ein zwingender Grund für ihren Ausschluß trotz ihres gleichzeitigen Schulbesuchs nicht vor, da die Sozialarbeiterin und die Erzieher sich mit ihr auf einen gemeinsamen Besprechungstermin hätten einigen können. So stellt sich für Esra mit diesem Verfahren erneut jene Situation dar, in der erneut andere über Dauer und Ort ihres Aufenthaltes entscheiden. Damit wird die Entscheidungssituation als ein Kumulationspunkt von vergangener und zukünftiger biographischer Bedeutung von den biographischen Sachwaltern ausgeblendet und einem institutionellen Abkürzungsverfahren unterworfen, in dem das Ergebnis der Entscheidungsbetroffenen lediglich zur Akzeptierung vorgelegt wird. Sofern die Entscheidung zur Grundlage weiterer Schritte in der biographischen Planung gemacht wird, ist wahrscheinlich nicht nur die kooperative Mitwirkungsbereitschaft Esras reduziert, sondern die Erfahrung, von relevanten Entscheidungsprozessen ausgegrenzt zu werden, erfährt auch in dieser Institution eine weitere Verfestigung. Zugleich begegnet die Sozialarbeiterin der Kritik der Jugendlichen am abgekürzten Verfahrensablauf mit dem geringen Zeitbudget, das ihr zur Verfügung stehe.

> Esra: „ja ... was mich ja aufgeregt hat (*lauter*) ihre kostbare Zeit von ihrer kostbaren Zeit hätte se ein bißchen Zeit für mich genommen und wär hierher gekommen und sie hätte sowieso gleich noch ein Gespräch ... ja und so weiter als wär sie nur gekommen weil ich sie gerufen hab äh ..."

Gemäß dieser Darstellung wird Esra darauf verwiesen, daß sie eigentlich dankbar sein müßte, daß die Sozialarbeiterin ihr einen Teil ihres knapp bemessenen Zeitbudgets zugesteht. Dies entspräche einer impliziten Aufforderung zur Dankbarkeit für eine geleistete Hilfe, die nicht selbstverständlich erwartbar ist, sondern ihr im Sinne einer ethischen Sonderleistung zuteil wurde. Da die Sozialarbeiterin jedoch im Rahmen ihrer beruflichen Zuständigkeit das Mandat des gesellschaftlich definierten Auftrags zur Hilfe und Fürsorge der ihr anvertrauten Jugendlichen übernommen hat, handelt es sich nicht um eine private Sonderleistung, sondern um eine erwartbare berufliche Dienstleistung. Andernfalls würde die Sozialarbeiterin diese Aufgabe primär als ein bürokratisch zu handhabendes Verfahren ansehen, bei dem die Einzelfallbetreuung nicht als selbstverständlicher Bestandteil der Arbeit vorgesehen ist. Gerade die beruflich durchgeführte Hilfeleistung hat jedoch auch die Funktion, den Empfänger derselben von der oft lästigen Dankbarkeitsverpflichtung zu befreien, indem sie im Kontext formalisierter Sozialbeziehungen eine ansonsten in diffusen Beziehungen selbstverständliche Hilfeleistung ermöglicht. Zwar wird das Handeln der mit der Erziehung, Versorgung und Kontrolle von Jugendlichen Beauftragten wesentlich durch die organisatorischen Ablaufmuster, die zeitlichen und finanziellen Ressourcen der Institutionen beeinflußt und der Spielraum einer produktiven Problembearbeitung erheblich begrenzt, zugleich führen jedoch die Versuche, dem Jugendlichen die faktische Dominanz der Organisationsratio bei der Entscheidung und Durchführung der Maßnahmen zu verschleiern und ihn davon zu überzeugen, man handle stellvertretend in seinem Interesse, zu erheblichen Legitimationsproblemen letzterem gegenüber. Gleichermaßen besteht eine weitere Paradoxie darin, das angestrebte Ziel der Integration, Autonomie und Verselbständigung durch die verfahrensmäßige Etablierung des Entgegengesetzten, wie die Ausgrenzung von Entscheidungsprozessen, die Unterordnung unter getroffene Entscheidungen oder eine Bevormundung, zu erreichen.

Fazit

Die explizite Einbeziehung der Biographie hat dabei eine ermöglichende und eine verhindernde Funktion: Sie ermöglicht den Blick auf weitgestreckte Prozesse der Erfahrungsaufschichtung, der Leidensprozesse und Handlungsmuster im Zusammenspiel mit möglichen Interventionen und verhindert die vorschnelle Zuordnung und Abwicklung der Fälle im Zuge der Dominanz bürokratischer Abkürzungsverfahren. Gerade die Berücksichtigung der vom Subjekt nicht antizipierten Handlungsfolgen, als die sich aus dem Zusammenwirken der vorliegenden Spielräume und der den Einzelfall konstituierenden Fallstruktur ergebenden Optionen geraten so in den Aufmerksamkeitsfokus biographischer Analyse. Ebenso können etwa die systematische Nicht-Berücksichtigung von schleichenden biographischen Prozessierungen oder hohen lebenspraktischen Kosten einhergehende Interaktionsmuster, die mit den traumatisierenden Bedingungen der biographischen Entwicklung eng verwoben sind, die Bedingungen der Möglichkeit gemeinsamen Handelns erheblich erschweren.

Ob sich die Verfahren der Intervention an biographischen Prozessen orientieren oder nicht, institutionelle Prozesse werden - wie sich anhand fallspezifischer Konfigurationen nachweisen läßt - auch von seiten der Klienten beeinflußt. Institutionelle Abläufe werden von den spezifischen Interaktionsmustern der Kinder und Jugendlichen in einer Art modifiziert, daß sich darin zentrale Strukturmuster und Analogien zu familialen Konflikttypen und Szenen wiederfinden. Hier werden Institutionen, wie Schulen, Pflegefamilien, Heime und deren Vertreter, in eine emotionale Konfliktdynamik hineingezogen, deren Bedeutung sich erst vor dem Hintergrund einer biographischen Rekonstruktion sinnhaft erschließt. In dem Maße, wie diese Institutionen und das in ihnen arbeitende sozialpädagogische Personal in der Lage sind, die übertragene emotionale Konfliktstruktur zu erkennen, differenziert aufzunehmen und im Vollzug einer lebendigen und zukunftsoffenen Beziehungspraxis zu gestalten, werden sie ihrer beruflichen Aufgabe auch in biographischer Sachwalterschaft gerecht.

Literatur

Baacke, D./**Schulze**, Th. (Hrsg.): Pädagogische Biographieforschung. Weinheim und Basel 1982.

Baacke, D./**Schulze**, Th. (Hrsg.): Aus Geschichten lernen. Zur Einübung pädagogischen Verstehens. München 1978.

Ehlert, M./**Müller**, H./**Nölke**, E.: Der Absturz des Überfliegers - Biographie- und psychoanalytische Überlegungen zur Geschichte eines Scheiterns. In: Combe, A./Helsper, W. (Hrsg.): Hermeneutische Jugendforschung. Opladen 1991.

Fischer, W./**Kohli**, M.: Biographieforschung. In: Voges, W. (Hrsg.): Methoden der Biographie- und Lebenslaufforschung. Opladen 1987.

Fuchs, W.: Biographische Forschung. Studienbegleitbrief der Fernuniversität. Hagen 1982.

Fuchs, W.: Biographische Forschung. Opladen 1984.

Glaser, B. G. /**Strauß**, A. L.: The Discovery Of Grounded Theory: strategies for qualitative research. New York 1967.

Hahn, A.: Identität und Selbstthematisierung. In: ders./Kapp, V. (Hrsg.): Selbstthematisierung und Selbstzeugnis: Bekenntnis und Geständnis. Frankfurt/M. 1987, S. 9-25.

Helsper, W./**Müller**, H./**Nölke**, E./**Combe**, A.: Jugendliche Außenseiter. Frankfurt 1991.

Kohli, M: Wie es zur „biographischen Methode" kam und was aus ihr geworden ist. In: Zeitschrift für Soziologie 1981, H.3, S. 273—293 (a).

Kohli, M.: Zur Theorie der biographischen Selbst- und Fremdtheamzisierung. In: Matthes, J. (Hrsg.): Lebenswelt und soziale Probleme, Frankfurt u. a. 1981, S. 502—520 (b).

Krüger, H.-H./**Marotzki**, W. (Hrsg.): Erziehungswissenschaftliche Biographieforschung. Opladen 1995.

Nölke, E.: Lebensgeschichte und Marginalisierung. Hermeneutische Fallrekonstruktionen gescheiterter Sozialisationsverläufe von Jugendlichen. Wiesbaden 1994.

Nölke, E.: Strukturelle Paradoxien im Handlungsfeld der Maßnahmen öffentlicher Ersatzerziehung. In: Combe, A./Helsper, W.: Pädagogische Professionalität. Frankfurt 1996, S. 678-713.

Nölke, E.: Der biographische Blick auf Marginalisierung. Hermeneutische Rekonstruktionen gescheiterter Sozialisationsverläufe von Jugendlichen und ihre sozialpädagogische Bedeutung. In: Jakob, G./Wensierski, H.-J.,v. (Hrsg.): Rekonstruktive Sozialpädagogik. Weinheim/München 1997, S. 177-191.

Nölke, E.: Marginalisierung und Rechtsextremismus. Exemplarische Rekonstruktion der Biographie- und Bildungsverläufe von Jugendlichen aus dem Umfeld der rechten Szene. In: König, H.-D.: Sozialpsychologie des Rechtsextremismus. Hermeneutische Sozialforschung in Frankfurt. Frankfurt 1998 (im Erscheinen).

Nölke, E./**Müller**, H./**Helsper**, W.: Professionalisierung durch Weiterbildung? Zu den Möglichkeiten und Grenzen einer Weiterbildung für Sozialarbeiter und Sozialpädagogen. In: Neue Praxis 5/92, S. 395-412.

Oevermann, U.: Kontroversen über sinnverstehende Soziologie. Einige wiederkehrende Probleme und Mißverständnisse in der Rezeption der „Objektiven Hermeneutik". In: Aufenanger, S./Lenssen, M. (Hrsg.): Handlung und Sinnstruktur. Bedeutung und Anwendung der Objektiven Hermeneutik. München 1986, S. 19-83.

Oevermann, U.: Zur Sache. Die Bedeutung von Adornos methodologischem Selbstverständnis für die Begründung einer materialen soziologischen Strukturanalyse. In: v. Friedeburg, L. / Habermas, J. (Hrsg.): Adorno-Konferenz. Frankfurt 1983.

Oevermann, U./**Allert**, T./**Konau**, E./**Krambeck**, J./**Schröder-Caesar**, E./ **Schütze**, Y.: Zur Methodologie einer 'objektiven' Hermeneutik und ihre allgemeine forschungslogische Bedeutung in den Sozialwissenschaften. In: Soeffner, H.G. (Hrsg.): Interpretative Verfahren in den Sozial- und Textwissenschaften. Stuttgart 1979.

Oevermann, U./**Allert**, T./**Gripp**, H./**Konau**, E./**Krambeck**, J./**Schröder-Caesar**, E./**Schütze**, Y.: Beobachtungen zur Struktur der sozialisatorischen Interaktion. Theoretische und methodologische Fragen der Sozialisationsforschung. In: Auwärter, M./Kirsch, E./Schröder, M.: Seminar: Kommunikation, Interaktion, Identität. Frankfurt 1976, S. 371-403.

Oevermann, U.: Die objektive Hermeneutik als unverzichtbare methodologische Grundlage für die Analyse von Subjektivität. Zugleich eine Kritik der Tiefenhermeneutik. In: Jung, Th./Müller-Doohm, S. (Hrsg.): Wirklichkeit im Deutungsprozeß. Verstehen und Methoden in den Kultur- und Sozialwissenschaften. Frankfurt a. M., 1993, S. 106-189.

Schütze, F.: Das narrative Interview in Interaktionsfeldstudien. Hagen 1987.

Schütze, F.: Prozeßstrukturen des Lebenslaufs. In: Matthes, J., u. a.: Biographie in handlungswissenschaftlicher Perspektive. Nürnberg 1981.

Schütze, F.: Verlaufskurven des Erleidens als Forschungsgegenstand der interpretativen Soziologie. In: Krüger, H.-H./Marotzki, W. (Hrsg.): Erziehungswissenschaftliche Biographieforschung. Opladen 1995, S. 116-157.

Strauss, A.L.: Grundlagen qualitativer Sozialforschung. München 1991.

Völzke, R. : Biographisches Erzählen im beruflichen Alltag. Das sozialpäga-gogische Konzept der biographisch-narrativen Gesprächsführung. In: Jakob, G/Wensierski H.-J.,v. (Hrsg.): Rekonstruktive Sozialpädagogik. 1997, S. 271-286.

Voges, W.: Methoden der Biographie- und Lebenslaufforschung. Opladen 1997.

Norbert Höpfner/ Manfred Jöbgen/ Roland Becker

Zur Methodisierbarkeit von Hilfe oder: Braucht die Soziale Arbeit Diagnosen?

1. Vorbemerkung

Dieser Beitrag möchte einen neuen Ansatz der pädagogischen Diagnostik in der Sozialen Arbeit und ein damit verbundenes Fortbildungskonzept für SozialarbeiterInnen und SozialpädagogInnen vorstellen, der die von Ulrich Oevermann entwickelte Methode der objektiven Hermeneutik[1] für die vielfältigen Verstehens- und Entscheidungsprozesse innerhalb des Berufsfeldes „Soziale Arbeit" fruchtbar macht.

Prinzipiell wird damit kein absolutes Neuland beschritten. Die objektive Hermeneutik spielt in der Sozialen Arbeit schon seit langem hauptsächlich in zwei Bereichen eine Rolle: In der Ausbildung von StudentInnen an (Fach-)Hochschulen im Rahmen von Forschungswerkstätten[2] und in der auf die Soziale Arbeit bezogenen Forschung[3]. Neu ist an diesem Konzept, daß es sowohl in der Diagnostik als auch in dem Fortbildungsangebot darum geht,

---

[1] vgl.: Oevermann, U./Allert, T./Konau, E./Krambeck, J.: Die Methodologie einer 'objektiven Hermeneutik' und ihre allgemeine forschungslogische Bedeutung für die Sozialwissenschaften, in: Soeffner, H.-G. (Hrsg.): Interpretative Verfahren in den Sozial- und Textwissenschaften, Stuttgart 1997, S. 352-434. In jüngster Zeit: Oevermann, U.: Die Fallrekonstruktion als naturwüchsige, evaluative und supervisorische Methode in der professionalisierten pädagogischen Praxis. (noch unveröffentlichtes Manuskript) 1998.

[2] Forschungswerkstätten gibt es z.B. an der Gesamthochschule Kassel (Thomas Reim/Gerhard Riemann), an der Katholischen Hochschule für Soziale Arbeit in Saarbrücken (Bernd Haupert/Klaus Kraimer) und an der Universität in Oldenburg (Detlef Garz/ Klaus Kraimer).

[3] Beispielsweise: Allert T., Bieback-Diehl, L./Oberle, H./Seyfarth, E.: Familie, Milieu und sozialpädagogische Intervention, Münster 1994. Oder auch Nölke, E.: Lebensgeschichte und Marginalisierung. Hermeneutische Fallrekonstruktionen gescheiterter Sozialisationsverläufe von Jugendlichen. Wiesbaden 1993.

die Leistungsfähigkeit der objektiven Hermeneutik für die Bewältigung von Problemen des Berufsalltags innerhalb der verschiedenen Handlungsfelder der Sozialen Arbeit konkret nutzbar zu machen. Im Rahmen der pädagogischen Diagnostik werden für die Abklärung von schwierigen Entscheidungsproblemen im Rahmen der Hilfeplanerstellung oder -fortschreibung durch die Fachkräfte von Jugendämtern Gutachten erstellt, die auf narrativen Interviews basieren. Die Fortbildung zielt in aufeinander aufbauenden Ausbildungsstufen darauf ab, eine methodische Kompetenz zu entwickeln, die es SozialarbeiterInnen bzw. SozialpädagogInnen ermöglichen soll, berufsalltägliche Handlungsprobleme durch die hermeneutisch-rekonstruktive Herangehensweise zu lösen, das Verfahren der Sequenzanalyse auf ganz unterschiedliches Datenmaterial anzuwenden und schließlich schriftlich niedergelegte Fallanalysen in Form von Gutachten erstellen zu können. Entstehungshintergrund dieses Ansatzes ist die Erfahrung, daß SozialpädagogInnen und SozialarbeiterInnen in der täglichen Arbeit mit Klienten vor hochkomplexen Entscheidungsproblemen stehen, für die sie in keiner Weise zureichend ausgebildet wurden. Um beispielsweise zu einer Beurteilung darüber zu gelangen, welche spezifische Maßnahme der erzieherischen Hilfe für einen Klienten geeignet sein könnte, ist es unumgänglich, ein fundiertes Verständnis sowohl für die aktuelle lebenspraktische Problematik als auch für deren Entstehungsgeschichte zu erarbeiten. Eine zentrale Rolle kommt in diesem Zusammenhang dann zwangsläufig den rahmenden familiären Konstellationen zu, die sich aufgrund ihrer hohen Komplexität und Dynamik dem ‚einfachen' Zugriff versperren. SozialarbeiterInnen und SozialpädagogInnen werden nun in aller Regel wegen der mangelnden wissenschaftlichen Ausrichtung des Faches weder mit den theoretischen Wissensbeständen aus der Sozialisationstheorie und Familiensoziologie in auch nur annähernd zureichendem Maße vertraut gemacht, noch erhalten sie eine Ausbildung in fallverstehenden hermeneutischen Methoden, die ihnen entsprechend vertiefte Falleinsichten ermöglichen würden. Das bedeutet in der Konsequenz, daß sie in ihrer Berufspraxis auf ein intuitives Verstehen und auf Alltagstheorien zur Sozialisation, zu Erziehungspraktiken und familiäre Strukturkonstellationen zurückgreifen müssen, so daß die auf dieser Grundlage entwickelten Interventionsstrategien vielfach mit entsprechenden Mängeln behaftet sind. Diesem Mißstand möchte der hier vorzustellende Ansatz entgegenwirken und Angebote zur methodischen Qualifizierung der Arbeit machen.

Die Methode der objektiven Hermeneutik eignet sich deshalb in vorzüglicher Weise für die von uns anvisierte Qualifizierung, weil sie zum einen im Zusammenhang von Forschungen im Bereich der Familiensoziologie und Sozialisationstheorie entwickelt wurde und deshalb eine strukturelle Affinität zu einem der wichtigsten Tätigkeitsfelder sozialpädagogischen Handelns hat, zum zweiten eine von Ulrich Oevermann ausgearbeitete Professionalisierungstheorie[4] vorliegt, die als zentrale Funktion von Professionen die *stellvertretende Deutung für die Lebenspraxis* bestimmt und zum dritten die im Sinne einer Kunstlehre anzueignende Methodenausbildung außerordentlich leistungsfähig in der hermeneutischen Deutung von Lebenspraxis ist.

Ohne an dieser Stelle auf die Frage einzugehen, ob die Soziale Arbeit eine Profession ist oder nicht, ob sie prinzipiell professionalisierbar ist oder nicht, halten wir auf der handlungslogischen Ebene das Prinzip der stellvertretenden Deutung für ein zentrales Merkmal der Berufstätigkeit von SozialpädagogInnen und SozialarbeiterInnen. Ähnlich wie die Angehörigen der klassischen Professionen (z.B. Ärzte, Juristen, Pfarrer) müssen die sozialen Fachkräfte in den meisten Feldern der Sozialen Arbeit in der Interaktion mit Klienten die Fallproblematik deuten und diese Deutung kommunizieren[5]. Im Unterschied zu professionalisierten Berufen stehen ihnen aber keine eigen-

---

[4] Oevermann, U.: Theoretische Skizze einer revidierten Theorie professionalisierten Handelns, in: Combe, C./Helsper, W.: Pädagogische Professionalität, Frankfurt/M. 1996, S. 70-182. Sowie Oevermann, U.: Professionalisierung der Pädagogik - Professionalisierbarkeit pädagogischen Handelns. (Transkript eines Vortrages im Institut für Sozialpädagogik und Erwachsenenbildung der freien Universität Berlin) 1981.

[5] vgl. z.B. Haupert/Kraimer: Die disziplinäre Heimatlosigkeit der Sozialpädagogik/ Sozialarbeit, in: neue praxis, H. 2/1991, S. 106 -121. Oder auch Gildemeister, R.: Neuere Aspekte der Professionalisierungsdebatte, in: neue praxis, H. 3/1992, S. 207 – 219. Auch Kritiker einer pädagogischen Diagnostik, z.B. Joachim Merchel sehen die Notwendigkeit, die Lebensgeschichte und die Erfahrungen von Kindern und Jugendlichen wahrzunehmen und sie zu deuten. Zur Professionalität bei der Hilfeplanung gehört ihm zufolge „die Fähigkeit, mit komplexen Situationen umzugehen, sich auf unterschiedliche Deutungen einzulassen und mit diesen perspektivisch arbeiten zu können, Situationen mit Hilfe theoretischer Kenntnisse zu interpretieren, Wege der Weiterentwicklung von Adressaten zu denken und gemeinsam zu strukturieren, Hilfeverläufe einer gemeinsamen Bewertung zu unterziehen.“ Aus: Merchel, J. 1994, S. 61 f.

ständigen Theoriebestände und Klassifikationssysteme zur Verfügung. Sie sind auf den Rückgriff auf die Theorie- und Wissensproduktion der sog. Fundierungsdisziplinen wie Soziologie, Psychologie etc. angewiesen. Dieses theoretisches Wissen müssen sie auf den Fall beziehen, dabei aber zugleich der Individualität des Falles Rechnung tragen. Der Fall kann nicht allein subsumtionslogisch unter Wissenskategorien klassifiziert werden, sondern muß in seiner einzigartigen Problematik verstanden werden. Der Professionelle muß im Rahmen seiner helfenden Tätigkeit ein Arbeitsbündnis mit dem Klienten schließen und nicht schematische, sondern *fallbezogene* Hilfeangebote machen, die letztlich das Ziel haben, die Autonomie des Klienten zu fördern oder wiederherzustellen. Dabei riskiert der professionell Handelnde jedoch unweigerlich, durch seine Hilfe die Autonomie des Klienten partiell aufzuheben. Diese *widersprüchliche Einheit* ist ein Strukturmerkmal des professionalisierten Handelns. Das zentrale Element des professionalisierten Handelns, mit der die Ambivalenz für beide Seiten geschultert und ausgehalten wird, ist die *stellvertretende Deutung*. Der Sozialpädagoge macht in seiner Arbeit mit dem Klienten Deutungsangebote,[6] zu denen der Klient selbst aufgrund eigener Problemverstrickung im Normalfall nicht in der Lage ist. Dieser kann sich die Deutungsangebote zu eigen machen, auf seinen Selbstdeutungen insistieren, beziehungsweise neue eigene Selbstdeutungen entwikkeln und auf diesem Wege seine Autonomie weiterentwickeln oder wiederherstellen. Nach Oevermann zeigen materiale Fallanalysen, „...daß das gelingende professionalisierte (pädagogische, R. B.) Handeln ganz wesentlich in einem naturwüchsigen Habitus des Fallverstehens besteht, das in eine strukturhomologe Entsprechung der Operation der Fallrekonstruktion in der objektiven Hermeneutik gebracht werden kann.“ (Oevermann 1998, S. 2).

Wegen dieser Entsprechung sind die Einübung in die Methode der objektiven Hermeneutik und die Erstellung von detaillierten Fallrekonstruktionen im Rahmen der pädagogischen Diagnostik Beiträge zu einer Professionalisierung der Berufspraxis.

---

[6] Er tut dies im übrigen explizit oder implizit, ob er es will oder nicht. Den Standpunkt, den der Sozialpädagoge/Sozialarbeiter einnimmt, sowie die Art und Weise der Interaktion werden von dem Klienten als Deutung seines Problems interpretiert.

2. Pädagogische Diagnostik: Ein roter Faden im Labyrinth der Lebenswelten?

Obwohl der Begriff „Diagnose“ in der Sozialen Arbeit auf eine altehrwürdige Tradition zurückblicken kann, steht es mit seinem derzeitigen Leumund nicht zum Besten.[7] Als müsse man die pädagogischen Handlungsfelder gegen eine drohende »Technokratisierung« immunisieren, wird in der Diagnostik oftmals ein Einfallstor gesehen, durch das Methoden Einzug halten könnten, die ihre Domäne in der Psychiatrie oder der Medizin haben und folglich mit der Leitdifferenz krank/gesund operieren. Einem auf die Lebenswelten der Klientel bezogenen sozialpädagogischen Handeln, so die Befürchtung, würde die *Subjektorientierung* verloren gehen und dies würde tendenziell einen Rücksturz in die Vor- und Frühgeschichte der Erziehungshilfe bedeuten, als man noch die obrigkeitliche Verfügung des (vermeintlich) richtigen Weges als legitimes Recht der Gesellschaft betrachtet hat, „schwer Erziehbaren“, „Verwahrlosten“ und anderen „Auffälligen“ die Schranken aufzuzeigen. Mit Recht wird von den Vertretern eines modernen Jugendhilfesystems darauf insistiert, daß die *Partizipation* aller Adressaten der Hilfeplanung in einem offen zu führenden Aushandlungsprozeß[8] die Gewähr dafür bietet, zu tragfähigen Lösungen zu kommen. „Pädagogische Diagnosen“, die das „Störungsbild“ eines Kindes/Jugendlichen zum Gegenstand haben, erscheinen vor diesem Hintergrund a priori als der lange Schatten einer sich hartnäckig behauptenden ‚Expertokratie‘: Warum Richtung und Weg eines Hilfeplans umständlich, zeitaufwendig und kompromißbehaftet aushandeln, was durch ein diagnostisches Verfahren vermeintlich besser, schneller, ressourcenschonender geleistet werden könnte?

Von seiten der Kritiker ist zudem völlig zu Recht auf den Umstand hingewiesen worden, daß durch Diagnosen und Prognosen u.U. Etikettierungs-, ja so-

---

[7] Vgl. z.B. Rethmann 1997, S. 43ff; Merchel 1994, S. 45ff.

[8] Vgl. hierzu z.B. Rethmann 1997, S. 210ff.

gar Stigmatisierungsprozesse[9] begünstigt werden könnten[10]. Wohlgemerkt: Alle diese Unternehmungen zielten nicht nur auf eine Verbesserung einer als unbefriedigend wahrgenommenen Entscheidungsfindung ab, sie einte bei aller Verschiedenartigkeit ihrer methodischen Grundorientierungen auch das Bemühen um *Standardisierung des Verfahrens*[11]. Zugunsten einer einfacheren Handhabbarkeit, die den einschlägig vorgebildeten PraktikerInnen ‚vor Ort' ein Instrumentarium zur rationaleren Entscheidungsfindung bereitstellen sollte, war das Bestreben immer auch darauf gerichtet, ein Arbeitsmittel zu konstruieren, das ein einheitliches Vorgehen gestatten sollte[12]. Ein Analyseinstrument, das in standardisierter Weise, d.h. unter vorab operationalisierten Begriffen, die für relevant gehaltenen Fraglichkeiten im Kontext einer Diagnoseerstellung erhebt, wirft aber eben nicht nur das von den Befürwortern selbst gesehene Problem auf, mitunter eine Verfahrens*mechanik* zu begründen, die für die Spezifik und Individualität des Einzelfalles blind ist. Mindestens genauso schwer wiegt u.E. die ganz und gar reale Gefahr, die gesellschaftlichen Wandlungsprozesse, die als Entstehungs- und Verlaufskontext den Rahmen darstellen, in dem der Einzelfall *als Einzelfall* seine Besonderung erfährt, durch eine subsumtionslogische Vorentscheidung[13] stillzustellen[14], d.h., mit Nietzsche gesprochen: stillschweigend davon auszuge-

---

[9] Karl Späth spricht bezogen auf medizinisch-psychologische Modelle von den Risiken einer „Hierarchisierung" bzw. „Klientelisierung". In: Späth, K. 1986, op.cit., S. 283-290.

[10] Gutenberg, B./Sprau-Kuhlen, V.: Erziehungshilfen – gegenwärtige Situation und Tendenzen in der Entwicklung, Materialien zum 5. Jugendbericht, München 1980, zitiert nach Rethmann 1997, op.cit., S. 49.

[11] Vgl. ebd., S. 61f.

[12] Einen davon abweichenden Weg beschreitet Viola Harnach-Beck in ihrem 1995 vorgelegten Diagnostik-Konzept. Sie methodisiert im Rahmen einer differenzierten Mäeutik die Wege der Informationsbeschaffung, ohne die eine vernünftige Entscheidung nicht auskommen kann. Im Gegensatz zu der hochauflösenden Datenbeschaffungstechnik, folgt die darauf fußende Diagnose den Konventionen psychologischer Theoriebildung.

[13] Wir werden an späterer Stelle noch genauer auf die wesentlichen Unterschiede zwischen subsumtionslogischen und rekonstruktionslogischen Verfahren eingehen.

[14] Vgl. Cobus-Schwertner, Inge: Jugendhilfe und Jugendpsychiatrie: verhängnisvolle Verstrickungen?, in: Deutscher Verein (Hrsg.) 1992, S. 89: „Die psychiatrische Diagnose konstruiert eine Fallgeschichte, die zu einem aktenmäßigen psychiatrischen Karriereverlauf führt. Die erheblichen psychischen Beschädigungen, die aus der ma-

hen, daß es sich um die ewige Wiederkehr des immer Gleichen handelt. Analog zu der in der psychiatrischen Diagnostik heimischen Nomenklatur - wenn auch zugestandenermaßen bei weitem nicht so drastisch - haftet den auf dieser Grundlage vorgehenden Diagnoseverfahren eine methodisch nicht zu rechtfertigende Überbetonung schematisch-deskriptiver Kategorien an, die implizit beanspruchen *müssen*, zeitenthoben zu sein. So wie psychiatrische Verfahren (DSM-IV-R/ICD-10) anhand der Leitdifferenz Gesundheit/Krankheit die jeweilige Symptomatik nach einem Diagnoseschlüssel erfassen wollen[15], um zu einer Aussage über die falleigenen Entwicklungsstörungen zu gelangen, sind letztlich alle kategorisierenden Verfahren zwangsläufig *unflexibel* im Hinblick auf Neues und hoffnungslos *unterkomplex* im Hinblick auf Reales[16]. Die bisweilen rasanten Veränderungsdynamiken, denen kindliche bzw. jugendliche Lebenswelten ausgesetzt sind, sollen also schlußendlich mit einem Instrumentarium erfaßt werden, das neuartige Entwicklungen und Problemstellungen, wie sie die menschliche Lebenspraxis unentwegt hervorbringt, gar nicht als solche identifizieren kann.

Davon einmal abgesehen, sind, wie immer wieder v.a. von den PraktikerInnen beklagt wird, gerade psychiatrische Diagnosen im Bereich der Jugendhilfe ungeeignet, Perspektiven auf eine pädagogische Interventionspraxis zu eröffnen, weil sie einen Begriff von »Individualität« zugrundelegen, der das »Objekt« der Betrachtung aus seinen Kontexten herauslöst und auf testpsychologisch ermittelte Meßwertekonfigurationen reduziert, die kaum noch oder gar keine Anhaltspunkte dafür enthalten, wie das so gefundene Störungsmuster im pädagogischen Prozeß bearbeitet werden kann. Um einem denkbaren Mißverständnis prophylaktisch entgegenzutreten: Hier soll es

---

.... teriellen und sozialen Deprivation resultieren, werden dabei nur unzureichend erfaßt und soziale und ökonomische Faktoren, die zu sozial unerwünschtem Verhalten führen, können nicht wahrgenommen werden. Statt dessen stellt die Diagnose das wichtigste Verständigungsmittel über den Betroffenen in der Interaktion der Institutionen untereinander dar."

15 Vgl. Jöbgen 1998, S 18ff; Cobus-Schwertner 1990, S. 78ff.

16 Damit ist natürlich in keiner Weise bestritten, daß standardisierte Erhebungen, die mit frequenzanalytischen Mitteln operieren, für bestimmte Zwecke unersetzlich sind. Wo es allerdings um die Strukturen von Individualität oder Subjektivität geht, sind sie untauglich.

nicht darum gehen, kinder- und jugendpsychiatrische Verfahrensweisen zu diskreditieren. In der Unterstellung jedoch, daß die Psychiatrie die geeignete Instanz sei, Jugendlichen bei der Überwindung von Lebenskrisen zu helfen, die zu Verhaltensauffälligkeiten, Integrationsschwierigkeiten oder was auch immer führen, liegt ein verhängnisvoller Kategorienfehler, nämlich die Annahme, dem Träger solcher Eigenschaften müsse aufgrund einer *Erkrankung* geholfen werden. Das mag in Einzelfällen so sein, auf die große Mehrzahl der uns bekannten psychiatrisierten Jugendlichen traf diese Einschätzung nicht zu.

Doch kann angesichts der mit der Wucht eines durch das KJHG eingeleiteten neuen Selbstverständnisses der Jugendhilfe als Bargaining-Prozeß *jedwede* Form von Diagnostik mit dem Bannstrahl belegt werden, weil man, wie J. Merchel ausführt, erkannt habe, „daß das Diagnose-Denken einen für die Jugendhilfe unangemessenen Weg gewiesen hat"?[17] Anders gefragt: Was genau ist eigentlich unter dem vielgepriesenen Ausweg aus dem Dilemma, wie ihn z.B. Karl Späth formuliert, zu verstehen? „Bei der Hilfeplanerstellung geht es also nicht um Diagnostik und Indikationsfindung, die klassischen Vorgehensweisen einer eher expertokratisch, am medizinischen Vorbild orientierten Jugendhilfe, sondern um einen Aushandlungsprozeß, bei dem die hilfesuchenden Personen eine entscheidende Rolle spielen sollen."[18] Wer je an einem solchen „Aushandlungsprozeß" beteiligt war, wird wissen, wie weit, bei allem aufrichtigen Bemühen diese Schere zu schließen, hier Anspruch und Wirklichkeit auseinanderklaffen. Nicht nur, daß der Aushandlungsprozeß im Falle der Erziehungshilfe oft genug in Situationen installiert werden muß, die sich durch ein Höchstmaß an Irritation, Verzweiflung und Orientierungslosigkeit auszeichnen, auch die Bereitschaft zur Mitarbeit auf Seiten der Betroffenen kann keineswegs einfach unterstellt werden. Zugespitzt könnte man sogar behaupten, daß gerade in Fällen, wo eine Beteiligung der „AdressatInnen" in besonderem Maße unabdingbar ist, um zu einer praxistauglichen Lösung zu gelangen, diese gerade unter erheblich erschwerten Umständen mobilisiert werden muß – wenn dies überhaupt gelingt. Dies betrifft insbesondere Konfliktkonstellationen, in denen sich die Fronten zwi-

---

[17] Merchel/Schrapper 1994, S. 19.
[18] Karl Späth 1994, S. 58.

schen den Akteuren verhärtet haben oder der Eingriff des Jugendamtes als die unerwünschte Einmischung einer staatlichen Kontrollbehörde erfahren wird.

Darüber hinaus darf natürlich nicht übersehen werden, daß partizipative Modelle in sich bereits hochgradig voraussetzungsreiche Interaktionsgebilde darstellen, die selbst dann Realisierungsschwierigkeiten aufwerfen, wenn der Idealfall allseitiger Bereitschaft zu konsensuellem Handeln vorliegt. In einer jüngst vorgelegten, bemerkenswert gründlichen Studie von Franz Herrmann ist das außerordentlich vielschichtige Geflecht unterschiedlicher Einflußfaktoren, Antezedenzbedingungen und differentiellen Interessenlagerungen der Beteiligten am Beispiel der Jugendhilfeplanung herausgearbeitet worden. Gerade weil der Autor keine Alternative zu den partizipativen Verfahren der Entscheidungsfindung sieht, liest sich seine kritische Bestandsaufnahme stellenweise wie eine ‚Anleitung zum Unglücklichsein'.

„Partizipationsverfahren schaffen keinen »herrschaftsfreien Raum«: Auch hier findet man auf den individuellen Nutzen bezogenes, strategisches Verhalten von Akteuren, die Ergebnisse möglicherweise verzerren oder erreichte Konsense wertlos machen können. Auch hier werden weniger privilegierte Akteure mit den Grenzen ihres Einflusses konfrontiert, die Engagement fragwürdig machen und Gefühle von Mißachtung, Frustration und Machtlosigkeit erzeugen können. Auch hier bilden sich vergangene Mißachtungserfahrungen und Konflikte zwischen den Akteuren ab, die nur bedingt bearbeitbar sind. Die Grenze, an der Partizipation zur »Alibiveranstaltung« wird, ist fließend."[19]

Was aber kann getan werden? In der Regel sind es gerade die familialen Krisen- und Konfliktszenarien, die eine schnelle und situationsadäquate Lösung verlangen. Zwar sieht das KJHG im § 36 das „Zusammenwirken mehrerer Fachkräfte" vor, doch über welche Kompetenzen müssen diese eigentlich verfügen, damit erfolgreich entschieden und gehandelt werden kann? Das, was in der Jugendhilfe unter dem Stichwort „Fachlichkeit" diskutiert wird, hat eine frappante inhaltliche Nähe zu dem, was man in der Anfangszeit der

---

[19] Herrmann 1998, S. 271f.

sozialen Arbeit unter „Sozialer Diagnose“ verstanden hatte[20]. Und was anderes als »Diagnostik« ist es, was J. Merchel vor Augen hat , wenn er schreibt:

„Die Skepsis gegenüber Diagnose-Konzepten in der Jugendhilfe hat jedoch nichts zu tun mit einer Reduktion von Fachlichkeit. Es besteht weiterhin die Notwendigkeit, die Lebensgeschichte und die Erfahrungen von Kindern und Jugendlichen wahrzunehmen, sie zu deuten und in diesem gemeinsamen Deutungsprozeß pädagogisch tragfähige Perspektiven zu entwickeln. Für die Gestaltung dieses Prozesses ist ein hohes Maß an Fachlichkeit erforderlich: Es bedarf neben einer guten Kenntnis des differenzierten sozialen Hilfesystems sowohl einer ausgebildeten Fähigkeit zur Situationswahrnehmung und Situationsdeutung als auch einer spezifischen kommunikativen Kompetenz, die eine reale Beteiligung der Adressaten ermöglicht, produktive Impulse in die Aushandlungsprozesse hineinzugeben vermag u.a.m. Professionalität bei der Hilfeplanung erweist sich in der Fähigkeit, mit komplexen Situationen umzugehen, sich auf unterschiedliche Deutungen einzulassen und mit diesen perspektivisch arbeiten zu können, Situationen mit Hilfe theoretischer Kenntnisse zu interpretieren, Wege der Weiterentwicklung von Adressaten zu denken und gemeinsam zu strukturieren, Hilfeverläufe einer gemeinsamen Bewertung zu unterziehen.“[21]

Angesichts einer solchen Auflistung basaler Handlungskompetenzen und Verfahrensfertigkeiten fragt man sich freilich erst recht, warum es nicht statthaft sein soll, diese Qualifikationen unter dem Begriff „diagnostische Kompetenz“ zu versammeln. Ja es drängt sich geradezu der Eindruck auf, daß hier eine unverzichtbare Handlungs- und Entscheidungsressource, als die man die diagnostische Kompetenz auch fassen könnte, nur deshalb in Verruf geraten ist, weil es im Rahmen professioneller Distinktionsstrategien zweckdienlich erscheint, eine maximale Distanz zu den technokratieverdächtigen Konzepten der Psychiatrie und behavioristischen Psychologie zu markieren. Wir sehen im Gegensatz dazu nicht den geringsten Anlaß dafür, auf einen Terminus zu verzichten, der genau das bezeichnet, was den Zweck unseres Tuns aus-

---

[20] Vgl. Jöbgen 1998, S.22ff.
[21] Merchel 1994, S. 61f

macht, nämlich zu einer „unterscheidenden Beurteilung“ (Duden-Definition von Diagnose) zu gelangen.

3. Fachlichkeit – ein feststehender Begriff für einen beweglichen Sachverhalt

Eine rationale Entscheidung im Kontext der Erziehungshilfe zu treffen, also eine solche, die die Autonomisierung des Kindes oder Jugendlichen *voranbringt*, bedeutet in jedem Fall, ein Verständnis der konkreten Lebensumstände zu erarbeiten – und das angesichts einer Diversifizierung, die sich in die holzschnittartigen Erkenntnisschablonen der akademischen Modelle nicht recht einpassen lassen will, seien sie der Soziologie, der Psychologie oder erst recht der Psychiatrie entnommen.

Ein Ausweg aus dieser Lage möchte das u.a. von Hans Thiersch propagierte „Konzept Lebensweltorientierung[22]“ sein:

„Kinder und Heranwachsende haben wir im Kontext ihrer Lebenswelt gesehen, im Kontext also der diese strukturierenden ökonomischen und sozialen Bedingungen, im Kontext des Feldes der sozialen Beziehungen, ihrer Familie, ihrer Freundschaft, ihrer Erfahrungen in der Schule und auf der Straße; wir haben Kinder in ihren Stärken und ihren Ressourcen und in ihren Belastungen und ihren Problemen verstanden, und wir haben sie in ihrer Biographie, im Prozeß also von Entwicklungsaufgaben, in Nacheinander unterschiedlichen Situationen gesehen, - also z.B. in Situationen des Übergangs zwischen verschiedenen Familiensettings, zwischen Familie, Kindergarten und Schule, im Kontext aber auch der Brüche und Neukonstellationen in ihrer Lebenswelt, wie sie z.B. durch Arbeitslosigkeit, Armut, Scheidung oder Krankheit der Eltern bedingt sind. Wir haben schließlich Kinder in der heutigen Lebenswelt gesehen, die immer auch bestimmt sein kann durch Erfahrungen mit der Jugendhilfe, die ihrerseits Aufgaben und bisweilen ja auch Probleme ergibt, die bewältigt werden müssen.“[23]

---

[22] Vgl. dazu auch Rethmann 1997, S. 101ff.

[23] Thiersch Juli 1998, S. 14.

Herzstück dieses Konzeptes ist offensichtlich der Terminus „Verstehen", wie er auch in der qualitativen Sozialforschung gebräuchlich ist. Die Operation des Verstehens richtet sich zudem auf „Kontexte", d.h., es geht nicht um die Extraktion von Problemindikatoren aus einem ansonsten allenfalls als Begleitgeschehen vernachlässigten lebensweltlichen Gesamtzusammenhang, sondern diesem soll in seinem Verweisungsreichtum Rechnung getragen werden[24]. So weit, so gut. Programmatisch scheint dieser Ansatz dem Postulat nach der *Wirklichkeitsangemessenheit* Sozialer Arbeit Rechnung zu tragen, allein: Welche konkreten Kompetenzen sind auf Seiten der ‚Helfersysteme' notwendig, um der „heutigen Lebenswelt" bzw. den lebenspraktischen „Kontexten", in die die Problematik der Kinder und Jugendlichen eingebettet ist, gerecht werden zu können? Klar dürfte sein, daß ein naturwüchsiger Zugang, ein solcher also, der die empathische Intuition in den Rang eines analytischen Instruments erhebt, in jedem Fall ein hochriskantes Unternehmen darstellt und an den ‚neuen Unübersichtlichkeiten' einer Lebenspraxis zu scheitern droht, die keine Patentrezepte akzeptiert, seien sie auch noch so warmherzig. Eine Praxis übrigens, deren Nichtbewältigung oft genug dramatische Konsequenzen nach sich zieht, auch und gerade im Bereich der Erziehungshilfen.

Im Rahmen der Evaluationsstudie, der auch das vorstehende Zitat entnommen ist, kommen die AutorInnen zu dem Ergebnis, daß „zu Beginn einer Hilfe sehr genau, ausgehend von einer Diagnose der Lebensthemen der jungen Menschen, die Zielvorstellungen an eine Hilfe zu klären"[25]sind. Denn wenn das nicht erfolgt, kommt es zu dem mit einem tendenziell zynischen Euphemismus belegten Phänomen der sog. „Jugendhilfekarriere".

„Annähernd 20% der untersuchten Hilfeverläufe sind dadurch gekennzeichnet, daß die jungen Menschen in einem hohen Maße von Verlegungen zwischen einzelnen Einrichtungen und Hilfeformen betroffen sind (Kinder, die

---

24 Genau dieses Verständnis ist es, das der vorgetragenen Untersuchungsperspektive ihre Realitätstauglichkeit sichert. Würde sie, was in den Sozialwissenschaften weit verbreitet ist, Gesellschaft in Lebenswelt aufgehen lassen, müßte sie sich zwangsläufig in die Widersprüche eines hermeneutischen Idealismus verstricken, wie Habermas ihn in gewohnt scharfsinniger Weise dekonstruiert. Vgl. Habermas 1981, Bd.2, S. 223ff.

25 Bauer,D./Finkel, M./Hamberger,M./Kühn, A. Juli 1998, S. 10f.

in mehr als drei Einrichtungen untergebracht waren). (...) Die Jugendlichen werden zu »heimatlosen Vagabunden«, deren gleichsam immanentes Bestreben es ist, die Hilfeangebote und Beziehungen auf ihre Verläßlichkeit hin auf die Probe zu stellen. Ratlosigkeit der beteiligten Fachkräfte, krisenhafte Eskalation und eine Schuldzuweisung der Fachkräfte an die Jugendlichen, sich der Hilfe zu verweigern, sind die Folge. (...) *Darüber hinaus bestärkt das Ergebnis Erkenntnisse aus anderen Studien, daß bei den untersuchten Hilfekarrieren auffällig selten eine fachlich angemessene Diagnose im Vorfeld der Entscheidung für die eine oder andere Hilfe gestellt wurde.*“[26]

Um noch einmal den Bogen zur inhaltlichen Bestimmung von „Fachlichkeit“ zurückzuschlagen, scheinen die AutorInnen hier für eine Form von fachlicher Kompetenz zu plädieren, die in einem engen inhaltlichen Zusammenhang mit der Befähigung zur Erstellung einer Diagnose steht. Die Diagnose ihrerseits, bezieht man die vorherigen Ausführungen mit ein, ist das Resultat eines verstehenden Zugangs zu den Lebenswelten der Kinder und Jugendlichen. Ferchhoff formuliert das folgendermaßen:

„Professionelles Handeln zeichnet sich in diesem Sinne nicht durch Technologieorientierung und dogmatische Regelbefolgung aus, sondern durch ein Fallverstehen, für das wissenschaftliches Wissen nur ein notwendiges Element darstellt. Ergänzt werden muß dies durch Erfahrungswissen und hermeneutische Sensibilität für den Fall.“[27]

Seit langem werden die Standards der Fachlichkeit in der Sozialen Arbeit unter dem Stichwort „Professionalisierung“ diskutiert[28]. Darunter wird sehr verschiedenes verstanden. Das mag man bereits an den Stichworten ablesen, die J. Reichertz nach einer Durchsicht der neueren Diskussionsbeiträge auflistet: „...da ist von ‚Laisierung‘, ‚Expertisierung‘, ‚Deprofessionalisierung‘, ‚alternativer Professionalisierung‘ und anderem Kurzweiligen die Rede. Trotz dieser Vielfalt läßt sich ein gleichbleibender Tenor in der Debatte aus-

---

[26] Ebd., S. 48f.

[27] Ferchhoff/Kurz 1998, S. 23.

[28] Vgl. dazu z.B. Groddeck/Schumann (Hrsg.) 1994; Gildemeister, R. 1992; Schütze 1994; Oevermann 1990 und 1995, um nur einige zu nennen.

machen: Manche (akademischen) Berufe sind professionalisiert (klassische Fälle: Arzt, Jurist, Wissenschaftler, Priester, Therapeut), andere nicht (klassische Fälle: Ingenieur, Lehrer, Sozialarbeiter, Sozialpädagogen); wortreich weisen nun die geschmähten Sozialarbeiter/Sozialpädagogen (in deren Kreis das Thema ‚Profession' seit Jahren ein Renner ist), auf die Gefahren einer Nicht-Professionalität hin, und sie versuchen zugleich (meist mit einer eleganten Doppelstrategie) zum Gral (sprich: echte Professionalität) zu gelangen."[29] Wir können es uns im hiesigen Zusammenhang einfacher machen, indem wir die pragmatischen Fragen sinnvoller und unentbehrlicher Voraussetzungen einer gelingenden sozialen Arbeit von den eschatologischen Debatten um »echte« versus »halbechte« Professionalisierung abkoppeln. Damit soll nicht etwa bestritten werden, daß professionelles berufliches Handeln ein bestimmtes Strukturmuster des Umgangs zwischen den Professionellen und ihrer Klientel erzeugt, von dem Art und Weise der Hilfestellung abhängt, sondern der praktischen Frage nach der Bestückung des beruflichen Handwerkskoffers hier und jetzt der Vorrang eingeräumt werden.

In Anlehnung an Oevermann, dessen Konzept hier eine inhaltliche Nähe zu dem von Fritz Schütze aufweist, verstehen wir Professionalität generell als die widersprüchliche Einheit unterschiedlicher Elemente: das In-Anschlag-Bringen abstrakten Expertenwissens (subsumtionslogische Dimension) *und* das auf die konkrete Individualität des Falles gerichtete Bemühen, diesen im Kontext seiner Lebensumstände zu verstehen (rekonstruktionslogische Dimension), damit eine darauf aufbauende, dem Diktum »Hilfe zur Selbsthilfe« nicht nur deklamatorisch folgende Interventionspraxis eröffnet werden kann.

Folgt man Fritz Schützes Befunden[30], stellt sich die empirische Situation des Berufsfeldes Soziale Arbeit als ein Geschehen dar, das aufgrund unterschiedlichster Veranlassungen der technisch-instrumentellen Problembearbeitung den Vorzug gibt. Hier sorgen nämlich, so könnte man Schütze zuspitzen, ökonomisierende Routinen de facto dafür, daß der Klient von vornherein nur unter einem spezifischen Blickwinkel betrachtet wird, daß nicht zum vermeintlich engeren Kreis des Problemfocus gehörende lebenspraktische Ele-

[29] Reichertz 1993, S. 205.
[30] Vgl. Schütze 1992.

mente ausgeblendet werden und daß schließlich Verfahrensprozeduren zur Anwendung gelangen, deren Ziel eine technizistisch-manipulativ hergestellte Vereinfachung der Fallbearbeitung in Aussicht stellen. „Andererseits ist die Ausblendung der biographischen Prozesse und Hintergründe gerade im Sozialwesen mit dem Verzicht auf das adäquate Erkennen und Bearbeiten der Fallproblematik verbunden“[31].

Worin liegen nur die Gründe für diese faktische Vereinseitigung und wichtiger noch: wo liegen mögliche Korrekturpotentiale? Folgt man der kritischen Bestandsaufnahme Schützes weiter, lassen sich zunächst zwei - praktisch immer verschränkt auftretende – Verursachungskomplexe identifizieren, die zu einer absehbaren progredienten Zuspitzung der Situation führen werden bzw. geführt haben: eine in der Entwicklungsdynamik der die soziale Arbeit umgebenden Organisationsstrukturen liegende Präferenz für zweckrationales und auf den „äußerlichen Wirkungsnachweis ausgerichtete“[32] Eindimensionalität in der Bewältigung der Berufsarbeit und eine von diesen einschnürenden Vorgaben (Zweckprogrammierung) zusehends verunsicherte Berufsidentität, die z.B. im boomartigen Anwachsen der Supervisionsnachfrage ihren konkreten Niederschlag findet. Wenn es gelänge, die BerufspraktikerInnen mit methodischen Instrumentarien auszustatten, die es erlaubten, die gegenläufigen Anforderungen des Tätigkeitsspektrums im Sinne eines professionellen Habitus zu re-integrieren, der die unaufhebbaren Widersprüche sozialer Arbeit austariert, anstatt sie zu verwischen wäre damit ein zukunftsoffener Entwicklungsprozeß in Gang gesetzt, der sowohl der Klientel als auch dem Personal sozialer Arbeit neuartige Autonomiepotentiale eröffnen könnte. Wie könnte das praktisch aussehen? Geht man, so Schütze, davon aus, daß „die professionelle Berufsarbeit (im Feld soziale Arbeit, N.H.), obwohl sie auf besonderen Sinnweltbereichen und mächtigen Handlungsverfahren fußt, nicht nach dem Modell kalkulierten zweckrationalen Planens und Implementierens funktioniert, sondern der hermeneutisch-kommunikativen bzw. interpretativ-dokumentarischen (...) Logik folgt“[33], ergibt sich zwingend, daß

[31] Ebd. S. 160
[32] Ebd. S. 164.
[33] Ebd. S. 163f.

die PraktikerInnen des Berufsfeldes vor allem solche Methoden beherrschen sollten, die auf ein *methodisch abgesichertes Fallverstehen* abzielen.

Mit dem narrativen Interview, einem in der qualitativen Sozialforschung mittlerweile gründlich erprobten und zudem weitverbreiteten Instrumentarium der Datenerhebung, hat Fritz Schütze eine Technik entwickelt, die sich nicht in der wissenschaftlichen Anwendung erschöpft, sondern, wie wir aus einer mittlerweile mehrjährigen Anwendungspraxis wissen, auch für praktische Zusammenhänge vorzügliche Dienste leistet.

4. Was die Wissenschaften zu bieten haben: Biographieforschung, Narrativik, Hermeneutik

Wenn es zutrifft, was G. Rosenthal der Biographieforschung zutraut, erhebt sich die Frage, warum die Soziale Arbeit sich diese nicht schon längst einverleibt hat. Denn unstrittig dürfte eines sein: Wann immer die Soziale Arbeit z.B. im Rahmen ihres durch das KJHG definierten Aufgabenspektrums im Bereich »Hilfen zur Erziehung« tätig wird, hat sie es unvermeidlich mit Biographien zu tun. Ihre Klientel, ob Eltern oder Kinder/Jugendliche ist i.d.R. an einem lebensgeschichtlichen Punkt angelangt, der eine Aktivierung fremder Hilfeleistungen unumgänglich erscheinen läßt. Um zu einem Verständnis der Lage, in der sich die Hilfesuchenden befinden, zu gelangen, wird naturwüchsig die biographische Kommunikation herangezogen, d.h., die Betreffenden werden ermuntert ihre Situation zu schildern, die vermuteten Auslöser der Fehlentwicklung zu bezeichnen und schließlich auch mögliche Korrekturpotentiale aufzuzeigen:

„In der »biographischen Selbstpräsentation« finden wir nicht nur Zugang zum lebensgeschichtlichen Prozeß der Internalisierung der sozialen Welt im Laufe der Sozialisation, sondern auch zur Einordnung der biographischen Erfahrungen in den Wissensvorrat und damit zur Konstitution von Erfahrungsmustern, die zur gegenwärtigen und künftigen Orientierung in der Sozialwelt dienen."[34]

Im Gegensatz zu der oben angesprochenen alltagskommunikativen Abklärung biographischer Sachverhalte, die gänzlich unmethodisch – *dadurch natürlich nicht per se insuffizient* – ein ganz und gar unspektakuläres Schema in Anspruch nimmt, sehen wir in der Methodisierung der Datenerhebung, so wie F. Schütze sie für das Narrative Interview beschreibt, einen erheblichen Fortschritt:

„Das autobiographische narrative Interview erzeugt Datentexte, welche die Ereignisverstrickung und die lebensgeschichtliche Erfahrungsaufschichtung des Biographieträgers so lückenlos reproduzieren, wie das im Rahmen systematischer sozialwissenschaftlicher Forschung überhaupt möglich ist. Nicht nur der »äußerliche« Ereignisablauf, sondern auch die »inneren Reaktionen«, die Erfahrungen des Biographieträgers mit den Ereignissen und ihre interpretative Verarbeitung in Deutungsmustern, gelangen zur eingehenden Darstellung. Zudem werden durch den Raffungscharakter des Erzählvorgangs die großen Zusammenhänge des Lebensablaufs herausgearbeitet, markiert und mit besonderen Relevanzsetzungen versehen. Schließlich kommen auch Stümpfe der Erfahrung von Ereignissen und Entwicklungen zum Ausdruck, die dem Biographieträger selbst nicht voll bewußt werden, von ihm theoretisch ausgeblendet oder gar verdrängt sind oder doch zumindest hinter einer Schutzwand sekundärer Legitimationen verborgen bleiben sollen. Das Ergebnis ist ein Erzähltext, der den sozialen Prozeß der Entwicklung und Wandlung einer biographischen Identität kontinuierlich, d.h. ohne exmanente, aus dem Methodenzugriff oder den theoretischen Voraussetzungen des Forschers motivierte Interventionen und Ausblendungen, darstellt und expliziert."[35]

Hier nun also ist der erste Teil der Antwort auf die weiter oben gestellte Frage, wie angesichts einer fortschreitenden Pluralisierung jugendlicher Lebenslagen zu einer angemessenen Form des Verständnisses auf seiten der Prakti-

---

[34] Rosenthal 1995, S. 13.

[35] Fritz Schütze: Biographieforschung und narratives Interview, in: Neue Praxis. Kritische Zeitschrift für soziale Arbeit und Sozialpädagogik, Heft 3/1983, S. 283f.

kerInnen gelangt werden könnte. Die von Schütze entwickelte Form der Datenerhebung stellt darauf ab, „die Entwicklung und Wandlung einer biographischen Identität kontinuierlich“ darstellen zu können. Als Datengrundlage für eine sich daran anschließende und darauf aufbauende hermeneutische Analyse ist die so gewonnene lebensgeschichtliche Erzählung eine ideale Grundlage dafür, darzustellen, wie ein Individuum seine Umwelt erlebt, seinen Alltag organisiert, sich selber verortet etc., ohne daß man seinen Selbstdeutungen folgen muß, wozu in letzter Konsequenz die der geisteswissenschaftlichen Hermeneutik verpflichteten Ansätze neigen.[36]

Mit der objektiven Hermeneutik Ulrich Oevermanns steht ein analytisches Instrument bereit, das seit über zwanzig Jahren in einer Vielzahl wissenschaftlicher Studien erprobt und weiterentwickelt wurde. In seiner praktischen Dimension erfüllt es unseren Erfahrungen zufolge in geradezu idealer Weise all jene Ansprüche, die das Postulat nach »Fallverstehen« in der Sozialen Arbeit mit sich bringt. Die objektive Hermeneutik wendet sich insbesondere gegen eine Auffassung von »Verstehen», die wir weiter oben als *Subsumtionslogik* bezeichnet haben:

„Im rekonstruktionslogischen Vorgehen ist also das Modell nicht das Ergebnis einer nach Zweckmäßigkeitsgesichtspunkten gerechtfertigten Konstruktion des Wissenschaftlers, die von außen an die Wirklichkeit herangetragen wird und sie mehr oder weniger zweckmäßig abbildet, sondern immer das Ergebnis einer Rekonstruktion von Sequenzen. Insofern verkörpern sie Strukturgesetzlichkeiten der Wirklichkeit selbst. Die rekonstruierten Modelle operieren in der Wirklichkeit.“[37]

Ziel der hermeneutischen Anstrengungen ist es, zu einer *Strukturhypothese* zu gelangen. D.h. im Zentrum der Analyse stehen die in einem Text, also

---

[36] An dieser für unser hermeneutisches Selbstverständnis zentralen Stelle sehen wir die wichtigste Unterscheidungslinie zu anderen, sich ebenfalls hermeneutisch verstehenden Konzepte. Es ist hier nicht der Ort, die Auseinandersetzung zwischen unserem und dem derzeit wohl prominentesten Ansatz der hermeneutischen Diagnostik in der Jugendhilfe, wie er von K. Mollenhauer und U. Uhlendorff vorgelegt wurde, zu führen.
[37] Oevermann März 1996, S. 27.

z.B. einer biographischen Erzählung, wie sie im Kontext eines narrativen Interviews im Normalfall zustande kommt, enthaltenen Ausdrucksgestalten, „in denen sich uns die psychische, soziale und kulturelle Erfahrungswelt präsentiert“[38]. Diese enthalten aufgrund der Tatsache, *das jedes soziale Handeln sich regelgeleitet vollzieht*, jenseits dessen, was das Individuum damit jeweils an konkretem Sinn verbindet, eine objektive Bedeutung, die sich nicht notwendig mit der subjektiven zur Übereinstimmung bringen läßt. Was hier theoretisch aufbereitet nach einer anspruchsvollen gedanklichen Operation klingt, erweist sich bei näherer Betrachtung als eine in der Alltagskommunikation wie selbstverständlich in Anspruch genommene Unterscheidung. Da wir ja gar nicht mit letzter Sicherheit wissen *können*, was uns ein Dialogpartner mitteilen möchte, sind wir, in allerdings *erheblich* abkürzender Weise, darauf angewiesen, die *möglichen* Bedeutungen einer Aussage daraufhin zu überprüfen, mit welcher Wahrscheinlichkeit wir davon ausgehen müssen, daß eine bestimmte Bedeutung der Aussage unter mehreren möglichen gemeint war. Dieser (mißverständnisträchtige) Modus gestattet es schließlich, mit einer für den Alltag hinreichenden Trefferquote Verständigung sicherzustellen und damit soziale Kooperation zu ermöglichen. Bei extensiver Anwendung dieses Prinzips im Rahmen einer umfassenderen *Kunstlehre*, wie sie die objektive Hermeneutik für die Interpretation einer wie immer gearteten Sinnfigur bereithält, gelangt man in verblüffend kurzer Zeit zu einer präzisen Einsicht in das, was man die konkrete Individualität eines Falles nennen könnte. Bezogen auf eine biographische Erzählung ist es somit möglich, ein vollständiges biographisches Orientierungsmuster zu rekonstruieren.

Das Institut für pädagogische Diagnostik (IPD) in Bergisch Gladbach erprobt dieses Verfahren seit nunmehr eineinhalb Jahren in Kooperation mit verschiedenen Jugendämtern bzw. freien Trägern der Jugendhilfe. Ausgangspunkte der Zusammenarbeit waren jeweils sog ‚schwierige Fälle‘, in der Regel Jugendliche, die bereits eine ‚Jugendhilfeodyssee‘ hinter sich haben oder solche, die bei den fallzuständigen MitarbeiterInnen Ratlosigkeit auslöst haben. Wie beschrieben, wird zunächst ein lebensgeschichtliches Interview durchgeführt, das nach den Regeln des narrativen Interviews *eine* für die Analyse essentielle Datengrundlage erzeugt. Die Bereitschaft dazu auf seiten

[38] Ebd., S. 1.

der Jugendlichen ist gegen alle vorgetragenen Bedenken sehr hoch, sehen diese hier die Möglichkeit, ihre Versionen bestimmter biographischer Ereignisse bzw. Verläufe vortragen zu können, ohne daß sie sich dabei an den Rasterungen und Fokussierungen orientieren zu müssen, die ihnen normalerweise von außen, seien dies HeimpsychologInnen, ErziehungsberaterInnen oder die MitarbeiterInnen der Jugendämter, bei der Schilderung ihrer ‚Geschichte' auferlegt werden.

Neben dieser Datenquelle, greift das Analyseteam (das sich aus Angehörigen unterschiedlicher Berufe wie SoziologInnen, PsychologInnen, PädagogInnen, SozialarbeiterInnen, ErzieherInnen u.ä. in wechselnder Zusammensetzung konstituiert) v.a. auf die sogenannten „objektiven Daten" zu. Das sind Angaben zur sozialen, kulturellen, politischen und ökonomischen Situation der Familie, die mit den Großelternlinien einsetzen und bis in die Gegenwart reichen. Die Interpretation dieser Daten gibt im Normalfall bereits Aufschluß über relevante familiäre Spezifika und läßt die Bewegungs- und Behauptungsmuster sichtbar werden, mit denen die interessierende Familie ihr Umweltverhältnis organisiert.

Kernstück der Interpretation ist jedoch die Sequenzanalyse des Interviews selbst. Im Rahmen dieses Auswertungsschrittes gelingt es im Regelfall einer entsprechend vorgebildeten InterpretInnengruppe in überraschend kurzer Zeit die basalen Muster der Biographie zu dechiffrieren, um dann die dort vorfindlichen Strukturen am weiteren Text auf ihr Erklärungspotential zu überprüfen. Falls die sog. Strukturhypothese *am Fallmaterial selbst* nicht widerlegt werden kann, wird im nächsten Schritt eine verdichtete Version dessen, *was der Fall ist*, im Rahmen eines Gutachtens zur Entwicklungsproblematik formuliert.

Dieses Gutachten umfaßt neben der detaillierten Beschreibung der Fallproblematik und ihrer relevanten Elemente auch Empfehlungen für eine pädagogische Interventionsstrategie, die dann im Jugendamt mit dem/der Zuständigen erörtert werden. Die Erfahrungen der Vergangenheit zeigen in aller Deutlichkeit nicht nur, daß durch dieses Verfahren ein erhebliches Mehr an Transparenz und Entscheidungssicherheit in den Prozeß eingegeben wird, sondern auch, daß die Plausibilität der Ergebnisse auch bei vormals divergierenden Sichtweisen der Beteiligten im Rahmen der Besprechung hergestellt werden kann. Von einer bloßen Implementation prozeßfremder Expertensichtweisen, wie immer wieder gern kritisiert wird, kann also nicht die Rede sein. Ganz im Gegenteil ist der Nutzen stets konkret: Das Verständnis der im Zentrum der Betrachtung stehenden Problematik ist nunmehr präzise, nachprüfbar und klar strukturiert und kommt damit selbstverständlich in erster Linie der/dem Jugendlichen zugute.

5. Schlußbetrachtung

Die vorstehenden Ausführungen verstehen sich als Beitrag zur Diskussion über die inhaltliche Ausgestaltung einer modernen Erziehungshilfe. Mit dem KJHG ist ein Rahmen gesetzt, der, so hat es gegenwärtig den Anschein, mehr Möglichkeiten bietet, als von seinen AnwenderInnen derzeit genutzt werden. Das hat viele Gründe und liegt in der Regel nicht daran, daß die BerufspraktikerInnen sich einer Modernisierung trotzig widersetzten. Ein wesentlicher Grund ist u.E. darin zu sehen, daß viele Elemente der Hilfeplanung, wie z. B. die Aushandlung einer Hilfeentscheidung unter Beteiligung der AdressatInnen, in die Praxis der Umsetzung mehr Widerhaken einbringen, als man vermuten würde, wenn man die damit gegebene Chance auf Mitbestimmung betrachtet.

Unseren Erfahrungen zufolge begünstigen gerade fachliche Unsicherheiten in der Beurteilung des jeweiligen Einzelfalles ein Verhalten, das im Rückzug auf vermeintlich sicheres Terrain den Problemen auszuweichen versucht, die mit der Stärkung kommunikativer Prozesse zwischen den Beteiligten durch das KJHG auftreten können. Solche Rückzugsstrategien haben vielfältige Erscheinungsweisen. Eine der uns besonders gravierend erscheinenden liegt darin, bei problematischen Fällen voreilig auf die Möglichkeiten, die die Pädagogik bietet, Verzicht zu leisten und die psychiatrischen Dienste in Anspruch zu nehmen, die, wie wir meinen, nur in sehr gut begründeten Ausnahmefällen zu Rate gezogen werden sollten.

Die Methode, die wir in dieser Schrift vorgestellt haben, bietet eine Alternative. Im Rückgriff auf das Methodeninventar der Biographieforschung ist es möglich, die Handlungskompetenzen der PraktikerInnen in der Erziehungshilfe genau um jene Dimensionen zu erweitern, die zu einem fundierten Fallverständnis führen, einer unabdingbaren Voraussetzung für Verfahrensrationalität und -transparenz. Nicht nur, daß es auf diese Weise gelingen kann, die Betroffenenperspektive in einem viel stärkeren Umfang in den Entscheidungsprozeß einzubeziehen, es wird zugleich möglich, darauf aufbauend Interventionsstrategien zu entwickeln, die der rekonstruierten Problemkonstellation adäquat begegnen. Umwegige, unangemessene oder gar kontraproduktive Jugendhilfekarrieren werden auf diese Weise um ein Vielfaches unwahrscheinlicher.

Unsere bisherigen Erfahrungen mit diesem Verfahren bestärken uns in der Erwartung, daß unter geeigneten Rahmenbedingungen hier ein Instrument heranreifen kann, das dem Garzschen Diktum von der „Rückgewinnung des Pädagogischen" einen konkreten Inhalt gibt. Bereits jetzt läßt sich ohne Übertreibung sagen, daß die „Pädagogische Diagnostik" wo immer sie die Chance hatte, ihren praktischen Nutzen unter Beweis zu stellen, auf großes Interesse gestoßen ist. Es handelt sich hier nämlich keinesfalls um den Nebenbau des expertokratischen Elfenbeinturms, sondern um ein Kompetenzenbündel, das seinen Platz überall da haben sollte, wo sozialer Sinn entziffert und Verständigungsprozesse auf eine rationale Grundlage gestellt werden sollen. Unverzichtbare Voraussetzung ist jedoch, daß die beruflichen Akteure innerhalb der Sozialen Arbeit bereit sind, sich mit diesem neuen Ansatz im Rahmen einer systematischen Ausbildung, wie sie etwa das Institut für pädagogische Diagnostik in Bergisch Gladbach oder das ISS in Frankfurt/M. anbieten, vertraut zu machen.

Literatur

Allert, T.: Die Familie. Fallstudien zur Unverwüstlichkeit einer Lebensform. Berlin/New York 1998.

Allert, T./**Bieback-Diel**, L./**Oberle**, H./**Seyfahrt**, E. (Hrsg.): Familie, Milieu und sozialpädagogische Intervention. Münster 1994.

Bundesministerium für Familie, Senioren, Frauen und Jugend (BMFSFJ): Zehnter Kinder- und Jugendbericht. Bericht über die Lebenssituation von Kindern und die Leistungen der Kinderhilfen in Deutschland. Bonn 25.8. 1998.

Cobus-Schwertner, I.: Zum Problem der Definition jugendpsychiatrischer Behandlungsbedürftigkeit. In: Gintzel/Schone 1990, op.cit., S. 78- 89.

Deutscher Verein für öffentliche und private Fürsorge (Hrsg.): Jugendhilfe im gesellschaftlichen Wandel, Arbeitshilfe, Heft 42, Konzept und Redaktion Josef Faltermeier. Frankfurt/M. 1992.

Deutscher Verein für öffentliche und private Fürsorge (Hrsg.): Jugendhilfe: Aktuelle Probleme und zukünftige Entwicklungen. Dokumentation einer Fachtagung für Jugendamtsleiter von Josef Faltermeier, Frankfurt/M. 1989.

Fend, H.: Sozialgeschichte des Aufwachsens. Bedingungen des Aufwachsens und Jugendgestalten im zwanzigsten Jahrhundert. Frankfurt/M 1988.

Ferchhoff, W.: Jugend an der Wende des 20. Jahrhunderts. Lebensformen und Lebensstile. Opladen 1993.

Ferchhoff, W./**Kurtz**, Th.: Professionalisierungstendenzen der Sozialen Arbeit in der Moderne, In: Neue Praxis 28, Heft 1/1998, S. 12ff.

Friebertshäuser, B./**Prengel**, A. (Hrsg.): Handbuch Qualitative Forschungsmethoden in der Erziehungswissenschaft. Weinheim und München 1997.

Garz, D. (Hrsg.): Die Welt als Text. Frankfurt/M 1994.

Georg, W.: Individualisierung der Jugendphase in den 80er Jahren? Ein Vergleich zweier Jugendkohorten von 1981 und 1992. In: Zeitschrift für Soziologie 26, S. 427ff.

Gildemeister, R.: Neuere Aspekte der Professionalisierungsdebatte: Soziale Arbeit zwischen immanenten Kunstlehren des Fallverstehens und kollektiven Strategien der Statusverbsserung, in: neue praxis, 22. Jg, Heft 3/1992, SS. 207-219.

Gintzel, U./**Schone**, R. (Hrsg.) Zwischen Jugendhilfe und Jugendpsychiatrie. Konzepte - Methoden - Rechtsgrundlagen. Münster 1990.

Gläss, H./**Herrmann**, F.: Strategien der Jugendhilfeplanung. Theoretische und methodische Grundlagen für die Praxis. Weinheim und München 1994.

Grubitzsch, S. (Hrsg.): Kinder und Jugendliche im Schnittpunkt psychosozialer Beurteilungsprozesse, Universität Oldenburg, Zentrum für pädagogische Berufspraxis. Oldenburg 1989.

Günder, R.: Ambulante Erziehungshilfen. Eine Orientierung für Ausbildung und soziale Berufe. Freiburg/Br. 1997.

Harnach-Beck, V.: Psychosoziale Diagnostik in der Jugendhilfe. Grundlagen und Methoden für Hilfeplan, Bericht und Stellungnahme. Weinheim und München 1995.

Haußer, K.: Identitätsentwicklung. New York 1983.

Hering, S.: Die „pragmatische Generation" auf dem Prüfstand. Sabine Hering im Gespräch mit Richard Münchmeier über die Auswirkungen der Shell-Studie Jugend 97. In: Sozial Extra 12/97, S. 16.

Hering, S.: Da weitere Verschärfungen drohen. In: Sozial Extra 22, Heft 7/8 1998, S. 19ff.

Hering, S.: Die Zukunft hat schon begonnen, in: Sozial Extra, Schwerpunktheft »Die Zukunft der sozialen Arbeit«. Januar/Februar 1997, S. 3f.

Herrmann, F.: Jugendhilfeplanung als Balanceakt. Umgang mit Widersprüchen, Konflikten und begrenzter Rationalität. Neuwied 1998.

Hitzler, R./**Honer**, A.(Hrsg.): Sozialwissenschaftliche Hermeneutik. Opladen 1997.

Höpfner, N.: Die Strukturlogik des Apfelverzehrs und ihre Konsequenzen für die Professionalisierung der Sozialen Arbeit, in: SiegenSozial, Nr. 1, Jg. 2, 1997, S. 40-44.

Hurrelmann, K.: Lebensphase Jugend. Eine Einführung in die sozialwissenschaftliche Jugendforschung. Weinheim und München 1994.

Institut für soziale Arbeit e.V. (Hrsg.).: Abschlußbericht zum Projekt „Fachliche und organisatorische Gestaltung der Hilfeplanung nach §36 KJHG" im Jugendamt Herne, bearbeitet von Merchel, J./ Schrapper, Chr. Münster September 1994.

Institut für soziale Arbeit e.V. (Hrsg.): Hilfeplanung und Betroffenenbeteiligung. In: Soziale Praxis, Heft 15, Münster 1994.

Jöbgen, M.: Diagnosen in der Erziehungshilfe. Zur Geschichte eines Problems. unv. Diplomarbeit am FB 2, Universität-Gesamthochschule Siegen 1998.

Jordan, E./**Sengling**, D.: Jugendhilfe. Einführung in Geschichte und Handlungsfelder, Organisationsformen und gesellschaftliche Problemlagen. Weinheim und München ^{2}1992.

Jordan, E./**Schone**, R. (Hrsg.): Handbuch Jugendhilfe Planung. Grundlagen, Bausteine, Materialien. Münster 1998.

Jugendwerk der Deutschen Shell (Hrsg.): Jugend ´97, Gesamtkonzeption und Koordination: A. Fischer und R. Münchmeier. Opladen 1997.

Krüger, H.-H./**Marotzki**, W. (Hrsg.): Erziehungswissenschaftliche Biographieforschung. Opladen 1995.

Liebau, E./**Wulf**, Chr.: Generation. Versuche über eine pädagogisch-anthropologische Grundbedingung. Weinheim 1996.

Liebau, E.: Gesellschaftliches Subjekt und Erziehung. Zur pädagogische Bedeutung der Sozialisationstheorien von Pierre Bourdieu und Ulrich Oevermann. Weinheim und München 1987.

Merchel, J.: Kooperative Jugendhilfeplanung. Eine praxisbezogene Einführung. Opladen 1994.

Merchel, J.: Von der psychosozialen Diagnose zur Hilfeplanung – Aspekte eines Perspektivenwechsels in der Erziehungshilfe. In: Institut für soziale Arbeit 1994, op.cit. S. 44-63.

Müller, B.: Qualitätsprodukt Jugendhilfe. Kritische Thesen und praktische Vorschläge. Freiburg i.Br. 1996.

Münchmeier, R.: Perspektiven der Jugendhilfe im sozialen Wandel. In: Jordan/Schone 1998, op.cit., S. 25-56.

Nittel, D.: Biographische Forschung – ihre historische Entwicklung und praktische Relevanz in der Sozialen Arbeit. In: Groddeck/Schumann 1994, op.cit. S. 147-188.

Oevermann, U./**Allert**, T./**Konau**, E./**Krambeck**, J.: Die Methodologie einer ‚objektiven Hermeneutik' und ihre allgemeine forschungslogische Bedeutung in den Sozialwissenschaften. In: H.G. Soeffner (Hrsg.): Interpretative Verfahren in den Sozial- und Textwissenschaften. Stuttgart 1979, S. 352-434.

Oevermann, U.: Die objektive Hermeneutik als unverzichtbare methodologische Grundlage für die Analyse von Subjektivität. Zugleich eine Kritik der Tiefenhermeneutik. In: Jung, Th./Müller-Dohm, S. (Hrsg.): »Wirklichkeit« im Deutungsprozeß. Verstehen und Methoden in den Kultur- und Sozialwissenschaften. Frankfurt/M 1993, S. 106-189.

Oevermann, U.: Hermeneutische Sinnrekonstruktion: als Therapie und Pädagogik mißverstanden, oder: das notorische strukturtheoretische Defizit pädagogischer Wissenschaft. In: Garz, D./Kraimer, K. (Hrsg.): Brauchen wir andere Forschungsmethoden? Beiträge zur Diskussion interpretativer Verfahren: Frankfurt/M. 1983, S. 113-155.

Oevermann, U.: Konzeptualisierung von Anwendungsmöglichkeiten und praktischen Arbeitsfeldern der objektiven Hermeneutik (Manifest der objektiv-hermeneutischen Sozialforschung). unv. Ms., Frankfurt/M Juli 1994.

Oevermann, U.: Professionalisierungstheorie. unv. Vorlesungsskript, Frankfurt/M 1990.

Oevermann, U.: Skizze einer revidierten Theorie professionalisierten Handelns. unv. Ms., Frankfurt/M.

Pettinger, R.: Familie heute – Familienstrukturen im Wandel. In: Faltermeier 1992, op.cit., 65-96.

Reichertz, J.: Das Dilemma des „klinischen Sozialwissenschatflers" und Sozialpädadgogen. In: Pfaffenberger, H./Schenk, H. (Hrsg.): Sozialarbeit zwischen Berufung und Beruf. 1993, S. 205-220.

Rethmann, B.: Entscheidungsfindung in der Hilfe zur Erziehung. Die Umsetzung zentraler fachlicher Eckwerte des Kinder- und Jugendhilfegesetzes (KJHG) in der Hilfeplanung der Hilfe zur Erziehung im Zusammenhang der Diskussion betriebswirtschaftlicher Steuerung der Jugendhilfe, Dissertation Westfälische Wilhelms-Universität Münster. Lohne 1997.

Rosenthal, G.: Erlebte und erzählte Lebensgeschichte. Gestalt und Struktur biographischer Selbstbeschreibung. Frankfurt/M - New York 1995.

Schütze, F.: Die Fallanalyse. Zur wissenschaftlichen Fundierung einer klassischen Methode der Sozialen Arbeit. In: Rauschenbach, Th. u.a. (Hrsg.): Der sozialpädagogische Blick. Lebensweltorientierte Methoden der sozialen Arbeit. München 1993.

Schütze, F.: Ethnographie und sozialwissenschaftliche Methoden der Feldforschung. Eine mögliche methodische Orientierung in der Ausbildung und Praxis der sozialen Arbeit. In: Groddeck, N./Schumann, M. (Hrsg.): Modernisierung Sozialer Arbeit durch Methodenentwicklung und –reflexion. Freiburg i.Br. 1994, S. 189-287.

Schütze, F.: Sozialarbeit als „bescheidene Profession", in: Dewe, B./Ferchhoff, W./Radtke, F.-O. (Hrsg.): Erziehen als Profession. Opladen 1992, S. 132-170.

Simon, T. (Hrsg.): Jugendhilfeplanung,. Ergebnisse einer bundesweiten Untersuchung. Hohengehren 1997.

Späth, K.: Menschenbilder im Handlungskontext der Jugendhilfe, in: Sozialpädadgogik 28, Heft 6/1986, S. 283-290.

Späth, K.: Hilfeplan als Instrument einer modernen Jugendhilfe, in: Sozialpädagogik 36, Heft 2/1994, S. 54-60.

Specht, F.: Jugendliche in Lebenskrisen – erziehungsbedürftig oder krank?. In Gintzel/Schone (Hrsg.) 1990, op.cit., S. 66-77.

Strauß, A.: Grundlagen qualitativer Sozialforschung. München 1994.

Struck, J./**Wiesner**, R.: Anforderungen an ein zeitgemäßes System der Hilfen für junge Menschen - Grenzen der Jugendilfe. In: Gintzel/Schone (Hrsg.) 1990, op.cit., S. 133-144.

Thiersch, H.: Ganzheitlichkeit und Lebensweltbezug als Handlungsmaximen der Sozialen Arbeit. In: Faltermeier 1992, op.cit., S. 97-116.

Uhlendorff, U.: Systematische Ansatzpunkte einer sozialpädagogischen Diagnose und Beispiele von Lebenswelten sozial benachteiligter Jugendlicher. In: Homfeld, G./Ries, H.A./Steinmetz, B. (Hrsg.): Benachteiligte Jugendliche in Europa. Opladen 1994, S. 181-193.

Uhlendorff, U.: Sozialpädagogische Diagnosen III. Ein sozialpädagogisch-hermeneutisches Verfahren für die Hilfeplanung. Weinheim und München 1997.

Veen, H.-J. u.a.: *Eine* Jugend in Deutschland? Orientierungen und Verhaltensweisen der Jugend in Ost und West. Opladen 1994.

Vester, M. et al.: Soziale Milieus im gesellschaftlichen Strukturwandel. Köln 1993.

Wiesner, R./**Zarbock**, W. H. (Hrsg.): Das neue Kinder- und Jugendhilfegesetz (KJHG) und seine Umsetzung in die Praxis. Köln 1991.

3. Kapitel

Verstehend Handeln als Voraussetzung zur Qualifizierung von Praxis

Christian Niemeyer

Heimerzieher als Theoretiker und Diagnostiker - Aspekte eines Forschungsprojekts zum Thema „Sozialpädagogische Kasuistik“

Ich beginne mit einigen Beobachtungen, die ich zwei bereits publizierten Fallgeschichten entnehme, die - dies zur Erinnerung - Heimkinder/-jugendliche zum Thema haben, die von ihren Erziehern wegen ihrer massiven 'Verhaltensauffälligkeiten' als so störend empfunden wurden, daß die jeweiligen Maßnahmen nach relativ kurzer Zeit scheiterten (vgl. Niemeyer 1993; 1996). Daran möchte ich einige Folgerungen anschließen, die das Bewußtsein über die Bedeutung der Theoretiker- und Diagnostikerfunktion von Praktikern deutlich machen sollen und in ein Forschungsprojekt zum Thema „Sozialpädagogische Kasuistik" einfließen können.

I.

1. Beide Heimkinder - Markus wie Robert - stammten aus (unvollständigen) Familien, in denen die Eltern immer nur die Schwierigkeiten sahen, die ihr Kind ihnen *machte,* nicht aber die, die es *hatte.* Es ist also die Zentrierung auf Kinderfehler, die die Heimeinweisung stimuliert. Gar nicht so selten aber gehorcht auch die Heimkarriere selbst noch diesem Muster, das dann, im extremsten Fall, bis in den Bereich der Kinder- und Jugendpsychiatrie hinein fortgeschrieben wird. Und damit verwirkt die Heimerziehung als professionelle Erziehungsform den Auftrag, die Erziehungsfehler und mithin die fehlende Bereitschaft oder Befähigung von Eltern oder Vorgängerinstitutionen zum Erkennen der Schwierigkeiten, die das Kind *hat,* nicht zu kopieren, sondern aufzuheben. Interessant sind dabei die Einzelheiten:

2. Aus den Akten sowohl von Markus als auch von Robert gewinnt man den Eindruck, als seien, abgesehen von der Erstuntersuchung, kaum 'Untersuchungen' (im testdiagnostisch strengen Wortsinn) angestellt worden. Ersatzweise werden häufig nur Vorgutachten wiederholt, deren Reizworte - von der

'Grenzdebilität' bis hin zur 'hirnorganischen Mitbeteiligung' - sich dann in den Köpfen der Leser der jeweiligen Akten unwillkürlich festsetzen als über jeden Verdacht erhabene unumstößliche Gewißheiten.

3. Unspezifische Diagnosen erhöhen die Chance, im Fall des Scheiterns Ausreden verfügbar zu haben. Ähnliches gilt für schwerwiegende Diagnosen: Sie ziehen ungünstige Prognosen nach sich - womit die Erzieher im Mißerfolgsfall abgesichert sind und im Erfolgsfall als Helden dastehen.

4. Diagnosen geben oft Rechtfertigungen für medikamentöse Therapie. Erzieher, die meinen, sie profitierten im Erziehungsalltag von den sedimentierenden Effekten von Psychopharmaka, versehen diese Diagnosen selbst dann mit der Aura des Expertenmäßigen, wenn sich Indizien für eine Fehlmedikamentation häufen.

5. Manche Diagnosen tragen weniger der Symptomatik des betreffenden Heimjugendlichen Rechnung als vielmehr der verfügbaren Spezialqualifikation der beteiligten Personen oder Institutionen (vgl. auch Harnach-Beck 1995, S. 29).

6. Diagnosen passen in ihrer - so etwa Viola Harnach-Beck - Funktion, „Therapie- und Plazierungsentscheidungen die Grundlage" (ebd.: 30) zu geben, offenbar nicht mehr ganz hinein in eine Zeit (ich nenne nur das Stichwort 'integrierte Erziehungshilfen'), die den „historisch bedingten Vorrang stationärer Hilfeformen" abzubauen sucht und von der es heißt (so Reinhard Wiesner), daß die „ursprünglichen Versuche, nach dem medizinischen Modell bestimmte Störungsbilder oder Verhaltensweisen bestimmten Hilfearten zuzuordnen, (...) heute als gescheitert gelten (müssen)" (Wiesner 1995, S. 126).[1]

---

[1] Anlaßgeber für die Anwendung des medizinischen Modells war übrigens nicht die Pädagogik resp. Sozialpädagogik, sondern Anlaßgeber war die Theologie und die von ihr schon in den 20er Jahren zu Hilfe gerufene Psychopathenfürsorge, die als Vorläufer moderner Kinder- und Jugendpsychiatrie zu gelten hat. Es waren, deutlicher gesprochen, pädagogisch gänzlich überforderte Theologen der Weimarer Zeit, die den zentralen Impuls gaben zur Ausdifferenzierung von Anstaltstypen und zur damit

7. Ich verweise nur auf einen Aspekt, der das etwas deutlicher macht und für mich an den Fällen Markus und Robert augenfällig wurde: Erzieher, die im allgemeinen auf Übereinstimmung mit dem Gutachter oder zumindest doch mit der bisherigen Aktenlage abstellen, suchen sich aus Diagnosen oft das heraus, was den eigenen Absichten nützlich ist: Entscheidungsuntermauerungen etwa für längst schon Beschlossenes. Wenn - so stellte schon Cobus-Schwertner (1990) fest - „die Grenzen der sozialpädagogischen Institutionen erreicht scheinen", wird „nicht die eigene Hilflosigkeit eingestanden, sondern statt dessen eine Krankheitszuschreibung vorgenommen. Die Institutionen immunisieren sich damit gegen den Vorwurf der Abschiebung, denn wer wollte bezweifeln, daß vor allem die Psychiatrie über das notwendige fachliche Wissen zur Behandlung von psychischer Krankheit verfügt?" (S. 81). Der Vorteil dieses Procedere liegt auf der Hand: Von den Erziehern ist dann nicht zu reden, höchstens von dem notwendigen Scheitern der Pädagogik dort, wo sie sich gegen jeden Sachverstand an Fällen versucht, die eines anderen Settings bedürfen.

8. Nicht außer acht lassen sollte man allerdings die Vorteile der - wie ich das nennen möchte Theorieproduktionsbedingungen des Diagnostikers. Zu erwähnen wäre beispielsweise die Rückgriffsmöglichkeit auf bewährte Verfahren sowie die relative Entlastung von Zeit- und Handlungsdruck - Bedingungen, die sicherstellen sollen, daß der Diagnostiker seinem Auftrag genügen kann, den beteiligten oder in Zukunft zu beteiligenden Instanzen Leitorientierungen zu vermitteln im Hinblick auf das, was mit dem Kind in Zukunft zu geschehen habe. Allerdings wiegen auch die Nachteile - etwa die Verwiesenheit des Diagnostikers auf die Auskünfte Dritter sowie die relative Unkenntnis des Verhaltens des zu Diagnostizierenden außerhalb der Testsituation - erheblich.

9. Der Erzieher unterliegt - um dies vergleichsweise zu betrachten - den in den Leitorientierungen des Diagnostikers zum Ausdruck gebrachten

---

möglichen Ausgrenzung Erziehungsschwieriger. Die Sozialpädagogik dieser Epoche hingegen hat, dort wo sie überhaupt einen Einfluß auf Fürsorgeerziehung gewann, gegen das medizinische Modell und für pädagogische Professionalität und insoweit auch gegen eine aus dem Mangel an Fachlichkeit erklärbare Binnendifferenzierung gestritten (vgl. Niemeyer 1998).

normativen Erwartungen und dem fachtypischen relativen pädagogischen Optimismus. Andererseits aber sieht er sich oft als einflußlos und allzuoft genötigt, eine Theorie zu entwickeln, die „den Charakter eines ideologischen Überbaus annehmen kann, der das Sosein eines pädagogischen Aktes rechtfertigen oder verdecken soll." (Weniger 1929, S. 15). Damit verspielt er die Chance, sich selbst wegen der Unmittelbarkeit und Intensität seines Fallkontaktes als der bessere diagnostische Experte zur Geltung zu bringen - und empfindet es offenbar nicht als Widerspruch, im Hinblick auf einen Jugendlichen, den er seit Jahren betreut, den Rat eines externen Gutachters einzuholen (vgl. Niemeyer 1988, S. 208). Er wird - anders gesprochen nicht zu dem Theoretiker, der er der Möglichkeit nach sein könnte und unterwirft sich aufgrund des Einbezogenseins in das zu diagnostizierende Problem über kurz oder lang einer eigenen Interessenlage, die ihn ohnehin nur noch sehen läßt, was er sehen will und die jedenfalls die von ihm immer wieder gerne gegenüber Aussenstehenden reklamierte Expertenrolle in Frage stellt.

10. Daß Erzieher ihrerseits Nennenswertes auf diagnostischem Gebiet beitragen können, wird also in der Regel ausgeschlossen, und zwar auch von diesen selbst. „Diagnostische Kompetenzen integrieren sie jedenfalls nicht in das Selbstbild ihrer Professionalität" (Mollenhauer/Uhlendorff 1992, S. 132), obgleich sie permanent damit beschäftigt sind, über die Kinder, mit denen sie arbeiten, Urteile zu bilden.

11. Diese Urteile sind sehr häufig negativ oder jedenfalls doch frei von der Zurechnung von Gründen für Handlungen. Der verstehende Nachvollzug der Handlungsgründe eines Problemjugendlichen findet kaum statt. Ersatzweise gehorcht die diagnostische Kompetenz der Erzieher ihren eigenen Zwecken und denen der Therapeuten. Oft geht es nur um die Auflistung von Fehlverhalten oder Ursachenzuschreibung hin auf organische oder krankhafte, in der Person gründende Faktoren. In diesem Sinne sind Heimerzieher oft nicht viel mehr als kompetente Chronisten devianten Tuns mit einem entsprechend ausgeprägten Hang zu extrem suggestiven Attributen oder deutlich dramatisierten Formulierungen. Selbstkritik ist selten, auch eine den jeweiligen Jugendlichen überschreitende Sicht - etwa unter Einbeziehung des Heims (als System) - ist so gut wie nicht zu beobachten. Diagnostiksysteme - wie

etwa jenes von Viola Harnach-Beck (1995) im Fall Damir -, die ihrerseits aufwarten mit Kategorien wie 'gravierende Regelverletzungen', 'Imponierverhalten' oder 'extrem störendes Verhalten', das zu 'ablehnenden Verhaltensweisen sowohl der Lehrer und Mitschüler als auch der Eltern' führe (ebd., S. 138), sind insofern wenig hilfreich.

12. Erzieher, die sich in ihrem naiven Diagnostizieren in erster Linie an den Schwierigkeiten orientieren, die ihnen durch die Kinder/Jugendlichen gemacht werden, verkennen notwendig, was das Kind an Schwierigkeiten tatsächlich hat und zum Ausdruck bringen will und tragen dazu bei, daß eben dieses Kind sich auf die Suche nach signalhaftem Verhalten macht, für das dann Zuwendung und Aufmerksamkeit bewilligt wird, und dies wird immer ein Verhalten sein, von dem das Kind weiß, daß es den Erzieher stört. Die Arbeit mit und an den Schwierigkeiten, die ein Kind *macht,* gleicht also notwendig einer sich selbst verstärkenden Sisyphusarbeit, bei der man nur den Katalog der Sanktionsmechanismen immer weiter steigern kann, ohne aber wirklich an die eigentlichen Handlungsgründe heranzukommen. Die Arbeit an den Schwierigkeiten, die ein Kind *hat,* mag dabei aufwendiger sein und auch schwieriger, aber sie ist das, was die Pädagogik im Keim ausmacht und was zumal ein psychologisches Herangehen ausmachen sollte.

Die vorgetragenen Argumente legen es nahe, Strategien zur Verbesserung der Fallkompetenz solchen vorzuziehen, die auf Verbesserung der Fremddiagnostik - etwa nach dem Motto 'Diagnostizieren ohne zu Stigmatisieren' (vgl. Harnach-Beck 1995, S. 31) - professioneller Gutachter abzielen. Eingefügt ist dieser Perspektive das Interesse an Rehabilitierung des kasuistischen gegenüber dem systematisierten Wissen - also jenes 'Wissenstypus', der üblicherweise, aus der Perspektive des dem naturwissenschaftlichen Erkenntnisideal verpflichteten 'Fachwissenschaftlers', nur als 'vorwissenschaftlich' gilt, der aber, der Tradition der geisteswissenschaftlich-hermeneutischen Sozialpädagogik folgend, als fachintern geadelt gelten darf. Entsprechend gilt es für die Zukunft, den (angehenden) Praktiker schon in der Erstausbildung deutlicher als Theoretiker resp. Forscher zu qualifizieren und die damit zusammenhängenden 'Forschungsmethodologien' genauer zu bestimmen.

II.

1. In der Geschichte der Sozialarbeit meinte Diagnostik vor allem: Das Schulen von FürsorgerInnen in der Fähigkeit, Täuschung, Lügen und Verstellungen derer zu erkennen, die sich Sozialleistungen bloß erschleichen wollten. C. W. Müller (1982, S. 130) kommentierte Salomons *Soziale Diagnose* schon vor Jahren sehr zu recht mit dem Hinweis, daß sich dieses Buch über weite Strekken wie ein „Lehrbuch für angehende Kriminalkommissare" lese. Man sollte sich also schon sehr genau überlegen, in welche Tradition man sich stellt, zumal nach dem zuvor Gesagten. Denn viele Heimerzieher kennen offenbar nichts Dringlicheres, als die tagtäglichen Lügen, Normverstöße und Verschlagenheiten Jugendlicher exakt zu protokollieren und entsprechende Nachweise zu führen - mit dem Preis, das sie eben das zerstören, was ihre Arbeitsbasis abgibt: das Vertrauen Jugendlicher.

2. In der Geschichte der Sozialpädagogik - und ich würde, im Gegensatz zum Mainstream, gerne trennen zwischen Sozialarbeit und Sozialpädagogik - gibt es eine andere, sehr viel akzeptablere Tradition. Ich erinnere hier nur an Aloys Fischer. Die Erinnerung an Fischers Projekt einer *Deskriptiven Pädagogik* (1914) - diese Vorbemerkung sei erlaubt, - könnte vielleicht helfen, die von Viola Harnach-Beck (1995) aufgestellte Behauptung, die „Diagnostik in rein beschreibender Funktion" habe „in der sozialen Arbeit keinen Platz" (ebd., S. 31), in ein etwas anderes Licht zu rücken. Wichtiger aber ist hier, daß schon Fischer den pädagogischen Praktiker in seinem Handeln von einer „privaten Theorie" regiert sah und dessen Theoriefeindlichkeit „nur eine Art Notwehr und Schutz" sei, „damit nicht etwa nach der Formulierung und Begründung seiner meistens unvollständigen, oft nicht gerne eingestandenen Theorie gefragt werde" (Fischer 1911, S. 92f.). Schon immer - so könnte man also fortfahren - hat die Pädagogik den Praktiker als Theoretiker begriffen.

3. Auch Freud kann damit ansatzweise als rehabilitiert gelten. Er nämlich empfahl der Nachwelt die Psychoanalyse in erster Linie als „Forschungsrichtung" (Freud 1914, S. 54) und legte die analytische Situation konsequenterweise analog eines Forschungsprozesses aus. Stichworte wie 'freie Assoziation' oder 'Traumdeutung' mögen genügen, um eine Vorstellung von der

Komplexität der Daten zu gewinnen, die der insoweit als Forscher bestimmte Analytiker in der analytischen Situation verarbeiten muß. Andere Therapieverfahren, wie etwa die Verhaltenstherapie, orientieren, nicht zuletzt aus Gründen der Begrenzung der für sie maßgeblichen 'Forschungsmethode', in diesem Fall der Beobachtung, eher auf Selektion von Information und Vernichtung von Komplexität, etwa dahingehend, daß Gegenstandsbereiche wie das Traumerleben, die sich der Beobachtbarkeit entziehen und ausgeprägtes Konstruktwissen vorraussetzen, ausgeschlossen bleiben. Daß die Psychoanalyse den anderen, den voraussetzungsreicheren Weg riskierte, erklärt sich unmittelbar aus ihrer Auslegbarkeit als 'Forschungsrichtung'. Denn dies erfordert für die Ausbildung, nicht primär auf die Vermittlung von Therapietechniken zu orientieren, sondern auf die Aufbereitung des zukünftigen Analysanden als eines hochsensiblen 'Forschungsinstruments'. Inzwischen allerdings, dies gilt es zuzugestehen, verstehen auch viele Mainstream-Psychologen ihre Aufgabe nicht mehr lediglich so, als gelte es, aus der Grundlagenforschung (etwa der Lernforschung) Therapietechniken (etwa die Verhaltenstherapie) zu destillieren, um diese dann adaptionsfähig zu machen für beispielsweise sozialpädagogische Technologien und Zwecksetzungen. Ersatzweise wird vielerorts die deskriptive Frage gestellt, welche Logik Praktiker ihrer 'Forschung' zugrundelegen. Und sie wird der präskriptiven Frage vorgeordnet, welche Handlungsmethode oder Therapietechnik ihnen verordnet werden sollte. Auch aus Sicht der Psychologie gilt der Praktiker also zunehmend als Forscher.

4. Der Anfang dieses (psychologischen) Paradigmenwechsels gründet, jedenfalls was den deutschen Sprachraum angeht, in der Auffassung Norbert Groebens und Birgit Scheeles, wonach die Psychologen ihre 'Versuchsobjekte' nicht länger „als von dunklen Kräften getrieben bzw. nur auf (Umwelt) Reize reagierende Organismen ansehen und konstituieren" (Groeben/Scheele 1977, S. 22) sollten, sondern, zumindest versuchsweise und idealtypisch geredet, „als Hypothesen generierende und überprüfende, kognitiv reflexive Subjekte von hoher kritischer, da flexibler Rationalität" (ebd., S. 137). Dieses (epistemologische) Subjektmodell wurde in der Folge von den Vertretern des damit vorformulierten Forschungsprogramms auch gegenüber Praktikern, speziell Lehrern, in Anwendung gebracht. Sie galten fortan als 'subjektive Theoretiker', die dem Unterrichtsgeschehen Hypothesen etwa über die Ur-

sachen für auffälliges Schülerverhalten - abgewannen und sich in ihrem weiteren Handeln an eben diesen Hypothesen orientierten. Das weitere Procedere schien damit außer Frage zu stehen: Um ungerechte Lehrerurteile über Schüler zu verhindern, mußte man nur, etwa im Rahmen von Lehrerfortbildungen, die 'subjektiven Theorien' der Praktiker durch 'objektive Theorien' der Theoretiker austauschen und, allgemeiner gesprochen, in der Praxis für das in der Wissenschaft gebräuchliche Falsifikationskriterium werben. Denn die Theoriebildung in der Praxis zumal der Heimerziehung, so zeigen jedenfalls erste Beobachtungen, gehorcht offenbar einem ganz anderen, sehr viel angreifbareren Kriterium: dem der Nützlichkeit (vgl. Niemeyer 1988).

5. Mit ähnlichen Modellen und Versprechungen wartete, nun stärker auf den nordamerikanischen Sprachraum bezogen, die in den 50er Jahren von dem Sozialpsychologen Fritz Heider angeregte Attributionsforschung auf. Heider ging dabei von der These aus, daß der Mensch mittels der Attribution bzw. Zuweisung von Ereignissen auf Ursachen dazu neige, veränderliche Ereignisse im Interesse von Vorhersage und Kontrolle auf Bedingungen oder „dispositionale Eigenschaften seiner Welt" zurückzuführen (Heider 1958, S. 99). In der Folge differenzierte sich diese These in unterschiedlichste attributionstheoretische Modellannahmen aus, deren gemeinsames Merkmal in der Unterstellung gründet, daß der Mensch ein permanentes Bedürfnis nach Welterklärung hat und insoweit als ein theoriebildendes und verwerfendes Wesen zu gelten hat, für das wissenschaftliche Formen der Hypothesengenerierung und Geltungssicherung als vorbildhaft gelten können. Ähnlich wie das vorbenannte 'Forschungsprogramm Subjektive Theorien' ließ allerdings auch die Attributionsforschung im unklaren, welcher 'Forschungsmethoden' sich der Laie bei seiner Welterklärung bedient und bedienen darf.

6. Aus forschungspraktischen Gründen bevorzuge ich gleichwohl die Attributionstheorie. Hilfreich scheint mir vor allem die Annahme, daß der Laie in seiner Welterklärung ähnlich wie ein (Erfahrungs-)Wissenschaftler verfahre, also analoge *Geltungskriterien* (Konsistenz, Konsens etc.) handhabe bei seinem Versuch, die von ihm beobachteten Ereignisse *(Wirkungen)* einer dahinter verborgenen *Ursache* zuzurechnen. Dabei lassen sich, vereinfacht gesagt, zwei Ursachenklassen unterscheiden:

- in der Person gründende, die eine *dispositionale Attribution* erlauben;
- in der Situation gründende, die eine *situationale Attribution* nahelegen.

Inzwischen ist das attributionstheoretische Grundmodell bedeutend ausdifferenziert worden. So wird nun auch deutlicher gefragt nach den Forschungsmethoden das Attributors. Auch gibt es Hinweise auf einen *self-serving bias* (Krahé 1974), also auf die Neigung des Attributors, Daten zu unterdrücken oder ihn bestätigende Befunde hervorzuheben. Und schließlich noch scheint es so, als würde ein Beobachter (beispielsweise ein Heimleiter in einer Teambesprechung) ganz anders attribuieren als ein Handelnder (beispielsweise ein - in der Kritik stehender - Heimleiter in derselben Teambesprechung).

Man sieht schon hier: Die Attributionstheorie bietet vielfältige Anknüpfungspunkte und kann ein Instrument abgeben zur Kritik ideologisch verzerrter Praxis. In den Fällen Robert und Markus habe ich mit diesem Modell gearbeitet, also danach gefragt, ob sich Hinweise für die interessenbedingte Bevorzugung bestimmter Attributionsrichtungen finden lassen. Die Grundannahme lautete dabei, daß man jemanden dann ohne Ideologieverdacht aus institutionellen Kontexten als störend ausgrenzen kann, wenn man unkenntlich werden läßt, daß man ihn *belastende* dispositionale Attributionen favorisiert und ihn *entlastende* situationale Attributionen abschwächt, am Beispiel gesprochen: Markus und Robert wurden von ihren Erziehern schon bald nur noch wahrgenommen mit den Schwierigkeiten, die sie machten, nicht aber mehr mit denen, die sie hatten. Sie mutierten auf diese Weise immer mehr zu wenn schon nicht mehr pädagogisch, so jedenfalls doch *diagnostisch* spektakulären Fällen, wobei dieser Begriff von Diagnostik *attributionstheoretisch verengt* ist, d. h. nur noch orientiert ist auf unerwünschte Verhaltensweisen, genauer - und in der Sprache der Attributionstheorie - auf ungewöhnliche Effekte, „marked by some aspect of desire or volition which comes from the person and is not predetermined by environmental forces." (Jones/Davis 1965, S. 224). Mit dieser Art dispositionaler Attribution und dem dahinter verborgenen Diagnostik-Verständnis vermochte im übrigen auch Markus' Mutter gut zu leben. Sie fütterte die beteiligten Instanzen mit immer neuen Daten über Markus' skandalöse Taten, und sie richtete sich erkennbar wohler ein in der Rolle, die ihrer Interessenlage am ehesten entsprach: die einer Zuträgerin, die seitens der professionellen Diagnostik nur eines erwartete: die Beglaubigung dafür, daß sie ihre Ausgrenzung schuldfrei ins Werk gesetzt hat.

Ohne hier weiter ins Detail zu gehen, scheint mir dies nun ein erster Weg zur Qualifizierung der diagnostizierenden Tätigkeit von Praktikern - nicht, indem man ihnen ein Diagnoseverfahren vorschlägt, sondern indem man sie auf ihr eigenes Tun verweist und ihnen deutlich macht, daß sie beharrlich mit Theoriebildung beschäftigt sind, die es transparent zu machen gilt. Ein Weg hierzu wäre, sie zu fragen, ob ihr eigenes kasuistisches Wissen bezüglich eines Jugendlichen vor dem Hintergrund der Einschätzungen Dritter (Konsens) und bei wiederholter eigener Beobachtung oder Befragung - auch im bzw. bezogen auf das Verhalten des Jugendlichen in anderen Situationen (Konsistenz) - ausreichend ist bzw. ein widerspruchsfreies Gesamtbild ergibt (vgl. Niemeyer 1988, S. 208). Dann erst, so scheint mir, gewinnen Praktiker auch das Selbstbewußtsein, um mit den Ergebnissen professioneller Fremddiagnostik selbstbewußt und verantwortlich umzugehen.

7. Ich möchte dieses Problem - abschließend - auch noch von einer etwas anderen Seite aus ansprechen. „Wer immer über Kindheit oder Jugend denkt", so Siegfried Bernfeld 1925 in seinem Sisyphos, „steht unter einer psychischen Konstellation, die das reine Denkergebnis affektiv gefährden will." (Bernfeld 1925, S. 31). ‘Wer immer über Kindheit oder Jugend denkt‘, also: ob ‘Theoretiker‘ oder ‘Praktiker‘ - für beide insoweit als parallel gesetzte Gruppen gab es angesichts dieser Ausgangslage für Bernfeld nur ein Therapeutikum: nicht lediglich Verbreiterung der Empirie, sondern Korrektur der Apriori, die vor aller Empirie und Praxis wirksam sind und die Art ihrer Erfahrung und Gestaltung bedingen, Korrektur selbstredend im psychoanalytischen Sinne. Zu korrigieren sei dabei vor allem, so hat man Bernfeld zu verstehen, die Naivität, mit der in der Pädagogik „nach dem Sein" (des Kindes) gefragt wird; zu fragen sei vielmehr nach dem „Beobachter", also nach dem Erzieher und der Qualität seiner „wissenschaftliche(n) Gesinnung" (ebd., S. 36), am Beispiel gesprochen: „Die großen Pädagogiker (...) empfinden gegenüber dem Kind: Rührung, Liebe, Mitleid, Hoffnung, Abscheu oder Entsetzen. Und dies ihr Gefühl, ihre persönliche Reaktion auf das Sein, ist ihnen das Problem, ist ihnen Angelpunkt ihrer Lehre, ist ihr Beobachtungsinstrument. Sie sehen nicht das Kind,

wie es ist, sondern im Grunde nur das Kind *und* sich selbst, eins aufs andere bezogen. Und wenn sie selbst von sich abstrahieren könnten, es interessierte sie gar nicht, wie das Kind an und für sich ist, sondern einzig, wie man aus ihm etwas anderes bilden könnte. Das Kind ist Mittel zum theologischen, ethischen, sozialutopischen Zweck" (ebd., S. 36f).

Meine These lautet nun, daß Bernfeld damit zugleich - wenn auch nicht exakt - die Situation beschrieben hat, in der wir uns heute befinden: auch wir haben (bisher) nur über die Kinder gesprochen, über die diagnostischen Verfahren, die zur Verfügung stehen, über die Zwecke, die wir mit Kindern erreichen wollen. Wir haben aber nicht über den Praktiker gesprochen und über das, was ihm am Kind zu sehen erlaubt ist und was nicht. Wir haben - anders gesagt und um Herbart zu variieren - nicht darüber gesprochen, daß Wissenschaft nicht die „künftigen Handlungen" des Erziehers in einzelnen Fällen vorzubereiten hat, sondern „sein Gemüth, seinen Kopf und sein Herz, zum richtigen Aufnehmen, Auffassen, Empfinden und Beurtheilen der Erscheinungen, die seiner warten, und der Lage, in die er gerathen wird" (Herbart 1802, S. 286). Dies tun zu wollen, meint, den Praktiker als 'Beobachtungsinstrument' ernstzunehmen, also als Forscher anzuerkennen und entsprechend zum Diagnostizieren zu qualifizieren. Verhaltenstherapeuten bzw. die, die - wie Viola Harnach-Beck - ihre Aufgabe darin sehen, Verhalten zu „modifizieren" (Harnach-Beck 1995, S. 23), werden mit diesem Argument wenig anfangen können. Ihnen gilt die Verhaltensbeobachtung oder jedenfalls doch der Rekurs auf „beobachtbare Fakten" (ebd., S. 30) als via regia der Diagnostik, der Klient und dessen Lerngeschichte als das zu diagnostizierende Problem, der psychologische Experte als der berufene Diagnostiker - und was es heißt, daß der Praktiker 'sich selbst' vorbereiten muß auf Beobachtungen und diagnostizierende Tätigkeiten, muß ihnen fremd bleiben. Diese Sehweise ist inzwischen überholt. Der 'Praktiker als Forscher' - so könnte man vielleicht auch sagen - ist jene black box, die sich geöffnet hat und die ihr Innenleben kenntlich macht durch die Art, in der Daten zu Theorien organisiert werden (vgl. Niemeyer 1988, S. 209). Viola Harnach-Beck hat die Nötigung hierzu an einer einzigen Stelle ihres Buches indirekt angesprochen - dort, wo sie meint, daß Kinder mit Verhaltensauffälligkeiten 'Signale' geben, „die richtig zu deuten Aufgabe der Eltern und der Jugendhilfe ist" (Harnach-Beck 1995, S. 98). Meine These lautet: Hier liegt in der Tat der Schlüssel, den, so mein Eindruck, Harnach-Beck ihres (überholten) Psychologiebegriffs wegen völlig achtlos liegen läßt. Ich wollte dies im Vorhergehenden nicht tun - und die These vertreten, daß ein Konzept, das Jugendhilfepraktikern dabei hilft, den Signalcharakter der Verhaltensauffälligkeiten von Kindern 'richtig zu deuten', erst den psychologischen und sozialpädagogischen Kern des Problems erreicht und die selbstzufriedene Pseudosicherheit umgehen hilft, die dem technokratischen Konzept Harnach-Becks unterliegt.

Literatur

Bernfeld, S.: Sisyphos oder die Grenzen der Erziehung (1925). Frankfurt/M. 1973.

Cobus-Schwertner, I.: Zum Problem der Definition jugendpsychiatrischer Behandlungsbedürftigkeiten. In: Gintzel, U./Schone, R. (Hrsg.): Zwischen Jugendhilfe und Jugendpsychiatrie. Münster 1990, S. 78-89.

Fischer, A.: Die Lage der Pädagogik in der Gegenwart. In: Z. f. Päd. Psych. Exp. Päd. XII (1911), S. 81- 93.

Freud, S.: Zur Geschichte der psychoanalytischen Bewegung (1 914). Gesammelte Werke X. London 1946, S. 43-113.

Groeben, N./**Scheele**, B.: Argumente für eine Psychologie des reflexiven Subjekts. Darmstadt 1977.

Harnach-Beck, V.: Psychosoziale Diagnostik in der Jugendhilfe. Weinheim, München 1995.

Heider, F.: Psychologie der interpersonalen Beziehungen (1958). Stuttgart (1977).

Herbart, J. F.: Zwei Vorlesungen über Pädagogik (1802). Sämtliche Werke. Band 1. Langensalza 1887ff., S. 279-290.

Jones, E.E./**Davis**, K.E.: From Acts to Dispositions.The Attribution Process in Person Perception. In: Berkowitz, L. (Ed.): Advances in Experimental Social Psychology. Vol. 2. New York. London 1965, p. 219-266.

Krahé, B.: Der „Self-serving bias" in der Attributionsforschung. Theoretische Befunde und empirische Befunde. In: Psychologische Rundschau, 35 (1974), S. 79-97.

Mollenhauer, K./**Uhlendorff**, U.: Sozialpädagogische Diagnosen. Weinheim/ München 1992.
Müller, C. W.: Wie Helfen zum Beruf wurde. Weinheim, Basel 1982.
Niemeyer, Ch.: Nützlichkeit als Kriterium des sozialpädagogischen Praktikers. Ein Beitrag zum (Selbst-)Verständnis des Praktikers als Forscher am Beispiel einer Fortbildung mit HeimerzieherInnen. In: Heiner, M. (Hrsg.): Praxisforschung in der sozialen Arbeit. Freiburg 1988, S. 188-214.
Niemeyer, Ch.: Markus stört. Sozialpädagogische Kasuistik von Ausgrenzungsprozessen auf attributstheoretischer Grundlage. In: Peters, F. (Hrsg.): Professionalität im Alltag. Entwicklungsperspektiven in der Heimerziehung. Bielefeld 1993, S. 37-76.
Niemeyer, Ch.: Robert stört. Sozialpädagogische Kasuistik eines Kindes, das Schwierigkeiten macht, weil es welche *hat.* In: Forum Erziehungshilfen, 2 (1996), S. 148-163.
Niemeyer, Ch.: Klassiker der Sozialpädagogik. Einführung in die Theoriegeschichte einer Wissenschaft. Weinheim, München 1998.
Weniger, E.: Theorie und Praxis in der Erziehung (1929). In: Ders.: Ausgewählte Schriften zur geisteswissenschaftlichen Pädagogik. Ausgew. u. in. einer edit. Notiz vers. v. B. Schonig. Band 6. Weinheim, Basel 1990, S. 29-44.
Wiesner, R.: Die Entwicklung der Hilfen zur Erziehung in der Bundesrepublik Deutschland nach Verabschiedung des Kinder- und Jugendhilfegesetzes. In: **Klatetzki**, Th. (Hrsg.): Flexible Erziehungshilfen. Ein Organisationskonzept in der Diskussion. Münster[2] 1995, S. 125-133.

Alenka Kobolt

Sozialpädagogische Diagnostik zwischen Verstehen und Handeln

1. Einleitung

Vorausschicken möchte ich zwei Bemerkungen, die meine Standpunkte und Erfahrungen einerseits und die Situation der sozialpädagogischen Praxis in Slowenien andererseits verdeutlichen sollen. Dabei beachte ich besonders den Bereich der Heimerziehung:

Die erste Bemerkung betrifft meine professionelle Entwicklung, die sich ausgehend von der Psychologie als meinem ursprünglichen Fach mehr auf das Gebiet der Sozialpädagogik verlagert hat, dabei vor allem auf das Gebiet der erzieherischen Hilfen. Das bedeutete zunächst, Probleme vor allem aus der Perspektive des Individuums, seiner persönlichen Merkmale und Entwicklungslinien zu sehen. Die Heimpraxis hat mich jedoch schnell 'neue Lektionen' gelehrt, was zu einem immer breiteren Blickwinkel zum Verstehen der Zusammenhänge und Situationen der Kinder, Jugendlichen und ihrer Familien in ihrer gesamten Lebensituation geführt hat.

Zweierlei wurde mir dabei schnell klar:

1. Diagnostik kann nur zusammen mit den Kindern/ Jugendlichen und ihren Familien realisiert werden.
2. Diagnostik ist ein wichtiger Teil des Prozesses, in dem alle Mitarbeiter (Erzieher, Sozialpädagogen, Sozialarbeiter, Psychologen, Lehrer...) zusammen arbeiten sollen und diese Arbeit auch im Team regelmäßig evaluieren müssen. Erst so sind drei wichtige Basiskriterien erfüllt:
   -ganzheitliches Verstehen der Lebenslage von Klienten,
   -Einbeziehung der Klienten und ihres Umfelds
   -Kooperation aller fachlichen Profile, die erzieherische Hilfen realisieren.

Nur unter Erfüllung dieser Kriterien erhalten diagnostische und erzieherische Interventionen fachliche Legitimation und sind für die Klienten nützlich.

Die zweite Vorbemerkung betrifft die Tatsache, daß die Sozialpädagogik als eigenständige Disziplin auf universitärer Ebene in Slowenien recht jung ist. Diese Grundbedingung für eine autonome Entwicklung besteht nämlich erst seit 10 Jahren. Im Vergleich zur Medizin und Psychologie ist Sozialpädagogik also fast eine neugeborene Wissenschaft und es ist nicht verwunderlich, daß auch die Diagnostik im Bereich erzieherischer Hilfen zunächst sehr von den beiden genannten Wissenschaften geprägt war.

2. Entwicklung der allgemeinen sozialpädagogischen Theorie und Praxis als Voraussetzung für die Entwicklung der Diagnostik

Erst mit der Intensivierung der Theorieentwicklung und der Auswertung der Praxis und Forschung im Feld der Sozialarbeit, Jugendarbeit und Delinquenz waren genügend fachliche und gesellschaftliche Bedingungen gegeben, um neue theoretische Ansätze zu entfalten und damit auch die sozialpädagogische Praxis einschließlich der Diagnostik zu vertiefen. Als besonders wichtige theoretische Ansätze seien genannt:

- die Verbreitung der humanistischen Theorie in den 60er Jahren, mit ihrer optimistischen Einschätzung auch der Verhaltensprobleme bei Kindern und Jugendlichen;
- ein tieferes Verständnis abweichenden Verhaltens durch den psychoanalytischen Ansatz von Aichhorn, der hier schon früh bekannt wurde, und später von Fritz Redl;
- das systemische Verständnis der Entstehung und Stabilisierung von sozialen Problemen führte zu einer Umorientierung im Verständnis von Individuum, Sozialem und Gemeinwesen.

In der Praxis haben einige wichtige Projekte Pionierarbeit geleistet. So wurden im sogenannten 'Experiment in Logatec' in einem Heim für delinquente Jugendliche durch Aktionsforschung des Instituts für Kriminologie in Ljubljana demokratische und permissive Erziehungsweisen eingeführt. Dieses Experiment wurde in den Jahren von 1967 bis 1971 durchgeführt und hat wichtige Implikationen für die Praxisveränderung in der Heimerziehung gefördert (Institut für Kriminologe, Vodopivec, Bergant, Kobal, Skaberne, Skalar, 1971).

Später wurde auf dem Gebiet der Heimerziehung der Prozeß der Umstrukturierung wichtig (1985 bis heute), in dem Lebensbedingungen zusammen mit den erzieherischen Konzepten weiterentwickelt werden, wie: Normalisierung, räumliche Integration, kleine Einheiten, Wohngemeinschaften. Hier hat die Heimkommission eine wichtige Rolle gespielt als Mediation zwischen Politik, Praxis und Theorie (Skalar, Kobolt, Dekleva, Imperl, Ivanuša u.a. sind als Mitglieder der Heimkommission zu nennen).

Herauszustellen ist die Rolle des Instituts für Kriminologie, das seit den 60er Jahren vor allem die Forschungsprojekte auf dem Gebiet der Delinquenz und Kriminalität durchführte. Dekleva (1985, S. 298-303) teilt die Forschungsarbeit dieses Instituts in drei Phasen: in der erste Phase (1960 bis 1967) wurden vor allem die Lebensbedingungen der delinquenten Jugendlichen erforscht; in der zweite Phase (1968 bis 1977) wurden mit verschiedenen Forschungsmethoden Erziehungskonzepte und das gesellschaftliche System der Sanktionen evaluiert; die dritte Phase kann man als Aktionsforschung und kritische Analyse der Heimerziehung bezeichnen.

Mit der Verbreitung der Forschung und der Entstehung von verschiedenen Projekten auf dem Gebiet der Jugendhilfe in den letzten 15 Jahren sind in Slowenien stabile Bausteine für eine solide Entwicklung von erzieherischen Hilfen in großer Spannbreite entwickelt worden. Auch die seit einigen Jahren durchgeführten Projekte, die auf verstärkten Support der psychosozialen Gesundheit in der Gemeinschaft zielen, bringen das Systemische und lebensräumliche Denken voran.

Die bisher skizzierte Entwicklung hat auch für die Sozialpädagogik und die Sozialpädagogische Diagnostik neue Entwicklungsimpulse gegeben.

Obwohl sie heute in Slowenien eine eigenständige Wissenschaft ist, verstehe ich Sozialpädagogik weiterhin als eine Art Grenzwissenschaft mit qualitativ neuer integrativer Funktion von Teilen anderer Fachbereiche (Sozialarbeit, Pädagogik, Psychologie, Soziologie..). Sozialpädagogik hat durch ihre Entwicklung ein breites Gebiet erschlossen, viel breiter als noch vor 30 Jahren als es nur um Heimerziehung ging. Heute sind Sozialpädagogen im breiten Feld der Erziehung (Kindergarten und alle Schularten), der Freizeiterziehung, der verschiedenen Arten von Jugendhilfe, und in den nichtstaatlichen Vereinen zu finden. Letztere entwickeln vor allem neue Projekte für verschiedene Randgruppen.

Die genannten Entwicklungen und Einflüsse schufen die Grundbedingungen für kohärente sozialpädagogische Einsätze, die Entwicklung von neuen Interventionen, neue erzieherische Angebote und nicht zuletzt auch neue Perspektiven für die Diagnostik in diesem Bereich. Das bedeutet nicht, daß Sozialpädagogik eine neue Diagnostik erfunden hat. Sie hat aber im Kontext ihrer Arbeit und Aufgaben, die wir als Hilfe für Entwicklung und soziale Integration von Kindern, Jugendlichen und Randgruppen definieren, neue ganzheitliche Einsichten und ein neues Verständnis des gesamten Kontextes eingebracht und damit eine neue Sicht der Prozesse, mit denen sie professionell zu tun hat.

3. Was ist unter sozialpädagogischer Diagnostik zu verstehen?

Die sozialpädagogischen diagnostischen Prozesse orientieren sich am Individuum und seinen Entwicklungslinien. Sie vergessen dabei nicht seine soziale Umgebung und die Beziehungen, die darin bestehen. Im Gegenteil, gerade das sorgfältige Kennenlernen des ganzen Kontextes, in dem der Klient lebt, ist einer der wichtigsten Bestandteile im Prozeß der sozialpädagogischen Diagnostik.

Diagnostik im sozialpädagogischen Feld hat sehr viel von psychologischen Verfahren profitiert und ist auch den Richtlinien der diagnostischen Arbeit in der Sozialarbeit gefolgt. Dabei sind wir mit der Geschichte des Begriffes

Diagnostik konfrontiert. Schon im Jahre 1917 hat Mary Richmond den Begriff 'Soziale Diagnose' eingeführt und versucht, Mitarbeiterinnen, die in diesem Bereich tätig waren, zu überzeugen, nicht nur Problemkonstellationen zu untersuchen, sondern auch die Persönlichkeit der Klienten und ihre ganze soziale Situation (vgl. Harnach-Beck 1995, S. 19). Schon damals wurde betont, daß auch Ressourcen des Hilfssystems nicht übersehen werden dürfen, - ein sehr modernes und fast systemisches Verständnis von Diagnostik.

3.1 Die Hauptmerkmale der sozialpädagogischen Diagnostik

- Diagnostische Arbeit in der Sozialpädagogik muß verschiedene Aspekte berücksichtigen: das Verhalten und Erleben des einzelnen Menschen und seine Beziehungen zu anderen. Man soll sozusagen nicht nur das System erfassen, sondern Einflüsse von mehreren Systemen in ihrer Interdependenz und Vernetzung zu verstehen suchen (vgl. Fisseni 1990). Dabei ist wichtig zu betonen, daß sozialpädagogische Diagnostik nicht nur Schwierigkeiten und Probleme sieht, sondern sich auch an Ressourcen und Stärken beim Klienten und seiner Umgebung orientiert und darauf die individuelle Hilfeplanung aufbaut.

- Die Systeme in der Sozialpädagogik haben eine hohe Dynamik, entwikkeln sich ständig und zeigen immer neue Facetten. Darum ist sozialpädagogische Diagnostik als Prozeß definiert (auch schon bei Skalar, M. 1998), und so verstehen wir heute diese Diagnostik als prozeßhaftes Geschehen.

Dabei sind alle drei erwähnten Ebenen wichtig:
1. Theorie, die den Hintergrund für das diagnostische Verstehen bildet;
2. Konkretes Handeln, d.h. die sozialpädagogischen Interventionen;
3. Ständige Überprüfung und Evaluation.
Auf diese drei Ebenen werde ich im weiteren noch näher eingehen.

Weil sich Sozialpädagogische Arbeit mehr oder weniger in verschiedenen Institutionen realisiert, kommt dazu noch die Frage der Organisation der Institutionen und ihrer Interventionsmöglichkeiten. Die Zeit, in der es bei uns in Slowenien nur eine zentrale diagnostische Institution gab (mit einem gut zusammengestellten Team aus verschiedenen Professionen) ist vorbei. Heute sind Jugendämter, Beratungsstellen und andere Institutionen mit multiprofessionellen Teams besetzt, was auch die Prozesse der Diagnose in den Lebensraum der Klienten gebracht hat. Dazu möchte ich noch eine Erfahrung aus der Zeit vor etwa 15 Jahren mitteilen. Es war üblich, bevor Kinder und Jugendliche ins Heim 'geschickt' wurden, eine gründliche Diagnostik in den kinder- und jugendpsychiatrischen Abteilungen vorzunehmen. Die Diagnosen wurden also von verschiedenen Fachkräften (Ärzte, klinische Psychologen, Psychiater) zusammengestellt, und von den Erziehern wurde dann erwartet, daß sie die im diagnostischen Bericht erwähnten Probleme der Klienten durch erzieherische Maßnahmen in den Heimen beseitigen sollten. Das hat den genannten Professionen Definitionsmacht darüber gegeben, was andere zu tun und auszuführen haben. Oft wurden solche Institutionen auch als Instanzen für die Äußere Evaluation der Arbeit der Institution - Heim angesehen. Diese Rollenaufteilung ist heute so nicht mehr aufrecht zu halten, weil sich inzwischen auch die Ausbildung von Sozialpädagogen/Innen (ErzieherInnen in Heimen) verbessert hat. So gehören die Sozialpädagogen heute Teams an, die in Zusammenarbeit mit anderen Professionen individuell angepaßte lebensweltorientierte Interventionen suchen.

Bei diagnostischen Prozessen dürfen wir auch unsere persönliche Beteiligung nicht vergessen. Viele Autoren weisen darauf hin, daß wir als Diagnostiker (Sozialpädagogen, Sozialarbeiter, Psychologen...) die Lebenslagen der Klienten nicht nur durch mit professionellem Wissen 'beladenen Augen', sondern auch immer durch Brillen betrachten, die durch unsere individuelle Geschichte gefärbt sind. Auch deshalb halte ich Evaluation für einen wichtigen Bestandteil der Diagnostik. Damit meine ich nicht nur Supervision als eine Art von interner Evaluation, sondern auch verschiedene Formen von externer Evaluation (z.B: Diagnostik im Team, Evaluation durch externe Instanzen...). Zur Professionalität im diagnostischen Bereich gehören nicht nur Fachkenntnisse, sondern auch professionsethische Überzeugungen. Harnach-Beck (1995, S.18) schreibt dazu: "In der Jugendhilfe haben wir es nur selten mit einfachen, leicht erkennbaren Tatbeständen zu tun. Viel öfter müssen Entscheidungen in Situationen getroffen werden, die hoch komplex, undurchsichtig und zudem im schnellen Wandel begriffen sind." Und gerade deshalb sind die vorher erwähnten Merkmale der Diagnostik in diesem Bereich so wichtig.

4. Was ist für Sozialpädagogische Diagnostik unabdingbar?

Schematisch versuche ich die Bedingungen für prozeßorientierte und mit dem Klient gemeinsam verlaufende sozialpädagogische Diagnosen (nach Müller, B. 1994, S. 43, "Der Fall mit") als einen Bestandteil der sozialpädagogischen Interventionen darzustellen.

Dieser Prozeß, in dem Diagnostik ein wichtiger Teil ist, bezieht mehrere Ebenen und Schritte ein:

1. Ich betrachte vor allem *theoretische Kenntnisse* als diejenige Ebene, die SozialpädagogInnen fachliche Kompetenz ermöglicht. Gerade die Qualität und Auswahl der Fachkenntnisse geben Sozialpädagogen ihren bestimmten Platz in der Teamarbeit, wo sie zusammen mit anderen Professionen die Hilfestrategien spezifisch gestalten. Theoriemodelle in diesem Feld gibt es viele; sie revidieren und integrieren sich ständig. Einigkeit besteht darin, daß Schwierigkeiten in sozialer Integration durch Kumulation verschiedener Einflüsse entstehen. Dabei kommt es zur Interaktion zwischen individuellen Entwicklungswegen, Eigenschaften und dem sozialen Kontext mit seinen stabilisierenden und destabilisierenden Einflüssen. In den einzelnen Modellen sind diese nur durch verschiedene Konfigurationen zu erkennen: Psychoanalytisch orientierte Autoren machen uns aufmerksam auf Entwicklungsbenachteiligungen und deren Einflüsse auf das Selbstkonzept als regulierende Instanz; verhaltensorientierte Modelle integrieren sich mit Kognitiven und behaupten die Bedeutung von Verhaltensstrategien, interpersoneller Wahrnehmung, sozialer Intelligenz und sozialer Interaktion; familientherapeutische Paradigmen geben uns wichtige Kenntnisse über Dynamik, Rollen, Kommunikation und Verhaltensmuster, die nicht übersehen werden dürfen; aus systemischen und ökopsychologischen Konzepten können wir einen

breiten Blickwinkel gewinnen; interaktive theoretische Konzepte schließlich versuchen diese Modelle zu einer kohärenten Theoriebasis zu verbinden.

2. Aus dieser Sicht ergibt sich ein zweiter Schritt, der uns auf die jeweilige *Zentrierung des diagnostischen Verstehens und der spezifischen Methoden* bei den Professionen aufmerksam macht. Die Breite der jeweiligen Zentrierung möchte ich - nach einer Idee von Price (in Kobi/Bonderer 1992) - verdeutlichen:

	Biologischer Aspekt	Intrapersonale Aspekte	Interpersonale Aspekte	Soziale Aspekte
Perspektive der Medizin				
Perspektive der Psychologie				
Perspektive der Sozialpädagogik				

In drei Aspekten soll sich sozialpädagogische Diagnose orientieren und dabei, wie schon gesagt, mit anderen Professionen interdisziplinär arbeiten, nicht nur beim ersten Schritt des Verstehens und Erklärens, sondern auch bei weiteren Schritten des Intervenierens und Handelns. Die effektive Methode der Selbstrepräsentation von Kindern/Jugendlichen ist besonders geeignet, das Zusammenwirken der drei Aspekte von Intrapersonalem, Interpersonalem und Sozialem in der Sozialpädagogik aufzuzeigen. Die Selbstrepräsentation kann man als 'rekonstruktive Sozialpädagogik' im Sinne der hermeneutischen Fallerklärung bezeichnen, die den Sozialpädagogen heute eine spezifische und eigenständige Methode zu geben verspricht. (Vgl. Jakob, G/Wensierski, H.J. 1997, S. 7-23).

Dabei ist nicht zu vergessen, daß ethische Fragen einzubeziehen sind, daß unsere Interventionen nicht nur helfend und motivierend, sondern auch stigmatisierend wirken können. Gerade deshalb sollen wir die ethische Fragestellung bei der Diagnostik nicht aus den Augen verlieren. Natürlich verlaufen diagnostische Prozesse in jedem konkreten Fall etwas anders und erfordern auch die Einbeziehung verschiedener Professionen - je nach Art der Probleme, die wir mit der Hilfe einer sozialpädagogischen Intervention zu lösen versuchen.

5. Elemente der Sozialpädagogischen Diagnostik und Intervention

Diagnostik und Intervention stellen Schritte in einem sich wiederholenden und integrierten Prozeß dar. Eine solche zirkuläre Vorstellung entspricht am besten den Vorgängen in der Wirklichkeit. Darum beginne ich nur scheinbar mit dem Endpunkt, wenn ich jetzt zunächst mit den Interventionen beginne.

1. *Sozialpädagogische Intervention,* das ist konkretes Handeln der Sozialpädagogen in der Lebenswelt der Klienten, erscheint als letzter Punkt des Vorgangs, der mit Diagnostik beginnt, und dessen Legitimation gerade Intervention in ihren verschiedenen Formen ist, - Support, Korrektur, Begleitung, Motivierung, psychosoziale Beratung, Aktivierung und andere Arten von Hilfe zur Verbesserung der Lage von Klienten.

2. Interventionen sollen aus folgenden, schematisch genannten und nicht für alle Fälle gleich ablaufenden Verfahren, Überlegungen und *Arbeitsweisen* entstehen: Sorgfältige Beobachtung, Zuhören, Sich-Fragen-stellen über die Lage, Beziehungen und anderen Charakteristiken des jeweiligen Klienten der sozialpädagogische Intervention benötigt. Dabei ist diese Stufe immer in enger Zusammenarbeit mit dem Klienten und seinem sozialen Kontext zu realisieren. Das Bild, das sich daraus als erstes diagnostisches Verstehen ergibt, soll im Prozeß der professionellen Arbeit weiter überprüft und dadurch genauer und deutlicher werden unter Einbeziehung von anderen Professionen wenn der Fall und seine Lage das verlangt.

3. Das kann nur mit umfassend integrierten *theoretischen Grundlagen* geschehen, die diese Interventionen als professionell und nicht nur als 'Laienhilfe' konstituieren. So stellen theoretische und professionelle Konzepte

die Grundlage für den Prozeß der Diagnostik und der Interventionen dar. Sozialpädagogisches Handeln soll, wie schon betont, ein breites Spektrum fachlicher Kenntnisse einbeziehen und mit den jeweiligen professionellen Erfahrungen der Sozialpädagogen integrieren und bestätigen.

Hier erwähne ich noch einmal die theoretischen Grundlagen, die für die Sozialpädagogik von besonderem Wert sind und sich zum Teil in diesem Feld entwickelt haben:

- Kenntnisse und Vertrautheit der Sozialpädagogen mit psychodynamischen, humanistischen, lerntheoretischen, kognitiven, systemischen, kommunikationstheoretischen, gruppendynamischen etc. Grundlagen. Kenntnisse von integrierten Modellen, die der Komplexität des sozialpädagogischen Handelns entsprechen (z.B. Konzept der Integrativen Methodik von H. Schumann, Life Space Intervention und Konzept der therapeutischen Umgebung nach Redl). Kenntnisse von soziale Kompetenz unterstützenden Konzepten und Programmen, die sich im Feld der Sozialpädagogik entwickelt und als spezifische Modelle im Bereich der sozialintegrierenden und erzieherischen Hilfen bewährt haben.
- Kenntnisse über verschiedene diagnostische Schemata, als grobe Orientierungspunkte zum besseren Verstehen der 'Art und Weise' der Probleme des Klienten, die wir mit der Intervention zu vermeiden, zu vermindern, zu verkleinern und zu lösen suchen. Zum wichtigen Kenntnisbereich der Klassifikationen möchte ich vor allem auf die V. Achse der ICD - 10 aufmerksam machen (Internationale Klassifikation von psychiatrischen Störungen bei Kindern und Jugendlichen der WHO). Die Achse V. ist nämlich gerade den Störungen im psychosozialen Kontext gewidmet. In der genannten Klassifikation, die wir nur zur Orientierung nutzen wollen, wird ein breiter Blickwinkel vom Somatischen zum Sozialen deutlich, der die Notwendigkeit interdisziplinärer Arbeit bestätigt. Auch das Klassifikationsschema, das van der Doef vorstellt, ist für die Probleme der Sozialpädagogik nützlich (van der Doef, 1992, S.19), weil es mehrere Komponenten integriert: Mechanismen der Assimilation und Adaption (nach Piaget) sowie kognitive und emotionale Funktionen. Alle vier Komponenten sind für die

Kooperation, Kommunikation und soziale Interaktion wichtig. Dabei werden für die vier typisierten Gruppen Autismus, spezifische Lernschwierigkeiten, emotionale Störungen und Verhaltensstörungen, auch die jeweilige Richtung der notwendigen Interventionen (nur therapeutische Beziehung oder zusätzliche Neustrukturierung der Lebensumstände) angezeigt. Genanntes Klassifikationsschema hat sowohl in Holland als auch in Slowenien und Kroatien in der Sozialpädagogische Praxis einen Platz gefunden (siehe auch Koller-Trbovic, N. 1997, 121-128).

4. *Evaluation, Selbstevaluation*, verschiedene Formen von *Supervision*, Teamarbeit und *Evaluation von Außen* als Formen der Überprüfung der diagnostischen Prozesse und der daraus gestalteten Interventionen schließen den Kreis. Ständige Evaluation unseres Befindens, unserer Empfindungen, unser Verständnis für den Klienten und seine Lage und Evaluation unserer Einflußnahme auf die Situation des Klienten durch Interventionen sind wichtiger Bestandteil dieses Prozesses. Supervision schafft vor allem Raum, den in Diagnose und Intervention begangenen Weg nacherlebend zu bedenken und bewahrt uns davor, daß der zirkulare Prozeß zu einem Teufelskreis erstarrt (H. Harbig, 1994). Supervision hat in Slowenien einen festen Platz in der Sozialpädagogik sowie in der Sozialen und Pädagogischen Arbeit erhalten, in dem integrierten Modell welches wir als Entwicklungsedukatives Modell bezeichnen (Vgl. Zorga S. 1997).

In der Praxis sind wir immer wieder mit den nichtdefinierbaren und nichtveränderlichen Situationen konfrontiert, für die uns Theorie keine genaue situationsgerechte Antwort geben kann. Theorie dient eher als Wegmarkierung und Wegweiser für den richtigen Weg. Evaluation und Supervision verhelfen uns zu offenen Augen, Ohren und Gedanken und stärken unsere Bereitschaft zur Klientenmitbestimmung ohne Angst, professionelle Legitimation und Position einzubüßen.

Ich schließe mit einer schematischen Darstellung des beschriebenen kontinuierlichen Prozesses:

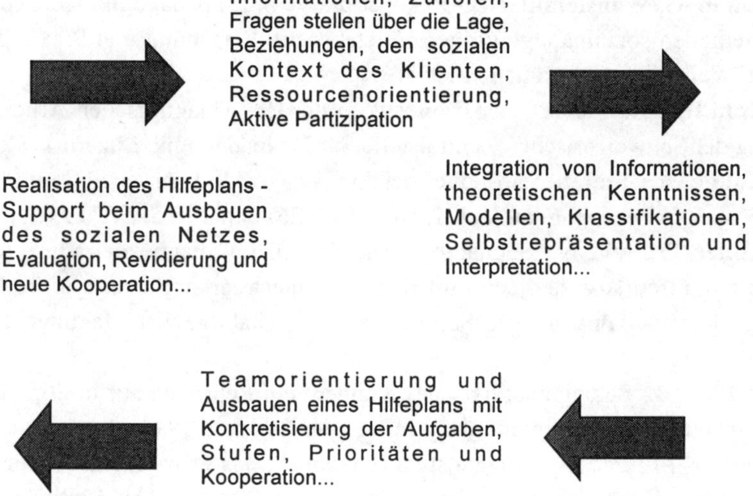

Literatur

Dekleva, B.: Raziskovanje odklonskih pojavov v zvezi z mladino, Revija za kriminalistiko in kriminologijo (Erforschung des Abweichenden Verhaltens von Jugendlichen). In: Revija za kriminalistiko in kriminologijo, (Zeitschrift für Kriminalistik und Kriminologie), Nr. 4/95, Vol. 36, s. 295-303. Institut für Kriminologie, Ljubljana 1995.

Fisseni, H.: Lehrbuch der psychologischen Diagnostik. Hogrefe, Göttingen 1990.

Harbig, H.: The 'Sisyphos Syndrome' as a Task of Supervision in Social Work. In: School Field, Vol. V, Nr. 1/2, 1994.

Harnach-Beck, V.: Psychosoziale Diagnostik in der Jugendhilfe, Grundlagen und Methoden für den Hilfeplan, Bericht und Stellungnahme. Juventa, Weinheim und München 1995.

ICD - 10: Die Achse V. der Internationalen Klassifikation von Psychiatrischen Störungen bei Kindern und Jugendlichen. Zdravstveno varstvo, Vol. 33, Nr. 12/94, s. 353-448. Ljubljana 1994.

Jakob, G./**Wensierski**, H.J.: Rekonstruktive Sozialpädagogik, Konzepte und Methoden sozialpädagogischen Verstehens in Forschung und Praxis. Juventa, Weinheim und München 1997.

Kobi E.E./**Bonderer**, E.: Diagnostik in der Heilpädagogischen Arbeit. Verlag der Schweizerischen Zentralstelle Für Heilpädagogik, Luzern 1982.

Kobolt, A.: Teoreticne osnove socialno pedagoških intervencij. I und II Teil, in Socialna pedagogika, Vol. 1, Nr. 1 (S.7-26) und 2 (S.5-24), 1997.

Koller-Trbovic, N.: Socijalno pedagoski pristup dijagnosticiranju i pragramiranju tretmana za djecu i mladez s poremecajima u ponasanju. In: Kriminologija/socijalna integracija, Edukacijsko-rehabilitacijski fakultet. Zagreb 1997.

Müller, B.: Sozialpädagogisches Können: ein Lehrbuch zur multiperspektivischen Fallarbeit. Lambertus, Freiburg im Breisgau 1994.

Skalar, M.: Procesna diagnostika (Diagnostik als Prozeß). In: Kongres psihologov (Kongreßbuch der Psychologietagung), S. 111-118. Ljubljana 1985.

Zorga, S.: Supervision process seen as a process of experiential learning. Clinical supervisor, Vol. 16, Nr. 1/1997, S. 145-161.

Charlotte Köttgen

Pro und contra Diagnostik - aus Sicht einer Kinder- und Jugendpsychiaterin im Feld der Jugendhilfe

1. Einleitung

„Beständig wächst die Zahl der in Fachpublikationen als psychiatrisch auffällig oder psychiatriebedürftig bezeichneten Kinder. Das passende Therapieangebot halten die psychosozialen Berufsgruppen auch gleich bereit, ob Mal-, Wahrnehmungs-, Tanz-, Musik-, Legasthenie-, Dyskalkulie-, Hypnose-, psychomotorische oder Psychotherapie", kritisierte J. Kutscher und setzt fort: "Mit Moralpädagogik (wie im Struwwelpeter der Jahrhundertwende) läßt sich der moderne Mensch nicht mehr beeindrucken, da müssen schon wissenschaftlich klingende Begriffe her. So erfanden Psychiater und Psychologen für die Verbindung von Lern-, Teilleistungs- oder Verhaltensstörungen so beeindruckende Begriffe wie "Hyperkinetisches Syndrom" oder "Minimale cerebrale Dysfunktion" (MCD); letztere mitunter auch als "Psychoorganisches Syndrom" (POS) im Umlauf (Kutscher, 1993).

Nachdem man als Ursache die zunächst vermuteten Hirnschädigungen bei der Mehrzahl der betroffenen Kinder nicht feststellen konnte, nannten Martin Schmidt, Gunter Esser die "Minimale cerebrale Parese" oder gar das sogenannte "MCD-Konzept" eine "Leerformel", hinter der jedenfalls keine medizinische einheitliche Ursache, vielmehr als Gemeinsamkeiten am ehesten soziale Probleme zu finden sind (Schmidt et al. 1991).

Viele Störungen und Auffälligkeiten von jungen Menschen haben also weniger eine gemeinsame biologische, vielmehr unterschiedliche soziale Ursachen. Wenn die Armut von Familien mit Kindern zunimmt, nehmen auch die sozialen Probleme und somit Störungen zu (Die Kinderschutzzentren 1996). Wie geht die Gesellschaft mit den Ursachen und Folgen der Armut von jungen Menschen um?

Wenn Jugend überhaupt Thema ist, wird über Gewalt, Kriminalität, Störungen und psychische Auffälligkeiten gesprochen. Nicht die Frage, wie gegen die Bedingungen der Armut angegangen werden kann, sondern wie man sich der jungen Menschen entledigen kann, stand in den Jahren konservativer Politik allzu oft im Mittelpunkt der Debatte. Psychiatrie, geschlossene Heime, Strafvollzug, mehr Repression sollen Problemlösungen bieten. "Schafft doch die Jugend ganz ab" plakatierte denn auch eine Gruppe in einem der vielen Wahlkämpfe.

Die Geschichte der Anstalten in diesen Feldern ist eine Geschichte der Armutsverwaltung und Kontrolle. Es sind die Armen, nicht die "white collar"-Kriminellen oder die "Global player", die der Kriminalisierung, Psychiatrisierung, Stigmatisierung und Ausgrenzung ausgesetzt sind, während die Lobbyisten zum "Wohle der Kinder" - den Ausbau ihrer Institutionen fest und eigennützig im Auge habend - verleugnen, daß wieder eine wachsende Zahl von jungen Menschen verschoben wird. Wie in den USA soll der wohlhabende Teil der Gesellschaft vor den "störenden" Armen geschützt werden (Christie 1999; Bittscheidt 1997; 1998). Die Folgen des Stigmatisierens sind bekannt.

Ein *Blick in die Psychiatriegeschichte* zeigt, wie Ärzte im 19. Jahrhundert die "Irren und Armen" aus den Gefängnissen übernommen haben. Foucault thematisiert diesen Übergang von der nichtmedizinischen in die medizinische Wahrnehmung in "Wahnsinn und Gesellschaft" (1969). Herzog definiert das wie folgt: "Durch die Übernahme von psychologischen Grundpositionen verschafften sich die Ärzte einen Zugang zum moralischen Urteil mit dem Schein medizinischer Absicherung" (Herzog 1984). Die deutschen Psychiater hatten Grund, sich das ärztlich-naturwissenschaftliche Prestige zu ihrer Verteidigung anzueignen: Spätestens seit 1892 häuften sich Angriffe auf das psychiatrische Anstaltswesen, in denen sich ein erhebliches Unbehagen an den seit etwa 1860 stark vermehrten und ins Riesenhafte gewachsenen Anstalten artikulierte (in Blasius 1980).

Sobald aber die naturwissenschaftliche Bedeutung in die Sprache der Medizin einzog, wurde das Wort "krank" für die Erscheinungsform des Irreseins problematisch. Welche besonderen Krankheiten sollten sich hier der Naturwissenschaft enthüllen? Seit die biologische Medizin tatsächlich Zusammenhänge umschriebener Krankheiten definierte und die Psychopathologie den Schein erweckte, sie ginge ebenso vor, erfanden Ärzte, da sie für die Irren und Armen nun einmal die Zuständigkeit in den Anstalten hatten, die sogenannten Nosologischen Einheiten, Metaphern, die die meisten Diagnosen in der Psychiatrie bis heute darstellen, z. B. die Dementia Praecox (vorzeitige Verblödung). Dieser entwertende Begriff galt in der ganzen westlichen Welt als Diagnose für die frühe schizophrene Erkrankung.

Seither bemüht sich z. B. die Psychosenlehre darum, einen naturwissenschaftlich begründbaren Zusammenhang zu beweisen. Seit der Entdeckung des Syphillis- und Tuberkel-Bakteriums ging man davon aus, daß auch der Erreger der Verrücktheit, des Irreseins, der Unvernunft gefunden würde und dagegen dann eine ursächlich wirksame Medizin, ein Antidot.

Als die "Irren" vom alten allgemeinen Begriff des Krankseins erfaßt wurden, der ursprünglich nur vage auf irgendeine Unordnung, Desorganisation oder Auffälligkeit verwies, ohne damit Körper von Umwelt, Moral, Seele oder Gesellschaft abzugrenzen, gab es entscheidende Veränderungen, als die Ärzte ihren Blick auf den Körper und die biologischen Abläufe richteten, um biologische Krankheiten zu bestimmen. Warum sind die großen psychiatrischen Krankheitsgruppen noch immer nicht naturwissenschaftlich definierbar? Liegt es an den Krankheiten, oder liegt es an der Optik? (Herzog 1984). Der Zugang zu seelischen Vorgängen - wo immer er gelingt - basiert meistens eher auf Erkenntnissen der Pädagogik, Psychologie, Soziologie, Psychoanalyse u. a. und auf nicht denen der naturwissenschaftlichen Medizin. Auch die Pharmakotherapie hat psychische Krankheit nicht geheilt, höchstens kann sie Symptome, aber auch Gefühle unterdrücken.

2. Neue Diagnose-Konzepte der Psychiatrie

Mit dem Internationalen Diagnose-Klassifikations-System (ICD-10 1991) hat sich die Jugendpsychiatrie auf einen beschreibenden - und wie es dort heißt - atheoretischen Diagnose-Ansatz verständigt. Wie viele Kämpfe vor dieser Verständigung lagen, ist nur zu erahnen. Der ICD-10 ist ein Eingeständnis an die Tatsache, daß es zwar eine verwirrende Vielfalt an Theorien und Behandlungsmethoden gibt, bisher aber keine eindeutigen Erkenntnisse, weder über die Ursachen, noch über die Wirkung der Therapien. Der ICD-10 trägt dem Theorien- und Versorgungswirrwarr in der Jugendhilfe, Jugendpsychiatrie, Schulpsychologie u.a. insofern endlich Rechnung, als z.B. der Begriff „Krankheit“ durch ”Störung” ersetzt worden ist, die Begrifflichkeit der ”Endogenität”, die für unbekannte Ursache, aber auch für Erblichkeit stand, hier völlig aufgegeben worden ist.

Ist dadurch der 200 Jahre alte Streit zwischen der Medizin und anderen Fachgebieten beendet? Der Theorienstreit - ist es die Biologie oder die Umwelt? - hält an:
Biologische/genetische, psychosoziale, psychotherapeutische, familiendynamische, kommunikationstheoretische, sozialwissenschaftliche Ansätze (labeling approach, Etikettierung) können in dieses Diagnoseschema einfließen. Dem fachunkundigen oder dem betroffenen Laien wird das jeweils dahinterstehende Erklärungsmodell nicht vermittelt. Alte biologische und neue, völlig heterogene Konzepte existieren unverbunden nebeneinander.

Zum Beispiel: das Konzept der Vulnerabilität
Das Konzept der seelischen Verletzbarkeit, das sogenannte *Vulnerabilitätskonzept*, könnte einige der bisher unversöhnlich geführten Theorie- und Glaubenskämpfe verändern. Mit Namen wie "Multidimensionalität, Multikausalität, multifaktorielle und multiaxiale Diagnose" wird ein Zusammenhang ganz verschiedener Ursachen paradigmatisch festgelegt.

Die Eindeutigkeit medizinischer Diagnosen, d. h. die Vorstellung, daß eine körperliche Ursache eine Krankheit auslöst, die mit einer Methode behandelt werden kann, ist damit vom Grundsatz her aufgegeben worden. Der Weg für einen auch "multiprofessionellen, gleichrangigen, vielseitigeren theoretischen und praktischen Hilfeansatz könnte geebnet sein, wenn nicht die ganz anderen Abgrenzungsprobleme, vor allem aber Streitigkeiten um Ressourcen und um mehr Definitionsmacht, daran hindern würden.

3. Die Patienten und Angehörigen im Wirrwarr der Meinungen und Institutionen

Die neuen Konzepte (Vulnerabilität, multiaxialer Diagnoseansatz) haben nicht dazu geführt, die Fachleute untereinander zu einigen. Die vielen Fachleute - oft in der gleichen Klinik und sogar auf derselben Station, erst recht in den unterschiedlichen Fachrichtungen wie Jugendhilfe, Erziehungsberatung, schulpsychologische Beratung - können also jeweils andere theoretische/ therapeutische Konzepte verfolgen. Die Patienten und Angehörigen bleiben darüber unaufgeklärt und verwirrt angesichts extrem widersprüchlicher "Rezepte", die zur Heilung gedacht sind.

Bei der Diagnose *Schizophrenie* z.B. wird/werden als Ursache suchen:

- der biologisch ausgerichtete Psychiater weiterhin das gestörte Gen, Enzym und als Antwort Medikamente;
- der Familientherapeut und die Kommunikationstheoretiker die Interaktion in der Familie und Familientherapie oder die Einbeziehung des ganzen Systems;
- der Analytiker die früh gestörte Eltern-Kind-Beziehung, der Verhaltenstherapeut die fehlgeschlagenen Lernprozesse;
- die sozialpsychiatrischen Fachkräfte soziale und familiäre Umwelt und auch die Interaktion mit dem Patienten, dazu gehören die entwicklungshemmenden Stigmatisierungsprozesse.

Viele andere Möglichkeiten können als Ursache und Wirkung gesehen werden. Entsprechend schwierig, manchmal unmöglich, sind die Verständigungsprozesse zwischen den Fachleuten.

4. Zum Beispiel Lars: Die Rekonstruktion einer Geschichte aus einer Akte[1]

Lars war ein guter Schüler. Er läßt plötzlich in seinen schulischen Leistungen nach. Er macht einen Suizidversuch. Lars wird mit 13 Jahren auf einer jugendpsychiatrischen Station als Patient aufgenommen.
Die Eltern lebten getrennt. Es bestand der Verdacht, der sich später bestätigt, daß der Vater Lars bei den Besuchen sexuell mißbraucht hat - von welchem Alter an ist unklar, auch wie lange die Mißbrauchssituation angedauert hat. Der Vater habe Lars Drogen und Alkohol gegeben. Lars wurde trotzdem über längere Zeit mit dem Vater alleingelassen, auch, nachdem der Mißbrauchsverdacht aufgekommen ist und sich bereits die ersten Anzeichen seiner seelischen Verstörung bemerkbar machen.
Auch ein neuer Partner der Mutter trinkt, und es kommt zu tätlichen Auseindersetzungen zwischen den Eltern, dem Freund und Lars. Emotionale Nähe und aggressive Handlungen wechseln sich ab und gehören zum Lebensalltag – besonders unter dem Einfluß von Alkohol.
Dem Vater ist geraume Zeit nichts nachzuweisen, deshalb bleiben seine Besuchsrechte unangetastet.
Die Mutter trennt sich später auch von einem neuen Partner, an dem Lars sehr hing. Die Angst vor dem leiblichen Vater und seinen Übergriffen verselbständigt sich und verfolgt Lars in seinen Phantasien ständig. Er vermutet schließlich überall Übergriffe und beginnt, sich in seiner Angst gegen jede Annäherung - besonders gegen Männer - zu wehren, während er gegenüber Frauen seine zwiespältigen Gefühle (Ambivalenzen) wie Liebe und Haß empfindet und ausagiert.
Lars redet mit niemandem über die Mißbrauchserfahrungen, er verletzt sich und andere, um auf sich aufmerksam zu machen. Nachdem er merkt, daß die Mutter ihn vor den Besuchen des Vaters nicht schützen kann, kommt es zum ersten schweren Suizidversuch mit Tabletten und zur ersten Einweisung in die Psychiatrie. Er wird auf einer jugendpsychiatrischen Station aufgenommen und findet eine Therapeutin, zu der er Vertrauen entwickelt. Auf der Jugendstation fühlt er sich wohl. Er bleibt dort ein Jahr.

---

[1] Auszug aus dem Buch: Wenn alle Stricke reißen (Köttgen 1998). Namen und persönliche Daten wurden geändert.

Als die Therapeutin wechselt, wird er entlassen. Draußen kommt es zu heftigen Krisen, die wieder damit einhergehen, daß er Suizidversuche unternimmt und diesmal auch andere Menschen bedroht.
Er wird auf eine geschlossene Psychiatrie-Station für Erwachsene verlegt und äußert, daß er zurück zu seiner ersten Therapeutin auf die Station für Jugendliche möchte.
Mehrere Entlassungsversuche nach Hause oder in eine Wohngruppe der Jugendhilfe führen zu Wiedereinweisungen.
Nach mehrjährigen Aufenthalten in psychiatrischen Kliniken erfolgen immer neue Verlegungen. Lars beruhigt sich zeitweise, wenn längere Beziehungen zu Stationsmitarbeitern entstehen. Bei neuen Wechseln kommt es zu Selbstverstümmelungsversuchen und Bedrohungen auch anderer Menschen. Eine ambulante therapeutische Hilfe wird wegen der dauernden Psychiatrieaufenthalte abgebrochen.
Eine Odyssee durch die psychiatrischen Krankenhäuser und deren verschiedene Stationen beginnt. Immer schneller kommt es zu Aktivitäten, wie Gefährdung von Menschen oder Verletzungen von sich selbst. Angst und offene Ablehnung beherrschen den wechselseitigen Umgang zwischen Lars und dem Personal der klinischen Stationen. Lars besorgt sich im Krankenhaus Drogen und muß zur Drogenentziehung. Auch hier entweicht er, taucht dann wieder bei seiner Mutter auf, die ihn nicht lange aushalten kann. Er beginnt, sich für Geld zu prostituieren. Lars reizt die Toleranzgrenzen der verschiedenen Fachleute aus. Er scheint niemandem mehr zu vertrauen. Er scheint die Beziehungen zu zerstören, bevor er Gefahr läuft, sich wieder zu binden. Er schützt sich so offenbar vor der für ihn schwersten Verletzung, dem »Verlassen-Werden«.
Mittlerweile ist Lars jahrelang – meistens geschlossen – untergebracht. Er befand sich auf etwa 10 klinischen Stationen in fast allen regionalen Krankenhäusern und einer Drogeneinrichtung, zwischendurch erfolgen Versuche ihn nach Hause zu entlassen, Aufnahme bei Verwandten, in Wohngruppen, bei Trägern der Jugendhilfe außerhalb von Hamburg. Alle diese Versuche enden mit neuen Psychiatrieeinweisungen. Die Anzahl der therapeutischen, Pflege- und Betreuungspersonen ist nicht mehr zu zählen.
Wegen seiner fortgesetzten Selbst- und Fremdgefährdungstendenzen folgt ein Unterbringungsbeschluß dem anderen. Schließlich wird er wochenlang

ans Bett fixiert und muß beobachtet werden, damit er sich und anderen nichts antut.
Der Vormundschaftsrichter (Fixierung muß richterlich genehmigt werden) fragt beim Jugendamt an, ob Alternativen zu dieser »Behandlung« denkbar sind. Er kritisiert, daß unter der – überwiegend geschlossenen – Behandlung eine ständige Verschlechterung eingetreten sei.
Vom Jugendamt wird eine große Erziehungskonferenz (s. u.) einberufen, an der sich verschiedene Vertreter/innen der stationären Kliniken beteiligen, außerdem eine Sozialarbeiterin, die über Jahre für ihn zuständig war, die Rechtsanwältin, der Vormundschaftsrichter, Vertreter/innen von Trägern der Jugendhilfe, der Jugendpsychiatrische Dienst des Amtes für Jugend u. a.

Einsicht in die Gerichtsakte eines Langzeitpatienten
Da es der Richter schließlich ist, der Veränderungen verlangt, ist die Gerichtsakte von Interesse. In den Berichten dieser Akte begegnet der Leser einem Jungen, der wegen Suizidversuchen und Fremdgefährdungen zwangsweise - noch als Jugendlicher - auf einer Erwachsenenpsychiatrie untergebracht ist. Anhörungen und Unterbringungsbeschlüsse werden protokolliert, es wird wörtlich widergegeben, was der mittlerweile junge Mann bei den Anhörungen äußert.
Dem Protokoll ist zu entnehmen, daß der Richter ein ums andere Mal erfährt, daß Lars das Gefühl hat, ohnehin nicht gehört zu werden. Von seiten der Ärzte wird wiederholt, daß es sich bei Lars um eine »schwer auto-aggressive, fremdgefährdende« Persönlichkeit mit einer »Borderline-Störung« handele. Lars sei »unberechenbar«.
Das gefährdende Verhalten steigert sich manchmal kurz vor den Unterbringungsterminen.
Zwei- oder dreimal liest man plötzlich, daß er sich »gebessert« habe. Recherchiert man in den knappen Berichten, so scheint das damit zusammenzuhängen, daß Lars jeweils kurzfristig eine Vertrauensperson gefunden hatte; wechselt diese, so verschlechtern sich seine Zustände, wie auch vor neuen Verlegungen und vor Bezugspersonenwechseln. Werden Versuche unternommen, ihn aus dem Krankenhaus zu entlassen und unterzubringen, treten verstärkte Suizidtendenzen auf, wie beschrieben.
In den Krankenhausberichten erscheinen diese Verhaltensweisen unverrückbar und unabänderlich. Der junge Mann wird allmählich als ein »monströses

Wesen« dargestellt, das durch Niemanden erreichbar ist. Die Institution agiert immer hilfloser gegen gewalttätiges, als »krankhaft« interpretiertes und definiertes Verhalten. Der bestehende Verdacht auf sexuellen Mißbrauch durch den Vater wird nicht vertieft. Eine längerwährende ärztliche, psycho- oder soziotherapeutische Begleitung über die verlegenden Stationen hinweg erfolgt nicht. »Therapeutische« Maßnahmen bestehen nunmehr in Bestrafungen, Lockerungen und wechselnden Medikamenten. Lars bleibt in diesen Berichten als Person unkenntlich.
Die Diagnosen wechseln im Laufe der Zeit von Borderline-Störung zu schizoider Persönlichkeit, Verdacht auf frühkindlichen Hirnschaden u. a.

Die »Erziehungs- oder Fallkonferenz«
Schließlich wird eine Fallkonferenz angeregt. Daran beteiligen sich nur die zuletzt verantwortlichen Fachkräfte, immerhin eine Runde von etwa 20 Personen. Die Therapeutin der Jugendpsychiatrie hat längst keinen Kontakt mehr zu Lars. Die MitarbeiterInnen der Psychiatrie und die anderen TeilnehmerInnen dieser Konferenz kennen ihn erst seit einigen Wochen - ausgenommen der Vormundschaftsrichter und eine Sozialarbeiterin. Gemeinsam soll in der Konferenz nach einer geeigneten »Maßnahme« gesucht werden. Man hofft, eine neue Institution zu finden, die bereit ist, Lars noch aufzunehmen.

Interpretationsversuch in der Erziehungskonferenz: Lars auf der Suche nach tragfähigen Bezugspersonen und einem stabilen Lebensort
Als es zur ersten Selbstmordkrise kommt, wird Lars in die Jugendpsychiatrie eingewiesen. Zu diesem Zeitpunkt ist seine Bereitschaft groß, sich an jemanden zu binden. Er gerät in seiner ersten schweren Lebenskrise über den Hausarzt in die Jugendpsychiatrie. Als er sich dort verstanden und aufgehoben fühlt, möchte er naturgemäß bleiben. Er fühlt sich wohl. Das liegt an seiner Therapeutin, die mit ihm regelmäßige intensive Gespräche führt. Er hat das erste Beziehungsangebot ergriffen und ist bereit, sich zu öffnen und seine Konflikte zu bearbeiten. Das hält an, solange diese Ärztin als Therapeutin bleibt. Lars scheint sich in dieser Zeit psychisch zu stabilisieren.
Als die Ärztin die Klinik verläßt, soll auch Lars entlassen werden. Draußen treten seine alten Ängste und Verlassenheitsgefühle auf, er beginnt erneut mit selbst- und fremdgefährdenden Verhaltensweisen. Den Anforderungen einer Wohngemeinschaft ist er nicht gewachsen und möchte zurück in den

Schutzraum der Psychiatrie und zu seiner Therapeutin. Es kommt zur Wiedereinweisung, diesmal auf die geschlossene Station für Erwachsene.
Seine Trauer und Vernichtungsangst beginnt sich nun allmählich destruktiv gegen die Umwelt und gegen die schneller wechselnden Bezugspersonen zu richten. Er weiß sehr bald, daß er doch wieder verlassen wird. Er kann sich nicht auf seine Eltern stützen, alleine kann er nicht zurechtkommen, draußen hat er keine Bezugsperson, der er traut. Nach mehreren weiteren Verlegungen scheint er keine neue Beziehungen mehr zuzulassen. Er verhält sich jetzt ähnlich zerstörend gegen andere Menschen, wie er den Vater und danach die Institutionen zerstörerisch erlebt hat.
An der Bedrohung durch den Vater hat sich nichts verändert. Das Leben außerhalb der Institutionen ist ihm fremd geworden. Lars hat gelernt, die institutionellen Spielregeln immer perfekter zu beherrschen. Um in der Psychiatrie zu bleiben, dem einzig sicheren Ort den er kennt, muß er die Symptome und Verhaltensweisen kultivieren, die ihm dort seinen Platz garantieren.

Die Hospitalisierung
Lars hat schließlich normale Entwicklungsschritte Gleichaltriger verpaßt. Er hat in den Institutionen keine berufliche Perspektive, kein soziales Netz entwickelt, verläßliche Bezugspersonen draußen fehlen. Sein ganzes Verhalten ist auf die psychiatrische Institution hin orientiert. Er manipuliert unbewußt in seiner Not die Psychiatrie; Lars befindet sich in einer paradoxen Situation: Außerhalb der Psychiatrie kann er ohne stabiles Netz nicht leben, das Krankenhaus verlangt die Aufrechterhaltung eines Symptoms.

Der Beschluß der Erziehungskonferenz
Es wird nach einer Bezugsperson gesucht, die langfristigen Kontakt aufbaut. Eine Kollegin aus der Jugendhilfe ist daran interessiert. Sie stellt sich und ihn auf einen langen Anbahnungszeitraum ein. Über mehrere Jahre entwickelt sich dieser Kontakt. Beide handeln partnerschaftlich aus, welche realistischen Lebensperspektiven außerhalb der Psychiatrie Lars aufbauen kann. Über eine lange Zeit wird die Betreuerin hinsichtlich ihrer Zuverlässigkeit getestet und auf die Probe gestellt. Lars ruft täglich in der Jugendhilfeeinrichtung an, um sich zu versichern, daß die Betreuerin noch da ist. Je länger diese Beziehung andauert, desto mehr können die Sicherungsmaßnahmen gelockert werden. Die Medikamente werden reduziert.

Anfangs ist Lars bei diesen Begegnungen noch an sein Bett fixiert. Später begrüßt er die Betreuerin außerhalb seines Zimmers. Schließlich verläßt er das Gebäude, um sich mit ihr zu treffen. Diese Beziehung wird ihm immer wichtiger.
Lars ist auf der Stufe stehengeblieben, auf der er zum Zeitpunkt seiner ersten Einweisungen war. Er knüpft an diese Phase seines Lebens in den Perspektivplanungen an. Er hat die Hoffnung auf ein autonomes Leben nicht aufgegeben.
Jahre später betont er, daß die wichtigste Begegnung in allen diesen Jahren die mit dieser Betreuerin aus der Jugendhilfe gewesen sei, die für ihn außerhalb der Klinik ein erstes Standbein gewesen sei.
Nach mehr als 10 Jahren einer Hospitalisierung zieht Lars in die erste eigene, betreute Wohnung und plant eine Berufsausbildung. Im Alter von 23 Jahren beginnt Lars, Teile seiner Pubertät und ein Jungerwachsenenleben nachzuholen. Die Gehversuche sind langsam, unsicher und zögerlich.

Die fehlende Kooperation zwischen Jugendhilfe und Psychiatrie
Die Betreuerin fühlt sich bestenfalls toleriert, meistens ignoriert, während ihres intensiven Betreuungskontaktes zu diesem - auch für die Psychiatrie - außergewöhnlich schwierigen Patienten. Während sie Lars regelmäßig auf der Station besucht und sich sein Zustand sichtlich bessert, wird ein Psychiater von außerhalb mit einer neuen Begutachtung beauftragt. Der Psychiater schreibt noch einmal eine detaillierte Lebensgeschichte von Lars nieder, spricht mit den Schwestern und Ärzten auf der Station, nimmt aber keinen Kontakt zu der Betreuerin auf, obwohl er von ihr weiß.
Das Stationsteam unternimmt keinen Versuch, die Veränderungen mit der Betreuerin zusammen zu analysieren. Der psychiatrische Gutachter vermutet vielmehr, daß die eklatanten Verhaltensbesserungen in den letzten Monaten mit einer neuen Medikation zusammenhängen müßten, konstatiert aber ratlos, daß sich daran nicht so Wesentliches geändert habe.
Die Beziehung, die für den Jugendlichen das Wichtigste auf dem Wege einer Stabilisierung ist, wird von der Psychiatrie entweder nicht gesehen oder aber verleugnet.

Interaktionen zwischen Patient und Institutionen

In den institutionellen Behandlungsvollzügen wiederholen sich oft die Mechanismen, die körperlich und seelisch verletzte Menschen erlebt haben und die sie zu gestörten Menschen werden ließen.

Patient und Institution *reinszenieren* gewissermaßen das alte psychische Trauma von Gewalt, Ohnmacht und *symbolisch* eine Art Vergewaltigungshandlung (Lars verlangt immer wieder, fixiert zu werden, er provoziert die Gewalthandlungen selbst, und scheint sich damit zu beweisen, daß er gefährliche Situationen immer wieder überlebt).

Die psychische und soziale Dynamik bleibt hier unberücksichtigt. Die Mechanismen der Fachleute folgen - in diesen Fällen - den Gesetzmäßigkeiten der Institutionen.

Diese Gesetzmäßigkeiten produzieren bestimmte Verhaltensmuster, die in ihren Auswirkungen verletzend und autonomiebehindernd wirken, wie z. B. der ständige, dem System immanente, Wechsel von Bezugspersonen, Therapeuten und Mitarbeitern (in Jugendhilfe und Psychiatrie). Das reißt alte Wunden auf, besonders bei vorverletzten Kindern und Jugendlichen. Die Jugendlichen halten die therapeutischen für reale Beziehungsangebote, die sie brauchen, falls die Eltern ausfallen. Sie fühlen sich betrogen, wenn mit der Entlassung Beziehungen abbrechen. Sie produzieren notfalls Symptome, um gehört zu werden (Entwicklung sekundärer Krankheitssymptome).

Eine wirkliche Auseinandersetzung mit realen, sozialen und familiären Problemen findet nicht statt. Zu selten - auch langfristig nicht - wird mit den Familien gearbeitet, mit dem Verlust des Realitätsbezuges geht statt dessen die Fixierung auf die Institution einher.

Verständigungsschwierigkeiten zwischen Jugendhilfe und Jugendpsychiatrie

Jugendhilfe und Jugendpsychiatrie wissen wenig von ihren wechselseitigen Institutionen, deren Möglichkeiten und Grenzen. Bei bestimmten sozialen Schwierigkeiten, die sowohl die VertreterInnen der Jugendhilfe als auch der Jugendpsychiatrie hilflos machen, werden die Probleme der Jugendlichen je nach Bedarf als »psychiatrische Krankheiten« oder »erzieherische Probleme« definiert und wechselweise der einen oder anderen Institution überantwortet.

5. Die hilflosen Helfer

Verhaltensweisen und Gefühle (emotionale Störungen), aus ihrem biographischen, sozialen und familiären Kontext herausgelöst, werden dann u.U. in Kliniken am Muster organischer Krankheiten - am Bettenplatz orientiert - behandelt. Die Störungen haben im familiären Kontext fast immer ihren Sinn. Wird die Störung weniger - die meisten Veränderungen passieren durch eine gute Beziehung und durch die Bearbeitung von Konflikten - dann binden sich die Kinder an den Therapeuten. Der aber bleibt, der Logik der Institution folgend, an den Bettenplatz gebunden. Dann folgt sehr oft die Bindung an die Institution, die zu Hospitalisierung und seelischen Verletzungen beiträgt. Unterbringungen führen zur Entfremdung aus dem Lebensfeld und tragen dazu bei, wichtige Entwicklungsphasen zu versäumen, dazu gehören:

- Abschluß der Schule,
- sexuelle Beziehungen aufzunehmen,
- die Anbindung an Peergroups,
- eine Ablösung vom Elternhaus,
- der Beginn einer beruflichen Laufbahn und
- die Übernahme wichtiger neuer Aufgaben und Verantwortung.

Diese Entwicklungsphasen nachzuholen ist in späterer Zeit nur erschwert möglich. Die kurze Zeitspanne zwischen Pubertät und Jugendlichenalter ist ereignisreicher als etwa 4 - 5 Jahre bei Erwachsenen im Berufsleben. An dem Beispiel von Lars konnte gezeigt werden, daß in den Abteilungen der Kliniken die Diagnosen wechseln. Der Jugendliche wird hilflos weiterverwiesen.

In Studien wurden die typischen Überweisungsmuster zwischen den Institutionen von Jugendhilfe und Jugendpsychiatrie untersucht und wie folgt charakterisiert (Gintzel/Schone 1989, Schone 1991).

Drei Gründe, weshalb die Jugendhilfe die Jugendpsychiatrie in Anspruch nimmt:

1. Das Muster permanenter Ratlosigkeit - die geplante Suche von Hilfe nach Ausschöpfung der eigenen Ressourcen.
   Dieses Muster beschreibt die geplante, auch auf gegenseitiger Kooperation beruhende, zeitweise Überweisung eines Kindes oder Jugendlichen

in eine Jugendpsychiatrische Klinik zum Zwecke vertiefender Diagnostik und/oder Behandlung.

2. Das Muster plötzlich auftretender Hilflosigkeit - die Überweisung nach situativer Überforderung.
   Dieses Muster beschreibt die kurzfristige ad hoc-Überweisung in eine Klinik nach plötzlichen, unerwarteten Ereignissen (z.B. Suizidversuchen), die abrupte Hilflosigkeit bei den Erziehern erzeugen.
3. Das Muster langfristiger Eskalation.
   Dieses Muster beschreibt die Überweisung eines Kinder oder Jugendlichen in eine Klinik, nachdem sich die Krise zwischen Kind/Jugendlichem und pädagogischen Fachkräften über längere Zeit soweit "hochgeschaukelt" hat, daß die Toleranzschwelle der Fachkräfte bzw. der Institution überschritten wurde.

Bei den Überweisungen von Jugendpsychiatrischen Kliniken in Heime haben sich im wesentlichen 4 Überweisungsmuster ausfindig machen lassen:

1. Überweisung nach Clearing
   Zur Überweisung nach Clearing kommt es, wenn die Jugendpsychiatrie auf seiten des Jugendlichen keine psychiatrisch relevanten Auffälligkeiten feststellt und statt dessen eher familiäre oder soziale Verursachungsfaktoren für Verhaltensauffälligkeiten verantwortlich gemacht werden.
2. Das Muster der in Diagnose und Behandlungskonzept eingebundenen Maßnahme.
3. Das Muster der Überweisung nach Nicht-Fruchten von Therapieversuchen.
4. Das Muster der Überweisung nach Erklärung von Nicht-Zuständigkeit.
   Nach erfolgter Diagnostik oder Krisenintervention bei einem Kind oder Jugendlichen wird von seiten der Klinik erklärt, daß sie aufgrund ihrer personellen oder professionellen Möglichkeit oder aufgrund mangelnder Rahmenbedingungen (z.B. Sicherungsmöglichkeiten) nicht zuständig sei. Häufiges Beispiel hierfür ist die Erklärung von Nicht-Zuständigkeit der Jugendpsychiatrie bei den sogenannten "dissozialen Jugendlichen".

Nicht die Klarheit der medizinischen Symptomatik, auch nicht die Therapierbarkeit bei der Kenntnis einer Diagnose, sind Anlaß für die wechselseitigen

Zuweisungen von einer zur anderen Institution, vielmehr sind Hilflosigkeit, Ratlosigkeit, das Muster der Nichtzuständigkeit, das Muster von Nicht-Fruchten von Therapieversuchen, die fehlenden Sicherungsmöglichkeiten, die Eskalation von Konflikten ausschlaggebend für die gegenseitigen Inanspruchnahmen. Gründe also, die nicht im Störungsbild oder der Art der Krankheit begründet liegen.

Auch hinsichtlich der Therapie- oder Betreuungsmethoden herrscht keineswegs Klarheit, je mehr eine Institution einen allgemeinen Versorgungs- und Sicherungsauftrag hat, desto mehr ähneln sich die Hilfen, die zur Kontrolle und Verwahrung dienen; je elitärer, desto mehr wird ein hoher therapeutischer Anspruch vertreten mit Möglichkeiten, sich das Klientel auszusuchen oder weiterzuverweisen. Als Begründungen dienen "Untherapierbarkeit, Erziehungsschwierigkeiten, die Möglichkeiten der Institution seien erschöpft" (Köttgen 1998).

„Die Heimerziehung hat ihren traditionellen Verwahrungs- und Disziplinierungscharakter zwar noch nicht überall überwunden, ihn aber durch vielfältige neue Organisationsformen deutlich abgemildert," sagt Wolffersdorff und fragt an anderer Stelle, ob die "Jugendhilfe, speziell die Heimerziehung, ihre alte Politik des Delegierens, des Verlegens und Abschiebens tatsächlich überwunden hat?" Zur wichtigsten These seiner Untersuchung erklärt Wolffersdorff deshalb, daß es weniger "die mangelnde Professionalität des Erziehungspersonals als ungelöste Strukturprobleme im Verhältnis Jugendhilfe, Justiz und Psychiatrie sind, die das altbekannte Dilemma produzieren." (Wolffersdorff, 1996). Denn das "Verlegen und Abschieben störender Jugendlicher, das beschrieben wurde, entspringt nicht einem Zufallsfehler, sondern einer widersprüchlichen Praxis von Differenzierungen und Spezialisierungen." (ebd.).

"Die Klassifikation eines Verhaltens als abweichend", dazu Cobus-Schwertner, "wird als Produkt eines gesellschaftlichen Definitions- und Zuschreibungsprozesses betrachtet; als Ergebnis der Anwendung von Regeln durch Personen und Institutionen, die mit Macht ausgestattet sind. Dieser theoretische Ansatz hat für die kritische Analyse der Tätigkeit von Institutionen und für die Einschätzung abweichenden Verhaltens wichtige Ansatzpunkte zur Verfügung gestellt und psychische Devianz als soziales Problem erkennbar gemacht."

Und sie fährt fort: "Der Rückgriff auf ein an der medizinischen Sichtweise ausgerichtetes Verständnis von seelischer Behinderung verstellt uns damit den Blick auf die sozialen Zusammenhänge von abweichendem Verhalten. D.h., wenn wir abweichendes Verhalten bei Kindern und Jugendlichen mit einer medizinischen Diagnose begrifflich fassen, wird der soziale Kontext der Entstehung der Verhaltensweisen nicht mehr ausreichend betrachtet." (Cobus-Schwertner, 1995).

6. Diagnosen der Kinder- und Jugendpsychiatrie - gehören soziale und emotionale Probleme in die Psychiatrie?

Zum Aufgabenbereich der Jugendpsychiatrie zählen die Kinder- und Jugendpsychiater einen Katalog an Störungen - keineswegs nur mehr Krankheiten - die ganz unterschiedlichen Ursprungs sind:

Entwicklungsstörungen, Verhaltensstörungen, Störung des Sozialverhaltens, Angststörungen, Eßstörungen, Ticstörungen, Einnässen, Einkoten, Sprachstörungen, Mutismus und alle Neurosen, Psychosen, psychosomatische und körperlich bedingte psychische Störungen als Folge von Suchtmittelmißbrauch u.a., geistige Behinderungen, unbestimmte geistige Behinderungen; tiefgreifende Entwicklungsstörungen, autistische Störungen, Schulleistungs-, Sprach-, Lese-Rechtschreib-Störungen.
Expansive Verhaltensstörungen: Aufmerksamkeits- und Hyperaktivitätsstörungen, Störung des Sozialverhaltens, Störung mit oppositionellem Trotzverhalten, Angststörungen, Störung mit Trennungsangst, emotionale und Störungen sozialer Funktionen (ICD-10).

Mit Diagnostikmethoden nach Achenbach[2] werden in multizentrischen Studien kindliche Auffälligkeiten epidemiologisch untersucht. Im Expertenbericht Psychiatrie 1989 dienten solche statistischen Erhebungen der Kinder- und Jugendpsychiater dazu, den Ausbau der jugendpsychiatrischen Kliniken und Praxen zu legitimieren und zu fordern. Die derzeitigen Bestrebungen nach einem Ausbau therapeutischer Einrichtungen gemäß § 35 a KJHG[3] setzen den Streit auf anderer Ebene fort. Neue Verschiebestationen zwischen Jugendhilfe und Jugendpsychiatrie entstehen, die immer öfter für einige auf dem Abstellgleis enden:

Für "Störungen mit oppositionellem Trotzverhalten, Angststörungen, emotionale und Störungen sozialer Funktion", ein Klientel also, mit dem sich bisher die Jugendhilfe und bestenfalls die Großanstalten alleine befassen mußten, sollen jetzt flächendeckend Therapieprogramme entwickelt und angeboten werden (Lehmkuhl, Ferber). Allerdings sind auch diese nur für eine freiwillig teilnehmende Klientel geeignet.

---

[2] Achenbach-Fragebogen: Child behaviour checklist (CBCL), Profile, Burlington University of Vermont, Department of Psychiatry 1991. Instrument der Untersuchungen von Prof. Remschmidt/Walter im Expertenbericht Psychiatrie von 1988. Fragen wie: Streitet oder widerspricht viel; kann nicht stillsitzen; klagt über Einsamkeit; gehorcht nicht zu Hause; verlangt viel Beachtung; ist leicht eifersüchtig u.a. Die Items dienen einzeln oder in bestimmter Anzahl zur Diagnostik für psychische oder psychiatrische Störungen. Diese epidemiologisch erfaßten Störungen (in Schulen z.B. über selbstratings) sind Grundlage für Forderungen nach dem Ausbau psychiatrischer Einrichtungen. Fegert, M: Verhaltensdimensionen und Verhaltensprobleme bei zweieinhalbjährigen Kindern. In: Praxis der Kinderpsychologie und Kinderpsychiatrie. 45.Jg. H. 3 - 4/96. Göttingen: Vandenhoeck und Ruprecht, 1996. F. untersucht 2 ½jährige Kinder mit Hilfe des CBCL-Fragebogens (Achenbach) und, daß Kinder in 11,6 % in Deutschland auffällig seien.. Die Diagnose wird nach einer bestimmten Anzahl von Items gestellt. Diese Setzung der Items erfolgt nach internationaler Absprache. Unruhe dient als Hinweis für spätere Übererregbarkeit (Hyperkinese). Psychiatrischen Diagnosen und Prognosen wird in der Jugendhilfe ein hohes Maß an Aussagekraft zugeschrieben.

[3] §35a KJHG nach den Ausführungsbstimmungen SGB VIII schreibt die Eingliederung seelisch behinderter oder von Behinderung bedrohter junger Menschen als eine Aufgabe der Jugendhilfe vor.

In der Jugendhilfe dient die Feststellung seelischer Behinderungen dazu, höhere Kosten für eine Maßnahme zu beantragen. Die Behinderung begründet Leistungsansprüche.

7. Der Streit um Monopole und Ressourcen

Diagnosen - wie die im ICD aufgeführten - beruhen also auf einer Beschreibung oft mehr oder weniger unspezifischer Erscheinungsformen, Verhaltensmuster, Eigenarten, Folgewirkungen (Angst nach Trennung von den Eltern z. B.) zu denen es viele offene Fragen (ICD-10) und keineswegs vorrangig medizinische Antworten gibt.

7.1 Wem dient das jugendpsychiatrische Klassifikationssystem?

Mit Diagnosen werden momentane Zustände fest gelegt. Sie dienen dazu, jemanden aus seinem Umfeld herauszunehmen und in eine Spezialeinrichtung zur Heilung zu bringen. Das geht mit Trennungen und Abbrüchen von Beziehungen einher.

Diagnosen dienen dem Anspruch auf Kostenerstattung. Kostenträger sind die Sozial-, die Jugendhilfeträger und die Krankenkassen u. a. Sie alle verlangen klare und eindeutige diagnostische Zuordnungen von Störungen, diese tragen zur Selektion und Ausgrenzung bei. Verschiebungen erfolgen auf der Basis vieler systemimmanenter Logiken dieser Systeme. Die Interessen "zum Wohle der Träger" sind so stark, daß sie auch den Gesetzgeber immer wieder beeinflussen, wie bei der Einführung des § 35 a in das KJHG sichtbar war.

7.2 Diagnosen, die einen Menschen auf eine Behinderung festlegen, sind schädlich

Kinder werden im Laufe ihrer Ausgrenzungsgeschichte zum Defizit. Sichere Prognoseaussagen gibt es nicht. Die Diagnosen der Jugendpsychiatrie folgen einem beschreibenden atheroretischen Ansatz, hinter dem sich zahlreiche Denkansätze, Interpretationen und Streitigkeiten von Theoretikern verbergen. Fast alle Theorien sind anderen Wissenschaften entliehen: der Psychoanalyse, der Sozialwissenschaft, den Kommunikationstheorien, der Biologie, der Genetik etc. Eine ureigene psychiatrische Wissenschaft existiert nicht.

Bei den Fachstreitigkeiten zwischen den VertreterInnen der Institutionen geht es verdeckt um die Verteilungskämpfe knapper Ressourcen (Ausbau der eigenen Institutionen und der Fachdisziplin). Die am besten ausgestatteten Institutionen haben meistens am wenigsten Anteil an der Versorgung und Betreuung sozialer und emotionaler Problemlagen. Sie definieren und suchen sich ihr Klientel selbst aus. Das wird für Außenstehende nicht transparent. Die Verschiebungen zwischen den vielen Spezialinstitutionen behindern die Entwicklung von jungen Menschen, weil sie zu traumatisierenden Abbrüchen von Beziehungen beitragen. Fast alle jungen Menschen, die vom Elternhaus teilweise oder ganz verlassen werden, suchen nach jemandem, der sie als Be*treu*er *treu* begleitet, versteht und aushält. Je mehr sie verletzt und verlassen sind, umso dringlicher. Statt dessen werden gerade jene, die besonders verletzt sind, am negativsten stigmatisiert, diagnostiziert, kriminalisiert. Subjektiv fühlen sie sich verlassen und weitergeschoben.

- Es ist nur vordergründig richtig, wenn stets von der Kinderpsychiatrie und der Jugendhilfe gesprochen wird. Es gibt eine Fülle unterschiedlicher Institutionen, methodischer und theoretischer Ansätze, die sich teilweise - auch innerhalb des gleichen Versorgungssystems - extrem unterscheiden. Diagnosen können etwas völlig Unterschiedliches beschreiben, auch wenn der gleiche Diagnosebegriff verwendet wird: z. B. Schizophrenie, Borderline-Störung etc.
- Extreme sind: "Elite"-Abteilungen einerseits mit guter personeller und forschungsmäßiger und damit publikationsträchtiger Ausstattung und anstaltsähnliche Institutionen andererseits, in denen nurmehr Verwahrung möglich ist. Die Anstalten in Jugendhilfe und Jugendpsychiatrie glichen sich historisch in ihrem Charakter der Verwahrung, Kontrolle und Bestrafung der Armen, ebenso wie die "Elite"-Abteilungen mit einem gehobenen therapeutischen Anspruch und klaren und eindeutigen Verfahren der Selektion, mit denen sie sich die besonders unangepaßten und störenden Armen herausdefinieren.
- Die Patienten oder die Klienten von Universitätseinrichtungen werden am gründlichsten beforscht und publiziert, die Ergebnisse spiegeln aber am wenigsten die Realität der am meisten belasteten und betroffenen Kinder und Jugendlichen wider, die günstigenfalls von der Jugendhilfe betreut werden, wenn überhaupt. Vergleichen Sie einmal die For-

schungsgelder und Publikationsmittel für 140.000 Kinder und Jugendliche in den HzE und für rund 15.000 in den Kinder- und Jugendpsychiatrien.

- Das Beispiel Lars zeigt, daß junge Menschen in der Krise erhoffen, Beziehungen zu finden. Menschen, die sie unterstützen in ihrem oft existentiellen Kampf ums Überleben. Die Hospitalisierung beginnt, siehe Lars, weil er hofft, verstanden zu werden.
- Die Verletztheit eines jungen Menschen auszuhalten ist schwierig - für alle, für den Betroffenen selbst, für die oder den Betreuer, für das Umfeld, für die Schule. Weitere Ausgrenzungen verletzen zusätzlich. Viele "unerreichbare" junge Menschen sind so geworden. Ein ausdifferenziertes Helfersystem hat die anfänglichen Hoffnungen und das Vertrauen zerstört.

8. Jeder Mensch ist in erster Linie ein Mensch und nicht ein Behinderter

Schwierige soziale Lebensbedingungen von Familien und Kindern, hat die Jugendhilfe nicht verursacht, das scheint oft verwechselt zu werden. Die Jugendhilfe ist vielmehr oft die einzige Hilfeinstanz, wenn alle anderen qualifizierten Fachkräfte sich herausziehen können.

Im (§ 1) KJHG heißt es:
"Jeder junge Mensch hat ein Recht auf Förderung seiner Entwicklung und auf Erziehung zu einer eigenverantwortlichen und gemeinschaftsfähigen Persönlichkeit."
Jeder junge Mensch, heißt es, unabhängig davon, ob und wie eine Beeinträchtigung oder Behinderung ist. Lebensbedingungen geistig und seelisch verletzter Menschen sind denen der Nichtverletzten anzugleichen, da sie vermutlich die gleichen Bedürfnisse, Empfindungen und Wünsche haben, wie die vielen anderen Mitglieder der Gesellschaft auch. Beziehungen und Bindungen sind ein Basisbedürfnis eines jeden Kindes. Ist die Basisbeziehung zerstört, so pfropfen sich leicht neue Verletzungen auf die alten. Die Tragfähigkeit der familiären oder ersatzweisen Bezugspersonen zu stärken, müßte

als Hauptaufgabe aller Fachleute aber auch der Politik begriffen werden und zwar unabhängig davon wie die Diagnose eines Menschen lautet.

Die Sozialarbeiter, als Fachleute für schwierige soziale Lebenslagen (Schmidt-Nieraese, 1996), müssen in ihrem Expertentum durch therapeutisch geschulte Fachleute unterstützt werden und dazu beitragen Interaktionsprozesse besser zu verstehen. Sie und die ganze Jugendhilfe werden stattdessen der Lächerlichkeit preisgegeben, bei jedem dramatischen Fall den die Medien schlagzeilenträchtig verkaufen. Hilflos richten deshalb gerade die Mitarbeiter der Jugendhilfe ihre Kompetenzerwartungen auf ärztlich psychologische Berufsgruppen. Damit nicht genug, die Erforschung und Publikation sozialer Probleme wird nicht der Jugendhilfe, sondern der Jugendpsychiatrie überantwortet.

Unter Mitwirkung aller Fachkräfte sollten Spezialisten für Integration und Krisendeeskalation ausgebildet werden. Krisen sollten als Ausdruck des menschlichen Daseins interpretiert werden und nicht abgespalten an besonderen Orten behandelt werden[4].

Es stellt sich also eher die Frage: *Wodurch werden Menschen an einem möglichst normalen Leben und damit an ihrer besonderen, individuellen Entwicklung gehindert?*

Im Streit der Experten um Institutionen, Definitionsmacht und Ressourcen bleiben zu viele junge Menschen ausgegrenzt auf der Strecke. Das Abschieben - sobald es erlaubt ist - ist allen Helfersystemen immanent. Ohne Vorgaben, die Verschiebungen unterbinden, wird sich das Drama der Abschiebungen naturwüchsig fortsetzen.

Vorschläge für eine verbesserte Kooperation zwischen Jugendhilfe und Jugendpsychiatrie wurden in einem Positionspapier der JMK und GMK erar-

---

[4] Lindenberg, M. 1997: Der Anstieg von zu auswärtigen Trägern vermittelten jungen Leuten beträgt in Hamburg seit 1990 mehr als 400 %: 120 (1990); 652 (1996).

beitet (AFET, 1994; DGSP, 1996, Positionspapier der JMK und GMK, 1991).

Literatur

Achenbach-Fragebogen: Child behaviour checklist (CBCL), Profile, Burlington University of Vermont, Department of Psychiatry 1991. Instrument der Untersuchungen von Prof. Remschmidt/Walter im Expertenbericht Psychiatrie von 1988.

AFET: Arbeitsgemeinschaft für Erziehungshilfen: Empfehlungen zum Umgang mit dem § 35 a KJHG. Mitgliederrundbrief 2/94.

Bittscheidt, D.: Repression statt Perspektiven. In: Köttgen, C. (Hrsg.): Wenn alle Stricke reißen. Bonn: Psychiatrie-Verlag 1998.

Bittscheidt, D.: Zum Verhältnis von Jugendhilfe und Justiz in Deutschland – Wenn Erziehung Strafe werden soll. In: Forum Erziehungshilfen 4 Jg., Heft 2, 1998, S. 68-78.

Blasius, D.: Der verwaltete Wahnsinn. Frankfurt/M.: Fischer, 1980.

Christie, N.: Vortrag am 03.02.99 bei der kriminologischen Initiative, Hamburg.

Cobus-Schwertner, I.: Behinderte Kinder sind in erster Linie Kinder. In: Soziale Psychiatrie, H. 1, 1996.

DGSP (Deutsche Gesellschaft für soziale Psychiatrie): Wegen sozialer und emotionaler Probleme ab in die Psychiatrie? (Beitrag Ch. Köttgen). In: Jugendhilfe, Jg. 34, H. 4, Luchterhand, 1996.

Expertenbericht Psychiatrie: Bundesministerium für Jugend, Frauen, Familie und Gesundheit (BMJFFG): Empfehlungen der Expertenkommission der Bundesregierung zur Reform der Versorgung im psychiatrischen und psychotherapeutischen/psychosomatischen Bereich. Bonn 1988.

Foucault, M.: Wahnsinn und Gesellschaft. Frankfurt/M., 1969.

Gesundheitsminister- und Jugendministerkonferenz (GMK/JMK): Gemeinsames Positionspapier Jugendhilfe und Jugendpsychiatrie. 1991.

Gintzel, U./**Schone**, R.: Zwischen Jugendhilfe und Jugendpsychiatrie. Münster: Votum-Verl., 1989.

Herzog, G.: Krankheitsurteile. Bonn: Psychiatrie-Verlag 1984.

Die Kinderschutzzentren (Hrsg.): Armut und Benachteiligung von Kindern. Köln: Selbstverl., 1996.

Köttgen, C. (Hrsg.): Wenn alle Stricke reißen. Bonn: Psychiatrie-Verlag 1998.

Kutscher, J.: Therapie für Zappelphilipp. Die Zeit. Nr. 27, 02.07.1993.

Lehmkuhl, G./**Ferber**, L. v.: Verhaltensauffällige Kinder und Jugendliche im Netz der Versorgungsstrukturen. Forschungsantrag. Köln, 1995.

Schmidt, M. H./**Esser**, G./**Moll**, G. H.: Der Verlauf hyperkinetischer Syndrome in klinischen und Feldstichproben. Z. Kinder- und Jugendpsychiatr. 19, S. 240 - 247, 1991.

Schmidt-Nieraese, H.: Hilfe ganzheitlich gestalten. In: Soziale Psychiatrie, H. 1, 1996.

Schone, R.: "Grenzfälle" zwischen Heimen und Psychiatrie. In: Informationen, Standpunkte, Empfehlungen. H. 10. Hamburg: Behörde für Schule, Jugend und Berufsbildung, 1991.

WHO: Internationales Klassifikationssystem psychischer Störungen. ICD-10. Kap. V (F). Hrsg: H. Dilling et al. Bern u.a.: Huber, 1991. 1. Aufl.

Wolffersdorff, C. v.: Beiträge IGFH-Tagung 1996 zum Thema: Lebensweltorientierung braucht lernfähige Organisationen – wie lernfähig ist die Jugendhilfe? S. 110 –112.

Karl-Heinz Thimm

Praxis der sozialpädagogischen Fallarbeit in stationären Hilfen zur Erziehung: Beschreibung - Verstehen - Entwicklungsantizipation - Betreuungsplanung

1. Rahmensetzung

Über Hilfeplanung sprechen alle. Das notwendige Pendant, geradezu auch die basale Notwendigkeit für eine qualifizierte Fortschreibung von Hilfeplanung ist die Betreuungsplanung in den Einrichtungen. Dieser Qualitätsstandard bleibt bis zum heutigen Tag erstaunlich unterthematisiert. Eine Kultur der Fallarbeit[1] in stationären Einrichtungen gibt es flächendeckend nicht. In der Geschäftigkeit des Managements von Dringlichem, durch die Logik des sozialen Ortes wird doch oft auf die kontinuierliche Reflexion verzichtet. Erst in der Krise werden alle zusammengerufen und unter Zeit- und Leidensdruck fällt man schnelle Entscheidungen bzw. reanimiert nun erst eine Zielgerichtetheit des Handelns (bzw. diesen Anspruch – teilweise mit Legitimationsinteresse nach draußen). Dieser Trend ist fatal. Multiperspektivische Fallarbeit, wie sie hier intendiert ist, will punktuell den täglichen Handlungsdruck suspendieren. Institutionelle Dynamiken, berufsrollentypische Beschränktheiten und persönliche Grenzen "erlauben" nur zu sehen, was man sehen kann, darf, will.[2] Die prinzipiellen Schranken von sozialer Praxis in Institutionen – Dilemmata wie Zeitmangel oder Notwendigkeiten, Wissen

---

[1] Fallarbeit und Fallgespräch sind jene synonym verwendeten Begriffe, die zwei Dimensionen vereinen: das Fallverstehen (oder Fallreflexion) und die Betreuungsplanung auf der Grundlage des Entwicklungskompasses (als Scharnier zwischen Verstehen und Handlungsantizipation mit allen Restriktionen der Praxis).

[2] Eine Dichotomisierung in "gute" Jugendliche hier (deren Ansprüchen zu folgen ist und deren Wollen bedient werden muß, die man immer und ständig zu verstehen hat, um ihnen gerecht zu werden usw.) und im Zweifelsfall (in) "schlechte", "unfähige", "ungebildete", "beschränkte" PädagogInnen dort ist nicht gemeint und im gesamten Beitrag nicht beabsichtigt.

bzw. Komplexität zu reduzieren, Verzicht auf ständige Berücksichtigung "verstandener vollständiger Tiefe" im Vollzug (handlungslogisch unmöglich), rahmende institutionelle Ablaufmechanik usw. – können Fallgespräche nicht aufheben. In der Fallreflexion wird es mehr um alltagsberuflich geprägte Konstruktionen als um Rekonstruktionen mit quasiwissenschaftlicher Ambition gehen. Dennoch wirken selbst die Erzeugung einer hohen Wissenskomplexität im sozialpädagogischen Fallgespräch, die Entwicklung von vernetzten Konstruktionen, die Fülle des gezielt erhobenen bzw. von dem jungen Menschen geäußerten Materials zunächst oft verwirrend. Akzentuierend muß der selbstgenerierte "überkomplexe Urwald" (B. Müller) gelichtet werden. Dabei zeigen sich Differenzen. Unterschiedliche Sichtweisen – im Team und/oder zwischen Profis und NutzerInnen zum Beispiel – werden gerade nicht verhindert, sondern in Fallarbeit geliftet.

Nun gehört zum Fallverstehen notwendig die Betreuungsplanung. Das antizipierte Handeln als praktische Folge ist gegenüber dem produzierten Verstehens- und Möglichkeitswissen reduktionistisch, der tatsächliche Vollzug bedeutet notwendig weitere Anspruchs- und Komplexitätsverluste. Manchmal wird es in der Konsequenz von Fallarbeit vornehmlich um aufgefrischte nützliche Einredungen gehen. Dann wieder ergeben sich handfeste Konsequenzen für die Milieugestaltung oder eine Zentrierung der Beziehungsarbeit. Aber nicht selten wird man im Rahmen von Szenarien zur Betreuungsplanung feststellen, wie wenige realisierbare hilfreiche Ideen entstehen oder gar wie wenige der vorgestellten Ideen und Aktivitäten nach einigen Monaten tatsächlich umgesetzt wurden.[3] So ist Bescheidenheit notwendig, denn einem erhöhten Komplexitätsgrad an Verstehen (oder der Fiktion, Illusion darüber ...) steht meist ein schmales Spektrum an Einhilfe- und Abhilfechancen gegenüber – nicht nur wegen des vielzitierten Kontingenzproblems bzw. Technologiedefizits von Pädagogik.

Gruppenpädagogische Settings und Schichtdienstsysteme sind zwei wesentliche Verengungen unter anderen etwa für eine verstehensgemäße Individuali-

---

[3] Vgl. dazu die eingearbeiteten Ergebnisse einer Selbstevaluationsstudie des Brandenburgischen Heimpsychologen Stephan Cinkl, der die Realität von Betreuungsplanung an einer kleineren Fallzahl untersuchte.

sierung oder Beziehungssättigung der Hilfeleistung. Eine konzeptionelle, überall (auch im klassischen Heim) zu berücksichtigende Erweiterung – gerade zur traditionellen Erziehungsplanung – ist, daß die Betreuungsplanung zum einen genuin Planung des Handelns der Erwachsenen ist (nicht weniger, nicht mehr), und Betreuungsplanung daneben mit Bedürfnisorientierung und Betroffenenbeteiligung kompatibler sein soll. Es geht also nicht primär um technizistische, fremdgesetzte und fremdbleibende Ziel-Mittel-Überlegungen, sondern auch um die konstitutive Berücksichtigung von Selbstdeutung und Wünschen. Hilfreich gemeint reicht dann nicht. Unverzichtbar ist der nie endende, nie fertige Prozeß der Verständigung, der im guten Fall auch zu einer Reihe von Situationen führt, in denen Einverständnis zwischen Betreuten und BetreuerInnen herrscht.

B. Müller akzentuiert richtungsweisend den Mut zum Maßhalten: Soziale Arbeit solle zuvorderst geschlossene Situationen aufweichen bzw. selbstschädigende Entwicklungen unterbrechen, um Neuanfänge zu ermöglichen. Bei der Frage, wie weit man mit den NutzerInnen komme, wie tief die Professionellen Probleme zu verstehen, “bis zu welchem Grade sie bildend, heilend, unterstützend Lebensläufe zu ändern vermögen, können sie ihre Ansprüche getrost bescheiden halten. Eine zweite Bemerkung (...): Fragen (...) sollten sich weniger auf tiefe und mehr aufs oberflächliche, aber Aspekte verknüpfende Verstehen richten. Weniger “Tiefenhermeneutik” als “Netzwerkhermeneutik” scheint mir (...) gefragt.” (1995, S. 706). So steht denn das vorgestellte Konzept netzwerkhermeneutisch-theoriepluraler Fallarbeit im Dienst von kundiger, verstehender Pragmatik.

Der Anspruch von reflexiver Fallarbeit – auch jener in sozialpädagogischer Absicht – ist, die Brechung und Verdichtung des Allgemeinen im einzigartigen, besonderen Leben nachzuvollziehen. Dies bleibt ein einmaliger, kreativer, auch riskanter, irrtumsgefährdeter und von illegitimem Herrschaftsgebahren bedrohter Akt. Weshalb ist Fallverstehen trotz angebrachter Skepsis sinnvoll, gar unverzichtbar?[4] Als begründend können folgende Überlegungen

[4] Der Verfasser bezieht sich in seinen Überlegungen auf die empirische Grundlage der Moderation von circa 80 Fallgesprächen in einem Heim, im Betreuten Jugendwohnen und in einem Schulverweigerer-Projekt sowie auf die Durchführung mehrerer

gelten:

1. Durch Fallarbeit im intendierten Sinne werden (ggf. offene) Ziele formuliert. Kinder und Jugendliche sowie Eltern haben ein Recht, unsere Visionen über Betreuungsrichtungen, -verläufe, die Maßstäbe und Absichten kennenzulernen. Sie sind – ebenso wie Jugendämter – berechtigt, an der Zielproduktion mitzuwirken. Deshalb brauchen sie geklärte Professionelle als Gegenüber. Es geht mithin um Transparenz und Partizipation.

2. Systematisches Nachdenken ermöglicht ein Plus an Begreifen, qualifizierteres Verstehen. Unbegriffenes Agieren wird weniger wahrscheinlich.

3. Eng damit zusammenhängend ist Fallarbeit darin motiviert, Fremdheit zu mindern, abwehrenden Ärger, Kontaktvermeidung usw. auf Professionellenseite durch Versuche, "dahinter zu schauen", aufzuweichen.

4. Bezweckt wird mit dem Fallverstehen auch eine strukturiertere zielorientierte Arbeit im Alltag. Durch Fallarbeit wird das Handeln der BetreuerInnen eher zum koordinierten Wirken.

5. Festgehaltene und veröffentlichte reflexive Arbeit beinhaltet Selbstverpflichtung und schafft Möglichkeiten der Selbstkontrolle.

6. Mit Fallgesprächen steigen Abrechenbarkeit und Nachweisbarkeit sozialpädagogischer Arbeit. Eine Auswertung von Betreuungsverläufen wird qualifiziert. Fallarbeit ist ggf. auch ein Instrument von Leitungskontrolle.

Die möglichen Wirkungen, nicht selten auch tatsächliche Effekte, sind:

Fortbildungen zum Thema. Es wird nicht bestritten, daß Fallarbeit auch anders als hier dargelegt sinnvoll sein kann. Schon hier auch diese Erdung: Kein empirisches Fallgespräch wird Struktur, Aspektreichtum usw. dieser Vorlage in Praxis abbilden bzw. alle formulierten Ansprüche erreichen.

A. Schwere, Enge, Verstrickung, Defizitorientierung usw. treten wenigstens kurzfristig in den Hintergrund. Eine Erhöhung der kognitiven Distanz läßt Aushaltebereitschaften wachsen. Es bestehen begründete Chancen zu geringerer Abbruchsaffinität. Abbrüche könnten fairer gestaltet werden; Anschlußüberlegungen erhalten eine Grundlage.

B. Fallgespräche ermöglichen in der Regel eine Intensivierung der Bereitschaft, sich einzulassen. Mit einem Mehr an Kontakt geht fast immer eine Sympathie-, eine Mögens-Steigerung einher.

C. KollegInnen berichten von einer Hebung des Fähigkeits- und Wirksamkeitsgefühls.

D. Es entsteht immer eine Erweiterung des Handlungsrepertoires durch neue Gestaltungsideen, also eine Vermehrung von Optionen.

E. Die positive Spannung, der Spaß an der Arbeit erhalten häufig neuen Raum.

F. Fallverstehen generiert Bescheidenheit. Nicht-Wissen wird deutlich, “Forschungsbedarf” und Dialognotwendigkeiten mit den Jungen und Mädchen werden evident.

G. Die reale Fachlichkeitssteigerung führt zu einem Ansehensgewinn bei Jugendämtern – ohne fachfremden und deshalb brüchigen Lack.

H. Mehr Sinn durch gemeinsam kreierte “rote Fäden” zeichnet die Betreuungsarbeit aus. Die Situationsgeneriertheit des Handelns erhält einen kollektiven Rahmen. Gemeinsamer Austausch und Abstimmung werden i.d.R. ein Minimum an “Einheitlichkeit des Teamhandelns” fördern.

I. Fallgespräche ermöglichen, zwingen gar Einrichtungen (Träger und MitarbeiterInnen), Mängel - Schlendrian, Ausbrennen, Überlastung und Überforderung usw. - sowie strukturelle und pädagogische Lücken zu fokussieren.

Fallverstehen im vorgestellten Sinn verheißt nicht “die” Lösungen. Aber die Möglichkeitsräume, “Reproduktionslogiken” des Scheiterns in “Transformationslogiken” (T. Allert) zu überführen, steigen mit der Aufwerfung von Fragen wie “Was wiederholt sich in diesem jungen Leben?”, “Auf was und wie wird musterhaft nach Lösungen gesucht?” usw. In der Fallarbeit sind objektive Daten (die zum Sprechen gebracht, zum Leben erweckt werden müssen), professionelle Deutungen weichen Materialien und Selbstdeutungen gleichberechtigte Quellen. Damit sollen Themen und Gestalten eines prekären Lebenslaufes entziffert werden, um dann hilfreiche Strategien, Aufgaben und Rahmengestaltungen zu ersinnen. Vor den Fallgesprächen sind die MitarbeiterInnen gefordert, sich genauer mit den jungen Menschen zwecks Vorbereitung der kollegialen Reflexion zu beschäftigen, ein Aspekt, der im Rahmen von institutioneller Routinedynamik einen erheblichen Wert an sich gewinnt. Die Art der Einbindung junger Menschen in reflexive professionelle Prozesse kann in seiner Spezifizierung nicht es cathedra verkündet werden. Eine Rezeptionsuntersuchung darüber, wie Formen und Modalitäten von Fallarbeit bzw. partizipativer Koproduzentenstatus bei der Erarbeitung und Verständigung über die Ergebnisse auf junge Menschen bzw. Betreuungsverläufe wirken, steht noch aus.

Die These ist: Fallarbeit ermöglicht nicht selten eine Zufriedenheitssteigerung bei den PädagogInnen, eine “bessere” Betreuung und schafft Grundlagen für Rückmeldung, Partizipation und Evaluation. Die Besprechung von “Fällen” - Personen in ihren spezifischen Konstellationen - ist kein expertokratischer Akt von Hoheitlichkeit, sondern konstitutives Moment einer Verständigungskultur und mindestens eine Chance zur Qualifizierung von Aushandlung. Übergreifender Anspruch meiner Unternehmung bleibt, dem anderen “die Sorge für sein eigenes Leben” (M. Brumlik) zu erleichtern.

2. Einleitung in die Praxis der Fallarbeit

Der kennzeichnende Auftrag an Heime und betreute Wohnformen lautet, die emotionale und soziale Unterstützung und Begleitung junger Menschen zu ermöglichen und differenziert zu gestalten. Richtig bleiben die Paradigmen der achtziger Jahre: Verhandlungs- und Verständigungsorientierung, die

Konzepte des gelingenden Alltags und des Lebensweltbezugs, der Entgeneralisierung, Entformalisierung und Entspezialisierung. Ob man lebensweltliche, sozialräumliche oder beziehungspädagogische Ansätze favorisiert: Die Arbeit mit besonders belasteten und nicht zuletzt auch unglücklichen jungen Menschen darf nicht nur spontan und reaktiv, sondern muß auch methodisch, aktiv, geplant angelegt sein. Dabei bleibt unbestritten, daß die sozialpädagogische Begleitung in großen, gewichtigen Anteilen alltagsmenschliches Miteinander von Subjekt zu Subjekt mit Elementen wie Sport, Besorgung von Tagewerk, situationistischem, authentischem "Bauchreden" usw. bleiben soll und wird. Mittels der hier präsentierten Vorlage sollen nun verschiedene Schritte strukturiert und methodisch geleitet werden:

1. Ausgangsbedingungen junger Menschen müssen gesammelt, wahrgenommen und verstanden werden (familiale Herkunftserfahrungen, Schulbiographie, soziale Kontexte, Besonderheiten und Auffälligkeiten als Entwicklungsbeeinträchtigungen bzw. kritische Lebenslaufereignisse).

2. Die Selbstsicht Heranwachsender auf Vergangenheit, Gegenwart und Zukunft, ihre Sinnkonstruktionen, die Funktionalität ihrer Bewältigungsstrategien, ihre Leiden und Wünsche, das "Selbstwollen", die Eigenziele sind in Erfahrung zu bringen.

3. Von den PädagogInnen favorisierte Ziele und Entwicklungsaufgaben - z.B. Alphabetisierung, Einschränkung von Alkoholkonsum, Förderung eines positiveren Selbstbildes, Schärfung von Realitätssinn, Steigerung der lebenspraktischen Fähigkeiten und Fertigkeiten, Eingliederung in die Jugendberufshilfe usw. - sind mit den bzw. manchmal auch dosiert für die spezifischen Jungen und Mädchen zu erarbeiten.

4. Zudem verwenden wir Energie und bekommen unser Geld auch dafür, passende Unterstützungs- und Anregungsmilieus zu erschaffen. Mit unseren – oft leider nicht allzu differenzierten und kreativen Angebotsprofilen – wollen wir helfen, problematische Ausgangszustände in gelingendere, erwünschte Richtung anzustoßen und zu begleiten.

Das Fallverstehen, die Entwicklungsüberlegungen und Unterstützungsphantasien sind eingebunden in Prozesse der Informationsgewinnung und Betroffenenbeteiligung.

- Es wird ein Vorstellungsgespräch geben.
- Es gilt, in den ersten Wochen das Kennenlernen mit einem Aufnahmegespräch und informellen 1:1-Kontakten zu gestalten (!). Hier geht es um Sichtweisen der jungen Menschen.
- Daneben sollte es mindestens ein Elterngespräch geben.

Die Erfahrungen und Informationen werden dann in einem Fallgespräch ausgetauscht, sondiert, gewichtet und münden in die Betreuungsplanung.[5] Der junge Mensch ist "dem Einzelfall gemäß" in die Betreuungsplanung einzubinden, die Ergebnisse werden mit Eltern und Minderjährigem besprochen. Nun kann die Einrichtung vorbereitet in das Hilfeplangespräch gehen.

Was haben wir zur Sprache zu bringen und zu verstehen? Zunächst generell: Immer gibt es auf der einen Seite den persönlich gemeinten und manchmal von Kindern bzw. Jugendlichen und BetreuerInnen auch geteilten, verstandenen und artikulierbaren Sinn. Anders: Jungen und Mädchen sind kompetent zu sagen, dieses will ich, jenes ist los. Gesagtes und Gemeintes, Gewünschtes und Gebrauchtes erscheinen womöglich deckungsgleich. Zudem tragen die Lebensäußerungen anderer vielleicht auch eine verborgene Bedeutung. Das ist brisant. Zentral in dieser immer auch potentiell entmündigenden pädagogischen Dimension hat zu sein, daß aus unserer Sicht markierte Probleme in den Erfahrungs- und Verständnishorizont der AdressatInnen gestellt werden. Denn dieses Ineinander-Überführen von Fremd- und Selbstverstehen ist Voraussetzung und Kern von hilfreichem und nützlichem Wirken.

Unter sozialpädagogischem Verstehen fasse ich mit Mollenhauer/Uhlendorff lebenslagen- und entwicklungsbestimmte Versuche, das Tun und Lassen von jungen Menschen auf der Grundlage unterschiedlicher Datenquellen zu begreifen (1) und prognoseträchtige, aber korrekturoffene Ziele über konstruk-

[5] Es wird *auch* pragmatisch zu entscheiden sein, wie oft, wann, in welchen Strukturen über Fälle reflektiert wird. Manche Einrichtungen genehmigen sich dafür sogar zwei Teamtage pro Jahr. Es wird auch unterschiedlich sein, ob kollegial oder unter Anleitung gearbeitet wird.

tive Bedingungen von Entwicklung, Wachstum u.ä. zu formulieren (2).

1. Die *Verstehensversuche* umfassen
a) Sammlung von objektiven Daten.
b) Artikulation von Vorverständnissen, Affekten, spontanen Bildern, vorherrschenden Ablagerungen von Erfahrungen seitens der BetreuerInnen.
c) Beschreibung in professioneller Rede (das Was der ggf. belastenden Inhalte, Anforderungen, Aufgaben einschließlich der Bestandsaufnahme der Bewältigungsstrategien im Sinne des Gelingens bzw. Mißlingens und Scheiterns im Wie der subjektiven Logiken).
d) Rezeption der Selbstdeutungen (das Was, Wie, Wieso, Wozu ... in subjektiver Konstruktion, die Bedürfnisse und Wünsche, Hoffnungen und Erwartungen von jungen Menschen und Eltern[6]).
e) Auswählende Akzentsetzung und darauf bezogenes netzwerkhermeneutisches Verstehen durch Deutung biographischer Erfahrungen, Konfliktbelastungen, Verarbeitungs- und Entäußerungsmodalitäten usw. in Vergangenheit und Gegenwart mit dem Ergebnis bedingungs- und ursachenreflexiver Hypothesen (Wieso).

2. *"Entwicklungskompaß"* (W. Fürst) und *Betreuungsplanung* basieren auf der
a) Erarbeitung von individuellen Entwicklungsrichtungen und -aufgaben (Wohin) unter Berücksichtigung von Bedürfnissen und Entwicklungsvisionen der Jungen und Mädchen sowie aus professionellem Fremdverstehen.
b) Bestimmung von hilfreichen Tätigkeiten, Aktivitäten, Beziehungssettings und Arrangements als Handlungs- und Gestaltungsplanung von professionellen Akteuren für und mit jungen Menschen (das Wodurch der Aufgaben, Inhalte und Organisation im Lebensalltag).

Qualitätskriterien der Betreuungsplanung sind – wie angezeigt – auch Bedürfnisbezug (1) und Partizipation (2).
Erstens: Der Bedürfnisbegriff relativiert die Entwicklungsfokussierung und verweist auf das Recht auf Gegenwart in einer eigenständigen Lebensphase

[6] Dazu gehören die Väter ...

mit berechtigter Hier-und-Jetzt-Affinität. Angefragt wird, was Kinder und Jugendliche aktuell wollen und brauchen. Relevant sind auch die Erwartungen der Eltern, die es zu erkunden gilt. Spannungsfelder sind damit, wie alle wissen, garantiert vorgezeichnet. *"Sowohl die Bedürfnisse der Jugendlichen als auch die Erwartungen der Eltern treffen auf die Interessen von Jugendhilfeeinrichtungen (volle Belegung, Bedürfnis nach "leichten" Jugendlichen, konzeptionelle Paßgenauigkeit etc.) und von Jugendämtern ("Fälle vom Schreibtisch bekommen", kostengünstige Lösungen, gute Kooperation mit Einrichtungen etc.) Ein wichtiges Interessenfeld ergibt sich dazu aus den Bedürfnissen der Erzieherinnen und Erzieher."* (Cinkl 1998, 3)

Zweitens: Es ist nicht begründbar, daß die im Rahmen der Hilfeplanung pflichtige, sinnvolle und nützliche Betroffenenbeteiligung vor der Einrichtungspforte haltmacht. Es gilt mithin, Wege zum Jugendlichen, zum Kind zu suchen und ein Subjekterleben in der Einrichtung zu verankern. Der erste, wichtige Schritt ist das ernstnehmende Sprechen mit den jungen Menschen. Bedürfnisorientierung und Betroffenenbeteiligung sollten sich – so die Auffassung des Autors – weder als Alibiveranstaltungen entpuppen, noch wird man jedoch die Hilfe allein auf die in Wort und Tat artikulierten Ambitionen junger Menschen und Eltern bauen können.

3. Kennenlernen über Selbstauskünfte und Selbstdeutungen

3.1 Aufnahmesituation

Viele Weichen werden schon anfangs gestellt. Jede Heimaufnahme, jeder Heimwechsel ist ein erheblicher Einschnitt im Leben eines jungen Menschen. Mit der meist nicht (ganz) freiwilligen Situation des Lebensfeldwechsels dürften einhergehen:

- die Kränkung, nicht richtig gewesen zu sein;
- der Wechsel aus einem vertrauten Lebensfeld, in dem man weiß, was gespielt wird und nach welchen offenkundigen oder heimlichen Regeln die Dinge funktionieren;
- der Abbruch von Beziehungen mit dem Geflecht an unerledigten "Geschäften" und dem damit zusammenhängenden Komplex widerstreiten-

der Gefühle: Erleichterung, Wut und Haß, Angst, Sehnsucht, Schuld und Scham, Einsamkeit;
- die Aufnahme neuer Bezüge, auf der labilen Basis von Unsicherheit und Hoffnung, Furcht vor dem Stigma "Heim", vor Demütigung, Schlägen, Erpressung und Phantasien, andere, bessere, befreiendere Möglichkeiten zu entdecken.

Grunderfahrung aller Jugendhilfekinder ist, sich unverstanden, abgelehnt, ausgestoßen zu fühlen. Platzlosigkeit und Mißerfolgserleben, Entmutigung, mangelndes Vertrauen in die Verläßlichkeit menschlicher Beziehungen und Orientierungslosigkeit sind i.d.R. einschneidende Prägungen. Heimliche, schon früh von Freigang u.a. benannte Fragen drängen sich am ersten Tag auf:
Was sind das wohl für Menschen? Was denken, was wissen sie über mich, was könnten sie herausfinden? Was wollen sie von mir? Wer kann mir hier gefährlich werden, wovor muß ich auf der Hut sein? Und wer würde mich dann wohl beschützen? Könnte man mich hier ein wenig mögen oder bin ich lästig? Wer erklärt mir, was hier läuft?
Und die neue Gruppe? Vielleicht denken junge Menschen: Wie soll, wie will ich mich hier darstellen? Was muß ich tun, um hier Anerkennung zu bekommen? Welche Regeln gelten hier? Kann ich ICH sein und trotzdem dazugehören? Ist hier jemand so ähnlich wie ich? Ob ich hier wohl einen Freund, eine Freundin finde?

Junge Menschen müssen zuerst Angst reduzieren, erste Sicherheitsanker werfen. Sie wollen in ihrer Selbstpräsentation ein Minimum an Selbstwert erhalten und weitere Kränkung vermeiden. Nur nicht blamieren! Sehen, in der Hackordnung nicht an letzte Stelle zu geraten! Tapfer drauf los lächeln! Hilfebedürftig mimen! Kompetenz und Souveränität darstellen! Sie werden zuallererst vertraute Muster der Kontaktaufnahme in Anwendung bringen, d.h. in der Regel: zunächst keine Angriffsfläche bieten.

3.2 Fragen mit Beziehungsbereitschaft als Basis des Verstehens

Dreh- und Angelpunkt muß sein, Interesse zu signalisieren, ohne detektivisch auszufragen. Die Jungen und Mädchen entscheiden, wann sie wen wie nahe an sich heranlassen. Es geht auch darum, Raum für ihre Fragen zu eröffnen. Wie können wir einladend wirken, eigene Themen, Bedürfnisse, Probleme ins Gespräch zu bringen? Es ist eine heikle Gratwanderung, einerseits Vertrauen zu etablieren und andererseits klar zu machen, daß junge Menschen in öffentlichen Einrichtungen "Gegenstand" von (Team-)Öffentlichkeit sind. Vielleicht gibt es schon am Anfang des gemeinsamen Weges Gelegenheit miteinander zu schauen, was "die Akten sagen"?

Die Themen der Kennenlernphase sind vielgestaltig. Verstehen vollzieht sich nicht ausschließlich über Gespräche. Man kann auch miteinander tun: Schularbeiten machen, Sport treiben, handwerkeln ... Aber es bleibt zentral, mit den Kindern und Jugendlichen auch im Einzelkontakt zu sprechen. Heime müssen ihre Dienste so gestalten und die Ressourcen so bündeln, daß das nicht nur ausnahmsweise möglich ist. Die relevanten Bereiche liegen auf der Hand: Familie und Verwandtschaft, Gleichaltrige, Schule, Jugendhilfeeinrichtungen, Polizei und Justiz, Lebenspläne und Selbstsicht usw. Man muß keine Fragebatterien "in Anschlag" bringen. Nicht jede Fragestellung ist immer gleich bedeutsam. Wählen Sie selbst aus:[7]

Das Vorher
Wie waren die Umstände, die dich in dieses Heim geführt haben? Wie ist es dir bisher auf deinem Lebensweg ergangen? Was hat dir gefallen, was nicht? Was waren für dich glückliche, was unglückliche Zeiten in deinem Leben?

Eltern, Erwachsene
Wie verstehst du dich mit deinen Eltern, mit Mutter, Vater, Stiefelternteilen? In welcher Familienform habt ihr gelebt? Welchen Beruf haben deine Eltern? Wie habt ihr gewohnt? Wie waren die wirtschaftlichen Verhältnisse? Wie hast du deine Erziehung erlebt? Wie steht es mit Gewalt, Mißbrauch, Kümmern, Regeln, Wärme, Streit, Alkohol in der Familie? Hast du Kontakt zu anderen Verwandten, Geschwistern, Großeltern? Wie oft? Was tut ihr zusammen? Wer aus der Familie hält zu dir? Was erwartest du von Eltern, Ge-

[7] Solche Kataloge von "Kennenlernfragen" gibt es inzwischen in größerer Zahl. Besonders bekannt sind die (kürzeren) Instrumente von U. Uhlendorff und F. Petermann.

schwistern? Was erwarten sie von dir? Was hältst du überhaupt von Erwachsenen? Wie siehst du ErzieherInnen? Was ist das Schlimmste an Erwachsenen? Kennst du einen Erwachsenen, den du nett und hilfreich findest? Wie ist der? Wobei hast du bisher Unterstützung von Erwachsenen erhalten? Wobei können wir dich unterstützen? Welche Menschen sind dir am wichtigsten? Gibt es durch deinen Einzug ins Heim Abbrüche, die dir weh tun? Wie lassen sich Beziehungen aufrechterhalten?

Freunde und Cliquen

Hast du bisher Freunde gehabt? Hättest du gerne mehr bzw. intensivere Freundschaften? Was ist dir wichtig an Freunden, wofür braucht man sie? Sind deine Wünsche an Freundschaften in Erfüllung gegangen? Wie erklärst du dir deine Erfahrungen? (Soll- und Will-/Ist-Gegenüberstellung) Bist du Mitglied in einer Clique? Was macht ihr zusammen? Was verbindet euch? Was ist deine Rolle? Wenn ihr "Scheiße baut", was macht ihr dann so? Wenn du dich besonders wohl gefühlt hast, was ist dann passiert?

Schule, Lehre, Arbeit

Gehst du regelmäßig hin? Wie läuft es dort? Wie häufig fehlst du? Wie kommt es dazu? Was machst du statt dessen? Erzähle doch mal genau im Ablauf – im Tun, im Denken, im Fühlen –, wie ein "freier Tag" (Schwänzen) von Beginn an aus deiner Sicht verläuft? Was würdest du noch lieber tun? Was sind persönliche Gewohnheiten, die deine Zeit in der Schule usw. erschweren? Was liegt an dir, was an den anderen bzw. den Umständen? Welche Fächer bzw. Arbeitsverrichtungen magst du, was nicht? Was fällt dir leicht, was schwer? Wie kommst du mit LehrerInnen, AusbilderInnen, KollegInnen und MitschülerInnen zurecht? Hast du insgesamt andere Wünsche oder Pläne?

Freizeit

Was machst du nach der Schule, Arbeit? Was am Abend, was am Wochenende? Hast du hobbymäßig eine Leidenschaft?

Geld

Verfügst du bisher über eigenes Geld? Was machst du damit? Kommst du mit deinem Geld klar? Was würdest du machen, wenn du sehr viel Geld zur

Verfügung hättest?

Polizei
Hast du schon häufiger mit der Polizei zu tun gehabt? Was war los? Wie war das für dich?

Drogen/Alkohol
Trinkst oder kiffst du selbst? Wann? Wieviel?

Selbsteinschätzung
Hast du ein Idealbild von dir? Bist du dein eigener allerbester Freund? Warum (nicht)? Wie verläuft ein Tag, an dem alles schief geht? Was ist für dich typisch? Was machst du in Krisen? Was machst du, wenn du sauer, enttäuscht, wenn du traurig bist? Mit wem streitest du dich häufig, mit wem gern und mit wem ungern? Wie geht es dir dabei? Wie setzt du in der Regel deine Wünsche durch? Was machst du, wenn es dir nicht gut geht? Wann geht es dir besonders gut? Was, glaubst du, fehlt dir? Wenn du vor dir warnen solltest, was würdest du besonders herausstreichen? Was sind deine Schwächen? Wenn du für dich Reklame machen dürftest, was würdest du dann über dich sagen? Was sind deine Stärken? Siehst du eigene Anteile daran, daß du nicht mehr in der Familie bzw. in dem anderen Heim sein kannst/ willst?

Heim, Pflegefamilie
Willst du in ein Heim bzw. in dieses Heim? Wie war deine Aufnahme hier, wie waren die ersten Tage? Wie geht es dir in deiner Gruppe? Wie sehen andere, dir wichtige Leute es, daß du jetzt hier bist? Was war im alten Heim gut, was war schlecht? Wie denkst du über den Heimwechsel? Wenn du es dir aussuchen könntest, wie würdest du am liebsten wohnen? Was erwartest du vom Heimaufenthalt? Was soll in diesem Heim auf keinen Fall passieren? Was machst du nach deiner Erfahrung mit dir, daß deine Befürchtung womöglich doch eintritt? Wie wäre der optimale Erzieher für dich hier? Sollte es ein Mann oder eine Frau sein?

Lebensentwurf (Wünsche, Träume) und Tätigkeitsorientierungen
Was macht dir so richtig Spaß? Unabhängig vom Erwerbszwang: Womit

würdest du dich gerne tagelang beschäftigen? Wie möchtest du mal leben? Wie siehst du dich in deiner Phantasie in fünf, in zehn Jahren? Hast du einen Traumjob? Willst du mal eine Familie haben? Möchtest du in der Stadt oder auf dem Land wohnen? Welchen Lebensstil wirst du wohl verwirklichen? Hast du eine Lebensutopie? Wenn du drei Wünsche frei hättest: Welche wären das?

Bilanz
Was willst du? Was, glaubst du, sollst du? Wer sagt das? Was könnte für dich so bleiben? Was müßte sich heute, morgen, übermorgen ändern?

Cinkl hat in einer kleinen Evaluationsstudie untersucht, was Jugendliche einer Einrichtung (N=17) wünschen. Einige (auch) ernüchternde Ergebnisse der Erkundung: 14 Jugendliche benannten Interessen und Hobbies. Aus Kosten- und organisatorischen Gründen konnten nur die Anregungen von vier Jugendlichen aufgegriffen werden. In Bezug auf die Familie artikulierten 14 Jugendliche Kontaktwünsche, die in zehn Fällen erfüllbar waren. Nur ein junger Mensch lehnte Elternbezüge ab. Im Themenfeld Lebensstil und Lebenspläne fielen gehäuft *"traditionelle Entwürfe nach dem Muster "Arbeit, Familie mit zwei Kindern, Hund und Einfamilienhaus" auf. Zum Wunschbild des Erziehers finden sich in elf Aufnahmegesprächen Aussagen; vier Jugendliche bevorzugen grenzsetzende ("strenge") Erzieher, während sieben Jugendliche v.a. eine Vertrauensperson wollen. (...) Die Antworten auf die Frage nach drei Wünschen waren fast ausschließlich materieller Natur (Geld, Auto, große Wohnung u.ä.)."* (1998, S. 9).

3.3 Vertiefung des ersten Verstehens

Es wäre nützlich, wenn die PädagogInnen auch achtsam sind, was auf der Gefühlsebene passiert: Was löst der/die Jugendliche in mir aus? Was mag ich, was mag ich nicht? Welche "Knöpfe" lasse ich bei mir drücken: Wo könnte ich ins blinde Agieren bzw. ins Schleudern - retten, mitleiden, ablehnen, feindselig werden - geraten? Passe ich, passen wir eigentlich zum jungen Menschen? Zeigt der junge Mensch gefühlsmäßige Beteiligung? Wo geht sie/er in den Widerstand, wo erscheint sie/er resigniert? Wie steht es mit seiner/ihrer Selbsteinschätzung? Ist er/sie glaubhaft in den ersten Darstellungen? Wo werde ich mißtrauisch? Was muß ich nachprüfen, um eine facettenreichere Perspektive zu erhalten? Wozu ist der Junge bzw. das Mädchen von sich aus motiviert?

Es geht von der ersten Sekunde an um Ankoppelung und die Entwicklung einer JA-Haltung. Involvierte Themen sind Sicherheit und Vertrauen, Interesse und Wohlwollen. Ich gehe zwingend davon aus, daß wir dann - und nur dann - Kontakt zu Kindern und Jugendlichen finden, wenn wir ihre Sicht der Wirklichkeit zulassen und interessiert zur Kenntnis nehmen. Das beinhaltet nicht automatisch, sich zu eigen zu machen, wie sie sich sehen, wie sie sich deuten und erklären und ihre Welt konstruieren. Die BezugspädagogInnen können in der Vertiefungsphase des Kennenlernens, vor dem ersten Fallgespräch, schon erste Differenzierung anstreben und mit dem/der Jugendlichen in Suchhaltung gehen. Nehmen Sie sich ein Thema wie Alkoholgebrauch, unkontrollierte Aggression oder Schulverweigerung vor Ihr inneres Auge bzw. als Brennpunkt für die nächste Unterhaltung. Folgende Gesprächsrichtungen könnten die subjektive Konstruktion von Wirklichkeit freilegen und damit womöglich Gewohnheiten irritieren und neue Sichtweisen animieren:

1. Klagen - Problemdefinition - Problembeschaffenheit - Reaktionen auf das Problem.

Zum Beispiel: Was sind für dich problematische, was unproblematische Bereiche und Themen? Was stört dich dabei besonders? Worin liegt im Fall Drogen, Schlagen, Schule das Problem? Oder ist es gar nicht dein Problem? Was ist (daran) für dich problematisch? Wie lange besteht das Problem schon? Was passiert in einer problematischen Situation genau? Was machst du? Gib bitte eine detaillierte Schilderung: Was denkst du darüber? Was fühlst du dabei? Was passiert dann? Wie geht es dir im Moment damit?

2. Problemerklärung.

Zum Beispiel: Wie erklärst du dir dies oder jenes selbst, wie erklären es andere? Wer hat Schuld?

3. Funktionalität – Sinnkonstruktionen.

Zum Beispiel: Wie könnten die Dinge schlimmer werden? Wie besser? Welchen Sinn macht dieses oder jenes für dich bzw. andere? Was ist der Gewinn für dich? Welchen Preis zahlst du? Was wäre ohne das Problem anders, besser, was schlechter? Wenn du das Rad noch einmal zurückdrehen könntest: Was würdest du anders machen? Was möchtest du, daß es so bleibt?

4. Bisherige Problemlösungsversuche - Zielfragen und Problematisierung von Veränderung (Gewinn, Verlust, Vor- und Nachteile) – Lösungsalternativen – Zukunftsphantasien.

Zum Beispiel: Was hast du, was hat man in deinem Umfeld schon alles versucht, um dieses oder jenes in den Griff zu bekommen? Mit welchem Erfolg? Was hat nicht geholfen? Wie erklärst du dir das? Hast du schon mal davon gehört, daß andere solch ein Problem gelöst haben? Was denkst du darüber? Welche Probleme hast du bisher schon gelöst? Wie hast du das gemacht? Was könntest du selbst zur Lösung beisteuern? Was ist daran für dich gut, was schlecht? Gibt es Ausnahmen von der Regel? Wie sehen die aus? Was ist anders? War das Problem schon mal kleiner, nicht da? Wie erklärt du dir das? Welche Unterstützung könnte ich dir geben? Usw.

5. Ausnahmen - innere Kraftquellen - Ressourcen - Kompetenzen.

Gerade die Themen und Bereiche, wo Zufriedenheit, Kompetenz, Fortschritt usw. erkennbar sind, sollten eine besondere Aufmerksamkeit erfahren. Zum Beispiel: Was soll in deinem Alltag so bleiben? Wie machst du es, nicht häufiger zu klauen, zu schwänzen, frustriert zu sein? Wann geschieht dies etwas weniger, dafür anderes mehr? Was ist da anders?

Die Listen legen den Eindruck von Abfragehaltungen nahe. Das wird im Alltag ausschließbar sein. Sequenzen dieser Art von Gesprächsführung könnten ein Arbeitsbündnis konstituieren und Dämme gegen Machtkämpfe und moralische Sollerei, aber auch resignatives Gewährenlassen errichten. Aus solchen oder ähnlich strukturierten Dialogen dürften BetreuerInnen intensiveren Kontakt gewinnen und damit möglicherweise ihre Bedeutung für junge Menschen bzw. ihren Einfluß auf Jugendliche verstärken.

Neben Gesprächsleitfäden haben sich weitere methodische Hilfen bewährt:

- Biographische Linien (Visualisierung des Lebens auf Papier, ggf. mit gezeichneten Bildern von Höhe- und Tiefpunkten bzw. von besonders erinnerten Situationen).

- Arbeit mit Fotos aus der Kindheit.
- Biographische Reisen an wichtige Orte aus Kindheit und Jugend mit dem/der BezugserzieherIn: Stationen der Freude, Enttäuschung, Einsamkeit, erste Siege und Niederlagen.
- Beziehungslandkarte der Familie und Beziehungslandkarte der Heimgruppe (graphische Darstellung der Intensität der Bezüge, Koalitionen, Konfliktkonstellationen und -intensitäten).
- Benennung von Leitmottos und zentralen Botschaften sowie Symbolfindung für die Rolle in der Familie, zum Beispiel: Leitmottos wie "Bildung ist Luxus. Und Luxus können wir uns nicht erlauben." "Wer nicht für uns ist, ist gegen uns."; Botschaften wie "Wie dein Vater." "Aus dir wird nie etwas."; Symbole wie "fünftes Rad am Wagen", "Kuckucksei", "Nestbeschmutzer", "Mitesser", "Gräfin" ...
- Den Jugendlichen gemäße Arbeit mit Genogrammen.
- Gespräche über Mutter und Vater: Wunsch und Wirklichkeit; Was wirkt nach? Was ist heute? Wie sind deine Eltern so geworden? Wo bist du ähnlich, wo anders? Wo bin ich als Pädagoge/in genauso, wo nicht? Was willst du übernehmen, was anders machen? Was hätte deine Mutter, dein Vater in dieser Situation dazu gesagt, über dich gedacht, gemacht?
- Listen mit Gegenüberstellungen entwickeln: Was hast du bisher gemacht, wenn du mit ... nicht klargekommen bist? Wie kennst du dich in Konflikt- und Krisensituationen? Welche Alternativen wählen andere Menschen in dieser oder anderen Belastungssituationen? Lebensbilanzen: Plus und Minus, Gewinn und Verlust, Investition (Geben) und Ertrag (Nehmen), alte Hoffnungen und heutige Lage ...

Sowohl Gespräche in der Kennenlernphase als auch verstehende Gespräche mit Jungen und Mädchen überhaupt sollten so angelegt sein, daß Vergangenheit erinnert, Gegenwart begreifbar und Zukunft gedanklich vorweggenommen werden können, d.h. phantasierte, gewünschte oder gefürchtete Perspektiven probehalber aufscheinen. Wie schon angedeutet, gilt es, gemeinten Sinn nachzuvollziehen und Hintergrundbedeutung aus professioneller Distanz vermutend zu erschließen. Zum Beispiel:
Die Selbstsicht: Woran erinnert sich der junge Mensch?
Die professionelle Sicht: Wie erinnert er sich? Woran erinnert er sich nicht? Wo tilgt, verzerrt, verallgemeinert er/sie besondere biographische Erfahrun-

gen?
Die Selbstsicht: Was ist ihm/ihr wichtig, was weniger?
Die professionelle Sicht: Was vermeidet der junge Mensch? Wo bagatellisiert der Junge, das Mädchen, "macht" etwas vor sich bzw. anderen unwichtig?
Die Selbstsicht: Was und wie assoziiert der junge Mensch über das bisherige Leben?
Die professionelle Sicht: Wo gibt es in diesem Leben nicht nur zufällige additive Reihung, sondern Entwicklungslinien bzw. regelhafte Wiederholungen?
Die Selbstsicht: Welche Stimmungen und Befindlichkeiten benennt der/die Jugendliche?
Die professionelle Sicht: Was läßt der junge Mensch zu, wo verleugnet bzw. verdrängt er/sie wesentliche Erlebnisdimensionen?

Nun inszenieren und exponieren sich Mädchen und Jungen nicht nur sprechend, sondern vorzugsweise auch aktional, leibhaftig, tätigkeits- und gegenstandsbezogen. Kennenlernen und Verstehen junger Menschen vollzieht sich - ebenso wie bedürfnisbefriedigende und heilsame Wirkung - auch auf der Grundlage des gemeinsamen Treibens von Sport, auf Klettertouren und in der Planung und Durchführung von Campingwochenenden, bei nächtlichen Geländewanderungen oder während wir uns spannende Geschichten am Lagerfeuer erzählen, durch körperliche Stilexperimente mit Rollen, Kleidung, Maskierung, Frisuren in Gruppen usw.

4. Verstehen durch Beschreibung und Deutung[8]

Folgende Gliederung schlage ich vor:

1. Einstieg/Einstimmung: Vorstellung des Jungen/Mädchens im Brainstorming, auch aktuelle Stimmungen (15 Minuten).
2. Umfassendere Beschreibung, ggf. Akzentuierung besonderer Probleme, die verstanden werden sollen (20 Minuten).
3. Einbezug der Äußerungen von jungen Menschen und Eltern (15 Minuten).
4. Verstehen (nach Auswahl der relevanten Faktoren) (30 Minuten).
   - Herkunftserfahrungen: Risikofaktoren – kritische Lebensereignisse.
   - Familiendynamik.
   - Peer-Bezüge, außerfamiliale Lebenswelten, Jugendkultur.
   - Institutionen.
   - Verhaltensuntersuchung.
   - Beziehungsreflexion.
5. Entwicklungskompaß (20 Minuten).
   - Was will der Junge, das Mädchen?
   - Was braucht ...?
   - Was soll ...?
6. Betreuungsplanung (35 Minuten).
7. Auswertung (10 Minuten).

Die Rückmeldung an den Jungen/das Mädchen sollte zu einem passenden

---

[8] In der Folge geht es mir aus Platzgründen vor allem um die Darstellung des Besprechungsschemas. Ich habe mich dennoch bemüht, an ausgewählten Stellen fachliche Hintergründe, hilfreiche Anregungen bzw. Beispiele wenigstens partiell zu liefern, um den Text für SozialpädagogInnen in der Praxis – die die Zielgruppe des Beitrags sind – nutzbar zu machen. Es ist nicht ganz leicht, eine überzeugende Systematik und Ablaufstruktur für die Fallarbeit zu finden, die dann auch praktisch besteht. Die von mir vorgeschlagene Gliederung enthält im Verstehens- und Entwicklungskompaß-Abschnitt z.T. Redundanzen, so daß in der Durchführung der Fallreflexion Schwerpunkte setzbar sind und bei Wiederholung und inhaltlicher Erschöpfung auch reflektiert übersprungen werden kann.

Zeitpunkt vorgenommen werden, ggf. kommen die jungen Menschen am Ende des Fallgespräches dazu.

Für das große Fallgespräch schlage ich eine Anfangsstruktur mit folgenden Dimensionen vor. Zunächst wird der Rahmen festgelegt: Moderation, Zeit, Protokoll.

I. *Der Einstieg*

I.1. Harte Daten (BezugsbetreuerIn)
Nun sollten sich alle MitarbeiterInnen spontan äußern.

I.2. Was ist typisch für den Jungen/das Mädchen? (Brainstorming der Teammitglieder)

I.2.1. Phänomene – Was macht ...? Wie ist...? Woran erkennt man ...? Usw.

I.2.2. Erste Spontandeutungen

I.2.3. Bewertungen (Wichtiges, Vertiefenswertes, Lästiges, Bedrohliches, Fragliches ...)

II *Beschreibung*
Der/die Bezugspädagoge/in hat sich vorbereitet und übernimmt die umfassende Beschreibung.

II.1. Das Früher, das Vorher

II.1.1. Frühere Konflikte/Themen mit Signal- und Ventilfunktion – Gründe für die Unterbringung

II.1.2. Erfahrungen in der Familie vor der Unterbringung (Phänomene)

II.1.3. Erziehungshilfe-Erfahrungen vor der Unterbringung in dieser Einrichtung

- Erfahrungen mit SozialpädagogInnen, mit Hilfen zur Erziehung, im Heim ...
- Prägende Erfahrungen: Was war los; was hat bisher gewirkt, nicht gewirkt? Usw.
- Einschätzungen und "Tips" der alten Helferschaft (?) ...

II.1.4. Schulbiographische Elemente

- Letzte besuchte Schule(n)
- Schulbesuchsjahre und Wiederholungen
- Lieblings-/Ekelfächer
- Fehlzeiten

- Sonstige beklagte Sachverhalte
- Typische Erfahrungen

II.2. Der momentane Stand in der Einrichtung

II.2.1. Bisherige Erfahrungen in der aktuellen Einrichtung
- Bezüge, Integration in die Gruppe
- Bezüge, Interessen, Integration in heimexterne Welt (Peers, Klasse, Vereine ...)
- Bezüge, Integration in die Familie
- Beziehungen zu den PädagogInnen
- Leistungsverhalten in Schule, Förderkurs u.ä.
- Mitarbeit in der bzw. Erleben von WG, Heim
- "Abweichendes Verhalten"; normative Standards, Wertvorstellungen, soziales bzw. moralisches Handeln (Verhältnis zu Konventionen, Autoritäten, Gewalt, Zuverlässigkeit (Absprachen, Ehrlichkeit ...), Berechenbarkeit, Kooperation ... usw.)

II.2.2. Stärken, Fähigkeiten vs. Schwierigkeiten, Schwächen
- Sozialverhalten
- Personalität, Emotionalität
- Lern-/Leistungsverhalten
- Körperlichkeit
- Geschlechtsspezifik
- Sonstiges

II.2.3. Abwehr-/Schutz- bzw. Bewältigungsstrategien (Beschreibung!)

II.3. Überlegungen zum Betreuungsverlauf in dieser Jugendhilfeeinrichtung

II.3.1. Geschichte in der Einrichtung – Verlauf der Betreuung (auch: Was wurde alles probiert)

II.3.2. Entwicklungen, Verschiebungen, Veränderungen in der letzten Zeit; derzeitige Probleme (in) der Einrichtung

Cinkl kommt in seiner Praxisauswertung zu dem bedenklichen Schluß des Vorherrschens von Defizitorientierung angesichts des Umfangs der Problemkataloge in den Fallarbeiten von Erzieherinnen und Erzieher: *"Nur bei sechs Jugendlichen (N=13) konnten die Erzieher Stärken der Jugendlichen ausmachen, nur bei zwei Jugendlichen wurden die Stärken auch im Betreuungs-*

plan berücksichtigt. Ähnlich bei den Bedürfnissen und Wünschen: Nur bei sieben Jugendlichen konnten diese benannt werden." (1998, 11)

III. *Sichtweisen der Jugendlichen und ihrer Eltern*

Falls die Arbeit in der einleitend umrissenen Schrittfolge vollzogen wird und ein dialogisches Klima herrscht, wird man auf vorliegendes Material zurückgreifen können. Sinnvoll ist es jedoch oft, vor dem Fallgespräch noch einmal mit Jungen, Mädchen, Eltern bilanzierend zu sprechen.

III.1. Der/die Jugendliche über sich selbst (Probleme, Wünsche, Eigenziele, Bilanzen ...)

III.2. Sichtweisen bzw. Problemdefinitionen der Eltern
- Was sehen Eltern als problematisch
- Wie erklären sie sich die Dinge
- Was haben Eltern bisher unternommen, was hat wie gewirkt
- Welche Fähigkeiten, Stärken sehen die Eltern, verkennen die Eltern
- Erwartungen und Wünsche der Eltern an die Betreuung
- Tips der Eltern

III.3. Beobachtungen im Elterngespräch – Konflikte aus Sicht der Einrichtung mit den Eltern

Cinkl erkundete in der erwähnten Studie: Im Rahmen der einleitenden Hilfeplangespräche gingen Eltern *"ausnahmslos in den Problemsichten und Zielvorstellungen mit den ASD-Mitarbeiterinnen konform, die sich wiederum stark an Normalitätsstandards orientierten (Legalverhalten, Schulbesuch etc.). Im Gegensatz zu den Elterngesprächen in der Einrichtung äußerten die Eltern kaum Vorstellungen zum Erziehungsstil. Insgesamt fällt auf, daß in den Hilfeplangesprächen Bedürfnisse, Erwartungen etc. der Jugendlichen und ihrer Familien weniger thematisiert werden als etwa in Aufnahme- und Elterngesprächen. Dies wirft die Frage auf, ob die Form der Hilfeplangespräche dem Ziel der Betroffenenbeteiligung dient. In den Gesprächen in der Einrichtung äußerten Eltern Erwartungen am häufigsten zum Erziehungsstil, wobei der Wunsch nach rigider Regelpädagogik ("Grenzen setzen") dominierte. In vier Fällen (N=13) wurden die Erwartungen der Eltern in Fall-*

gesprächen aufgegriffen und umgesetzt (dabei ging es um Discobesuche, Krankschreibungen u.ä.). Weitere Erwartungen bezogen sich auf den regelmäßigen Kontakt zum Bezugserzieher und auf schnelle Information. Bei der Bewertung von Heim und WG wurde die Erziehung z.T. als zu liberal eingeschätzt." (1998, 10)

IV. *Verstehen*

Hier geht es um die Entwicklung von deutenden, erschließenden Vermutungen, die das Tun/Unterlassen junger Menschen bestimmen könnten.

IV.1. Risikofaktoren – Kritische Lebensereignisse
IV.2. Familiale Herkunftserfahrungen (Ergänzungen zu II.1.2. Strukturen und Dynamik, auch Hypothesen, z.B. über Stellung und Funktion in der Familie)

Wegweisende Erfahrungen, handlungsleitende Kognitionen und affektive Extrakte bilden sich stark herkunftsfamilial heraus und werden abgespeichert. Nur einige Jugendhilfejugendliche stammen aus Überbehütungsmilieus. Die Grunderfahrungen der Mehrheit sind Armut und Mangel, Gewalt und Mißbrauch, Heimatlosigkeit durch Lebensfeldwechsel und Abgeschobensein, Vernachlässigung, Ambivalenz zwischen Bindung und Wegstoßen. Die Psychodynamiken der Funktionalisierung (negatives Abbild von elterlichen Selbstanteilen bzw. des abgelehnten Ex-Partners, Verlängerung von idealisierten Selbstanteilen, Sündenbock oder Konkurrent um Aufmerksamkeit und Wichtigkeit, Partnersubstitut oder Bündnisgenosse, Elternersatz usw.) sind in ihrer Problematik der instrumentalisierenden Entselbstung und entwicklungsunangemessenen Überforderung bekannt.
Aus solchen, hier exemplarisch genannten, Grunderfahrungen stammen Themen der Selbst- und Welterfahrung, die "abgelesen" und verstanden werden müssen, wenn wir konstruktiv betreuen wollen. Schlüsselbereiche des biographischen Verstehens sind:
- Selbst-Erfahrung, Selbstbild, (vermutete) Fremdbilder, Wunschbilder.
- Konzepte der Weltdeutung, Sinnkonstrukte, Moralstandards.
- Raumerfahrung, Platz suchen und Platz finden.
- Zeiterleben, Planungshorizont, Erinnerungsvermögen.

- Körperbilder und Körpererfahrung.
- Konflikterleben und Bewältigungsstrategien.
- Emotionale Grundstimmungen. (Vgl. auch Mollenhauer/Uhlendorff 1995)

IV.3. Sonstige lebensweltliche Einflüsse

IV.4. Lebensthemen, die sein/ihr Selbst- und Weltverständnis prägen könnten (jugendkulturell bzw. biographisch)

Entstehung und Äußerungsformen von Verhalten müssen auch vergangenheitsgerichtet verstanden werden. Aus meinem Blickwinkel macht es Sinn, die sogenannten Lebensthemen junger Menschen herauszukristallisieren, die sich auf Grund von Herkunfts- und Gegenwartserfahrungen, von kritischen Lebensereignissen in Familie bildeten, und – zum Beispiel – in Schule und Jugendhilfeeinrichtung (re)konstellieren. In einer Systematisierung spreche ich in Anlehnung an und Ergänzung zu Mollenhauer/Uhlendorff (1992)[9] von Themen, die sich in vier Bereiche gliedern lassen:

T*hemen um das Ich, um Ich-Entwürfe, Ich-Irritation, um Identität.*
Wer bin ich? Wo komme ich her? Wo gehe ich hin? Was soll aus mir werden? Was will ich aus mir machen? Hier geht es um Erinnerung und Planung, Wunsch und Wirklichkeit, um Ich-Ideale, um das Selbst- und Fremdbild, um das Selbstverständnis in der Geschlechtsrolle, um den Umgang mit Ambivalenzen, um die Biographie als Erfahrung von Kontinuität und Diskontinuität, um die eigenen Wurzeln, um Mütter und Väter, um den Platz im eigenen kleinen Universum, um Sinnfragen.

Themen um Leiblichkeit, Leibversorgung, Spürenserfahrung.
In diesem Energiefeld kreisen die Themen junger Menschen um Aktion und Passion, Ruhe und Erregung, Spannung und Entspannung, um Reibung an Widerständen und Grenzen, um Mächtigkeit und Wirksamkeit, um Sexualität, Berühren und Berühren lassen, um Nahrung und Versorgung.

---

[9] U. Uhlendorff möge die Veralltäglichung, gar Simplifizierung seines komplexen Ansatzes im Dienst von Pragmatisierung verzeihen.

Themen im Kontaktbereich zwischen Ich und dinglicher Welt.
Gerade in diesem Sektor der instrumentellen Kompetenz stellen sich Fragen des Könnens bzw. Nichtkönnens, von Stärke und Schwäche, Grenzerweiterung und Akzeptanz von Nicht-mehr-weiter-können. Vorzugsweise hinsichtlich der schulischen Anforderungen erlebten viele Jugendhilfekinder sich als unfähig und nicht wirksam. Lernen und Leisten wurden nicht als positive Herausforderung erfahren, sondern führten zu Versagen, Blamagen und Niederlagen.

Beziehungsthemen.
Auch hier erlitten die Kinder und Jugendlichen vor allem Schutzlosigkeit und Mißlingen. Ihre hintergründigen Leitmotive zentrieren sich um Fragen nach Zugehörigkeit und Einsamkeit, Anpassung und Abgrenzung; es geht um Vertrauen, Verläßlichkeit, Unter- und Überlegenheit, Rivalität, um Autoritätskonflikte, um Regelaushandlung und -befolgung, um Reiz und Risiko von Nähe und Distanz, um die Wirkung auf das andere Geschlecht.

Es ist sinnvoll, die nie eindeutig zu bestimmenden und oft nicht scharf abgrenzbaren Lebensthemen auf einen begrifflichen sozial-emotionalen Hauptnenner zu bringen und in Sätzen mit den Worten der jungen Menschen zu formulieren, etwa: "Mich will keiner. Ich bin überflüssig."; "Auf Schwäche folgt Strafe."; "Ich brauche dich nicht. Hilf mir."; "Das hat doch eh keinen Zweck."; "Fasse mich ja nicht an!"; "Wenn ich nicht wirbele, falle ich in ein Loch."; "Ich gehöre nirgendwo hin."; "Dazu bin ich zu doof."; "Das kann ich nicht ertragen."; "Ich spüre mich nur, wenn ich mir weh tue, weh tun lasse, andere verletze." Usw.

IV.5. Probleme aufrechterhaltende oder verstärkende Bedingungen in der Gegenwart
Auch: Im sonstigen Leben (Clique, Familie, Schule ...)
Was, wann, wie, wo, mit wem (nicht)

Einige Frage- und Rechercherichtungen: Wenn der/die Jugendliche so ist, wie ich es erlebe: Wie zeigt sich das? Woran genau erkenne ich das? In welchen beispielhaften Situationen? Gibt es Schlüsselreize bzw. Schlüsselszenen? Was hat der junge Mensch getan? Was gesagt? Welche Mimik und Ge-

stik zeigte sich? Welche Situation und welches Verhalten ging dem voraus? Welche Reaktionen und Konsequenzen folgten? Wann und wie oft tritt das Verhalten auf? Seit wann, wie oft, wie lange, bei wem, wann nicht? Welche Botschaft möchte der/die Jugendliche geben? Wenn der/die Jugendliche statt zu handeln sprechen würde: Was würde er/sie mir sagen (wollen)?
Zur Erinnerung: Ein sozialpädagogisch wesentlicher Schritt ist, auf Ausnahmen von der Regel zu achten, d.h. zu identifizieren, wann das beklagte Verhalten schwächer auftritt.

Einrichtung: Wofür muß das Heim (o.ä.) Verantwortung übernehmen?

Fragerichtungen sind zum Beispiel: Was sind belastungsfördernde Bedingungen in der Einrichtung? Wann und wie kränken wir den jungen Menschen und untergraben das Selbstwertgefühl? Welche Einschränkung an persönlicher Entfaltung, welche Versagung von (berechtigten?) Wünschen wollen, welche müssen wir – vielleicht notgedrungen – vertreten? Welche ggf. "hausgemachten" Widerstände zeigt der junge Mensch in unserem Kontext? Welche Konkurrenz-, Erpressungs-, Unterdrückungsverhältnisse gibt es in der Institution? Welche (un)einsichtigen Regeln haben wir, wie sind diese zustande gekommen und wie vertreten wir sie? Welche Spannungen gibt es in der Einrichtung, im Team bzw. zwischen den Gruppen und/oder zwischen MitarbeiterInnen und Leitung?

IV.6. Verhaltensreflexion auf systemischer Verstehensebene (Ausgewählte Verhaltensbereiche: Absicht, Zweck, Wirkung, Funktionalität, Nutzen, Gewinn, Logik, Zusammenspiel ... – auch: das Gute am Schlechten)
Was:
Funktion:

Wir attestieren Jungen und Mädchen oft "Disfunktionalität": verleugnen von Wirklichkeit, verleugnen von Bedürfnissen, idealisieren, attackieren (Kraftmeierei, Durchbrüche, Erpressen, Brutalität...), sich selbst zerstören, sich selbst beschuldigen, flüchten, koalieren, unwichtig machen, blödeln, spotten, rationalisieren, überangepaßt sein, sich fixieren, resignieren, projizieren, verschieben, Rückzug in Einsamkeit, anklammern. Auch wenn Kinder und Jugendliche aus unserer Sicht damit womöglich als "unreif" gelten bzw. scheitern, müssen wir in Rechnung stellen, daß sie den Schutz dieser Aktionsformen und Verarbeitungsweisen brauchen und damit nicht nur negative Erfahrungen machen. Wir haben *"Schwierigkeiten als Ausdruck von Problemlösungsversuchen zu akzeptieren, also von Anstrengung, Kraft und Phantasie, um in gegebenen Umständen das eigene Leben arrangieren zu können (...)."* (Bundesministerium für Jugend ... 1990, S 132)

Vergessen wir nicht als Motor für Kreativität die Grundprämisse sozialer Arbeit: Jeder Mensch trachtet im Kern danach, nahe bei anderen zu sein und zu wachsen. Alles Verhalten trägt diese Ziele, unabhängig davon, wie gestört und fremd es auf uns wirkt. Das, was verrückt oder dumm erscheint, kann auch als Versuch gedeutet werden, Botschaften auszusenden. Wähle ich den Bezugsrahmen für die Deutung von "Unverschämtheit" usw. so, daß ich mich nicht angegriffen fühle, gerate ich weniger in Unfreiheit: Abwehr, Sanktionierung, Verlegung ... Kein Thema oder Ereignis bestimmt aus sich heraus, wie ich (re)agieren "muß".

Unabdingbar ist immer, den biographischen Sinn und die soziale Funktion der Bearbeitungsarten von Herausforderungen zu bedenken. Nützlich könnte dabei sein, in die Haut des jungen Menschen zu schlüpfen und die Welt mit seinen/ihren Augen zu betrachten. Genauso wie die Untersuchung des Einrichtungsalltags in seiner Wirkung auf die Heimjugendlichen gibt das biographische Verstehen dem Verhalten von Jungen und Mädchen oft eigentümliche Zweckmäßigkeit, läßt es als weniger "krank", "gestört", "verrückt" erscheinen. Das ermöglicht uns manchmal, appellative Gehalte zu entschlüsseln und wieder handlungsfähiger zu werden.

IV.7. Beziehungen, Gefühle, Muster ... auf Seiten der PädagogInnen

SozialpädagogInnen werden junge Menschen nicht erreichen und aushalten, wenn

- sie nicht Kontakt zum Kind/Jugendlichen in sich selbst haben,
- sie sich nicht dosiert und "teilidentifikatorisch" einlassen wollen oder können,
- es für sie nicht vorstellbar ist, daß andere Menschen etwas anders erleben und bewerten.

Die Wahrscheinlichkeit, daß Kontakte abbrechen bzw. in Kränkung und unfruchtbare Machtkämpfe münden, steigt mit hohen Machbarkeitserwartungen, unbegriffenem Aktionismus, etwa frei flottierendem, größenphantastischem Retterelan, also auch mit

- dem Druck, sich allzuständig kümmern zu müssen,
- dem Bedürfnis, vom Jugendlichen immer gemocht zu werden,
- fehlendem Bewußtsein für eigene Grenzen,
- unterlassener Analyse der veränderlichen und (tendenziell) unveränderlichen Faktoren.

Beziehungsarbeit benötigt auch viel Nüchternheit: Worauf bin ich neugierig? Was sind die spezifischen Beziehungsfallen in diesem Betreuungsverhältnis? Was will ich erreichen? Woran würde ich merken, daß ich auf dem richtigen Weg bin? Wann kommen wir gut, wann weniger gut miteinander hin? Wie wirke ich auf X.? Was mag X. an mir, was nicht? Was mag ich an X., was nicht? Was stößt mich ab, was reizt mich, zieht mich an? Was macht uns Spaß, wo ist die lockere Seite in unserem Kontakt? Was hat mich in der letzten Zeit besonders angestrengt, gedemütigt, geärgert, enttäuscht, erfreut? Wann fällt es mir leicht bzw. schwer, "Ja" oder "Nein" zu sagen? Wer oder was gibt mir Kraft?

Vielleicht ist es an dieser Stelle sinnvoll, für den jungen Menschen ein passendes Bild zu suchen, das X. in seinen/ihren Eigenarten aus den individuell unterschiedlichen Perspektiven der Teammitglieder symbolisiert: "Grashalm im Wind", "Igel", "Ruderboot ohne Steuer in tosender See", "Mauer" ... Gibt es unterschiedliche Akzentsetzungen? Vielleicht sucht man auch nach einer Metapher für die Rolle in der Gruppe – "Zigarettenbeschaffer", "Fußabtreter", "ungekrönter König", "Baby" – und schaut, wie die Bilder und Symbole, also Wahrnehmungen, Intuitionen, Kategorisierungen der Teammitglieder – zueinander passen.

IV.8. Zentrale Hypothesen

Wahrnehmungs- und handlungsorientierende Vermutungen sollten u.a. Aussagen über Beziehungen beinhalten, Funktionen und Ziele ("wozu") von

Handeln thematisieren, Situationsbindungen berücksichtigen, Ausnahmen beachten, Vorläufigkeitscharakter aufweisen.

IV.9. Untersuchungs- und Beobachtungsaufträge

5. Der Entwicklungskompaß

Bisher sind sicherlich Vermutungen protokolliert:
Was sind die grundlegenden Erfahrungen im Leben von X.: in der Familie, der Gleichaltrigengruppe, der Schule? Welche Rolle spielte X. im Leben seiner Familie, in der Freizeit- und in der Klassengemeinschaft bzw. im Heim?
Wie steht es um die sozialisatorischen Kardinalfragen, um die Befriedigung primärer Bedürfnisse: Annahme, Selbstwert, Sicherheit, Zugehörigkeit, Vertrauen, Orientierung?
Welche Konstrukte konstituieren das Selbstkonzept? Durch welche Botschaften, handlungsbestimmenden Glaubenssätze bzw. Muster ist der junge Mensch geleitet? Welches Bild von der Welt hat X.?
Welche besonderen Fähigkeiten, Kompetenzen, Tätigkeitsinteressen, Vorlieben und Stärken bzw. positive Entwicklungstendenzen sehen wir?
Welche Probleme hindern X.? Sieht er/sie das ähnlich?
Welche Bewältigungsmuster in Belastungssituationen wurden erlernt?

Der Entwicklungskompaß bündelt das thematisierte Material und ist die Vorbereitung der Planung von professionellen Angeboten. In diesem Kontext wird weitgehend das bereits erarbeitete Material verdichtet bzw. akzentuiert. Die entscheidenden Dimensionen, die an dieser Stelle durchaus in ihr Spannungsverhältnis gesetzt werden, sind:
- Was will der junge Mensch? Was braucht er/sie aus eigener Sicht? (Bedürfnisse, Wünsche ...)
- Was soll der junge Mensch? (Fremderwartungen)
- Was braucht er/sie? (Fremddeutungen)

V. *Entwicklungskompaß*
V.1. Eigendefinitionen des/der Jugendlichen (gemäß III.)

V.1.1. Wohin zieht es ihn/sie? Was sind Attraktionen und Reize einer Gegenwelt? Was ist momentan sein/ihr wichtigstes Ziel/vitalster Impuls?

V.1.2. Welche Bedürfnisse, Wünsche und/oder Ziele artikuliert der junge Mensch?

V.1.3. Was beschreibt er/sie momentan als zentrales Problem?

V.2. Kraftquellen, Ressourcen, Schutzfaktoren – Worüber verfügt ...? Was kann ...?

V.3. Auftragsanalyse: Welche wichtigen Aufträge und Erwartungen gibt es? (Junger Mensch, Jugendamt, Eltern)

V.4. Das Wollen der Einrichtung

V.4.1. Was sehen wir als vorrangig zu bearbeitendes zentrales Problem? (In der Regel Wiederholung und Konzentration: maximal drei Nennungen)

V.4.2. Unser wichtigstes Ziel (maximal drei)

V.5. Was braucht der junge Mensch?
Zusammenfassende Beschreibung der Entwicklungsaufgaben (in der Aufnahme von Lebensthemen, Problemen und Zielen aus Sicht der Einrichtung unabhängig davon, ob er/sie das will, einsieht ... – wobei ein Zusammenklang mit den Interessen und Ressourcen der jungen Menschen hilfreich wäre)

Der Entwicklungskompaß berücksichtigt vier Ebenen:

- Die Dimension der allgemeinen jugendtypischen Entwicklungsaufgaben,
- lebensthematische Belastungen und Bewältigungsanforderungen für diesen Jungen/dieses Mädchen,
- dem gemäße Tätigkeitsangebote, Aufgabenstellungen und Beziehungsarrangements,
- aktuelle Bedürfnisse.

Der "Entwicklungsblick" (F. Weiss) darf die Gegenwärtigkeit des jungen Menschen jedoch nicht dominieren oder gar erdrücken.

In Abwandlung eines Beispiels von Fürst (1992) können für einen fünfzehnjährigen Jungen diese Entwicklungsaufgaben erarbeitet werden:

1. Stärken und Probleme

Peters Kompetenzen sind z.B. seine Sensibilität, Güte und Treue, wenn er sich sicher fühlt. Er meint auch, originell und witzig und kein Langweiler zu sein. Er ist sehr hilfsbereit und kann viel Energie mobilisieren, wenn es ihn gepackt hat. Wir erleben ihn als hingabebereit und neugierig.

Als problematisch sieht er selbst seine beeinträchtigte Motivation zur Exponierung (Vermeidungsangst) und seine erfolglosen Strategien bei der Werbung um und der Aufrechterhaltung von Freundschaft und Partnerschaft. Er nimmt seine unrealistische Selbst- und Situationseinschätzung wahr, wenn er sich auf ältere, schon vergebene Mädchen versteift.

Die Freundschaftsthematik ist aus pädagogischer Sicht u.a. eingebettet in überdurchschnittliche Unsicherheit in seiner Geschlechtsidentität und extrem hohe Irritation bei Nähe. Lebensthematisch arbeitet er sich ab an Fragen des Vertrauens und der Zugehörigkeit. Er wird kaum anerkannt und ist geprägt von tiefen Selbstzweifeln, was u.a. dazu führt, daß er außerordentlich schnell und tief entmutigt ist. Er verbirgt und verleugnet seine Enttäuschung.

2. Ziele

Attraktive, energievolle – ggf. "verschüttete" – Ziele sind immer dort angesiedelt, wo Jungen und Mädchen etwas erleben, ihr Können erweitern möchten, kalkulierte Risiken eingehen, wertvoll sind. Generelle Bedürfnisse aller junger Menschen im Beziehungsbereich sind Geborgenheit, Anerkennung, Integration, Selbstbehauptung, Selbstsicherheit, Aufregung, Freundschaft.

Das Fernziel für Peter lautet, ein größeres Maß an Selbstverantwortung und Selbstwert zu entwickeln, und zwar nicht zuletzt durch die Überwindung selbstdestruktiver handlungsleitender Überzeugungen (Wie er zu sein glaubt..., Wie die Welt für ihn beschaffen ist..., Wie er meint, sich verhalten zu müssen, um zurecht zu kommen, unbeschadet zu bleiben, geliebt zu werden...).

3. Wege

Folgende Teilschritte könnten Peter Entwicklung ermöglichen:

- Selbstwahrnehmung sensibilisieren.
- Körpererleben schärfen (Haltung, Stimmlautstärke, Hygiene).
- Strategien der Werbung und Aufrechterhaltung von Kontakt mustern, reflektieren, bewerten.

- Indikatoren sozialer Sicherheit einschätzen (jüngere, ältere, gleichaltrige PartnerInnen, männlich - weiblich, überlegen - unterlegen, näher - entfernter, fremd - heimisch, Gruppe - 2er-Situation).
- Glaubenssätze ermitteln und prüfen.
- Kosten-Nutzen-Überlegungen (Was investiere und gebe ich? Was bekomme ich?).

Darüberhinaus wird für die anstehende Sommerreise vereinbart, daß Peter Aufgaben wie Verwaltung des Haushaltsgeldes, Lagerfeuerverantwortung und Routenfindung übernimmt.

Der Entwicklungskompaß nimmt Bezug auf die Lebensthemen der Jungen und Mädchen. Nicht die oben in Ansätzen skizzierten Lebensthemen, sondern ihre Äußerungsformen können problematisch sein. Auf der Folie der sozialen Akzeptanz und der individuell womöglich destruktiven Folgen sind ggf. die Art der Betätigung, die Gestaltungsweise (Ort, Zeit, Ignoranz der altersmäßigen Lizenz ...), die Häufigkeit und Intensität, die Zwanghaftigkeit, ihre Diktatur problematisch. Alles Tun steht im Dienst von Anerkennung, Kompetenzzuwachs, Wirksamkeitserfahrung und Werterleben. Pädagogischer Auftrag bzw. Sinn – von Fall zu Fall sicher unterschiedlich – sind oft zum Beispiel die Bewußtwerdung, die Steigerung der Selbstwirksamkeit und Eigenkontrolle bzw. die Suche nach funktionalen Äquivalenten, um legale und weniger schädliche Alternativen zu finden.

6.Die Betreuungsplanung

In der Betreuungsplanung[10] sollte es darum gehen, welche Angebote die Einrichtung im Alltag (unter Berücksichtigung von Gruppenpädagogik, Teamarbeit, Schichtsystem...) Jungen und Mädchen machen kann, die die identifizierten lebensthematisch geprägten Entwicklungsaufgaben aufnehmen. Unter dem Strich formulieren wir nicht das, was der junge Mensch soll, sondern was wir gezielt anbieten, forcieren, unterlassen wollen. Wir planen, ausge-

[10] Erfahrungen mit Fallarbeit in der Praxis zeigen, daß am Ende immer die Zeit fehlt. Ein/e ZeitmanagerIn sollte darauf achten, daß für die Betreuungsplanung mindestens 35 Minuten übrig bleiben.

hend vom Entwicklungskompaß, unser eigenes Handeln und zwar besonders in Schichtdienst-Settings genau: Wer macht was wann wie und wie oft! Es geht – dies ist in Einrichtungen der Hilfe zur Erziehung zentral – um Zeitpläne und Verantwortlichkeiten. Dabei sollten wir uns auch mit Blick auf das Hilfeplangespräch nicht scheuen, Aussagen über Angebote und Betreuungsarten zu treffen, die (noch) nicht möglich, gleichwohl wünschenswert sind. Das pädagogische Handeln wird sich je nach Konzept der Einrichtung und der Personalität der BetreuerInnen in unterschiedlichen Schwerpunkten vollziehen.

Folgende Unterscheidung kann strukturierend wirken, wobei die erläuternden Beispiele unsystematisch gereiht sind:

Systematisch-geplantes zielsicheres Handeln :	Dialogische Beziehung, Wegbegleitung:
- Verwöhnung - Verhaltenstraining - Gespräch über Schwänzen - heilpädagogisches Reiten - Kontrakte mit Eltern - Blume hinstellen - Lehrergespräch führen - Ämterplan kontrollieren - "rechte" Witze besprechen - gezielt anerkennen - Anmeldung im Verein - Einladung der Klasse - Begleitung zum Arzt	- kochen - plaudern - vorlesen - einkaufen - trösten - Konsequenz zumuten - Musik hören - chauffieren - verreisen - feiern - wecken - gemeinsam putzen - lachen
Verstörung, unspezifische Impulssetzung	**Einrichtungssetting**
- Umdeutung - Paradoxien - Symptomverschreibung - kontrollierte Erregung - symbolische Geschenke - Geschichten erzählen - streiken - tanzen, bellen statt brüllen - das Gegenteil des Erwarteten tun - schweigen	- Hilfeplanung - Teamarbeit - Aufnahmegestaltung - Stellenbeschreibung - Dienstplanung - Gruppenabend - Elternübernachtung - Feste - Regeln - Essenssituation - räumliche Einrichtung - Rechte, Partizipation - Patenprinzip

Diese Gliederung entwickelte sich aus den Betreuungsplanungen, die der Autor moderierte:

- *Förder- und Betreuungsplanung: Heilsame Aktivitäten – Aufgaben – Strategien*
  Phantasien: Was bräuchte der/die Jugendliche ohne die einrichtungsbedingten Einschränkungen ...

Tatsächliche Problembearbeitung und Entwicklungsförderung soll so geleistet werden:

VI.1. Beziehungs-, Kontrakt-, Regelpädagogik ...; Haltungen, Themen der Gespräche, Strategien in den Kontakten.

Auch wenn dies nicht immer notiert wird: Zeit, Geduld, Zuwendung und Annahme im Kontakt sind zentrale Momente der Betreuung. Entscheidende Fragen, die im Betreuungsplan zu klären und fixieren sind, betreffen die Art der Beziehungsgestaltung. Braucht dieser junge Mensch Bindung, episodische Begegnung ("situative Kopräsenz"), eine "Meister-Lehrlings-Beziehung", charismatische Mütter-/Väterfiguren, einen großen Bruder oder eine kleine Schwester...? Und genauer: Geht es darum, den jungen Menschen zu beschützen, d.h. Überforderung zu vermeiden und Hilfs-Ich-Funktionen zu übernehmen? Will ich Identifikation anbieten? Kann ich mit der Übertragungssituation umgehen? Wie steht es mit dem Ziel der Symptomtoleranz? Soll es schwerpunktmäßig in der nächsten Zeit auch um Insistieren und Konfrontieren gehen? Wollen wir mütterlich/väterlich Nachholbedürfnisse befriedigen? Geht es um die Lockerung von Beziehung? Usw. Dabei ist auch zu klären, ob wir im Team die Rollen und Funktionen – etwa eher gewährendes bzw. versagendes Zugehen – splitten oder "eine Linie fahren".

VI.2. Alltagsgestaltung, organisatorisches Setting.

Gerade Einzelbetreuungen benötigen hier sehr genaue Reflexion und klare dialogische Verabredungen und Festlegungen.

VI.3. Lebensthematisch und/oder an Interessenaffinitäten gebundene heilsame Aktivitäten, Tätigkeiten.

Auf der Basis von Entwicklungskompassen entwickelte Betreuungsplanungen umfassen auch Erwägungen zu passenden Aufgaben, Tätigkeiten und Arrangements, die in einer Mischung aus beiläufiger, nicht konstruierter Beziehungs- und Situationsspontaneität und Geplantheit wirksam werden. Keinesfalls geht es um Neuauflagen technizistischer Behandlungsmodelle. In eigener Ergänzung des offenen Katalogs von Mollenhauer/Uhlendorff (1992) kommen etwa in Frage:

- Selbstbezug (Ich-Identität und Leiberfahrung).
  Video, Theater, Gedichte, Briefe, Tagebuch, Malen, Masken, Verkleiden, Meditation und autogenes Training, Klettern und Abseilen, Einkaufen, Backen und Kochen, Schwimmen und Tauchen, Trampolin, Akrobatik, Surfen, Fahrradralleys ...
- Ich-Dingwelt-Ebene.
  Konstruktion und Bau von Gebrauchsgegenständen, Schmuck machen, Tierversorgung, Zimmerverschönerung mit Clous (Podest, Phantasielampen..., Feuerrituale entwickeln, Angeln, Musik machen, Wasserfahrzeuge bauen, andere Fortbewegungsmittel kreieren, Kletterwände bauen und Außenerlebnisräume gestalten, Garten anlegen und pflegen, Wandbilder malen ...
- Beziehungsebene.
  Reiseplanung und -leitung, Kassen- und Routenverantwortung, gegenseitiges Schminken, Massieren, Kinder einladen, für Kinder Aufführungen veranstalten oder Kurse als jugendliche Lehrerin offerieren, Wandern und Sport, Gruppenkasse verwalten, offizielle Korrespondenz mit dem PC erledigen ...

VI.4. Gruppe.

VI.5. Lebenspraxis.
Welche sozialen, schulischen, lebenspraktischen ... Fähigkeiten sollen in den nächsten Monaten etwas verbessert werden

VI.6. Sonstiges (ggf., sofern noch nicht geschehen, Berücksichtigung von Bezügen zur Lebenswelt, Jugendkultur, Vereine, Hobbys, Therapie ...).

VI.7. Systemische Interventionen, auch Überraschungsmomente.
Was – wie – wer.

Einige Vorschläge: Man könnte

- Kinder und Jugendlichen mal einen Brief schreiben und diesen mit der Post abschicken;
- auf große Anspruchshaltung hin zwei Tage "Dienst nach Vorschrift" machen;
- sich aus einem erdachten Fünferpaket ankreuzen lassen, wie der Junge, das Mädchen morgens geweckt werden möchte;
- dem minderjährigen Autoraser täglich einmal "aus heiterem Himmel" ohne weiteren Kommentar und Diskussion mitteilen: "Ich fürchte um dein Leben, falls du weggehst. Sage mir sofort Bescheid, sobald du wieder da bist! Dann brauche ich mich heute nicht mehr zu sorgen";
- den rechtsorientierten Jugendlichen einladen, monatlich eine heiminterne Propagandaveranstaltung abzuhalten (und diese zusammen vorbereiten und auswerten);
- die Trebegängerin damit empfangen, daß sie sich aussuchen kann, welchen Kuchen sie gebacken haben möchte;
- mit scheinbar oder wirklich kränkelnden Kindern/Jugendlichen ein "Kurprogramm" entwickeln;
- patzigen jungen Menschen mitteilen "Es muß für dich anstrengend sein, freundlich behandelt zu werden";
- das Mißtrauen von Jugendlichen positiv bewerten ("Du paßt gut auf dich auf, indem...").

VI.8. Kooperation mit Schule, Betrieb usw.

VI.9. Kooperation mit der Familie (Eltern, sonstige wichtige Bezugspersonen).

VI.10. Kooperation mit dem Jugendamt – Wichtiges für die Hilfeplanung.

VI.11. Perspektiven; ggf. Übergangs-, Anschluß-, Nachfolgehilfen.

Man sollte sich nicht scheuen, vom hohen Roß der Verstehensarbeit herunterzusteigen und umsetzbare Betreuungspläne zu schreiben. Hier als Anregung ein stark vereinfachtes Schema für den Jungen Markus, 15 Jahre.

Tätigkeit/ Aktivität	Wie	Wer/mit wem	Wann/wie oft
Moped-führerschein	Nachhilfe in Theorie	Lisa/Fred (off. Gr.)	Mi 16 - 18
Schwimmen gehen	Schwimmhalle	Otto/Maria (off. Gr.)	Do 18 - 20
Förderunterricht	Einzel in Mathe	Frau Meier	Sa 10 - 12 .
Formulare Geld/ Bank	ausfüllen und erklären	Lisa	2 Sonntage
3 Einzelunternehmungen		nach Wahl von X.	
Nackenmassage	einmal die Woche	Lisa	n. D. pl.
Abendgeschichte	vorlesen	Lisa	n. D. pl.
Cassette der „Toten Hosen“	anhören/Texte besprechen	alle	
Verkleidungsparty	vorbereiten	Maria mit X.,Y.,Z.	4 Montage
neg. Selbstbild und Alkohol	4 Gespräche	Fred	n. D. pl.
biogr. Reise/ Jungenidentität	Autotour/ Auswertung	Fred	Mo, 1.5.
Klassenfest im Heim		Fred	nächsten Monat

Nicht zuletzt resultiert aus dem Fallgespräch, den jungen Menschen unsere Ergebnisse und Vorschläge zu präsentieren und miteinander auszuhandeln, ob wir auf einen Nenner kommen – wenigstens für den Moment. Die Widersprüche zwischen der professionellen Sicht und der Selbstsicht der jungen Menschen, ihren Diagnosen und Zukunftsentwürfen sind fester Bestandteil des Protokolls. Oft ist es nützlich, mit den jungen Menschen im Rahmen des Austausches über die nächste Zeit auch schriftliche Abmachungen über Ziele und Mittel im pädagogischen Kontakt zu treffen.

7. Auswertung

- Hat die Moderation geklappt?
- Wie war die Gesprächsatmosphäre?
- Verstehen wir den jungen Menschen jetzt besser? Gab es "Aha"-Erlebnisse?
- Gemeinsamkeiten des Teams in der Einschätzung.
- Kontroversen.
- Unklarheiten, auf die es in der Zukunft zu achten gilt.
- Wo lagen Schwächen des Fallgesprächs?
- Hat sich das Schema als hilfreich erwiesen?
- Sind wir mit unserer Zeitvorgabe hingekommen?

8. Weitere Fallgespräche

Die Qualität des ersten Fallgesprächs besteht in der umfangreichen und mehrdimensionalen Beschreibung und Deutung des jungen Menschen. In den folgenden turnusmäßigen Fallgesprächen kommt es mehr darauf an, gezielt an ausgewählten Fragen zu arbeiten und Entwicklungskompaß und Betreuungsplanung fortzuschreiben. Die Vorbereitung auf ein weiteres Fallgespräch – entscheidend über Qualität und Auskommen mit der Zeit – kann damit beginnen, das Protokoll und das Wandplakat noch einmal hervorzuholen. Hilfreich mag eine Differenzierung im Sinne von von Spiegel sein, die den Kontrollaspekt ("Was ist herausgekommen?") vom Aufklärungsaspekt ("Was ist passiert?", "Was haben wir (nicht) getan?") unterscheidet (1993,

177ff., 191ff.). Cinkl differenziert an einem Beispiel und kommt zu diesem Ergebnis: *"Oft zeigt es sich, daß es wenig Sinn macht, generell von Erfolg oder Mißerfolg zu sprechen: Es gibt die Problemsichten, Bedürfnisse etc. verschiedener Akteure, also auch verschiedene Erfolgskriterien. Für die Kliniksozialarbeiterin war es ein Erfolg (Obdachlosigkeit wurde vermieden), für die Sozialarbeitern ein Teilerfolg (die Perspektive wurde nicht geklärt, dafür hörte das "Ritzen" auf, die Eltern waren mit der Kontaktgestaltung zufrieden, für die Erzieher überwogen die negativen Erfahrungen."* (1998, S. 16)

Mit Blick auf das Hilfeplangespräch geht es im zweiten Fallgespräch auch darum, die Kontextualität der Betreuung zu berücksichtigen:

- Welche Aufträge erhielt/erhält die Einrichtung von Jugendamt und Elternteilen? Wie steht es um latente und manifeste Erwartungen?
- Gibt es Loyalitätskonflikte? Liegen Spaltungsmechanismen vor? Lassen sich Muster wie Koalitionen oder Delegation (vollständige Verantwortungsangabe) konstatieren?
- Welche Resonanzeffekte zwischen den beteiligten Systemen existieren?
- Können wir eine Wiederholungs- und Übertragungsdynamik feststellen?
- Welche Auswirkungen hatte der Lebensfeldwechsel für die anderen Familienmitglieder?

Das zweite Fallgespräch könnte so strukturiert werden:

- Ärger, Unmut, Zufriedenheit usw. in Bezug auf die Kooperation im Team bei der Arbeit mit X.
- Welche wichtigen Erfahrungen hat der Junge/das Mädchen in der letzten Zeit gemacht?
- Wie erlebt der junge Mensch seine Entwicklung?
- Welche Entwicklung hat das Mädchen/der Junge aus unserer Sicht genommen? Was wurde erreicht, was nicht?
- Hat sich dadurch eine progressive oder regressive Verschiebung in den Lebensthemen ergeben?
- Wie erklären wir uns das?
- Welche Einschätzungen usw. stellen sich von heute aus als besonders treffend, welche als falsch, welche als ergänzungsbedürftig heraus?
- Betreuungsplanung: Was hatten wir uns vorgenommen, was haben wir

gemacht, was nicht? Was haben wir verschlafen? Wo haben wir uns überfordert? Was konnten wir leisten, was nicht? Warum?

- An welchen Themen wird sich der junge Mensch voraussichtlich weiter abarbeiten? Welche Probleme stehen aktuell auf der Tagesordnung?
- Akzentsetzung: Was will ich verstehen? Worauf brauchen wir eine Antwort?
- Vorgehen nach Wahl: Verstehen eines Bereiches, Themas usw. oder breitere Betrachtung.
- Vorbereitung auf das Hilfeplan-Gespräch durch Beantwortung der Kontextfragen.

Literatur

Bundesministerium für Jugend, Familie, Frauen und Gesundheit: Achter Jugendbericht. Bonn 1990.

Cinkl, S.: Sozialpädagogische Leitkonzepte zwischen Anspruch und Wirklichkeit. Strausberg 1998 (Unveröffentlichtes Manuskript).

Fürst, W.: Die Erlebnisgruppe. Freiburg 1992.

Mollenhauer, K./**Uhlendorff,** U.: Sozialpädagogische Diagnosen. Weinheim/München 1992.

Dieselben: Sozialpädagogische Diagnosen II. Weinheim/München 1995.

Müller, B.: Das Allgemeine und das Besondere. In: Zeitschrift für Pädagogik 5/1995.

Von Spiegel, H.: Aus Erfahrung lernen. Qualifizierung durch Selbstevaluation. Münster 1993.

Zu den AutorInnen

Becker, Roland., Dipl. Päd., wissenschaftlicher Mitarbeiter im Institut für Sozialarbeit und Sozialpädagogik - ISS, Frankfurt/M

Harnach-Beck, Viola, Dipl.-Psych., Dr. phil., Professorin an der Fachhochschule Mannheim - Hochschule für Sozialwesen

Höpfner, Norbert, Dipl. Soz. Päd., Erziehungshilfe e.V., Institut für pädagogische Diagnostik, Bergisch-Gladbach

Jacob, Gisela, Dipl. Päd., Dr. Phil., Wissenschaftliche Mitarbeiterin am Institut für Sozialpädagogik, Fakultät für Erziehungswissenschaft, Universität Halle

Jöbgen, Manfred, Dipl. Päd., Wissenschaftlicher Mitarbeiter am FB 1 der Universität Gesamthochschule Siegen

Kobolt, Alenka, BS in Psych., MA in Päd., Dr. Soz.Päd., Dozentin am Institut für Sozialpädagogik, Fakultät für Erziehungswissenschaft, Universität Ljubljana, Slowenien

Köttgen, Charlotte., Dr. med., Leiterin des Jugendpsychiatrischen/ -psychologischen Dienstes im Amt für Jugend, Hamburg

Krumenacker, Franz-Josef, Dipl.Soz.Päd., Dr. phil., Mitarbeiter des Projekts „Sozialpädagogische Diagnostik und `homefinding` des AJJ e.V.", Bremen, Leiter der Bildungsstätte Schabernack e.V., Zentrum für Praxis und Theorie der Jugendhilfe, Güstrow-Schabernack

Lindemann, Karl-Heinz, Dipl.Soz., Dr. phil., Erziehungsleitung im Ev. Kinder- und Jugendheim Schiedel, Nannhausen

Merchel, Joachim, Dipl. Päd., Dr. phil., Professor am FB Sozialwesen der FH Münster

Niemeyer, Christian, Dr. phil., Professor am Institut für Sozialpädagogik, Fakultät für Erziehungswissenschaft, TU Dresden

Nölke, Eberhard, Dipl. Soz. Päd., Dr. phil., arbeitet in Forschungsprojekten an der Universität - Gesamthochschule Kassel, FB Sozialwesen

Peters, Friedhelm, Dipl. Soz., Dr. phil., Professor am Fachbereich Sozialwesen, FH Erfurt

Thimm, Karl-Heinz, Dipl. Päd., Leiter der Kooperationsstelle Jugendhilfe - Schule des Landes Brandenburg, Ludwigsfelde

Uhlendorff, Uwe, Dipl. Päd., Dr. phil., Wissenschaftlicher Assistent am FB Sozialwesen, Universität - Gesamthochschule Kassel

Ziegler, Gerd, Diplomand der Sozialpädagogik an der Universität Bremen, Mitarbeiter des Projektes „Sozialpädagogische Diagnostik und ‚homefinding' des AJJ e.V.", Bremen. Studium der Rechtswissenschaften

F. Peters, W. Trede, M. Winkler (Hg.)

Integrierte Erziehungshilfen
Qualifizierung der Jugendhilfe durch Flexibilisierung und Integration?

In den vergangenen Jahren haben sich neue Organisationsmodelle erzieherischer Hilfen entwickelt: In unterschiedlichen Paragraphen des Kinder- und Jugendhilfegesetzes verortete Erziehungshilfen wie z.B. die Sozialpädagogische Familienhilfe, die Erziehungsberatung und die Heimerziehung werden **nicht** von jeweils spezialisierten Institutionen angeboten oder - im Falle von Verbundsystemen - in getrennten Abteilungen mit spezialisierten Konzeptionen "erledigt". **Sondern umgekehrt**: Ausgehend vom Hilfebedarf werden von einem regional ausgerichteten Projekt, "aus einer Hand" und von einem Team, die jeweils auf die individuellen Bedürfnisse maßgeschneiderte Hilfe flexibel organisiert. Diese Projekte versuchen damit etwas umzusetzen, was spätestens seit den 70er Jahren immer wieder gefordert, aber im Zuge einer sich ausdifferenzierenden angebotsorientierten Sozialen Arbeit nicht realisiert wurde: Hilfebedürftige Personen sollen sich nicht den Institutionen anpassen müssen, sondern die Institutionen sich und ihre Hilfen an die Personen.

IGfH-Eigenverlag, 374 Seiten, 1998,
ISBN 3-925146-41-5, 32,80 DM

IGfH, Schaumainkai 101-103, 60596 Frankfurt a.M.,
Tel.: (0 69)63 39 86 0, Fax: (0 69) 63 39 86 25

J. Koch / S. Lenz (Hg.):

Auf dem Weg zu einer integrierten und sozialräumlichen Kinder- und Jugendhilfe

Dokumentation des 2. Bundestreffens INTEGRA der IGfH in Blankensee 1999

Integrierte Hilfen beziehen sich einerseits darauf, daß sozialpädagogische Hilfen für junge Menschen und ihre Familien bedarfsgerechter und damit beweglicher, offener angeboten und mit den AdressatInnen ausgehandelt werden müssen als dies bisher bei öffentlichen und freien Trägern der Fall war. Andererseits verweist der Oberbegriff ‚Integrierte Hilfen‘ auf die Notwendigkeit,, Unterstützungsleistungen auf HilfenachfragerInnen und ihr Umfeld so zuzuschneiden, daß weniger junge BürgerInnen durch die Verfaßtheit der Jugendhilfe selbst ausgegrenzt werden.

Angeregt durch das Bundesmodellprojekt INTEGRA der IGfH, der Städte Celle, Dresden, Erfurt, Frankfurt (O.) und des Landkreises Tübingen diskutierten auf dem Zweiten Bundestreffen INTEGRA PraktikerInnen, WissenschaftlerInnen, PolitikerInnen über den Stand der Umsetzung, die Gefahren, Chancen und selbst zu wählenden Begrenzungen einer solchen Programmatik.

Der vorliegende Dokumentationsband skizziert durch Beiträge zu den konzeptionellen Ausgangspunkten, vorläufigen Einschätzungen und vor allem durch zahlreiche Praxisdarstellungen aus unterschiedlichsten Regionen Deutschlands die möglichen Wege zu einer integrierten, flexiblen und sozialräumlich angelegten Erziehungs- und Jugendhilfe.

IGfH-Eigenverlag, 176 Seiten, 1999

ISBN 3-925146-45-8, 24,80 DM